科学出版社“十三五”普通高等教育本科规划教材

大学生创新创业导论

主　　编　康丽勇　于　环
主　　审　张丽娟
副 主 编　高书杰　崔洪雨　王　征　唐峭石
编　　委（按姓氏笔画排序）
于　环　王　征　孙佳楠　张　月
张　阳　张丽娟　高书杰　唐峭石
曹金娟　崔洪雨　康丽勇　董　莉
程嘉泽

科 学 出 版 社
北　京

内 容 简 介

本书结合医学生的特点，系统地阐述了创新创业的基本理论和基本方法、技巧，既有案例引导，又有课后思考，融理论知识、趣味知识和思维创新于一体，旨在通过一系列的创新创业教育内容，为大学生提供全程化、实用化、系统化的创新创业指导，使他们成为适应国家经济社会协调发展和全面发展的人才。

本书适用于医学院校学生的创新能力的培养及创业实训的实用教材。

图书在版编目（CIP）数据

大学生创新创业导论 / 康丽勇，于环主编. —北京：科学出版社，2017.8

ISBN 978-7-03-053696-9

Ⅰ. ①大… Ⅱ. ①康… ②于… Ⅲ. ①大学生–创业–高等学校–教材 Ⅳ. ①G647.38

中国版本图书馆 CIP 数据核字（2017）第 146471 号

责任编辑：朱 华 / 责任校对：郭瑞芝

责任印制：赵 博 / 封面设计：陈 敬

科学出版社 出版

北京东黄城根北街 16 号

邮政编码：100717

http://www.sciencep.com

北京市密东印刷有限公司 印刷

科学出版社发行 各地新华书店经销

*

2017 年 8 月第 一 版 开本：787×1092 1/16

2023 年 2 月第四次印刷 印张：14

字数：323 000

定价：56.00 元

（如有印装质量问题，我社负责调换）

前　言

习近平总书记强调，创新是一个民族进步的灵魂，是一个国家兴旺发达的不竭动力，也是中华民族最深沉的民族禀赋。科技发展需要创新，社会进步需要创新，建设创新型国家、实现“两个一百年”奋斗目标和中华民族伟大复兴的“中国梦”更需要创新创业驱动。在“大众创新、万众创业”的时代背景下，创新是对人才的最根本要求，每个有识青年都应该将创新创业要求深植于心，并付诸于行。

创新创业能力不是与生俱来的，需要家庭、学校、社会的培养，也需要学生的自我培养。《国家中长期教育改革和发展规划纲要（2010—2020 年）》中明确提出“探索多种培养方式，形成各类人才辈出、拔尖创新人才不断涌现的局面。”高校作为人才的“孵化地”，在创新人才培养中无疑肩负着重要的历史使命。

按照国家创新人才培养的要求，高等学校把创新创业教育作为人才培养的首要任务和重要环节，融入人才培养全过程，改革人才培养模式，完善课程体系，将课堂教学与创新创业大赛、创新创业实训实践活动相结合，理论与实践“双管齐下”，着力培养具有创新精神和创业能力的人才。让在校大学生获得必备的创新创业知识、增强创新创业能力、培养创新创业品质。通过创新创业教育，使大学生具备竞争能力和生存能力，成为高素质专业人才，去寻找适合自己的工作岗位，成为工作岗位的创造者，也可以通过自主创业实现自我价值。

本书结合医学生的特点，系统地阐述了创新创业的基本理论和基本方法、技巧，既有案例引导，又有思考题，融理论知识、趣味知识和思维创新于一体，旨在通过一系列的创新创业教育内容，为大学生提供全程化、实用化、系统化的创新创业指导，使他们成为适应国家经济社会协调发展和全面发展的人才。

本书第一章由王征、崔洪雨、程嘉泽编写；第二章由于环、张阳编写；第三章由唐峭石、张月、孙佳楠编写；第四章由高书杰、曹金娟编写；第五章由康丽勇、董莉、于环编写。

在省大学生就业局指导下，本书得到学校领导的大力支持和帮助。在本教材编写过程中，参阅了大量文献资料，收集和研究了许多案例，吸收最新研究成果，在此对大力支持和热情帮助本书出版的有关部门、领导、专家致以诚挚的谢意！囿于我们的水平有限，对于书中的缺点和不足敬请读者给予批评指正。

编　者

2017 年 4 月 20 日

前言

目　录

第一章　创新创业概述

通过本章学习，你将能够回答下列问题：

1. 什么是创新？
2. 什么是创业？
3. 医学生为什么要开展创新创业教育？
4. 创新创业教育的课程体系是如何设置的？

【案例导入】

马云——阿里巴巴创始人，被称为“创业教父”。曾经三次创业，从他的创业故事中，我们能够体会到创业的魅力。

1984 年，第 3 次高考的马云考入杭州师范学院英语系，毕业后进入杭州电子科技大学当了一名英语老师。1994 年，马云创立了第一个机构：海博翻译社。第一个月收入 700 元，房租 2000 元。马云独自背起麻袋去义乌，摆小摊养活翻译社，两年后组织了杭州的第一个英语角。

1995 年，马云在西雅图接触到互联网，他认定了互联网是未来的发展方向。回国后马云和妻子、朋友筹集 2 万人民币创立了海博网络，并且启动了中国黄页项目，其模式是为中国企业提供互联网的在线信息发布和主页，当时的收费标准是：一个 homepage，3000 字外加一张照片，收费 2 万元。在当时的中国，推销中国黄页的马云被很多人视为“骗子”。1997 年年底，中国黄页实现盈利。但是和杭州电信合作后，双方产生分歧，让马云决定放弃网站。

1999 年 2 月，马云开办了自己的又一个创业公司——阿里巴巴。由后来被称为“十八罗汉”的马云妻子、同事、学生、朋友等 18 人筹资共同创立。1999 年 4 月 15 日，alibaba.com 上线。在之后扮演极重要角色的蔡崇信也于同年加盟。起初阿里巴巴融资不顺利，1999 年 10 月 29 日，由高盛公司牵头，阿里巴巴融资 500 万美元；2000 年 1 月，孙正义向阿里巴巴投资 2000 万美元。

马云凭借着对互联网经营概念的革新，阿里巴巴、淘宝网、支付宝、中国雅虎、口碑网、阿里软件、阿里妈妈横空出世，构成了拉动阿里巴巴集团高速向前的七架马车，阿里巴巴的 B2B 模式，成为除了以 google 为代表的搜索、雅虎为代表的门户、eBay 为代表的 C2C 和亚马逊为代表的 B2C 四大互联网模式的第五种模式。

2013 年 5 月 10 日，马云正式结束自己 14 年的阿里巴巴集团 CEO 生涯，交棒给陆兆禧。2013 年 5 月 28 日，阿里巴巴集团联合银泰集团、复星集团、富春集团、顺丰集团、中通、圆通、申通、韵达等多家民营企业，在深圳联合成立了菜鸟网络科技有限公司，并同时启动中国智能骨干网（简称 CSN，阿里内部称物流地网）的项目建设，马云卸任阿里巴巴集团 CEO 职位后，再度出山组建物流网络平台并担任菜鸟网络科技有限公司的董事长。

从马云的故事中，我们看到了一个创业者的不懈努力，一个企业的不断发展。在社会发展的今天，创新创业已经从遥远的书本上来到我们身边。在 2014 年 9 月夏季达沃斯论坛上，李克强总理最早在公开场合发出“大众创业、万众创新”的号召。在 2015 年《政府工作报告》中，李克强总理 38 次提到“创新”，13 次提到“创业”，有 2 次专门提到“大众创新、万众创业”。作为大学生，更需要积极面对创新创业，具备创新思维，拥有创业素质和技能。

第一节 认识创新

一、创 新

（一）创新的含义

创新，从字面上理解就是“创造新的事物”。《广雅》中解释，“创，始也”；我国很早就出现“创新”一词，如《魏书》的“革弊创新”，《周书》的“创新改旧”。英语中 innovation（创新）指有更新，对原有的东西进行替换；创造新的东西，创造出原来没有的东西；改变，就是对原有的东西进行发展和改造。

创新概念是经济学家熊彼特于 1912 年在《经济发展概论》中提出的。他提出，创新是指把一种新的生产要素和生产条件的“新结合”引入生产体系。美国经济学家罗斯托在 20 世纪 60 年代，将“创新”发展为“技术创新”，把“技术创新”提高到了“创新”的主导地位上来。

当前，创新是对已有创造成果的改进、完善和应用，是建立在已有创造成果基础上的再创造。这说明创造成果可以是有形的事物，也可以是各种无形的事物，如理论、技术、工艺、机构等。

（二）创新能力

1. 创新能力的含义 创新能力是指正常人或群体在支持的环境下运用已知的信息发现问题，并对问题寻求答案，以及产生新颖而独特、有社会价值的物质或精神产品的能力。也可以将其解释为发现和解决问题、提出新设想和创造新事物的能力。

创新能力是人类所特有的一种本领。创新能力可以通过科学的训练和教育不断地激发出来，转化为显性创造能力，并不断地得到提高。创新能力是智力、知识、能力及个性品质等多种因素综合优化组成的。创新能力是产生新思想，发现和创造新事物的能力，是成功地完成创造性的活动所必需的心理品质。

一般能力与创新能力的区别在于其新颖性和独特性。创新主要是发散思维，无定向和约束地探索未知的思维方式，当发散思维成为外部行为时，就表现出个人创新能力。

2. 创新能力的构成 创新能力是人类的思维功能与社会实践能力的整体表现，人们创造性活动的能力与素质的综合由知识因素、智力因素、非智力因素构成。

（1）知识：知识和信息是创造的基础。没有可靠的、及时的、全面的信息，是不可能出现创造效果的。不了解他人的成果、眼界狭小、知识匮乏是不会有重大科学技术发展和发明的。知识的掌握，在很大程度上决定着认识事物、解决问题的能力。创新能力基本要素中，知识和经验为创造组建了广泛的背景，而专业知识、创造学知识及特殊领域知识，直接影响到创新能力的高低。

（2）智能因素：有三种能力，包括一般智能、创造性思维和特色智能。一般智能，如注意力、记忆力、观察力等，它体现了进行检索、处理及运用信息，对事物进行间接、概况的能力；创造性思维，指形象思维和发散思维能力，如逻辑加工能力、想象能力、直觉思维能力、思维调控能力等，是人们进行创造性思维时的心理活动水平，是实质和核心；特殊智能，指在专业活动中体现出来的并保证专业活动获得高效率的能力，如绘画、音乐、体育、操作能力等。特殊智能是指一些一般智能专门化、深入化的发展。

（3）非智力因素：包括两种因素。一是创造精神因素，是创造过程中极其积极的心理状态，包括冒险精神、挑战精神、怀疑精神、献身精神、使命感、责任感等。创造精神可以说是创造的胆略，往往是成功的关键，具有主要意义。二是创造意识因素，与创造有关的信息及创造方法、过程、活动、本身的综合觉察和认识。可以简单地理解成创造的欲望，如兴趣、动机、求知欲、好奇心、探究性等。纵观一个人的创造性成就，可以看出意识比方法更为重要，因为意识能够使人自觉、自主地关注问题，从而发现并解决问题。

（三）创新方法

1. 创新方法的定义　创新方法是专家根据创造性思维的发展规律和成功的创新与创造的各种实例总结的一些原理、方法及技巧。例如，把创造和创新活动比喻成过宽阔的河，方法就是过大河所需要的桥或船。

英国著名哲学家卡尔·皮尔逊说："科学方法是通向绝对知识或真理的唯一道路。"法国生理学家贝尔纳认为："良好的学习方法能使我们更好地发挥运用天赋的才能，而拙劣的方法则可能阻碍才能的发挥。"我国著名教育学家蔡元培先生，在面对百年前中国极其落后的科学时曾说："中国没有科学的原因就在于没有用科学的方法。"

2. 创新方法的发展阶段

（1）第一阶段：尝试法。人们最早从事发明创造活动时，采用的方法就是尝试法，这种方法的效率极低，"神农尝百草，日中七十毒"就是应用了尝试法，现在已不多用。

（2）第二阶段：试错法。试错法是一种纯粹的经验学习方法。人的主体行为的成败，是使用趋近目标的程度或是达到中间目标过程的一种评价。将趋近目标的信息统统反馈给主体，主体会采取已成功的行为方式；偏离目标的信息也反馈给主体，主体会采取尽量避免造成失败的行为方式。人们通过不断的试错、评价，主体能逐步达到要追求的既定目标。

（3）第三阶段：头脑风暴法。头脑风暴法是通过学科交叉，解决创新问题的一种方法。随着科技的进步，全球化的加剧，出现的问题越来越复杂，创新时代已经来临，基本标志是从试验性质的科学向工程性质的科学进行转变，而工程性质的科学是多学科的交叉科学，是各种学科方法的集大成者，仅仅依靠尝试法和试错法根本解决不了这些问题的。

二、创新的分类

（一）按照创新成果是否首创分类

根据成果是否是全世界内的首创，一般分为绝对创新和相对创新。

（1）绝对创新：是在全世界范围内实现首创的创新。例如，牛顿的运动定律、我国的四大发明等，属于绝对创新。

（2）相对创新：是不属于全世界范围内实现首创的创新。相对创新不会考虑外界的各种环境，创造者根据原有的基础进而实现了新的突破就是相对创新。

（二）按照创新成果是否原创分类

根据创新成果是否原创，可以分为原始创新和改进创新。

（1）原始创新：指重大科学发现、原理性主导技术、技术发明等原始性创新活动。例如，我们现在衡量一个国家在推动原始性创新中处于领先地位的标志，就是诺贝尔科学奖获奖者的人数。

（2）改进创新：对原来的科学技术进行进一步改进所做的创新。例如，火车从最初的蒸汽机到内燃机，再到电力机车，行驶速度也在不断提升并打破原有的局限，这是改进创新。改进创新又分为原理结构的改进、材质的改进、生产技术的改进等。

（三）按照创新成果是否是自己创造出来的分类

根据创新成果是否是自己创造出来的、是否有自主知识产权分为自主创新和模仿创新。

（1）自主创新：是对拥有自主知识产权独特的核心技术和在此基础上推动新产品产生新价值的过程。自主创新的成果，一般为新的科学发现或拥有自主知识产权的技术、品牌、产品等。

（2）模仿创新：是通过模仿而开展的创新活动，一般包括完全模仿创新、模仿后再创新两种模式。模仿创新必然会在技术上受制于人，尤其是随着知识产权保护意识的不断增强和专利制度的进一步完善，要想获得显著效益，模仿创新会很困难。

（四）按照创新活动涉及的领域分类

根据创新活动涉及的不同领域，创新又可分为观念创新、科技创新、理论创新、制度创新、教育创新、文化创新、营销创新等。

三、创新与创造、创意的关系

（一）创造的含义

《辞海》中“创造”解释为“首创前所未有的事物”。在学术界，日本创造工程学家思田彰教授，在其著作《创造的理论和方法》中，就列举出了人们关于“创造”阐述的83个定义。解释虽多样不一，但核心内容是一致的，指出创造就是进行首创或改进各类事物的过程。

事物是指客观存在的一切物体和现象，自然界的所有物体和其变化的现象、人类社会的活动现象及其相符的发展变化状况都可称为事物。所以说，首创或者改变事物就是创造。例如，太空中核聚变创造了星球，这就是自然的创造；人类进化过程中创造了工具，这是人类的创造，我们更关注更倾向的是人类的创造。

创造的定义是指人们首创的或者改进某种理论、思想、技术、方法和产品的活动。

（二）创意的含义

创意是指新巧的构思及创造性的意念，也可以是指从无到有的产生新意念的一种思维过程，创意究其本质是建立新关系。创意的核心就是运用所有有关的、可信的、品位高的方式，和以前无关事物之间建立一种全新的有意义和内涵的关系。

以一种气垫船的创意为例进行说明。目前我们的主要运输工具是车，车的运动主要是靠轮的滚动和支撑。物力学中的流动动力学表明，流动的气体有推力，反作用力会作用于物体。据此，一个创意产生了。我们可以想象，用向下喷吹的气流来代替支撑车体的轮子，之前气流对于车的运动来说没有关系，到现在利用新思维建立了新的关联，这样气垫船就在此理论下诞生了。气流就是“有关的、可信的、品味高的方式”与“从前无关的事物之间建立一种新的有意义的关系”，创意就是建立新关系的“艺术”。

（三）创新与创造、创意的关系

“创新、创意、创业”这三个词，是科技进步和经济发展的内核，更是个人成长的动力。当今社会，这三个方面与每个人的职业生涯都紧密相连，这三者间又存在着紧密的关系，相互支持，缺一不可。

1. 创意是基础 “人人皆有创意”说明每个人都会有创意，但不是每个人都能把握住的。创意需要捕捉转瞬即逝的灵光，用创新的思维和创造的形式给予其“有形的翅膀”。创意是有创新性和新颖性的想法，而且要通过创意创造出来更大的效益，也包括物质、精神两方面的效益。因此，创意是创新和创造的基础，没有创意，难以开展创新和创造性的实践活动。

2. 创新是飞跃 首先，创新和创意在思维方式上有所不同。思维类别，创意是以形象思维为主，以表象作为思维的要素；而创新是把形象思维作为基础，把抽象的表象概念化，通过逻辑思维，把感性思维为主的创意上升为理性思维的创新。其次，创新和创意在稳定性方面有所不同。创意的过程是突发性、突破性、突变性的，而创新是概念化、逻辑化的，具有一定的稳定性和持续性。

创新来源于创意，但要高于创意。创意是一种创新的设想，不仅有理论上的支持和目标上的召唤，还有发明的实现过程和检验过程。创意变成创新，要有一个可能失败的过程。创意具有可变性，我们必须要抓住灵感，形成构思，并进行不懈的试验和努力，最终要实现创新。

3. 创新属于创造 所有创新都属于创造，但是创造可不一定就是创新，创造的范围远远要比创新宽。

创造能够产生一定的经济效益。创新则通过对原有事物的改进或进一步突破来完成。制定创新的主要前提是先有一些原有的事物存在。而创造则不同，创造的对象可能是进一步改进的原有事物，也可能是从未有过的事物。

四、大学生创新教育

（一）大学生创新教育概述

创新教育是指利用遗传与环境的积极影响因素，发挥教育的主体作用，要充分调动学生们的认识与实践中的主观能动性，注重学生的创新意识、创新精神、创新技能的培养与开发，要培养创新人格，以满足社会的需要和学生自我成长发展的教育。

创新教育以培养学生的创新精神、创新能力为主要教育目标，创新教育的特征是要全面发展学生智力教育，全面发展学生个性品德的教育，积极面向全体学生的教育，实施全方位、全过程的教育。

创新教育中，个体的创新品质可以分为智力品质和非智力品质两种因素。其中，智力品质包括创造性思维、创新能力素质和创新知识素质；其非智力品质则有利于创新思维和活动的人的情感、意志等。总体上说，超越性是我们创新教育的本质特征，其决定了它在实践中就必须要坚持尊重受教育者的主体性和个体性，体现教育过程的开发性和课堂活动的积极实践性。

（二）我国创新教育现状

高校是我国创新型人才培养的主阵地。近年来，各高校已逐步把培养创新型人才作为办学的主要目标，经过十余年的重点建设，培养出的创新型人才素质不断提高，科研水平大幅度提升，科研成果集中。

目前，我国大学创新教育的形式可分为两种：一种是以特定课程为依托；二是以相关竞赛为依托。很多高校给学生开设了培养创新思维、创新意识的综合性课程，这些课程大多门槛低、没有专业限制、面向各层次学生，全校学生都可以选修学习，有目的、有方向地对学生进行创新培养。也有一些学校将创新教育融入到日常教学环境中，但这种方式因专业性受限，受众面较小。还有一些高校会设立各类创新竞赛和比赛，通过参加竞赛，学生可以直接体会创新过程和创新的成果，不断激发他们的创新热情。

创新教育同样也存在问题，一是人培养质量与创新型人才的培养目标不匹配；二是教师的水平与其培养需求仍有很大差距；三是教学内容与学生成长规律和社会需求不符合；四是创新活动与创新型人才的培养过程未能衔接，不匹配。

针对这些问题，今后需要进一步加大创新教育的政策扶持力度，建立起更加完善和系统的人才培养质量体系，提高创新型人才的培养质量。

思考题

1. 创新能力在当今社会是如何促进社会经济发展的？对我国正处在转型期起到什么样的作用？

2. 在大学期间为什么要开展创新教育？当代大学生应该具备什么样的创新能力？

第二节 认 识 创 业

一、创业的含义

（一）创业的概念

在《孟子·梁惠王下》中有“君子创业垂统，为可继也。若夫成功，则天也。”这是最早出现的“创业”一词，意思是“开创基业”。

“创业”从字面理解与“守成”相对应，“守成”一般是指保持住前人已有的成就与业绩，而创业就是要自主自动地开拓和创造新的成就与业绩。

创业的理解有着广义和狭义的分别。广义上的创业是指个人、群体或组织，以创新和独特的方式追求机会、创造价值和谋求增长，而不顾及资源限制的精神和行为；狭义的创业是指发现商机，并以创建企业的方式把握商机以获得盈利，而不顾及资源限制的过程。

综合看来，我们把创业定义为承担风险的创业者，通过寻找和把握创业机会、整合相关资源、创建新企业或新组织、提供产品或服务，为个人和社会创造价值及财富的过程。

应该说，创业是人们发现并捕捉机会，并由此创造出了新颖的产品或服务，实现其潜在自身价值的一个复杂过程，就是从创业意识产生到企业、组织成长的一个全过程。它具有一定的创新性、开拓性和增值性等特性。

（二）创业的内涵

目前，创业的内涵有开创新的业务、创建新的组织，借助创新实现资源的重新组合，通过对潜在的机会发掘而创造价值。人在创业的过程中必须要投入时间和付出努力，承担相应的风险才能得到经济上的回报，实现个人的独立自主与满足。

创业是一个复杂的过程。创业活动是指创造新事物，这种新事物必须是有一定自身价值，而且对社会也要有相应的价值。价值属性决定了创业的重要社会属性，也是创业活动的意义。

创业要付出艰辛的努力。创业是需要花费大量的时间和精力才能完成的一个过程。完成一个创业过程，没有艰辛的努力和辛苦付出是不可能的，很多创业活动的初期都是尤为艰难的，这也是创业成功率低的原因。

创业还要承担一定的风险。创业是一项具有很大风险的事业，风险有各种各样的形式，往往取决于创业的领域和创业者的相关资源条件。创业者必须具备胆识、甘冒风险、勇于承担各种不可预测的风险才能完成创业。

创业带来相应的回报。创业最重要的回报就是在创业过程中获得独立自主的品格及随之而来的个人成长和个人价值，包括财富的积累、地位的提升等，这也正是创业者进行创业的动机和动力。

二、创业要素

创业是一项非常艰苦的事业，需要很多前提条件和要素。其中，创业者、机会、组织、资源、价值和创业精神等是创业的重要因素。虽然这些因素对于创业活动并不是完全必要的和必需的，在各种创业过程方式中发挥的作用也是不一样的，但是它们组成了一般创业活动的最基本要素。

（一）创业者

创业者是进行创业过程中始终处于核心地位的个人或团队。创业者是整个创意的主体，是创业意识的发起者、创业目标的制订者和创业过程的组织者，也是创业结果的承担者。创业者往往在创业过程中发挥着积极的领导和推动作用。创业的成败往往取决于创业者的素质、经验和能力，这里包括了创业者的道德品质、意义品质、知识结构、能力水平，心理素养、精力和时间等，这些是一个创业者所必须具备的基本创业条件。

（二）创业机会

创业机会是指创业者可以利用的全部商业机会。商业机会是那些没有被满足的消费者潜在的一些需求，意味着消费者得到更好的产品或服务。创业就是从发现和识别商业机会开始的，这也是所有要素中最基本的。创业者不仅要能够发现机会，还要认知出良好机会，并积极采取创业行动，将其转化为实现价值，这才是一个完整的创业过程。

（三）创业组织

创业组织是协调创业活动的系统，是创业实践的载体，也是资源整合的平台。创业者要努力构建系统的创业型组织，形成以创业者为核心的组织架构和其相关的关系网络。在社会关系网络中，不仅要包括企业或组织内的人员，还要包括企业或组织之外的相关人员；既要有顾客、供应商、经销商、投资者、合作伙伴等，也要考虑到政府官员、社区工作人员等。

（四）创业资源

创业资源是创业过程中的各种投入，包括人、财、物、技术和信息等。创业资源不仅包括如厂房、机器设备等有形资产，还要包括如技术、专利等无形资产；也要包括如个人技能、经营才能等个人资源；又要包括如信息传递、权利影响、情感支持等社会资源。其中，最为关键的三个方面是技术、人力和资金，它们是创业资源要素。

（五）创业价值

创业价值表现为创业者为社会提供优质的产品和良好的服务。创造价值既是一个创业者成功的必要条件，也是一个创业者对社会的巨大贡献。无论是从经济价值，还是从社会价值，价值最大化就是创业者追求的最终目标。通过价值的创造，人力社会的财富才能够日益增多，人们的生活才会变得更加丰富多彩。

（六）创业精神

创业精神也可以称为企业家精神，是指创业者的思想、个性、观念、作风、意志和品格等。创业精神就是将创业意识、创业实践与创业思维结合起来，通过追求各种商业机会，借助创新来满足社会需求，并产生了结果和价值。创业需要创业精神，没有创业精神的创业就会缺乏动力，没有支撑，更不能成功，也更不能称为创业。

三、创业类型

（一）按照创业的动机分类

1. 机会型创业 指创业者把创业作为职业生涯的一种选择，看到有比目前工作计划更好的创业机会而去选择创业。例如，俞敏洪放弃北京大学教师的职业创办了新东方，这类创业活动往往以市场机会为定位目标，创造出新的市场需要或是满足了潜在市场需求。机会型创业可以带动出新的产业发展，但是不加剧现有的市场竞争。

2. 生存型创业 指创业者把创业作为自己不得不做出的选择，创业者必须要依靠创业为自己的发展谋求出路。例如，一些下岗工人创业等。这类创业活动往往是在现有市场上寻找原有的一些创业机会，没有创造出新的市场需求，反而加剧现有的市场竞争能力。

（二）按照创业者的数量分类

1. 独立型创业 指创业者独立的自创企业或组织，表现为独立决策、产权清晰、利润独享、自担风险等，如个体工商户或创办个人独资企业等。这类创业活动的特点就在于企业或组织由创业者自主掌控，按自己的思路去经营和管理。但是由于资源准备相对比较困难，独立型创业的风险很大，容易失败。

2. 合伙型创业 指创业者与其他人进行合作，或者由团队共同创办，表现为集体决策、共同出资、共享收益、共担风险。例如，朋友之间合作创办一个有限责任公司，就是合伙型创业。这类创业活动的特点就是形成了团队合力、共同创业，无形中降低了创业风险。但也极易发生利益冲突和分歧，导致内部管理成本提高、创业失败。

（三）按照创业的项目分类

1. 传统技能型创业 指采用传统的技术和工艺进行的创业。例如，在饮食、酿酒、服装、工艺美术等与人们日常生活紧密相关的传统行业中，传统技能项目占有重要地位，现代技术都无法与之竞争。这类创业由于其具有独特的技术、工艺或配方，拥有较高的市场优势，因此许多传统手工生产方式在国内外仍然保留着，并有着重要的位置。

2. 高新技术型创业 指借助于带有研发性、前沿性的新技术、新产品进行创业。例如，创办生物制药企业、软件公司等就是高新技术型创业。这类创业活动具有技术密集、知识密集、拥有自主的知识产权等显著特点，具有极强的市场潜力和利润空间，非专业人士难以取代。

3. 知识服务型创业 指创业者为社会提供知识、信息服务的创业活动。例如，会计事务所、律师事务所、管理咨询公司等。这类创业投资少、见效快、易于转型。在当今社会，知识更新越来越快，为了满足人们提高效率、节省精力的需求，各类知识服务型咨询机构得到市场认可，并在不断细化和发展。

（四）按照创业的风险分类

1. 依附型创业 可以分为两种情况：一种是依附于大企业或生产链而生存，主要是为大企业提供配套服务，或是在产业链中专门地为某个或某类企业生产零配件、包装材料等；另一种是加盟连锁的形式，使用特许经营权，充分利用好品牌优势和成熟的经验模式，以减少创业企业的各种风险，如利用麦当劳、肯德基等。

2. 独创型创业 创业者往往是通过有创造性的产品或服务，进一步来填补市场需求的空白。它的特点是独创性，既要有内容，也要有形式；既能大到商品整体，也可小到某种技术或某类服务等。由于消费者往往对新事物都会有一个接受的过程，独创型创业具有一定的风险性，要引起注意。

（五）按照创业者的身份分类

1. 自主型创业　指创业者是企业的创始人或者事业的发起者，创业者必先从策划到实施、从企业或组织的组建到管理运行都要负担起主要责任。自主型创业者一般都是指企业或组织的法人代表或是直接创造劳动岗位的人。自主创业者应该既是创业大军中的中坚力量，也是促进经济社会发展的重要推动力。

2. 岗位型创业　指在本职岗位上进行工作创新、技术创新、管理创新或新产品开发。岗位型创业与自主型创业的区别就在于它虽然不创造劳动岗位，但是能够使已有的劳动岗位变得更有价值。岗位型创业者组成了创业大军的主体，是人数最多的创业队伍，也是主体部分。

四、创业与创新的关系

瑞典管理学家 Kaj Mickos 认为：“创业不是创新，创新也不是创业。创业可能涉及创新，或者也并不涉及；创新可能涉及创业，或者也并不涉及。”

（一）创新是创业的手段

创业者需要通过创新才会使所创办的企业得以生存、发展并保持持久的生命力。尤其是我们大学生创业，更需要的是有创新精神、创新思维、创新意识、创新技能、创新品质，如果没有创新，整个创业就会土崩瓦解。

创新是创业者实现创业的重要一环，创业者通过创新实现自己的创业目标，而且创业者也要通过创新展现创业精神，创业精神既是创业者们必须具备的品质，更是创业者的一种内在精神品质，也是创新的一种具体体现。

（二）创业是创新的载体

创新是对人的发展的一个总体把握，创业着重体现了人的价值。仅仅具备创新精神还是不够的，它仅仅为创业成功提供了一些可能性和必要的准备，但脱离了创业实践，缺乏创业能力，创新精神也就成了无源之水、无本之木。创新精神的意义只有在创业实践活动时才能有所体现，也才会促进创业的成功。

（三）创新与创业要相辅相成

没有创新，创业不会发展；没有创业，创新更无从谈起；创新与创业是密不可分的实践活动。在创业过程中、新产品的开发、新市场的开拓、新管理模式的推行、新材料的应用等都要有创新思维作为先导。因此，没有创新思维，就没有办法创新事业。没有创业实践，创新意识也无法转换为新产品，创新也就失去了意义。创新是源于对知识的掌握，而不是凭空想象。创新与创业相辅相成、无法割裂、相互促进。

五、创 业 教 育

（一）创业教育的概念

创业教育主要从两个方面进行概括。一是进行从事事业、商业、企业等规划、活动、过程的教育；二是进行事业心、进取心、开拓精神、探索精神、冒险精神等心理品质的教育。它整合了创造教育、创新教育、素质教育、职业教育等教育理念，是集各种教育之合力的一种崭新的教育理念。

1989 年，联合国教科文组织在“面向 21 世纪教育国际研讨会”上正式提出了“创业教育”的概念。把创业教育分为广义和狭义两种。广义上，创业教育是培养具有开创精神的个人，它不仅对于创业的人，也对于拿薪水的人同样重要，因为用人机构越来越重视受雇者的首创、冒险精神，技术、社交、管理技能及创业和独立工作能力。狭义上，创业教育就是指进行创办企业所需具备的创业意识、创业精神、创业能力、创业知识及实践活动的教育。

（二）国外创业教育的理解

美国考夫曼基金会认为，创业教育是指人们通过概念和技能，辨别他人忽略的机会，具备洞察力、自我评估能力和知识技能，在他人犹豫不决时果断行动的过程。它包括机会辨别、资源整合以应对风险、创建企业等多方面的教育，也包括商业管理动作过程中的教育，如资本开发、商业机会、市场营销和资金流动分析等。

美国的迪蒙斯教授认为，学校的创业教育不同于社会上的以解决生存问题为目的的就业培训，更不是一种速成班教育。真正意义上的创业教育，应该是着眼于为未来几代人设定好的创业遗传代码，以造就最具有革命性创业一代作为其根本的价值取向。

世界经济合作和发展组织的专家柯林博尔指出，未来的人应该掌握的“教育执照”(图 1-1)。

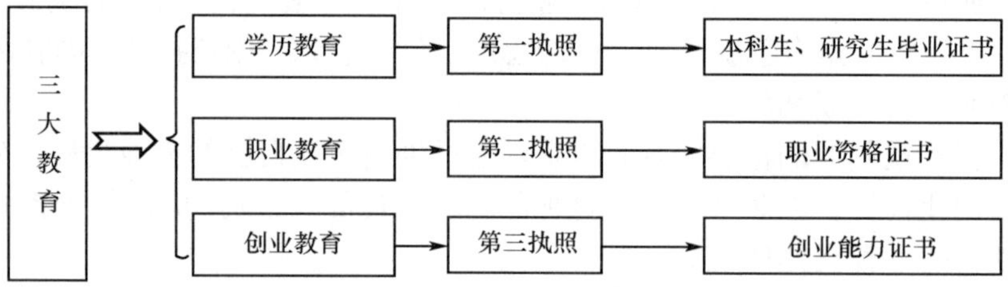

图 1-1　教育执照

（三）我国创业教育的理解

在《创业教育学》中，认为创业教育是以开放和提高青少年的创业基本素质，培养具有开创个性的社会主义建设者和接班人的教育，是在普通教育和职业教育的基础上进行的，采取渗透和结合的方式在普通教育和职业教育领域实施，具有独立的教育体系、功能和地位。

创业教育就是以提高大学生的创业素质和修养为核心的创业素质的教育，是当今高校实施的素质教育的重要有机组成部分。创业教育也是一项重要的系统性工程，要具有终身教育的特征，必然会伴随着创业者的创业及其企业发展而发展。

六、大学生创业

（一）大学生如何创业

目前，创业大军主要是由大学生群体组成。近年来，大学毕业生人数逐年增加，就业压力和竞争压力也随着不断增强，很多毕业生都选择了创业之路，以希望能有更好的发展。

1. 大学生创业应具备的条件

（1）经验：大学生往往对社会缺乏了解，容易陷入误区。因此，必须在创业前做好充分的准备，通过能利用的各种途径、方式积累相关的管理、营销经验，提高创业成功率。

一是加强学习，增加见识。学生在课堂上学习到的专业知识，是创业点滴理论基础。在课余时间拓展学习，通过图书馆、网络等学习，补充关于管理类、财务类等创业相关知识，完善自己。

二是与人交流，吸取经验。通过与他人交流，尤其是有创业经营的人，大学生能够吸取创业经验和技巧。大学生也可以通过亲朋好友或是参与企业家交流活动等，吸取创业经验。

三是重视实践，提升动手与参与能力。创业实践是大学生学习创业的最佳途径。但是对于大学生而言，由于经历、能力和资本都存在不足，直接进行创业很困难，可以通过创业实践增长经验，锻炼创业能力，积累一定资金，为毕业后的创业路做好物质和精神准备。此外，大学生可以积极参加各类大学生创业大赛或兼职打工等，通过切实的经历来不断累积创业实践经验。

（2）资金：如果没有资金，再好的创业也会难以实现。资金是大学生创业必须具备的因素，除了银行贷款、自筹资金等途径，还要充分开发和利用一些新型的渠道。

资金可以从以下几个方面进行准备：可以开始按周、按月存钱，这样有助于养成勤俭节约的好习惯，为以后创业打理公司带来很大的益处；另外，给自己适当增加一些压力，不断朝着创业目标靠近，现在小压力，为以后承受更大的压力打下基础；要养成艰苦朴素的优良作风，要学会吃苦耐劳，因为创业都是吃苦奋斗的，要养成相应的意志品质。

（3）技术：用智力换资本是大学生创业的基本特色。风险投资家就是因为看中大学生掌握的技术而对其进行投资。因此，大学生们应注意技术创新，开发具有独立知识产权的产品，拓展专业领域。

大学生创业要有经受挫折的勇气。大学生创业的成功率很低，既然选择了创业这条路，坚决不要丧气，要有屡败屡战的勇气，才能取得成功。大学生创业要有大局意识。创业是做大事，不能只顾眼前利益得失。大学生由于经验和经历问题，只看到了眼前的得失，应该想到做得好与不好都是暂时的，眼光要看得长久一点，思考要远一点，不因短暂的收益而沾沾自喜，也不因短暂的失败而丧失斗志。

2. 选择合适的创业项目　在选择创业项目时，需要根据自身的实际情况，综合各种因素，权衡比较分析，即要清楚地了解自身的优缺点，给自己进行一个定位后，再进行项目选择。

（1）项目本身是否可行：是进行创业成败的关键所在，如果项目本身不可行、不科学，即使我们付出再大的努力也还是会失败。我们在选择项目时，需要大量的检索资料和进行市场调研，要对其内容进行比较分析，然后再通过系统地论证后做出决定。

（2）问题是否能够解决：创业活动肯定会存在问题，创业的过程本身就是一个不断解决问题的漫长过程。如果所选择的项目中所存在的问题自己根本无法解决，那么这样的项目就不能选择。因为选择了这样的项目，创业活动也往往会半途终止，这只会给自己和创业团队带来损失。

（3）是否有独立的发展空间：如果项目科学可行，但没有独立的发展空间的话也是不能采用的。项目不能独立发展，就必然会有残酷的竞争，即使经过努力能够争取到一丝立足之地，其结果也往往是得不偿失。

（4）是否存在市场：在选择创业项目时，如果其他条件都能够达到，但必须要看生产出来的产品有没有市场，没有市场的项目是不能选择的，一定要选择那些安全可靠、物美价廉、产品质量达标且有市场的项目。

（5）是否具有持续发展：很多产品的寿命周期非常短，也就是一阵风，市场很快就会饱和，不再需要。市场一定要有源源不断的需求，最好是能够反复重新消费的商品，必须要选择这样的项目才可以持续发展。

3. 制订完整的创业计划 做任何事情，不打无准备之仗，方能立于不败之地，因此都要有一个完整的计划。在创业初期，大学生一定要有一个系统、完整的创业计划，以好好规划自己的创业道路，要把自己具体的创业想法落到详细的计划书上，而不是简单地想到什么就什么，没有计划，创业是不可能成功的。

美国小企业协会（SBA）通常会建议创业者拟定一个 3～5 年的详细运营商业计划，通常包括如下几个部分。

执行摘要：描述公司的创业使命，如公司的启动时间、业务、产品、服务、发展计划和财务状况……任何与公司有关的亮点都要在执行摘要这个部分描述清楚。

公司简介：描述公司的业务目的及产品和服务是如何满足市场需要的。

市场分析：主要针对目标市场的人口统计数据、目标市场规模及期望获得多少市场份额进行调查分析，提升还需要深入了解、研究行业内竞争对手的现状和情况。

组织结构：清晰地勾勒出公司的政治框架图，对每个员工的岗位及各种职责进行阐述。

产品或服务：详细描述公司提供给客户或者消费者的产品及服务是什么，并详细介绍产品的研发计划及任何与专利或者版权有关的内容。

市场营销战略计划：主要包括市场的渗透计划、业务增长策略、分销渠道及客户沟通的计划等。

销售计划：主要包括是否会聘请销售人员、销售人员的薪酬结构及公司的具体销售活动规划等。

融资需求及财务预测：详细介绍现阶段的资金情况，以及未来的资金需求、融得资金后如何安排这笔钱。对于公司未来的规划需要明确提出来，如是否会出售公司、是否会合并或重组等。

附录：这部分可有可无，如果有，则主要是添加一些推荐信、建议、个人信用报告、企业信用报告、经营许可证或者其他相关法律文件。

（二）大学生创业方向

创业对于缺少经验、能力和资金的大学生而言，绝不是“遍地黄金”，往往存在着失败的可能。因此，大学生创业必须要根据自身特点，找准合适的创业方向，才能获得成功。

1. 高科技领域 目前，高科技领域是比较受大家关注的一个创业领域，对于受高等教育的大学生而言，这无疑是最为便利的领域，有着较大的优势。

但并不是所有人都适合在此领域创业，因为高科技要求大学生必须拥有较为深厚的专业知识和技术。在创业过程中，当遇到某项技术问题和瓶颈时，就需要能够找出解决办法，否则只是心有余而力不足，很难完成创业。为了增加高科技领域创业的成功概率，大学生应该一方面积极参加各类创业大赛，增长见识；另一方面要做好专业知识储备，确保专业能力。

2. 智力服务领域 是指智力含量比较高的服务行业或者智力密集型服务业，是相对于劳动密集型服务业或资金密集型服务业而言的。一般按照服务形式划分，分为两大类。

一是典型的智力服务行业。从事典型的智力服务行业时几乎不用任何固定资产和流动资金的投入，几乎完全依靠的是智力。例如，信息服务业、咨询服务业、策划服务业、中介服务业、评估服务业、认证服务业、调查服务业、设计服务业、律师服务业、会计服务业、鉴定服务业、意识服务业、报关服务业、翻译服务业、文学服务业、导游服务业及婚庆服务业等。

二是非典型的智力服务行业。非典型的智力服务行业一般需要一定的专业设备的投入。这些服务业的生产要素仍是以智力为主，而不是资金或体力，如电视服务业、医疗服务业、会展服务业、摄影服务业和照相服务业等。

大学生在智力服务领域会有很大的优势，因为其成本较低，非常适合大学生进行创业，往往有一张桌子和一部电话就可以创业。大学生充分利用高校自身的教育资源，比较容易赚到自己的“第一桶金”。

3. 连锁加盟领域 是较为容易的创业模式。连锁加盟则可借助其连锁加盟的品牌、技术、营销和设备等优势，减少投资，降低门槛，更快速地实现大学生的自主创业。

一般来说，大学生创业者因为资金实力较弱，因此在选择时，应注意选择人员配置要求不高、启动资金低的项目，从小本经营开始初始创业。另外，在选择加盟商时，一定选择运营时间长、经验成熟的品牌，能最大限度地降低加盟风险。

4. 自己开店创业 目前，开店一种是开实体店，另一种是开网店，而网店中又有淘宝店和微店等。开网店对于大学生来说投入相对更低、更容易实现。大学生开实体店创业也有非常大的优势，要充分利用高校的学生顾客资源，大家都是同龄人，能比较了解这个群体的消费习惯，在项目选择上更容易选择到受大家欢迎的项目。最好选择学校周边的店址，这样更能占据地理优势，还可以通过学校的社会活动等来吸引客户，扩大影响力。

（三）大学生创业问题

据统计，大学生创业成功的不到 10%，大部分都失败了，为什么大学生创业成功率低？大学生创业都存在哪些问题？

1. 资金短缺 资金是创业的重要因素，对于许多大学生而言，缺钱是重要的制约因素。注册企业要钱，开拓市场要钱，找场地要钱，招聘人才要钱，研发产品要钱……创业初期处处要钱，但是学生的资金是极其有限的，往往会捉襟见肘。目前，国家为了解决此问题，出台了各种政策来扶持和鼓励大学生创业，因此大学生可以考虑通过申请创业贷款、创业扶持金等方式创业，从而将创业继续延续下去。

2. 缺乏机会 机会决定了创业的成功概率，缺乏机会则创业往往会夭折。因为找不到创业方向，大学生面对创业会很迷茫，导致创业的失败。要解决这个问题，大学生除了不断地提高自身的创新、创造能力外，可以从以下几个方面着手加强。

一是热爱生活、关注生活，创新也是源于生活的灵感，会让你发现机会。二是大学生在日常生活中要有意识地观察和思考一些问题，通过这种强化的自我训练，可以提高观察能力和灵活性。三是参加一些创新能力的培训班，不断对自己提出新挑战，在创新中提升，在提升中创新。四是要养成思考的习惯，遇到问题要从多方面考虑。

3. 经验不足 大学生一直都在学校读书，虽然有理想、有抱负，但毕业后就创业只能是“纸上谈兵”，对复杂多变的市场缺乏相关经验与知识，很容易误入歧途。因此，如果是没有经验的大学生，不妨先就业，在工作的过程中不断学习，进行经验积累，为今后创业打下基础。大多数创业成功的人，都是在就业 3～5 年后才开始创业的。

4. 缺少勇气 因为“缺金钱、缺经验、缺机会”，使得相当一部分的大学生空有创业心，没有实际的勇气。在创业过程中，经验可以积累，金钱可以筹备，机会总会出现，但必须要鼓足勇气，创业才能成功。

（四）国家创业扶持政策及大学生创业优惠政策

国家为了鼓励大学生创业，出台了相关的创业扶持政策。大学生们应该好好把握这些优惠政策，利用和使用好优惠政策，得到更多的好处和便利，可以为自己的创业之路铺就便利之路。

1. 创业扶持对象 在国家的创业扶持政策中规定，本市户籍具有创业愿望且具备创业能力的城乡各类人员，均可得到有针对性的创业培训和创业服务等政府扶持。其中，国家重点扶持的是大中专（技、职院校）毕业生、退复转军人、留学回国人员、登记失业人员、持“就业失业登记证”或“再就业优惠证”人员等。

2. 创业场地政策 在符合法律法规规定的条件、程序及合同约定的情况下，允许大学生将家庭住所、租赁房和临时商业用房等作为创业经营场所，尽可能地让创业者在创业过程中降低成本。此外，还有专为创业人员提供创业场地的机构或组织，如大学生创业孵化基地及创业园等。

3. 创业培训政策 根据我国的政策规定，已进行城镇登记失业且具有创业意愿的人员，可免费参加一次由劳动就业部门组织的创业培训和职业技能培训。创业人员在开始创业之前，如果能具备一些创业知识和基本技能，将更有利于创业的进行。

4. 注册登记政策 大学生在毕业后两年内自主创业，到创业实体所在地的工商部门办理营业执照，注册资金（本）在 50 万以下的，允许分期到位，首期到位资金不低于注册资本的 10%（出资额不低于 3 万元），一年内视缴注册资本追加到 50%以上，余款可在 3 年内分期到位。凡高校毕业生申请从事个体经营或申办私营公司的，可通过各级公司部门注册大厅“绿色通道”优先登记注册。其经营范围除国家明令禁止的行业和商品外，一律放开核准经营。

5. 创业贷款政策 创业人员可按规定申请小额担保贷款，从事个体经营的额度一般为 5 万～8 万元，合伙经营实体或小公司吸纳创业人员达到一定比例后，可按人均 5 万元计算申请小额担保贷款，贷款总额在 100 万元以内。一年期还本付息后，政府给予全额贴息。高校毕业生在电子商务往来平台开办网店，可享受小额担保贷款和财政贴息政策。同时，各银行金融机构将根据高校毕业生创业实际需求的特点，积极探索和创新金融产品及服务方式，降低贷款门槛，优惠贷款审批流程，提升贷款审批效率。

6. 创业税费减免政策 国家在大学生创业优惠政策中针对税收方面做出如下规定。一是凡高校毕业生从事个体经营的，自当地工商部门批准其经营之日起一年内免交税务登记证工本费。二是大学毕业生创业新办咨询业、信息业、技术服务业的公司或经营单位，提交申请并经税务部门批准后，可免征公司所得税两年。三是大学毕业生创业新办从事交通运输、邮电通信的公司或经营单位，提交申请并经税务部门批准后，第一年免征公司所得税，第二年减半征收公司所得税。四是大学毕业生创业新办从事公用事业、商业、物资业、对外贸易业、旅游业、物流业、仓储业、居民服务业、饮食业、教育文化事业、卫生事业的公司或经营单位，提交申请并经税务部门批准后，可免征公司所得税一年。

针对大学生创业，不同的地方也各自推出了与地方经济发展情况相适应的优惠政策，准备创业的大学生在国家扶持政策的大前提下，还应该详细咨询创业所在地关于大学生创业的特别规定，从而使自己的创业能获得更多更大的便利。

思考题

1. 大学生应该如何看待创业？
2. 大学生如何进行创业？怎样解决创业过程中存在的问题？

第三节　医学生与创新创业的关系

一、医学生创新创业教育的特点

（一）我国医学教育的特点

我国医学院校一般是包含医学专业学科的综合性大学，或者是以医学专业为主的二级本科院校或专科学校。但是医学专业的课程设置及人才培养方案有很多相似之处——医学专业学制长、门类多、课程紧。

1. 医学教育是一门综合性学科教育　在高等医学教育中，医学专业的人才培养过程一定要有其他学科的教育资源参与才能系统地完成。因此，在医学教育中，综合各学科是极其重要的因素。

2. 医学教育是终身教育　医师正所谓是要做到老学到老，永无止境的，这是由于该专业的服务对象和服务任务的特殊性所决定的，因此医学教育不仅仅是学校教育，要延伸到医师的职业全过程。

3. 实践是医学教育的重要环节　在医学教育过程中，实践教学占有非常重要的位置。理论知识的产生，是实践和总结的升华，医药卫生事业重要的社会服务功能更多地体现在实践和应用过程中，因此医学教育是离不开实践过程的。

4. 职业道德培养是医学教育的重要支撑　由于医学教育的特殊性，在医学生培养过程中非常重视职业道德教育。在医学教育中始终贯穿着以医学生誓言为起点的医学伦理和医师职业道德教育，形成了对医师和医学生终身的约束和定位。

5. 医学教育是精英教育和高成本教育　人的生命和生存是至高无上的权利，因此医学教育必须是一个高水平、高质量的精英教育，也必然属于高成本教育，只有高投入，才会有高质量的医学人才培养。

（二）医学生创新创业教育的特点

创新创业教育不是放之四海而皆准，由于区域经济社会发展的不均衡性和文化传统的差异性，我国高校创新创业教育也具有较强的差异性，对于不同类型、不同区域和不同层次的高校，需要主动探索适合其自身特色的创新创业教育体系。医学院校因其专业的特殊性，其创新创业教育必然有着特殊形式，也凸显了高校创新创业教育的普遍性与特殊性。

1. 教育目标的现代转型　2009年《中共中央国务院关于深化医药卫生体制改革的意见》中明确揭示了“新医改”的到来，对医学教育提出了新的要求和标准。今后，医学生应具有服务基层的思想、法律意识、责任意识和全科医师的意识。因此，医学生创新创业教育要与其相配合，向全面教育培养而积极转型。

2. 职业发展的定位需求　医学生未来的职业主要是在医疗单位，其职业要求具有极强的专业性。因此，在对医学生进行创新创业教育过程中，更为重要的是创新教育，需要鼓励学生树立创新思想和创新意识，帮助自身在今后的职业生涯中能有突破和创新。而对于创业，则侧重鼓励学生要拥有创业精神，并能结合医疗卫生事业拓展相关领域，发展具有专业特点的创业模式。

3. 学业特点的教育模式　医学教育有时限长、学习任务繁重、学习压力大等特点，本科生专业学习所占比重大，对于素质教育学习精力有限。因此，医学生创新创业教育更需要与实践相结合，通过灵活多变的教育教学形式，寓教于乐，让学生在轻松的氛围中感受创新创业教育，以达到良好的教育效果。

二、医学生创新创业教育的现状

2012年，教育部办公厅下发《普通本科学校创业教育教学基本要求（试行）》的通知，要求在普通高等学校开展创新创业教育。近几年来，医学生创新创业教育取得了一定的突破，但在某些方面仍然存在一些问题。

（一）医学生创新创业教育与管理的意识不强

1. 医学院校对创新创业教育重视程度普遍不够 我国的创新创业教育起步比较晚，在教育事业的整体发展中处在落后地位，医学院校的创新创业教育课程更是处于摸索阶段。同时，由于医学院校的专业性导致了就业观念的固化，到医院工作被医学生视为必需的选择，导致了创新创业教育意识不强。实施科教兴国、人才强国战略、建设创新型国家，这些的关键在于创新型人才的培养。而创新精神则是创新型人才培养的重中之重，是开展各种创新活动的必要要素。只有具有高度的创新意识、创新精神才能有所创造、创新，因此医学生的创业意识是创新创业教育必须要突破的重点。

2. 医学生创新创业教育管理意识淡薄 在医学院校的传统教育教学管理中，创新创业课程建设和管理存在较大问题，差异也较大。有的学校虽然已经纳入教学管理体系，但是具体隶属与具体操作较为混乱；有的学校甚至还未纳入学校的统一课程管理体系。有的学校把创新创业教育作为大学生就业指导的一个简单的组成部分；有的学校将创新创业教育放在各个二级学院完成；而大部分学校则采用了隐性教育形式进行创新创业教育，很少突出和强调创新创业教育的重要地位。同样在其评价机制上，也缺乏规范性和系统性。这些问题无疑使创新创业教育不能很好地发挥其应有的作用，也不可能引起学生们的重视。因此，创新创业教育的管理问题已经是医学院校进行创新创业教育必须要解决的重要内容。

（二）医学生创新创业教育内容与教学评价体系不完善

1. 创新创业教育是培养人的创新创业思维、创新创业意识、创新创业技能等各种综合性素质，并使人掌握一定的创新创业能力的教育。因此，其课程设置必须要注意增强知识的广泛性。我国医学生创新创业教育由于发展不够完善，出现知识面偏窄，如经济常识、企业与人力资源管理、心理学常识等必备知识的教育缺乏，阻碍了医学生关于创新创业综合知识的掌握。

2. 创新创业教育与专业教育分离。目前，我国医学院校的创新创业教育与专业教育呈现分离现象，创新创业教育是单纯地讲授创新创业，并没有与专业进行紧密结合，这种脱节必然会导致医学生在创新创业能力上不能得到有效培养，缺乏医学专业特点。

3. 在医学院校的教学体系中，考核方式单一。由于考核方式的相对单一固定，对教学效果无法做出有效、准确的判断评价，适用于专业学习的考核方法往往不适合创新创业教育的考核，难以准确考察学生创新创业的真实知识水平和实践能力。

（三）缺乏具有创新创业教育实践能力和经验的专职教师

医学院创新创业课程的任课教师大多数有一些创新创业的基本理论和相关政策知识，更多的是富有大学生就业方面的管理经验。然而，对学生创新创业能力的培养，需要的不仅仅是教师理论知识的广度和深度，往往更需要教师在创新和创业方面的经验。

一般情况下，教师在经历了个人的学习和成长之后，积累了一定的学术能力和经验，这对大学生创新意识和能力的培养是有益处的，然而更为重要的是关于创业精神和创业意识的培养，教师必须具有一定的创业经验作为支撑。而这个问题，对于教与学来说，都是非常重要的一个环节。恰恰在我们的教师队伍中，很少有老师有类似的经历和经验，这对传授医学生创新创业教育的实践经验来说，存在严重不足。

（四）政府政策支持和相关制度管理不到位

近几年来，国家对大学生创新创业的重视逐年提升，许多新政策的出台也面向创业者进行倾斜，但关于医学生创业相关支持政策还不足。一般来说，医学生创业方向有医疗行业和非医疗行业。首先，医疗行业创业资本需求巨大，引进人才也是一大难题，这不是刚毕业的学生能够完成的。其次，医学生从事非医疗行业的创业时也存在着项目选择、创业启动资金、风险评估、创业政策咨询和技术指导、跟踪扶持、风险资金保障等问题，这些问题无形中束缚着医学生进行自主创业，使其举步维艰，难以成功。

三、加强医学生创新创业教育的必要性

创新创业教育是当代对医学人才的新需求。创新创业是人的自我实现与自我超越，创新创业教育则毫无疑问地成为了培养大学生终身学习、创造、洞察力、想象力、实践、对不确定环境的适应等一系列综合能力的最佳手段。

（一）适应医疗事业改革的需要

医学生是医疗行业未来的建设力量，要将个人理想与社会进步结合，将个人利益与集体利益结合，实现人生价值。随着我国人口老龄化趋势日益明显，医疗问题已成为国家关注的焦点问题，消除了非公立医疗机构的发展障碍，开放了社会办医的发展政策。在当前医学人才培养模式下，高校勇于探索发展道路，通过创新创业教育，积极挖掘和培养创新型医学人才，为医疗行业改革持续发展开辟了人才路径。

（二）深化医学教育改革，培养创新人才的需要

《中共中央、国务院关于深化教育改革全面推进素质教育的决定》将培养学生的创新精神和实践能力作为实施素质教育的重点。创新创业教育是以培养具有开拓性的人为目标的教育，对培养个人的创新精神和创业能力、开拓精神和事业心，以及社交、管理等在内的综合实践能力的培养是无可替代的。在就业竞争日益激烈的今天，社会对大学生的需求也更靠向对大学生综合素质的要求，医学生无论就业方向是否是医疗行业，创新精神和综合实践能力则是提高个人社会竞争力的主要条件，也是未来人生发展所需的首要素质。

（三）拓宽就业渠道，解决医学生就业问题的重要途径

目前，随着我国医学院校招生规模的扩大，同时医疗卫生单位不断提高对医学人才的需求层次，本科生在现有的医疗行业的需求已经饱和，就业形势极为困难。国家卫生和计划生育委员会（国家卫计委）公布了《关于建立住院医师规范化培训制度的指导意见》，在全国各省也已全面启动了住院医师规范化培训工作。其使得医学毕业生成为临床医师的条件和成本再次提高，就业压力增大。医学生创新创业教育则可缓解这一问题，其培养学生的创新思维和创业能力，向学生传播创业精神、训练创业能力，为医学生就业开辟了一条全新的出路，为医学生提供了全新的空间，在很大程度上解决了医学生的就业难题。

（四）推进医学院校“产学研”一体化进程

我国高校在积极提升原始创新能力，并同科研机构、企业开展深度合作，推动“产学研”一体化。医学院校作为科研、知识生产的重镇，通过开展创新创业教育，营造了创新创业意识和氛围，有利于科技成果的转化及“产学研”一体化的推动。在知识经济时代，能够达到“产学研”一体化是学校全面发展的重要标志。

四、创新创业教育与“卓越医生教育培养计划”的融合

“卓越医生教育培养计划”是由教育部、卫计委提出的关于如何培养适应我国医药卫生发展的高水平医学人才的指导性文件，该计划已成为加快推进临床医学教育综合改革，创新人才培养模式的重要措施。医学院校在培养卓越医学生的过程中融入了创新创业教育，既体现了两者的紧密性，也对其各自内涵给予了丰富和补充。

（一）创新创业教育与“卓越医生教育培养计划”融合的现实意义

1. 创新创业教育与“卓越医生教育培养计划”的融合是对时代呼唤的有力回应。推进“大众创新、万众创业”是党中央、国务院做出的重要战略部署，是国家实施创新驱动发展战略的必由之路。我们正处于一个呼唤改革和创新的时代，拥有广阔的舞台。创新型人才早已成为国家经济发展的可靠保障，向国家发展提供强大的人才支撑，医学院校培养卓越医学生的过程也是其中重要的一个步骤。医学人才属于社会高级人才，以医学生为代表的青年人身上蕴藏着无穷的智慧和活力，每个医学生应紧跟时代潮流，抓住宝贵机遇，做一名弄潮儿，实现自己的人生价值。

2. 创新创业教育与“卓越医生教育培养计划”的融合是还原医学教育本质的需要。与专业知识教育不同，创新创业教育要求侧重创新意识的培育，强调对人的能动性的开发。现行高等教育体制一直存在对学生创新精神和创业能力培养不足的问题，而这一弊病在医学院校尤为突出。医学生们更擅长用死记硬背来应对考试，缺乏创新意识和能力。在创新创业教育中，学生的创新思维如能得到肯定，学生的学习主动性会被大大地激发，能更好地实现“知行合一”。医疗技术的进步要求医学创新人才青出于蓝而胜于蓝，推动医学发展更需要创新型医学人才。在医学教育过程中加入对创新思维的引导可以帮助医学生更好地树立“健康所系、性命相托”的人生信仰与职业追求，真正还原医学教育的本来面目。

3. 创新创业教育与“卓越医生教育培养计划”的融合是实现医学生自我价值的内在驱动。目前，卓越医学生的标准被定义为拥有高尚的品德、系统的医学知识架构、对生命科学的执着和为医学事业奋斗终身的决心。古往今来，人类对生命的探索从未停止过，医学生面对着社会的重托，要做好应对各种挑战的充足准备。创新创业教育正是对学生自立、自主、自强素质的激发，有利于帮助医学生树立正确的认识价值取向和幸福追求方式。医学生要书写爱国情怀、彰显医学使命、实现自我价值，正是通过创新创业来实现的。

（二）创新创业教育与“卓越医生教育培养计划”融合的举措

1. 明确定位，理顺体制机制。开展创新创业教育是一个系统性工程，学校要整合校内资源，凝聚校外资源，形成分工协作、内外联动的创新创业工作机制。“培养卓越医学生”的终极目标是“实现医学生的全面发展”。医学院校需要根据自身条件，制定出一整套“行之有效，用之可靠”的创新创业教育体系，重视创新创业教育。

2. 增强认同感，破除思维方式。我们要清楚地认识到医学院校不仅是培养未来职业医师

的场所，也是培养创新创业人才的“孵化器”。医学最忌讳知识的僵化记忆、墨守成规、故步自封，学生要努力克服自身惰性，倡导在实践中创新、在创新中实践的理念，锤炼出常境中不平庸、顺境中不自满、逆境中不屈服的意志品质。

3. 内外联动，构建科学的创新创业教育课程体系。医学专业是一门实践性很强的科学，医学院校要积极打造创新创业为内涵的第二课堂。医学生要特别重视临床见习和实习阶段，尽早接触临床以能帮助学生真正感受医学魅力，体悟到医师职责。学校要同医院共同建设出高水平的临床实习基地，要完善与政府合作、与行业协会合作，积极引导和组织学生参加社会实践，提升学生的创新性思维和科研能力，实现学科间的互补，全面激发大学生的创新创业热情。

4. 依托“多元化”，弥补专业师资短板。学校要站在全面提高医学人才培养质量的高度，制订出较为完善的创新创业师资队伍建设规划和相应的配套制度，创造一个开放、包容、治学严谨的校园文化氛围，是医学院校培养创新型人才的保障和支撑，将创新创业的种子根植在每位医学生的心中，使学生成为创新创业教育的受益者。

思考题

1. 为什么医学院校要进行创新创业教育？
2. 医学生进行创新创业的特点是什么？

第四节　创新创业教育

一、创新创业教育的产生与发展

（一）创新创业教育的产生

创新创业教育最早出现于 20 世纪 40 年代的美国。1947 年，哈佛商学院率先为 MBA 学生开设了“新创企业管理”课程，后来这被一致认为是大学开设的第一门创新创业学课程。

随着美国社会经济增长模式的变化，出现了以高科技、创新为主导的中小企业的迅速发展，促进了社会经济的飞速增长，美国正面临着一场“创业革命”，随之而来的是“创新创业教育”。于是，百森商学院开始尝试开设创新创业教育课程，以培养适应社会需要的创业型人才。1968 年，百森商学院第一个在本科教育研究中心开设了“创业方向”课程；之后 1978 年，又成立全美第一个创业教育研究中心。

从 20 世纪 80 年代至今，经过几十年的发展，创新创业教育已经逐渐成熟，形成了一个完整的体系，创新创业教育内容涵盖了从小学、初中、高中，直到大学研究生教育的全部教育过程。

随着创新创业教育的兴起和发展，其对经济的促进作用也日益明显，并被各国所接受认可。美国、英国、法国、德国、日本、新加坡等国家就十分重视创新创业教育，这些国家已经进入了一个成熟的发展阶段并形成了完整的教育体系。包括中国在内的许多发展中国家，也认识到创新创业教育的重要性，正逐渐将创新创业教育纳入到教育体系中来，纷纷效仿，并结合自身实际在高等教育体系中大力推行。

（二）国外创新创业

1. 美国大学生创新创业教育

（1）教育模式：美国大学生创新创业教育的模式基本上有两种：聚焦式创新创业教育和普及式创新创业教育。聚焦式创新创业教育是指仅在 MBA、商务、工程等个别专业的学生范围内开始创新创业类课程，而不面向全体学生；普及式创新创业教育则是面向所有专业的全体学生开设创新创业类课程，而并不仅仅局限于几个专业领域的学生。

普及式创新创业教育又可以分为三种模式：磁铁式创新创业教育、辐射式创新创业教育和混合式创新创业教育。磁铁式创新创业教育是通过特定的院系（一般是商学院）面向全体学生开设创新创业类课程，吸收各个院系和专业的学生参加，这种模式具有“提高主体单一”、“教学资源集中”的特点。辐射式创新创业教育则是通过不同的院系，面向本院（系）的学生开设创新创业类课程，这种模式具有“提供主体多元化”和“教学资源分散化”的特点。混合式创新创业教育就是在一个学校内，其创新创业教育项目的一部分是普及性，即面向全校学生，而另一部分是聚合性，主要集中于商业、工程等专业的学生，是一种专业教育和普及教育的综合。

（2）教育特点

1）以非功利性为目标：在美国，创新创业教育是要“通过培养创业意识、了解创业知识、体验创业过程，使大学生具有能像企业家一样的行为，具备从事专业志愿所需的知识、技能和特质”，主要来培养学生的创新思维、创业意识和创业精神。

2）具有专职教育机构：美国高校一般都设有专门的创新创业教育机构，负责创新创业教育的教学、组织和管理及理论研究，高校重视创新创业教育，其高层管理者都在机构中担任要职。例如，百森商学院院长、教务长、研究生院长都是创新创业教育领域的全球著名的学者。

3）强化师资队伍建设：美国高校不仅重视教师的理论水平，而且特别关注其实际经验。很多企业家、创业者都是创新创业教育的导师。例如，斯坦福大学的“创业管理”课程由校内教授和企业客座教授共同授课。

4）系统化的课程体系：在美国，已经实现了系统化的创新创业教育的课程，涵盖了创业构思、融资、设立、管理等多方面理论知识，要有几十门课程，形成了完整的课程体系。

5）重要的实践活动：创新创业实践是美国高校非常重视的，经常组织各种创新创业实践活动，如商业计划大赛、创新思维竞赛、创业交流会等，学生参与热情高涨。

6）资金筹集便利：美国出现了许多支持创新创业教育的基金会，这些基金会每年都以商业计划大赛奖金、论文奖学金等多项奖金和捐赠的形式向高校提供大量的创新创业教育基金。

2. 英国大学生创新创业教育

（1）教育模式：英国大学生创新创业教育的模式主要有三种，完全一体植入（优化）模式、大学领导的中介模式和利益相关者推动的外部支持模式。

完全一体植入（优化）模式主要是指在整个学校普及创新创业教育中，所有院系采用终身学习的方式，所有部门和学科参与其中，重视设置跨学科的教学和学位中心，所有院系鼓励研究开发活动，在校办企业中实行开发知识产权和投资的方式，培训院系师资来开发和提供创新创业课程等。

大学领导的中介模式是指设置与学校关系更为密切的校属专业化中心，使利益相关者成为中心的合作伙伴，使工作人员保持对外部利益相关者的开发，接纳愿意从事创业的人员进入部门工作，鼓励科技园区和技术转让部门成立合资企业，鼓励企业专家团队参与部门技术利用，联系商业支持服务与创业投资者等。

利益相关者推动的外部支持模式是指研究中心为利益相关者所有，但同时有大学的参与。其位于科技园区和技术转让部门附近，为各部门提供训练方案，为教师及学术提供创新创业咨询和商务支持服务，与科技园区和技术转让机构成立合资企业，与有兴趣的学生人员建立合作关系等。

（2）教育特点

1）制度化的创新创业教育环境：明确创业教育的目标和结果，合理分配资源，实现绩效目标，构建跨部门的创业教育机构，促进教师、学生双方的能力发展。

2）多方参与创新创业教育：创新创业教育必然要求建立校内外利益相关者的紧密合作关系，不仅是创业者，还有大学管理层，专业教师都要能够参与其中，共同促进。

3）教学实践方式的转变：教学方法要从传统的讲授方式向体验方式进行转变，同时把校外实践案例带入课堂，为学生提供案例研究和实习、实践的工作机会，通过实践促进理论教学。

4）课程体系进行改革：创新创业教育应对不同的学科和专业有所区别，有一定的针对性。要鼓励二级院系进行课程创新，扩大院系在创新创业教育方面的主观能动性。

5）丰富学生创新创业经历：通过创新创业教育，可以丰富学生的创新创业经历，使学生发现新的思路，更为学生提供了团队合作的机会，促进学生在实践中成长。

6）企业家参与创新创业教育：学校要与企业建立密切联系，能够理论联系实际，引导学生活学活用，给学生提供实习、实践的工作机会，并用案例研究的项目来促进学生的职业发展。

（三）中国创新创业教育的发展

中国的创新创业教育开始于1999年公布的《面向21世纪教育振兴行动计划》。该计划提出要“加强教师和学生的创新创业教育，鼓励他们自主创办高新科技企业”，正式提出了创新创业教育这一概念。

中国的创新创业教育从兴起至今，大致经历了三个阶段，通过十几年的不断探索，已经取得了阶段性的成果。

1. 在少数高校的萌芽阶段 2002年以前，我国大部分高校对创新创业教育还没有清晰的认识，只有清华大学和复旦大学等少数重点院校意识到创新创业教育的重要意义，开设了一些简单的课程和创新创业竞赛活动等。例如，清华大学开展的创业计划竞赛，复旦大学开展的创业基础知识普及课程，武汉大学开展的“三创”教育等，均开展了创新创业教育的探索。

2. 创新创业教育在试点高校的探索阶段 2002年开始，教育部引导并推行创新创业教育工作，选择了清华大学等9所学校进行试点；2008年，又设立了30个创新创业人才培养实验区。截至2010年，试点高校已经完成了创新创业教育工作形式的探索，积累了大量的经验。

3. 创新创业教育在全国高校的全面推进阶段 2010年5月，教育部下发《教育部关于大力推进高等学校创新创业教育和大学生自主创业工作的意见》，成立了教育部高等学校创新创业教育指导委员会。2011年5月，国务院下发《关于进一步做好普通高等学校毕业生就业工作的通知》，要进一步落实和完善各项创业扶持政策，改善创业环境，积极引导高校毕业生自主创业。2012年8月，教育部办公厅印发《普通本科学校创业教育教学基本要求（试行）》的通知，通知要求各高校面向全体学生单独开始“创业基础”必修课。

应该说经过不断的探索和实践，我国创新创业教育取得了一定的成绩，完善了创业基础课程的设置和普及，丰富了学生的创业实践活动。但是，创新创业教育的规模和内涵还远未达到预期目标，在创业教育上没有形成系统完善的教育理论与实践体系，也没有形成一套适合中国国情与教育发展现状的行之有效的工作方案。

二、创新创业教育的内涵

（一）创新创业教育的概念

我国借鉴了发达国家创业教育成功经验，在开展创业教育试点的基础上，将“创新”这一理念融入到创业教育中，提出并开展了大学生创新创业教育。

基于贯彻落实中央提出的“通过自主创新能力，建设创新型国家”、“以创业带动就业”的战略思想，创新创业教育正在由理论层面向实践层面落实。2009 年，中国高等教育学会创新创业教育分会成立，为开展创新创业教育搭建了一个重要平台，充分促进了创新创业教育的开展。

（二）创新创业教育的内涵

创新创业教育的内涵，理解有三种：第一种是将创新创业教育等同于创新教育；第二种是将创新创业教育等同于创业教育；第三种是将创新创业教育理解为创新教育与创业教育的结合。

创新创业教育不能等于创建企业的教育，把创新创业教育片面理解为引导学生创办企业是不对的。创新创业教育的宗旨是培养学生的创业精神、创新意识与创业能力，并把创业作为未来职业的一种选择，进而转变就业观念。

创新创业教育的目标有两个层次。一是创新创业教育的主要任务是培养大学生的创新意识、创业精神，这种精神和意识是做任何事情都必备的品质，因此每个学生都应该接受创新创业教育。二是创新创业教育要培养学生进行创业所必需的各种能力，包括商业谈判技巧、启动资金募集方式、新企业申办、市场评估与预测、新创企业的风险防范等，这些都不断丰富和完善着大学生的综合素质和能力。

由此可以认为，创新创业教育是指培养大学生的创新精神、创业意识和创业能力，为大学生可持续发展奠定坚实基础的素质教育，其核心是培养大学生的创新精神、创业意识和创业能力，学校要不断更新教育观念、改革人才培养模式，将从知识传授转为能力和素质的培养，提高人才培养质量。创新创业教育是中国经济、社会发展、高等教育改革所进行的必然选择，也是大学生提高就业能力、实现自主创业的现实出路。

（三）创新创业教育的特点

1. 主体性　是人的本质特征，创业动机就存在于人的主体性当中，创新创业教育的重点在于对学生的个人潜能的挖掘和培养。它通过对学生个人素质的评估，能够让学生比较客观、全面地了解自己、明确自己的定位。因此，创新创业教育必须要体现学生的主体性，激发学生的自主性、积极性、能动性和创造性，培养学生的批评精神和思考能力及创新创业主体所应具备的基本素质。

2. 超前性　是创新创业教育所预见的未来的趋势和需要，学生为以后的发展做好充分的准备，通过教育和培养学生适应社会变化的能力，使其能够超前于社会的发展，对未来和理想抱有较大的信心，从而使学生能够保持一种乐观、积极向上的精神状态面对社会竞争。

3. 系统性　创新创业教育是一种系统工程，其教育过程是通过各种可以利用的教育方式来培养学生的创新创业意识、思维和能力等综合素质。创新创业教育的实施不仅需要高等学校内部各个部门之间的通力协调与合作，而且需要高等学校与外部力量如政府、企业、家庭等的支持与联合。

4. 实践性　实践是教育的延伸，创新创业教育相对于其他教育而言，更强调学生的动手与动脑能力和实践能力，要教会学生在实践中学会生存，学会处事。只有通过实践，丰富学生的知识和体验，才能提升创新精神和创业能力。因此，教师的“教”要来源于实际经验，学生的“学”也要直接运用于实践。

（四）创新创业教育的功能

教育理念推动教育实践，创新创业教育会对社会发展、教育发展和人的发展产生深远影响。

通过培养创新创业型人才，促进了社会进步与发展，促进了教育改革与发展，更促进了人的自由而全面的发展。

1. 社会发展功能　创新创业教育对社会的发展起着重要作用。一方面，创新创业教育可以使学生对就业和创业做好准备，缩短毕业和就业的空窗期。另一方面，创新创业教育可以提升科技创新能力，促进我国的自主创新能力发展。高校不仅是培养人才的摇篮，更是实现科技创新的密集地，高校要引导学生将创新转化为现实的生产力，使大学生不仅成为一个知识的拥有者，而且更要成为一个社会发展的推动者，形成经济增长与就业增长的良性互动。

2. 教育发展功能　创新创业教育对高等教育的持续健康发展起着重要的作用。高等教育要走出传统教育理念的局限性，实施创新创业教育是必然选择。大学创新创业教育要确立“宽口径、厚基础、综合化”的模式，使学生的知识、能力与素质全面发展，科学精神与人文素养相融合；通过改革现有的专业课程体系，优化学生的知识结构，推进教育方法的启发性和参与性，通过不断探求教学管理体制如实行选课制、学分制，使学生的创新性和创造性得到发挥。

3. 人的发展功能　创新创业教育更关系到人的发展，其有助于大学生树立正确的人生观和价值观，形成社会责任感，激发学习积极性，促进大学生全面发展。高校创新创业教育要坚持以人为本，要帮助学生规划自己的职业生涯，尤其是在大学阶段的奋斗目标，学会处理与社会、他人、集体的关系，不断升华和完善自身。大学创新创业教育能够开发潜能，培养学生的创新性思维方式，提高其创造力、适应力、学习力与竞争力。因此，在创新创业教育中，既能培养大学生健全的人格，又有益于人的全面发展，将成为人类发展的源泉。

三、创新创业课程体系在大学课程体系中的定位

（一）创新创业教育与专业教育的关系

1. 创新创业教育是专业教育的新内涵　高校的专业教育是人才培养的主渠道，其发展面临着知识经济和信息社会的众多挑战。在知识经济时代，经济发展方式越来越依赖知识的创新、传播与利用，创新成为人们认识自然、改造世界的最重要的活动；在信息社会背景下，信息技术广泛应用，知识、技术在企业生产中的密集程度越来越高，知识更新加快，尤其是新技术革命的到来，引起产业结构的调整和青年的大量失业，创新创业教育已成为专业教育的新内容。

2. 创新创业教育是专业教育的有机构成　创新创业教育是融入于专业教育的人才培养方案，包括理论教学和实践教学全过程之中的教育理念。创新创业教育以学生创新精神、创业意识与创业能力培养为核心。“宽口径、厚基础、强实践、重创新”的专业教育是创新创业教育理论与实践的基础，即专业教育的基础知识与基本理论是学生创新精神、创业意识与创业能力生成的深厚根基。相反，脱离了专业教育的创新创业教育只能停留在某种技能与操作层面，使创新创业教育成为无源之水、无本之木。强调创新创业教育与专业教育的充分融合，把创新创业教育作为重要元素融入专业教育，充分表明创新创业教育在推进专业教育中的战略性作用。

（二）创新创业教育课程与专业课程的关系

创新创业教育课程应与专业课程相融合。创新创业教育与专业教育的课程虽各有侧重，但不矛盾，两者相互补充、相互不可替代。学习创新创业教育课程为专业课程学习和专业知识的运用奠定一定的基础。一方面，从创新创业教育课程中获得开创意识、技能和精神，被自觉地运用于专业学习中，学生能运用开拓性的思维批判地继承专业知识，能更好地领悟和吸收专业知识。另一方面，创新创业教育课程涉及的知识面广，弥补专业课程涉及面窄的缺陷，专业课

程所学的知识是学生知识结构中的重要组成部分，大学生无论今后进行何种创业，都需要某一专业、职业的有关知识，助力创业。

（三）创新创业教育与通识教育的关系

在人类文明不断进步和全球化不断深入的背景下，通识教育的重要性不言而喻，创新创业教育应成为通识教育的一部分，创新创业教育培养学生的创新精神和创业能力，是大学生事业社会变化取得成功的基本素质。

1. 创新创业教育依赖于通识教育 创新创业教育广泛涉及政治学、经济学、管理学、法学等方面，要学会创新创业教育课程需要更多地储备知识。创新创业教育的相关基础课程依赖于公共基础课程提出的知识，所有创新创业教育依赖于公共基础课程等通识教育课程。

2. 通识教育依赖于创新创业教育 通过创新创业教育，学生可以将法律、经济、政治、文化等知识相互交织，变成综合知识，并有意寻找机会，通过创新创业活动，学生可以更好地将理想和理论转化为实践。

3. 创新创业教育是独立的 政治学、经济学这些学科固然涉及创新创业教育，但他们本身不构成创新创业教育，也不能替代创新创业教育课程。创新创业教育和它们最大的区别就在于它们往往只是单纯地分析政治、经济、文化的现象和原因，以及经济现实社会中遇到的一些问题，都处于被动地位。而创新创业教育则在此基础上，通过跨学科的培养，激励学生的创业意识，培养其开创性，从而使其更有效地识别社会、经济中的一些问题或时机，以取得成功。

四、创新创业教育课程体系的设置

（一）高校实施创新创业教育目标

高校创新创业教育的目标主要根据社会发展需要，站在学科专业培养目标的高度和学生身心发展需要的角度制订，主要由以提升学生的社会责任感、创新精神、创业意识和创业能力为核心，培养受教育者的创新创业基本素质和开创性个性，使受教育者具有基本的创新创业意识、创新创业心理品质和创新创业能力，形成主动性、研究性学习的意识和习惯，具备独立生活、工作的能力和较强的社会适应能力。

可见，创新创业教育的出发点有两方面：一方面，是培养大学生的创新意识和创业精神，使他们有眼光、胆识、组织能力和社会责任感，使其毕业时为创业做好充分的心理准备和知识储备；另一方面，要以专业教育为基础，从学生的专业知识结构出发，结合创新创业活动，提高学生的专业技能水平和创新创业能力。

（二）创新创业教育课程目标

课程目标是指课程本身要实现的具体目标和意图，创新创业教育课程目标是指创新创业教育课程要实现的具体目标和意图。

1. 创新创业意识和品质的培养 充足的自信；充分认识自己；强烈的进取心；具有强烈的创造欲望和解决问题的意向；思维灵活，独立自主，不受现有结论的约束；对热爱的工作具有很强的持久性、自制力和责任心；为人正直、待人真诚、有强烈的社会责任感。

2. 创新创业的相关基础知识的传授 知道一些创业知识典型案例、创业实践中的经验和教训等；理解有关创新创业知识的名词术语、基本概念、基本原则；了解管理学、人力资源管理的基本知识；了解一些财务专业理论知识、财经法律法规和制度；掌握人际交往、公关的常识和技巧。

（三）创新创业教育课程设置

实施创新创业教育，课程设置是关键，它直接关系培养什么样的人，关系学生合理知识结构的组成，意义重大。

1. 设置原则　大学的创新创业教育应以第一课堂课程教学为载体，融合专业教育，着力培养学生的科学精神与人文素质，以及未来创新创业所需的心理品质、知识和能力等。创新创业教育的课程设置要从其培养目标出发，遵循的原则有突出专业特色，创新创业教育课程的设置要与专业课程体系有机融合；理论联系实际，创新创业实践活动要与专业实践教学有效衔接；专业教育与创新创业教育相结合，在专业教育实践教学中渗透创新创业思想。

2. 课程设置　当前高校创新创业教育应以培养创新创业意识、提高创新创业能力、增加创新创业教育实践为主线，其课程由创新创业教育课程基础平台、创新创业教育课程能力平台、创新创业教育课程实践平台三大平台课程组成。

（1）创新创业教育课程基础平台：旨在培养所有学生的创新意识和创业精神，使学生在短时间内集中、系统地学习创新创业知识，对创新创业相关学术理论知识有更深的领悟，并树立正确的就业观，为今后更进一步从事创新创业实践和研究打下坚实的基础。这一课程平台是全校性、跨专业的课程，可以通过公共必修课、选修课的形式开展。创新创业教育课程基础平台包括创新创业意识类课程和创新创业知识类课程。

（2）创新创业教育课程能力平台：创新创业能力类课程是一类和专业教育紧密融合的课程，是将创新创业知识渗透结合到各专业的课程教学中，通过在专业课程教学内容中适当地增加创新创业元素，优化课程结构和内容，培养学生基于专业知识的创新创业能力。在专业课程体系中增加专业市场调研、基于专业特点的创新创业能力训练、专业典型创新创业案例分析、专业领域前沿问题的创新性研讨等课程。

（3）创新创业教育课程实践平台：创新创业实践操作类课程是指在专业实践环节融入创新创业活动的实践课程。创新创业实践活动与专业实践教学的有效衔接为创新创业型人才的深入培养提供了路径。它强调以学生的专业知识、社会需要和问题为核心，以有效培养和发展学生综合实践能力为目的，强调超越教材、课堂和学校的局限，在活动空间上向自然环境、学生的生活领域和社会活动领域延伸，使学生与自然、与社会、与生活的联系更紧密。

思考题

1. 大学生通过学习创新创业课程能得到哪些方面的提高？
2. 通过学习，大学生今后该如何进行创新创业能力的培养？

第二章　创新能力与创新思维

通过本章学习，你将能够回答下列问题：

1. 什么是创新能力？如何培养自己的创新能力？
2. 常用的创新方法有哪些？如何进行操作？
3. 大学生如何培养创新意识？
4. 创新思维训练包含哪些方面？

【案例导入】

约瑟夫·李斯特是英国维多利亚时代的外科医师。1861 年他成为格拉斯哥皇家医院的外科医师，并主持病房工作。他深为这里出现的术后高死亡率而感到惊恐不安。严重的感染如坏疽等是一种常见的术后并发症。李斯特尽力使病房保持清洁，但是这并不足以避免高死亡率的发生。许多医师坚持认为医院周围的“瘴气”（有毒蒸气）是引起这些感染的原因，但是这一解释并不能使李斯特感到满意。

1865 年，李斯特读到了法国生物学路易·巴斯德的一篇论文，豁然开朗，认识了疾病细菌学说。这给李斯特提供了关键的思想。如果感染是由细菌造成的，那么防止术后感染的最好办法是在细菌进入暴露的伤口之前就将其消灭。李斯特用苯酚（石炭酸）做灭菌剂，建立了一套新的灭菌法。他不仅在每项手术前认真洗手，而且还要确保使用的器皿和敷料都经过彻底的卫生处理。实际上，他在一个时期里甚至向手术室空中喷洒石炭酸，结果术后死亡率有了戏剧性的下降。从 1861～1865 年，男性急诊病房中的术后死亡率为 45%，到 1889 年减少到 15%。

1877 年李斯特被任命为伦敦皇家学院临床外科教授，一任就是十五年。他在伦敦做的灭菌外科演示实验，引起了医学界的关注，接受他的思想的人在不断增多。在李斯特享尽天年之时，他的灭菌原理已在医学界被普遍接受。

李斯特敢于质疑权威，善于发现问题、分析问题、大胆想象、创造性地解决问题，他的发现使外科学领域发生了彻底的革命，拯救了千百万人的生命，给人类带来福音。

第一节　创新思维概述

创新是经济时代的灵魂，是国家兴旺发达的动力，也是人类智力的本质体现。人的创新活动的核心是创新思维，没有创新思维也就谈不上有创新活动。因此，当今社会需要创新意识和能力的人才，这无疑需要高校进行大力培养和造就高素质创新人才，也是每个高等教育工作者面对的一项重要任务。

一、思　　维

（一）思维的含义

思维是人类独有的特质，是人类文明发展的结晶。思维活动是人的大脑的一种功能，它来源于思维的主体，它的核心是人的大脑。思维活动的发展史贯穿于人类的整个文明史之中。

在《中国百科全书》曾记载：思维是客观现实的间接和概括的反映。以感觉和直觉为基础的和更高级的认识过程。它运用分析和综合，抽象和概括等智力操作对感觉信息进行加工，以存储于记忆中的知识为媒介，反映事物的本质和内部联系，这种反映以概念、判断和推理的形式进行，带有间接和概括的特性。《辞海》中思维有两层含义：一是相对于存在而言，指精神、意识；二是人脑的功能和属性，是客观存在的主观印象，也就是理性认识。这种说法体现了辩证唯物主义的观点。

总之，思维是人们在社会实践中，通过对客观事物的认识而产生的精神活动，它是人类特有的本质性活动之一，也是物质性大脑的一种基本功能，它对人类社会的发展与进步起着至关重要的作用，人的思维能力会得到不断更新与发展。

（二）思维的分类

依据不同的分类标准，可以把思维划分为不同的类型。例如，按照思维内容的智力性进行划分，可将思维划分为再现性思维与创造性思维；按照思维内容的抽象性进行划分，可将思维划分为具体形象思维和抽象逻辑思维；按照思维过程意识的深浅进行划分，可将思维划分为显意识思维和潜意识思维；按照思维过程的目标指向进行划分，可将思维划分为发散思维和聚合思维等。

（三）思维障碍及其突破

人们考虑同一类问题，常常沿用一种思路或固定的思维方式进行思考，通俗说就是“习惯成自然”，这种思维方式称为习惯性思维障碍，又称为思维定势。这种思维方式会束缚人的思维，发现不了新问题，想不到新的解决办法。习惯性思维障碍分为以下类型。

（1）直线型思维障碍是单维的、定向的、思路狭窄、视野局限、缺乏辩证性的一种思维方式。在学习活动中，经常是死记硬背答案，久而久之，便形成了直线型思维障碍。

（2）从众型思维障碍是一切都随大流儿的心理状态。当自己的信念与大家的信念发生差异时，即使明知自己是正确的，但由于自己缺乏信心或不敢违背大家的信念，从而主动采取与大家相同的观念。

（3）经验型思维障碍是经验和习惯都具有局限性，它会妨碍创新思考，成为创新的羁绊。如果人们运用创造性思维突破经验的局限性，跳出条条框框，就会创造出奇迹，创造出大量的财富。

由此可见，思维障碍抑制着人们的创新意识，阻碍着人们的创新能力。因此，人们应该突破思维障碍，关键就是转换思维视角。从每个事物的不同角度来进行分析判断，从与它有联系的另一事物中找到线索，观察研究事物的本质，不断提升创新能力。

二、创 新 思 维

（一）创新思维的含义

有的学者认为创新思维反映事物本质属性，具有新颖的广义模式，是人类的高级思想和心理活动的体现。

有的学者认为创新思维具有新颖性，能解决某一特定需要（目的）的思维过程及其功能。

有的学者认为创新思维是一个相对性的概念，是相对于常规的思维而言的一种思维方式。它是创新过程中发挥作用的一切形式的思维活动的总称。

还有的学者认为创新思维是以新颖、独特的方法解决问题的思维过程。它不仅能揭露客观事物的本质及其内部联系，又能突破常规思维的界限，提出与众不同的解决方案，从而产生新颖、独创的思维成果。

总之，创新思维是人类创造力的核心，是人类思维的最高级形式，也是人类思维活动中最活跃、最积极和最富有成果的一种思维形式。人类社会的进步与发展和创新思维的结果密切联系。因此，创新思维更能体现出人的主观能动性。

创新思维包含广义与狭义的概念。广义的创新思维是指人们在提出问题、解决问题的过程中，对创新成果起作用的一切思维活动；狭义的创新思维是指人们在创新活动中直接形成的创新成果的思维活动，包括灵感、直觉、顿悟等非逻辑思维形式。

关于创新思维的含义有不同的表述内容。南京金陵思维研究所、“逻大”创新思维研究所特约研究员所长黄浩森认为：“创造力的产生要靠思维能力、想象力和观察力，集中在一起就形成创造性思维。”中国逻辑学会秘书长张家龙认为：“创新思维是人们自觉地、能动地综合运用性和开拓性成果的一种思维。在创新思维中，逻辑思维和非逻辑思维相互交织。”

创新思维需要进行开发才能使人具有。它是运用概念、判断、推理、直觉和想象等思维形式，通过形象化的构思，跳跃式地直接抓住事物本质的思维过程。创新思维依据于经验，但又超越于经验，是一种顿悟、直觉型思维。

创新思维对每个人来说是可以进行训练的，但每个人通过训练后所取得的实际效果是有差异的。大学生可以通过坚持不懈的培养和训练，来增强自己的创新思维能力。大学生创新思维专指大学生在创造活动中所进行的创新思维，是大学生在已有知识、已有经验的基础上，从某些事实中更深入地找寻新关系和新答案的思维活动过程。

（二）创新思维的特征

创新思维是人们在一定的知识、实践和经验的基础上，随着思维方式的不断改变，提出的新理论、新想法和新观点的思维过程。创新思维活动不仅能够取得前所未有的成果，对一个国家和一个民族也是最可贵的，而且是社会充满生机与活力的源泉，可不断推动人类社会的进步和发展。

创新思维与一般的思维有根本区别。不同之处在于，创新思维的本质是前所未有的创新与思考，即必须发现或解决目前人们尚未发现或解决的问题，进行目前人们尚未进行的思考活动。创新思维与思维有着内在的、密切的联系，具有思维的一般特点。因此，创新思维具有以下特征。

一是创新思维的敏锐性，它是指人们在司空见惯的事物中发现尚无所知的新东西的思维特性。

二是创新思维的独创性，它是指人们在进行研究新问题、探索新问题的活动中，打破通常性、习惯性解决问题的方法，从而形成新思想的思维特征。它是创新思维的直接体现或标志，具体表现为创新成果的新颖性及唯一性，对事物的认识不停留在原有的认识范畴，而是对事物进行重新认识，产生新的见解、新的创造和新的突破，得出前所未有的成果。

三是创新思维的发散性，它是指依据一定的知识和事实求得某一问题的多种可能答案的思维特性。它的三个具体特征是变通性、流畅性、独特性。由此可见，它寻求着变异，并沿着多种不同角度、不同方向位置、不同的范围领域考察问题，并自由发散的一种思维方式。它是从已知信息中衍生出来的，是一种新颖的、变化的、独特的新信息的思维方式。

四是创新思维的形象性，它是指人脑对已有表象进行加工而产生前所未有的一种新表象的思维特性。

五是创新思维的反常性，它常体现为思维发展的突变性、跨越性或逻辑的中断，这是因为创新思维主要不是对现有概念、知识的循环渐进的逻辑推理的结果和过程，而是依靠灵感、直觉或顿悟等非逻辑思维形式。

六是创新思维的能动性，表明了创新思维是创新主体的一种有目的的活动，而不是客观世界在人脑内简单、被动的直映，充分体现了人类活动的主动性、能动性。

七是创新思维的辩证性，它既包含抽象思维，又包含非逻辑思维；既包含发散思维，又包含收敛思维；既包含求同思维，又包含求异思维等。

创新思维也是这些思维相互作用、相互渗透、交叉运用的结果。当人们的认识向着超出客观世界的已知领域和深度发展、推进时，人的思维就具有创造的性质。

创新思维是主体在特定条件下所表现出来的具有自己独特属性的思维活动。它表现为能突破一般思维的常规惯例，以“反常”的思路分析和解决问题，力破陈规，富于挑战精神。创新思维的形成一般分为以下步骤：提出问题、搜集资料、展开联想、发散思路、提炼思路、选择思路。

因此，创新思维是一种综合性很强的思维方式，它是多种思维方式的综合运用，也是多种思维方式的互补和有机组合。

一是创新思维是逻辑思维与非逻辑思维的综合应用。逻辑思维是指符合形式逻辑要求，并按照逻辑规律建立命题和概念之间推理关系的形式化思维。非逻辑思维包括直觉、联想等不服从逻辑规律的思维。一般来说，在创新过程中，逻辑思维具有重要的基础地位，具体体现在发明创造问题的发现与提出、对发明创造对象的观察、描述及概括等。只有对逻辑方法与非逻辑方法的综合应用，才能完成科学创造过程中完整的创新思维方法。

二是创新思维是发散思维与收敛思维的互补。发散思维是指人们围绕某一问题向着不同角度、沿着不同方向进行思考，从多方面寻求问题，产生多种答案的思维方法。发散思维是一种立体式的多向性的思维方法，它的特点是思路上具有放射性、角度上具有任意性、层次上具有多样性、空间上具有广延性等。总的来说，思维延伸越远，思路越开阔，获得新发现、新发明、新创造的概率就越高。

收敛思维与发散思维恰恰相反，它是以问题为中心，从不同方面向中心收敛，将多路思维指向中心点，围绕着中心组织信息，从而达到解决问题的目的。

可见，创新思维的形成，离不开发散思维和收敛思维。发散是收敛的基础，收敛是发散的目的。两者相辅相成、对立统一，既相互发展，又有机结合。大多数创造性发现都是发散思维与收敛思维互补的结果。

另外，创新思维还是正向思维与逆向思维的结合；求同思维与求异思维的综合；点式、线式思维的整合等。

（三）创新思维的几种方法

逆向思维是相对于顺向思维而言的，他是从相反的角度思考产品开发，把市场最终目标为产品研究的出发点，沿着为实现未来而思考现在，为到达终点而把握起点的思路。

心理思维是抓住人们的心理追求去开发创造新产品，往往可以收到妙不可言的市场效果。

跟踪思维就是通过对社会消费迹象进行跟踪调查之后，进行综合、分析和思考，从中发现未来产品的开发创新。

替代思维是一种产品在消费实践中已证明是过时落后的，人们希望有新的更好的东西替代之。而一旦有了优于或完全不同于这种产品的另一种新产品问世，市场销路往往会出人意料得好，经济效益也会出人意料得高。

发散思维是从某一研究和思考对象出发，充分展开想象的翅膀，从一点联想到多点，在对比联想、接近联想和相似联想的广阔领域分别涉猎，从而形成产品的扇形开发格局，产生由此及彼的多项创新成果。

否定思维：否定是创新之母。否定自己的过去，意味着创造更好的未来。产品创新也是这样。

多路思维就是使头脑中多路创新思维聚焦于某一个中心点上，在产品开发中向某一个焦点发起创新攻势。

（四）大学生创新思维的特点

一是创新思维进程时间上具有突变性、空间上具有跨越性的特点。在创造性活动过程中，大学生有时会突然表现出高度的创新性，具体体现在创新思维往往在时间上、空间上产生的突破与顿悟。

二是创新思维方向具有求异性、多向性的特点。大学生创新思维是一种求异思维，他们喜欢标新立异的选题，向往别具一格的工作，充分体现出大学生的发散性思维方式，发挥大学生的想象能力和创造能力，培养大学生从多方面探求问题答案的能力。

三是创新思维效果具有综合性、整体性。大学生注重创新思维效果的综合性、整体性，可以使认识范围进行扩展、延伸，认识水平和能力不断提高，是产生新的创新认识的必要条件。

四是创新思维状态具有灵活性、广阔性的特点。大学生妙思泉涌、思路开阔，不受陈旧观念和思维定势的羁绊。培养大学生将思维重点从此对象转到其他形式相差很大、内容相隔很远对象上的能力。

五是创新思维表达具有流畅性、新颖性的特点。大学生在思维过程中对创造性成果进行有效、准确、流畅的表达，从而形成新的设计、新的理念、新的模型等。

三、创新思维的形式

大学生创新思维是大学生思维的高级阶段，在思维质量上既高于想象思维，也高于抽象思维。同时，它也是多种思维形式“高效综合运用、反复辩证发展”的过程。此外，大学生创新性思维还与大学生的理想、意志、情感、信念及动机等智力因素有关。在创造活动中大学生常用的思维形式有以下几种。

（一）抽象思维形式

抽象思维是人们在认识过程中，用反映事物共同属性和本质属性的概念作为基本的思维方法。在概念的基础上进行推理、判断、反映现实的一种思维形式。它的认识过程是从感性个别到理性一般，再到理性个别。随着社会主义文明程度的进步、现代思维方法的确立和科学技术水平的提高，抽象思维在大学生创造活动中的作用显得尤为重要。

抽象思维也具有创新功能。我国魏晋时期杰出的数学家刘徽，通过这一系列的定义、推理、归谬与反驳，用逻辑方法开创了数学研究的新纪元，为中国古典数学的发展奠定了基础。

大学生在创造活动中经常使用归纳与演绎、分析与综合、抽象与具体等思维方法。这些方法相互依存、相互促进、相互转化，彼此又密不可分。大学生要努力学习这些思维方法，牢固掌握创新思维方法，并运用在创造实践中，使大学生不断发展自身创造性思维。

（二）直觉思维形式

直觉思维是人们不经过逐步地分析，就迅速做出问题的答案，对答案进行合理的猜测、顿悟或设想的一种跃进式思维。它体现人类思维的一种独特的智慧能力，并能动地了解事物对象的思维概念。

在大量事实所提供的各种可能性之间，让人们做出唯一选择时，这时就要依靠直觉思维来进行选择。它可以从宏观上把握住事物的本质与规律，并将注意力放在事物的整体效果上，直觉思维是思想的自由创造。

直觉思维带有一定的局限性和虚假性，虽然在创造活动中起作用，但由于它是一种跃进式思维，也会导致错误的结论产生。整个思维的完成过程所需时间极短，难以用逻辑思维的语言来进行分析和表达，所以要通过实践环节加以检验、改进。

（三）形象思维形式

形象思维是以具体特殊的对象为思维内容的一种思维形式。形象思维包括各种具体特殊事物的表征性概念和运动变化的描述性概念。

人们为了认识自身与环境，适应自然、改变自然，解决生存和发展问题，便产生了人类思维，它是人类最先产生的概念思维形式。形象思维是一种再现式的思维形式。它试图通过概念过程直接对各种具体特殊事物及其运动变化做出具体的认识和形象的把握。

直观的描述性、直接的感受性是形象思维的特点。思维对象的具体形象、思维对象的具体运动变化贯穿于整个思维过程之中。形象思维需要较强的体验力、观察力，以及丰富的创造力、想象力。

与其他思维形式相比，形象思维还具有直接性、具体性、描述性、直观性、控制性等特点。人们形象思维的启动可通过三种途径实现。一是连续地观察事物；二是用大脑联想事物；三是用语言描述事物。

在大学生的思维活动和实践活动中，形象思维具有普遍性。通过对事物形象地观察、积极地思考及丰富地联想，大学生做出了许多发明创造。

（四）灵感思维形式

灵感思维是人们借助于直觉启示，对问题得到突发的领悟、理解的一种思维形式。它是一种最富有创造性的思维突破和最重要的形式之一。

在解决某个问题的过程中，灵感思维是把隐藏在人们潜意识中的有关信息，以“一闪念”的形式突然表现出来的创造能力。灵感是突发性的，但也不是凭空产生的空中楼阁。它是一个知识和能力长期积淀的过程，博大精深的知识结构是灵感思维产生的深厚底蕴和广阔背景。灵感思维是人们进行长期创造性思维活动达到的一个必然阶段。

灵感思维只在某种特殊情况下出现，思维对象的来龙去脉人们很难把握，思维过程的完整思路也并不清楚，在人类思维活动中，灵感思维是一种间断式的、跳跃式的思维形式，更无法描绘出其概念运动的连续轨迹。

灵感思维往往表现为一种潜意识过程，人们深刻了解比较困难，有效地控制、积极地引导也难以对它施加，所以在一定程度上只能顺其自然。灵感思维是人脑的正常功能，它在大脑皮质中有对应的功能区域，即由意识部和潜意识部两个对应组织所构成的灵感区。灵感的产生是意识部和潜意识部相互的同步共振活动而导致的结果。

灵感与直觉虽是两个不同的概念。从时间上看，灵感是解决问题的一种心理准备，思考时间比较长。直觉是一种思维形式，产生的时间非常短暂；从思考的对象上看，灵感产生时，思考对象并不一定非得在思考者眼前，直觉是对眼前事物的迅速理解和果断把握；从产生的原因上看，灵感是在某种偶然因素的启发下得到对问题的理解、顿悟，直觉产生的原因是为了迅速解决迫在眉睫的问题。

灵感在时间上、空间上都具有不确定性，灵感产生的条件具有相对确定性，是一种必然性和偶然性的协调统一。灵感产生的条件包括良好和谐的外界环境、良好精神状态、勤于思考、专心的研究、丰富的知识内涵。

（五）联想思维形式

联想思维是人们将已经掌握的知识，与某种思维对象联系起来，从其相关性中得到启发，进而获得创造性设想的思维形式。联想越多、越丰富，获得创造性思维突破的可能性就越大。具体体现在它能克服两个概念在意义上的差距，并在另一种新的意义上把它们联系起来。

联想体、联想物构成了联想思维的两部分。联想体是基础，联想物是产物。没有联想体，联想物无法产生；而没有联想物，联想体也就失去了意义。在联想思维中，联想体大部分是客观存在的事物，但也可以是抽象的概念或是思维的火花。

当人的思想受到某种刺激或在某种特定的环境下通过回忆，可以产生对比联想、相似联想和接近联想。对比联想是指与某一刺激物或环境产生相反性质事物的联想。相似联想是指人脑中出现与某一刺激或环境相似的经验或事物的联想，即联想物与刺激物之间存在着某种共同的性质或特征。接近联想是指头脑中想起与某一刺激物或环境有关联的事物。这里联想物与刺激物之间只是有关联，但其之间并没有什么共同的特征。

联想有赖于经验和知识的积累。联想思维可以培养大学生创造性的心智技能。它是由此及彼的思考，是思考的迁移和深化。大学生要善于进行联想、触类旁通、闻一知十、举一反三，从而产生认识上的飞跃，出现创造性的灵感。大学生应努力学习科学文化知识，不断积累经验教训，自觉锻炼和培养自己的联想思维，以提高自身的创造性联想能力。

大学生要具有善于联想、勇于联想、乐于联想的精神，因为联想的范围越广、层次越深，对创造活动就越有助益。

（六）幻想思维形式

幻想是与人们的某种愿望相结合，并指向未来的一种思维想象。它是创造主体在思维活动中根据自己的主观愿望和心理情绪，对未来和情感所进行的一种创造性思维。幻想是人们处于清醒状态下的创造推想，是依照个人意愿的超前设想。

幻想与创造活动没有直接关系，幻想带有强烈的设想性、前瞻性，带有浓郁的个人色彩、主观色彩。幻想可以使人思路开阔、思维超前、思绪奔放，因此在创造活动的初期，需要各种各样的幻想，起的作用也尤为明显。

科学的幻想，它植根于人类已知的科学知识的土壤中，填补自然科学中尚未被人类探明的空白。创造性思维鼓励人们对事物进行各种科学的幻想，用它吸引人们探索未知领域，为科学发展和人类进步做出重要贡献。

幻想激发人们上进的志气，指出人们前进的方向，促使人们产生创造的欲望。大学生应加强对幻想思维的认识和了解，应深化对幻想思维的研究和探索。

理想和空想是幻想的两个方面。理想是在正确思维的指导下，符合事物客观的发展规律并有可能实现的幻想。它是按照一定的历史状态和社会条件所进行的一种创造性推想。空想是创造主体在有意识的状态下，按照自己的主观愿望，将判断和概念进行任意组合的一种设想。空想基本上脱离现实生活和客观规律，其价值性和可行性极低。

幻想思维是从现实出发，而又超越现实的思维活动，它对大学生创造性思维的发展具有促进作用。幻想中的空想不切合实际，很难实现。幻想中的理想也不是轻而易举就可实现的，它需要人们刻苦努力、不懈奋斗才有可能实现。而梦想与幻想不同，梦想比幻想的可行性要小，但梦想比幻想能动性要大。

第二节　创新能力概述

一、创新能力的含义

创新能力是指个体运用已有的基础知识和可以利用的材料，并掌握相关学科的前沿知识，产生某种新颖、独特的有社会价值或个人价值的思想、观点、方法和产品的能力。创新能力由创新意识、创新思维、创新技能三大要素构成。

创新能力被视为智慧的最高形式，它是一种复杂的能力结构。在这个结构中，创新思维处于最高层次，它是创新能力的重要特性。创新能力在创新过程、创新活动中主要由提出问题、解决问题两种能力构成。创新能力实质就是创造性解决问题的能力。除此之外，创新能力还包括认识、情感、意志等许多因素。创新能力意味着不因循守旧，不循规蹈矩，不故步自封。随着知识经济时代的来临，知识创新将成为未来社会文化的基础和核心，创新人才将成为决定国家和企业竞争力的关键。当今社会的竞争，与其说是人才的竞争，不如说是人的创造力的竞争。

美国创造心理学家格林提出创新能力是由十个要素构成的，包括知识、自学能力、好奇心、观察力、记忆力、客观性、怀疑态度、专心致志、恒心、毅力方面。

日本创造学家进藤隆夫等提出创新能力是由活力、扩力、结力和个性四个要素构成。活力是精力、魄力、冲动性、热情等因素的集合；扩力是发展行为、思考、探索性、冒险性等因素的共同效应；结力是联想力、组合力、设计力等因素的综合。

我国学者对创新能力的理解各不相同，对创新能力内涵的阐述基本上可以划分为三种：第一种观点以张宝臣、李燕、张鹏等为代表，认为创新能力是个体运用一切已知信息，包括已有的知识和经验等，产生某种独特、新颖、有社会或个人价值的产品的能力。它包括创新意识、创新思维和创新技能等三部分，核心是创新思维。第二种观点以安江英、田慧云等为代表，认为创新能力表现为两个相互关联的部分，一部分是对已有知识的获取、改组和运用；另一部分是对新思想、新技术、新产品的研究与发明。第三种观点从创新能力应具备的知识结构着手，以宋彬、庄寿强、彭宗祥、殷石龙等为代表，认为创新能力应具备的知识结构包括基础知识、专业知识、工具性知识或方法论知识及综合性知识四类。

庄寿强教授总结出一个有关创新能力的表达公式：创新能力=K×创造性×知识量。

公式中的 K 是一个常量，也可看作是个体的潜在创新能力；公式中的创造性主要指创造者的创造性人格、创造性思维及其掌握的创新方法的总和。因此，上面的公式又可表示为：

创新能力=K×（创造性人格+创造性思维+创新方法）×知识量

二、创新能力的主要构成

中共中央、国务院印发的《国家创新驱动发展战略纲要》提出：2020 年我国要进入创新型国家行列，2030 年跻身创新型国家前列，2050 年建成世界科技创新强国“三步走”目标。我国经济发展进入新常态、供给侧结构性改革、生态文明建设等，都需要创新提供强大的支撑。创新能力日益成为一个国家国际竞争力和国际地位的重要决定因素。大学生是国家和民族的未来和希望，是最具活力和创造性的群体，大学生创新能力的构成主要包含下面几个方面。

（一）学习能力

学习能力是指获取、掌握知识、方法和经验的能力，包括阅读、写作、理解、表达、记忆、搜集资料、使用工具、对话和讨论等能力。学习能力还包括学习的态度和习惯。一个缺乏学习能力的人往往会眼光狭窄、知识贫乏，是不可能有什么重大科技创新和技术发明的。

苏州工业园区服务外包职业学院的大学生程鹏在校期间，通过专业的学习及在校内三维二维动画实训室的实践，激发了对特效领域的创业热情。2014 年，毕业后的程鹏利用所学专业知识开始创业，承接电影、电视剧的后期特效制作等外包业务。他负责的品艺数码设计有限公司通过 3 年努力，已在影视圈小有名气，参与了热播剧《三生三世十里桃花》中特效镜头的制作。

（二）分析能力

分析能力是指把事物的整体分解为若干部分进行研究的技能和本领。分析能力的高低强弱与三个因素有关，一是个人的知识、经验和禀赋；二是分析工具和方法的水平；三是共同讨论与合作研究的品质。随着科学技术的发展，高性能计算机和各种科学仪器及新的分析方法的出现和应用，有效地提高了人们的分析能力。分析能力也有局限性和片面性，容易使人只见树木，不见森林，忽视从整体上把握事物。因此，通常把分析能力与综合能力结合起来运用，两者取长补短，相辅相成。

（三）综合能力

综合能力是指把研究对象的各个部分结合成一个有机整体进行考察和认识的技能和本领。综合是把事物的各个要素、层次和规定用一定线索把它们联系起来，从中发现它们之间的本质关系和发展的规律。具体讲，综合能力包括三项内容：一是思维统摄与整合，把大量分散的概念、知识点，以及观察和掌握的事实材料综合在一起，进行思考加工整理，由感性到理性、由现象到本质、由偶然到必然、由特殊到一般，对事物进行整体把握；二是积极吸收新知识，特别是要跨学科交叉，把不同学科的知识、不同领域的研究经验融会贯通；三是与分析能力紧密配合，仅有综合能力，也有局限性和片面性，即缺少深入、细致的分析，细节决定成败，在认识事物时也是如此，只有与分析能力相互配合，才能正确认识事物，实现有价值的创新。

（四）想象能力

想象能力是指以一定知识和经验为基础，通过直觉、形象思维或组合思维，不受已有结论、观点、框架和理论的限制，提出新设想、新创见的能力。想象力往往是发现问题和解决问题的突破口，在创新活动中扮演突击队和急先锋的角色，缺乏想象力很难从事创新工作。

金马在《21 世纪罗曼司》中说：“在创新将成为人类赖以进行生存竞争的不可或缺的素质时，依然采用一种循规蹈矩的生存姿态，则无异于一种自我溃败。”让知识活用，让知识借助想象力，得到超凡能力的升华，才能有创新。

锦州医科大学口腔专业的研究生在临床治疗过程中受到老师的启发，提出一个大胆的想法——是否能够有一款仪器可以测量根管内的含水量，并通过该款仪器制订出根管治疗干燥程度的金标准，使口腔科临床医师的操作更加规范化。他们在老师的带领下，与专业从事水分测量的企业合作，成功研制根管水分测量仪，为口腔科临床治疗提供了参考。

（五）批判能力

批判能力是指在学习、吸收已有知识和经验的同时，批判性、选择性地吸收和接受，去粗取精、去伪存真的能力。在研究和创新方面，质疑和批判是创新的起点，没有质疑和批判就只能跟在权威和定论后面亦步亦趋，不可能做出突破性贡献。科学技术史表明，重大创新成果通常都是在对权威理论进行质疑和批判的前提下做出的。

年仅 21 岁的徐荣祥在青岛医学院临床学习阶段，第一次目睹了烧伤患者痛苦万分的场面。他不忍心看下去，扭头问身旁的老师："有没有其他方法来帮助患者解除痛苦？"老师肯定地说："烧伤干性疗法和切削痂植皮技术是目前国际上最先进的医疗技术，我们国家的水平在世界上处领先地位。"听完老师的回答，徐荣祥无法安枕。既然是最先进的医疗技术，为什么患者又这么痛苦？两者之间难道没有什么误区吗？徐荣祥对传统的干性疗法和切削痂植皮技术提出了质疑。"南瓜上的启示"让他发明了"烧伤湿润疗法"。经过反复研究，徐荣祥得出了这样的结论："古今中外在治疗烧伤创面上的一切治疗方法都没有真正地治疗烧伤组织。创面使用抗生素绝不能促进细胞的再生，干性疗法绝不是生命科学的再生治疗，这是世界性教科书的错误。"徐荣祥把烧伤发病学和创疡发病学结合起来研究，逐步建立起较独立的具有中国特色的中国烧伤创疡医学理论体系，即让烧伤组织立体式显露在一个生理湿润空间内再生修复，从而解决了临床上治疗烧伤创面的四大难题：创面疼痛、创面感染、创面进行性坏死、深Ⅱ度烧伤瘢痕愈合。

（六）创造能力

创造能力是创新能力的核心，它是指首次提出新的概念、方法、理论、工具、解决方案、实施方案等的能力，是创新人才的禀赋、知识、经验、动力和毅力的综合体现。

截至 2015 年年底，华为产品与解决方案应用于全球 170 多个国家和地区，服务近 30 亿人，支持客户 1500 多张网络运行，保障 130 多个重大事件/自然灾害网络稳定，光纤网络长度超过 5 万千米。累计获得专利授权 50 377 件，申请中国专利 52 550 件、外国专利 30 613 件，90%以上为发明专利。华为要到 2020 年销售收入超过 1500 亿美元。华为 4 月份发布的 2015 年年报显示，2015 年华为实现全球销售收入 3950 亿元人民币。也就是说，以后的四年，华为每年必须增长超过 1000 亿元。华为有八万多研发人员，每年研发经费中 20%～30%用于研究和创新，70%用于产品开发。华为在世界建立了 26 个能力中心，并逐年在增多，聚集了一批世界级的优秀科学家，他们全流程地引导着公司。在坚持出自主创新的同时，华为还积极以竞争对手研发的前沿技术为基础进行再创新，形成以核心技术和标准专利为核心的竞争资源，被世界瞩目。

（七）实践能力

实践能力是特指社会实践能力。提出创造发明成果，只是创新活动的第一阶段，要使成果得到承认、传播、应用，实现其学术价值、经济价值和社会价值，必须要和社会打交道，实践能力就是为实现这一目标而进行的各种社会实践活动的能力。

（八）整合能力

创新人才的宝贵之处不仅在于拥有多种才能，更重要的是能够把多种才能有效地整合在一起发挥作用。整合多种能力的能力是能力增长和人格发展的结果，这需要通过学习、实践和人生历练得以实现。能否完成重大创新，拥有整合多种能力的能力是一个关键。

三、创新能力的培养

创新能力是创新型人才的核心能力。大学生创新能力的培养重在培养创新意识和创新思维能力、创新学习能力、创新实践能力。

（一）培养创新能力的重要性

1. 创新能力培养是当代大学生获取知识的基础。在知识经济时代，知识的增长率和更新周期不断缩短，知识的掌握更侧重于对知识的选择、整合和转化，而不再是单纯强调知识的接受。大学生最需要掌握的是涉及面广、迁移性强、概括程度高的“核心知识”。这些知识不是通过言语就能传授和掌握的，它要通过学生主动“构建”和“再创造”才能获得。因此，培养大学生的创新能力才能使其具备获取知识的能力，才能把握所学知识的精髓，进而有所创新。

2. 创新能力培养是大学生提升自身核心竞争力的关键。创新能力是人的综合能力的外在表现，它是以深厚的文化底蕴、高度综合化的知识、个性化的思想和崇高的精神境界为基础的。心理学的研究也表明，创新能力是一种认识、人格、社会层面的综合体，涉及人的心理、生理、智力、思想、人格等诸多方面，并且和这些方面相辅相成，创新能力能巩固和丰富人的综合素质，是一个人综合素质的最高体现，是一个人全面发展潜质的必然结晶，具有综合性、发展性、创见性和开拓性的特点。目前，大学生的就业问题越来越受到人们关注，存在很多影响大学生就业的因素，创新能力则是影响大学生就业最根本的原因之一。用人单位不只重视大学生的学历和成绩，更注重大学生的务实精神和创新能力。一个组织或单位的生存和发展离不开创新，大学生成功就业和创业也离不开创新能力的具备。创新能力的培养和提升过程就是个人核心竞争力提升并夯实基础的过程。

（二）培养创新能力的途径

1. 努力学习科学文化知识，为创新打下牢固的知识基础。培养创新能力，没有想象就没有创新。创新的实质是对现实的超越。要实现超越，就要对现实独具“挑剔”与“批判”的眼光，对周围事物善于发现和捕捉其不正确、不完善的地方。古人云：“学起于思，思源于疑。”质疑困难是探求知识、发现问题的开始。爱因斯坦曾经说过：“提出一个问题比解决一个问题更重要。”创新能力是人的各种能力的综合体现，学生的观察、思维、想象等各种能力的培养融合在知识的传授、形成、运用过程中，它们不可能游离于知识之外而独立存在，虽然知识本身不具备各种能力因素，但通过知识的获取和运用可以形成大学生的观察、思维和想象等各种能力。因此，在日常生活中要有意识地观察和思考一些问题，通过日常的自我训练，提高观察能力和大脑灵活性，培养自主探究的学习能力。

2. 培养自己的创新品质，塑造积极的创新品格。研究表明，创造性的成就者，其智力水平会高于平均水平，但他们的智力却与创新能力相关不大。而非智力因素与创新能力的关系却十分紧密，有时甚至是创新成功的决定因素。因此，创新能力的开发不仅需要对智力进行训练，更要对创新者信念、目标兴趣、意志、情感、自信心等非智力因素进行培养，即创新品质的培养。大学生可以在平时的学习和生活中利用正能量的心理暗示和提升自身的心理素质，发掘自己的各项潜力，努力改变自己，做最好的自己。

3. 掌握创新方法。如果把创造创新活动比喻成过河的话，方法和技巧就是过河的桥或船。行之有效的创新方法是打开创造大门的一把钥匙。创新方法是创造学家根据创新思维的发展规律总结出来的一些原理、技巧和方法。创新方法的应用既可直接产生创造、创新成果，也可启发人的创新思维，提高人的创造力、创新能力和创造、创新成果的实现概率。大学生可以参加培养创新能力的培训班，学习一些创新理论和技法，经常做一做创造学家、创新专家设计的训练题，都能收到提高创新能力的效果。

4. 积极参加创新实践活动，尝试用创造性的方法解决实践中的问题。通过实践，人类才有了无数的发现、发明和创新。实践还能够检验和发展创新，一些重大的创新目标，往往要经过实践的反复检验才能最终确立和完善。人们越是积极地从事创新实践，就越能积累创新经验、锻炼创新能力、增长创新才干。创新是通过创新者的活动实现的，任何创新思想，只有付诸行动，才能形成创新成果。因此，重视实干、重视实践是创新的基本要求。大学生要积极参加社会实践活动和创新创业实践，善于思考，大胆想象，养成勤动脑、勤动手的好习惯，提高自己的观察能力和创造性思维。在老师的指导下，从学习、生活及社会生活中选择和确定研究专题，用类似科学研究的方式，主动地去探索、发现和体验新观点、新事物与新情境，从而培养自己的创新精神和实践能力。

第三节　主要的创新方法

一、头脑风暴法

（一）头脑风暴法的含义

头脑风暴法是在世界范围内应用的最广泛、最普遍的创新方法，可以应用于各个领域，并可以作为其他创新方法的基础。

头脑风暴最早是精神病理学上的术语，是精神病患者一种胡思乱想的思维状态。在创造学中，头脑风暴被引申为无限制的自由联想和讨论，其目的在于产生新观念或激发创造性设想，是指将少数人召集在一起，以会议的形式，对某一问题进行自由的思考和联想，利用集体的思考，引导每个参加会议的人围绕中心议题广开言路、激发灵感，在自己的头脑中掀起风暴，毫无顾忌、畅所欲言地发表独立见解的一种创造性思维方法。其也是一种快速大量寻求解决问题构想的集体思考方法。

作为一种激发创造性思维的方法，头脑风暴法由美国创造学家亚历克斯·奥斯本于 1939 年首次提出。奥斯本认为人类长期以来在解决问题的过程中总企图走捷径，遇到问题时习惯于本能地进行过早的判断。这种判断往往是依据以前的经验而形成的定式进行，所以判断的结果总是指向与原先行为相同的思路和方式，这样人们就无法突破定式，无法创造性地解决问题。头脑风暴法也称智力激励法、BS 法、畅谈法、集思法等。

采用头脑风暴法组织群体决策时，要集中有关人员召开专题会议，主持者要以明确的方式向所有参与者阐明问题，说明会议的规则，尽力创造融洽轻松的会议气氛。主持人一般不发表意见，以免影响会议的自由气氛，由参与者自由提出尽可能多的方案。与传统讨论会议比较，头脑风暴法克服了多数人的意见或一致意见的压力、老板或领导权威的影响、参加人随意的评判、部分参会者沉默或不够积极、得出的方案不够多等缺点。

（二）头脑风暴法的基本原则

在运用头脑风暴法过程中应遵循以下四个原则。

1. 延迟判断　是指在提出设想阶段，只专心提出设想，而不进行评价。任何人都不允许对别人或自己的意见做任何评判，包括肯定性的评判，更不允许批驳。例如，“你这想法根本行不通”“这根本不可能”“这不符合常理”“我有一个不成熟的想法”“我有一个不一定行得通的想法”等否定他人和否定自己的句子都不应该在会议上出现。参会者不必顾虑自己的想法是否离经叛道或荒唐可笑，要力求有独到见解和新奇观念。鼓励自由想象，设想看起来荒谬可能更有价值，一切对设想的评价都要在头脑风暴结束后进行。

推迟对观点做出批判性评价可以激发个体的发散性思维，促成许多新思想的产生，布法罗大学的帕尼斯教授在《创造性思维的基础》著作中阐述道，在解决问题的设想探索阶段应遵循延迟判断这一原则，目的是促使参与者尽可能多地提出解决问题的方案。

2. 数量比质量更重要 数量产生质量。如果只追求方案的质量，容易将时间和精力集中在对该方案的完善和补充上，从而影响其他方案的提出和思路的开拓，也不利于调动所有成员的积极性。意见越多，产生好意见的可能性越大。因此，头脑风暴法强调所有的活动应该以在给定的时间内获得尽可能多的方案为原则。全体成员可以将彼此的观点作为依据，解放思想，无拘无束、独立思考问题，畅所欲言，不必顾虑自己的想法或说法是否离经叛道或荒唐可笑。

3. 鼓励提出各种离奇的假想 让参会者的心情像外出散步一样，在轻松的氛围下，像和家人聊天一样，想到什么就说什么，有利于提出独特的见解甚至是异想天开的、荒唐的想法。这样便可能开辟新思维方式，提供比常规想法更好的解决方案。

4. 体现集体的智慧 会议尽可能提供一个有助于把注意力高度集中于所讨论问题的环境，鼓励参与者对他人已经提出的设想进行补充、改进和综合，进而发展出新的设想，形成一种创造性设想的连锁反应——共振思维。由于是举行集体讨论会，某一个人的闪念可能会将许多人的联想点燃。俗话说“三个臭皮匠，赛过一个诸葛亮”就是这个道理。参会者相互启发，可以不费力气地提出很多新的想法。对别人的想法进行组合和改进而产生的想法是集体智慧的结晶。

（三）头脑风暴法的实施程序

头脑风暴法的具体实施程序通常分为五个步骤。

1. 确定议题 头脑风暴法适合解决单一明确的问题，如研究产品名称、广告口号、销售方法、产品的多样化等，不适合处理复杂、面广的对象。对于后者可以分解成若干简单的小议题，逐个解决。

议题的选择应尽可能具体，从平日悬而未决的问题出发，从合乎参与者的层次和关心范围入手，以参与者们一直期待解决的问题为最佳，便于大家进行有效的联想。也可事先公开大议题，但不能保证参与人员会围绕议题尽力思考，想出点子。因此，可将大议题细化，从接近参与者关心范围的议题开始，会取得更好的效果。

议题的内涵应该明确，不应模棱两可、似是而非。会议开始前，主持人应仔细阐述议题并附加必要的说明，使参加者能够收集确切的资料，按照正确的方向去思考问题。

2. 会前准备

（1）选定主持人和记录员：主持人应善于启发和鼓励参会者进行思考和畅谈。为了让参加者的灵感相互激励，引发灵感的连锁反应，主持人在会议中应督促参加者在规定时间（5分钟）内将自己的灵感写下来，并要求他们在各自发言前将内容整理得清晰明了，以便记录员记录在海报纸上，进而让他人产生更多联想，激发更多灵感。

在参加者发言气氛相当热烈时，可能会出现许多违背两项原则和四项规则的现象，如哄笑、公开评论他人意见等情况，此时主持人应当立即制止。

当许多灵感陆续被激发出来，而参与者也呈疲惫状时，主持人可以用“每个人再提出两个点子就结束”之类的话把控会议。为避免参加者太疲倦而产生厌倦情绪，主持人应控制好会议时间，一般建议控制在 30 分钟左右。会议结束后，主持人表示感谢并鼓励和表扬大家。

记录员应依照发言顺序标号记录点子，在发言内容含糊不清时，应向发言者确认，发言内容过长时，仅记录要点即可。字迹要清晰，确保每位参与者都能看清，海报纸版面应简洁整齐。

（2）小组成员的构成：专家在头脑风暴法小组成员中所占比例不宜过多，专家人数太多，会在头脑风暴过程中做出各种评价，导致难以形成轻松自由的畅谈氛围。另外，小组成员最好背景不同，可以从不同层面和角度提出不同观点，避免出现相同背景下想法相似，产生的观点趋向于专业方向的常规思路。

（3）会前通知：会议之前应通知与会成员，告知会议目的，以便参会者事前做些准备工作，但要防止造成先入为主的后果。

3. 举行热身会　在小组成员较为缺乏经验的情况下，要想使参会者达到很高的思想水平，并迅速遵从“延迟判断”的原则尤为困难。因此，要在正式进行头脑风暴前安排预备会议，提早将讨论主题告知参会者，并附加必要的说明，使参加者能够按照正确方向参与讨论、提出想法。“热身”的目的在于让参会者逐步全身心地投入，使大脑进入最佳状态。

4. 正式会议小组人数以 5～10 人为宜，人数过多很难使参会者充分发表意见。会议时间为 0.5～1 小时。由主持人宣布议题后，即可启发、鼓励大家提出设想。记录员应根据发言顺序做好相应记录。

5. 加工处理　会议结束后应该对所做记录进行分类整理并加以补充，然后交给具备丰富经验和专业知识的专家组进行筛选。筛选应主要从可行性、应用效果、经济回报率、紧急性等多个角度进行，以选择最恰当的设想。

二、列举型创新方法

（一）列举型创新方法的含义

列举型创新方法（简称列举法），是一种对具体的特定现象（如特点、优点等）从逻辑上进行分析并将其本质内容一一罗列出来，用以创造设想，找到发明创新主体的创新方法，它是一种运用发散性思维来克服思维定势的创新方法。

列举法的主要作用是帮助人们克服感知不敏锐的障碍，把思维从麻木、僵化的状态下解放出来，促使人们带着一种新奇感将事物的细节列举出来，全面思考一个熟悉事物的各种缺陷，改进老产品，开发新产品，尽量达到预期目的和指标。

列举法简单实用，是一种较为直接的创新方法，特别适用于新产品的开发、旧产品改造的创新性发问过程。列举法的要点是将研究对象的属性、缺点、希望点等罗列出来，提出改进措施，形成独有创新的设想。按照所列举对象的不同，列举法可以划分成属性列举法、缺点列举法、希望点列举法、成对列举法和综合列举法。

（二）列举型创新方法的作用与局限性

1. 列举型创新方法有助于克服心理障碍，改善思维方式，在创造发明活动中有实际的作用。人们在初次接触事物时，会有新鲜感，容易发现问题，但“少见多怪，见多不怪”，时间长了，便也习以为常了。此时，感知觉便处于饱和状态，有用的信息就输入不进去了。想创造但无从下手往往是习惯的惰性阻碍了创造性思维，列举型创新方法的首要贡献就是克服这些障碍，让人以广泛搜索、不断挑剔、大胆幻想的思维方式实现创造发明的目标。

2. 促使人们全面感知事物，防止遗漏。每个人的思维方式不尽相同，其感知方式也各具特色。在认识事物时，有人注重视觉，有人则擅用听觉、触觉、味觉或嗅觉，有人惯用左脑，有人则偏爱右脑，借助于列举法，可使思考深入到事物的各个方面。如应用属性列举法时，就要求将事物所有的属性列出，不许遗漏，这样就必然有利于全面分析，产生较多的设想。

3. 有利于克服思维定势。判断对于解决问题是必要的，但过早地判断往往会阻碍思维的发散，是创新能力的克星，也与智力激励性创新方法的大胆设想、推迟判断原则相类似，列举型创新方法首先强调的是尽量全面的列举，避免过早地下结论，从而克服思维定势，获得更多的创新设想。

应该看到，该方法具有一定的局限性。一般来说，列举型创新方法因其分析问题要求全面、精细甚至比较烦琐，所以只适用于小的、简单的问题。且该方法不能最终解决问题，其主要作用是提供思路，进一步的实施还需要借助其他创新方法与手段才行。

（三）列举型创新方法的种类

按照所列举对象的不同，列举法可以划分成属性列举法、缺点列举法、希望点列举法、成对列举法和综合列举法。

1. 属性列举法　也称特性列举法，它是由美国内布拉斯加大学罗伯特·克劳福德教授创造的一种著名的创意思维策略，既适用于个人，也适用于群体。属性列举法首先分门别类地将事物与课题的现有属性全面地罗列出来，然后在所列举的各项目下面，试用可能取而代之的各种属性并加以置换，从中引出具有独特性的方案，再进行讨论和评价，最后找出可行性的创新设想或创新措施。属性列举法适用于革新或发明具体事物，特别适合于轻工业产品的改革，同时也可适用于行政措施、机构体制与工作方法的改进。

一般来说，有些产品的创新可以整体进行，如水笔、口杯、闹钟等一些小产品；但有些产品就无法进行整体性的创新构思，它必须是在一个个部件、或一个个性能特征得到创新构思后，才能最终形成一个总的构思方案。例如，汽车就无法从整体进行创作构思，而必须就其每一个部件或每一个属性功能进行一步一步地分析、列举，然后就每一个部件或功能属性进行创作，才最终形成新的汽车整体构思。实际上，许多整体创新方案正是由多个布局方案创新的组合形成的，缩小列举对象是通过对事物的分解实现的。分解就是对客体进行剖析，把它分解为若干互不交错的部分，如汽车可以分解为发动机、传送装置、轮胎、刹车、转向、变速箱、外壳、安全系统等。除产品外，还有管理目标、工作程序的分解等。

属性列举法的一般步骤如下：

第一步，先将改进对象的属性全部写出来。例如，把一台机器分解成一个个零件，将每个零件功能如何、特征怎样、与整体的关系如何都列举出来，列成一览表。如果对象过于复杂，可先将对象分解后选一个目标较为明确的课题进行。属性列举主要从四个方面进行。

名词属性——整体、部分、结构、材料、制造方法等。

形容词属性——性质、状态、颜色、形状、感觉等。

动词属性——功能、作用等。

量词属性——耗电量、包装数量、使用寿命、保质期等。

第二步，将各项属性尝试以可替代的各种属性加以置换，引出具有独创性的档案。进行这一步的关键是要力求详尽地分析每一属性，尽量从各个角度提出问题，找到缺陷，另外尝试从材料、结构、功能等方面加以改进。

第三步，提出方案并对方案进行评价讨论，选择使产品能够满足人们需求的最佳方案。

以设计一把新颖的雨伞为例，通过属性列举法可打开思路。

伞的名词性特征：伞把、伞架、伞面、伞尖、开关、伞套、铝杆、铁架等。

伞的动词性特征：打开、折叠、手举、闭合、握、挂、放、按、晒等。

伞的形容性特征：圆柱形的、曲形的（伞把）；直的、硬的（伞架）；花形的、圆形的（伞面）等。

将各属性加以置换，引出独创性的方案。例如，将直的、硬的、铁的伞架变换为软的充气管式伞架以便于携带；将同种材料，不透明的伞面变换为两种材料，伞边带透明的伞面，以扩大视线；将用手举的伞变换为用肩或头固定的伞，以方便骑车者、提物者、抱婴儿者；将无声的伞变换为带音乐、带收音、带电筒的伞，以方便人们使用。还可增加如带香味、能发光、代替太阳灶、透风不透雨等新特征。

2. 缺点列举法　是将事物的缺点具体地一一列举出来，然后针对发现的缺点提出改进设想，有的放矢地进行改革，从而获得创新成果。缺点列举法的运用基础是发现事物的缺点。虽然任何事物都有缺点，但是并不是所有的人都会寻找缺点。应用缺点列举法时，首先，要有某种“不满心理”和追求完美的动机。缺点列举法大都是围绕原事物的缺陷加以改进，通常不触动原事物的本质与整体，因而一般用在老产品的改进上。其次，缺点列举法也可用在还不够成熟的设想和新发明上，以便发现缺点，加以改进或优化，使创意更加完善。

例如，厨房里使用的锅，烧煮食物很方便，但当用它烧煮汤、羹类食物时，就暴露了它的局限性。锅的上口太宽，不便倒入小碗。人们根据这一缺点，设计了“茶壶锅”。把上口宽的锅与倒水方便的茶壶巧妙结合在一起制成，似锅似壶，一物多用，尤其适合烧煮面食之用的新型锅具。雨伞过长，不易收藏和携带，将其改为折叠式。为挡住迎面吹来的雨，伞布往往遮住视线，容易撞到别人，改伞布为透明塑料。拿东西撑伞不方便，做成自动伞。打伞时再拿东西不方便，改做帽伞，上车收伞时，雨水会滴落到别人或自己脚上，在伞顶上装个“储水器”。雨夜打伞行路，车辆不容易看到行人，会发生危险，在伞柄上装上只电筒。将各种缺点改进，每改进一种，就是一种新产品。

缺点列举法的一般步骤如下：

第一步，对象剖析。依据一定的原则把研究对象分解为若干个子系统，直至完成基本单元的组合。

第二步，列举缺点。逐一列出各基本单元的不足之处。为了避免遗漏，尽可能列举每一基本单元的缺点，可按照属性列举法的次序，从名词类、形容词类、动词类、量词类四个方面思考。

第三步，设想开发。针对已罗列出的各种缺点，逐一提出弥补、改进的设想。对于一个缺点的改进方案不一定只限于一个，可以提出几种想法，以便对比选择最佳方案。

以玻璃水杯为例，可以提出以下缺点：鼻子较高的人喝水时，杯沿会碰着鼻子。玻璃杯易碎；保温性较差，倒上热水后容易转凉等；这些缺点为改进玻璃杯提供了依据。针对玻璃杯存在的种种不足，可以提出许多改进方案，如针对杯沿会碰着鼻子这一缺点，可设想如下各种形式的玻璃杯：在杯沿挖个缺口避开鼻子；制造斜口杯避开鼻子；制造上小下大的圆台形杯避开鼻子等。

3. 希望点列举法　是指发明创造者从个人愿望和需求出发，确定发明目标的创新方法。列举新的希望点，就是发现和揭示有待创造的方向或目标。只要能想出满足希望要求的新点子、新创意和新方法，就意味着新创造的诞生。

满足需求和希望不仅是一切发明的出发点，也是所有发明的最终目的。古今中外，世界上的许多大的发明都是根据人们的希望创造出来的。人们希望升上天空，就发明了风筝、气球、飞机；人们希望冬暖夏凉，就发明了空调设备；人们希望在空中传递图像，就发明了电视；人们希望夜如白昼，就发明了电灯；人们希望快速计算，就发明了电子计算机等。现在，市场上许多新产品都是根据人们的“希望”研制出来的。例如，人们希望茶杯能保温，就发明了保温杯。人们希望有一种能在暗处书写的笔，就发明了内装电池，既可照明，又可书写的光笔。在研制新的服装时，人们提出希望：不要纽扣、冬暖夏凉、免洗免熨、可变花色、两面都可以穿、重量轻、肥瘦都可以穿、脱下来可作提物袋等。现在，这些愿望大多都在日常生活中变成了现实。

希望点列举法不同于缺点列举法，缺点列举法大都围绕现有物品的缺点提出各种各样的改进设想，这种设想一般不会离开物品的原型，因而它是一种被动型的创造发明方法；而希望列举法是一种超现实的略带幻想地罗列各种希望，它可以不受原有物品的束缚，因而它是一种积极、主动的创造发明方法。

塑料以结实耐用、易成型、成本低、耐腐蚀等优点，成为人们普遍使用的材料。然而，在自然条件下，塑料分解需要百余年的时间，它废弃以后就会成为不易腐烂的环境污染物。有效地控制和消除塑料这一“白色污染”源是人类共同的“希望”。科学家们经过多年研究，发明了可降解的塑料。在塑料中掺入3%左右的添加剂（以淀粉为主），废弃后的塑料由细菌进行生物化解，可变成对环境无害的水和二氧化碳。

希望点列举法有三个显著的特点：

一是扩展性。新设想的提出不受任何框框的限制。例如，音乐能给人们的生活增添乐趣，与音乐结合的产品层出不穷，如音乐伞、音乐黑板、音乐床、音乐枕头、音乐尿布、音乐牙刷、音乐邮票、音乐图书等，还有如听诊器、晴雨计、按摩椅、茶杯、钥匙链、蜡烛、壁纸、圆珠笔、防窃钱包均可与音乐功能组合在一起。

二是灵活性。当一种技术获得成功后，可以向其他的领域进行辐射，将这种技术或功能与其他产品结合起来。例如，装在眼镜框上的眼镜电视、3.8厘米的口袋式彩色电视、屏幕可折叠的电视机、可放在活页夹中的书页式电视等。

三是新颖性。任意思考所产生的设想往往属于具有奇特性的设想。这些奇特性的设想有些目前无法马上实现，但是其中的创新意义往往会给人们带来很大的启迪和帮助。有人观察到人的舌头很灵巧，可以把手上、手指缝里的果酱舔得干干净净，于是产生了奇特的设想，设计生产了一种带“舌头”的刷子，用来清除缝隙里面的脏东西。

希望点列举法从使用者的愿望和要求出发，用发展的眼光去认识和预见客观事物，提出各种各样新奇的设想。从实际操作的角度来看，希望点列举法既适用于对现有事物的提高，又适用于在无现成样板的前提下设计新产品、创建新方法等，而且对后一种情况更为有效。

用希望点列举法进行创造发明采用的是激发和收集人们的希望；仔细研究人们的希望，形成希望点；以希望点为依据，创造新产品满足人们的希望。具体做法包括：

（1）召开希望点列举会议，每次可有5～10人参加。

（2）会前由会议主持人选择一件需要革新的事情或者事物作为主题，随后发动参会者围绕这一主题列举出各种改革的希望点。为了激发参会者产生更多的改革希望，可将个人提出的希望用小卡片写出，公布在小黑板上，并在参会者之间传阅，这样可以在参会者中产生连锁反应。会议一般举行1～2小时，产生50～100个希望点，即可结束。

（3）会后将提出的各种希望进行整理，从中选出目前可能实现的若干项进行研究，制订出具体的革新方案。

例如，人们用希望点列举法陆续产生了一批水泥革新的希望——希望水泥能在短时间凝固的“速凝水泥”，可用于修复飞机跑道、堤坝及水下建筑物等工程的施工；希望用来修补断裂的水泥构件，使其牢固程度高于原先未损部分的“焊接水泥”；希望抗拉性能极强，弹力增加100倍，适用于抗弯曲和振动地方的弹性水泥；希望不同天气呈现不同颜色，用以美化环境的变色水泥；希望铺设在寒冷地区的路面和机场跑道，可防止结霜和积雪的可加热的水泥；希望水泥板材的性能与木材一样，可以锯、刨、钉，用来制作家具的家具水泥；希望可塑性强、可用做补牙填料的医用水泥。这一系列水泥新产品都是从各种希望点中选出进而开发出来的。

希望点列举法按关注点和创新点的不同，可细分为功能型希望点列举法和原理型希望点列举法两种。

功能型希望点列举法是在不改变原事物基本作用原理的前提下，针对事物不具备而人们希望其具备的方面，将希望点一一罗列，进行变换和创新的一种思维模式。

原理型希望点列举法是针对现有事物的某些不足列举出希望点，并根据希望或理想，打破原有事物概念的束缚，从全新的角度进行再创造的一种思维模式。这种方法与功能型希望点列举法的本质不同之处在于它已经不是在原事物的基础上的改进和发展，而是一种仅以原事物为参照物的重新创造。

4. 成对列举法 当人们想要创造发明却又找不到研究项目时，可以利用成对列举法得到启发，从而找到好题目。成对列举法是通过列举两类不同事物的属性，并在这些属性之间进行组合，通过相互启发而发现发明目标的方法。这种既利用了属性列举法的务求全面的特点，又克服了属性列举法中没有具体方法进行属性变换的弱点，因而更能启发思路，收到较好的效果。

使用成对列举法的规则：

（1）必须十分明确所要解决的问题，这样可以确定所列举事物的类别。

（2）要把所列事物的所有属性组合都加以研究，即使是一些初看莫名其妙的组合也不要轻易舍弃。这个原则与头脑风暴法中的延迟判断相似，乍看起来是荒唐的想法，可能会随时间而成熟或能据此启迪另外的思路。

成对列举法与属性列举法的区别：属性列举法先是列出研究对象自身的特征，然后分析这些特征，再找出新特征，引出新产品设想的方法，其过程与其他事物无关；成对列举法是同时列出两类事物的属性，并在列举的基础上进行事物属性间的各种组合，从而获得发明设想的方法。成对列举法克服了属性列举法中没有具体方法进行属性变换的弱点。

成对列举法有两种实施方式：

1）第一种实施方式

第一步：列举，把某一范围内所能想到的所有事项依次列举出来。

第二步：强迫联想，任意地选择其中两项依次组合起来，想象这种组合的意义。

第三步：对所有的组合做分析筛选。

一类事物　甲　乙　丙　丁　戊　己……

另一类事物　A　B　C　D　E　F……

例如，要设计新式多功能家具，可以首先列举出各种家具及室内工具，如衣架、镜子、花盆架、电视、音响、冰箱、洗衣机、床、桌子、沙发、椅子、茶几、书架、台灯、衣柜……然后，进行两两配对组合，如床和沙发、灯和衣架、桌子和衣架、床和箱子、床和灯、镜子和柜子、电视与花盆架、音响和台灯、茶几和衣柜等。

最后对所有方案进行分析，发现许多方案均可发明出新式家具，有些方案事实上已经成为产品，如床和沙发组合成的沙发床，镜子和柜子组合成的带穿衣镜的柜子，床和箱子组合成的床底可兼做储物柜的组合床等。有些方案还未有人尝试过，如茶几与电视机结合、茶几与镜子组合、电视机与镜子组合、电视与花盆架组合等。分析这些设想中的组合能否构成可行的方案，如选取书架与椅子组合做进一步构思，在书架旁设计安装几块自动折叠的板条，既可坐人，又可当踏板去拿书架上层的书；不用时，可以折叠或插入，不占任何地方。

2）第二种实施方式

第一步：确定两个事物为研究对象。

第二步：分别列出两个事物的属性。

第三步：将两事物的属性一一进行强制组合。

第四步：分析，筛选可行的组合，形成新的设想。

5. 综合列举法　属性列举法、缺点列举法和希望点列举法都偏重于从某一方面来开展创造性思维，因而在一定程度上也给创新带来一定束缚。从根本上讲，创造应该是没有任何限制的，在开展发明创造时，可以综合运用上述方法，也就是综合列举法。

综合列举法是针对所确定的研究对象，从属性、缺点、希望点或其他任意创造思路出发列举出尽可能多的思路方向，对每一思路方向开展充分的发散思维，最后进行分析筛选，寻找最佳创新思路的创新方法。

以利用综合列举法开发相机新产品为例，见表 2-1。

表 2-1　综合列举法开发相机

相机	名词特性	形容词属性	动词属性
属性列举法	镜头、快门、机身	圆的、重的、黑色的、金属的、耐压的	望远拍摄、留下记录、拍摄风景
缺点列举法	镜头小、快门吵、机身单薄	体重太重、颜色单一	远拍模糊、调焦缓慢
希望点列举法	镜头加大、电子感应、随眼变化、快门声音安静	像鸡蛋造型、用轻金属求其轻量化	瞬间做望远设定

综合列举法的操作步骤：

（1）确定研究对象。

（2）对研究对象应用属性列举法进行分析和分解，列举各项属性。

（3）运用缺点列举和希望点列举的方法进行分析。

（4）综合针对缺点与希望点提出创造性设想。

三、设问型创新方法

（一）设问型创新方法的含义

发明、创造、创新的关键是能够发现问题、提出问题。设问法就是对任何事物都多问几个为什么。爱因斯坦曾说过："提出一个问题往往比解决一个问题更重要……而提出新的问题、新的可能性，从新的角度去看旧的问题，都需要有创造性的想象力。"

我国著名教育家陶行知先生也曾说过："发明千千万，起点是一问，智者问的巧，愚者问的笨。"问题是创造的起点和源泉，是激发思想火花的导火线。对一个问题追根刨底，有可能发现新的知识和疑问。要发明创造，必须先要学会设问，也要善于设问。

设问型创新方法是现代生活中经常使用的一种推陈出新的方法，这种创新方法是围绕现有的事物，以书面或口头形式提出各种问题，通过提问，发现现有事物存在的问题和不足，从而找到要革新的方面，发明出新的事物来。具体来讲，就是有序地提出一些问题，使问题具体化，缩小需要探索和创新的范围，启发灵感，以提问的形式来启发创新思路，产生出创新方案。

设问型创新方法的典型方法是奥斯本检核表法，较为常用的引申方法有 5W2H 法、和田十二法、系统提问法等。

（二）常用的设问型创新方法

1. 奥斯本检核表法　被称为“创造学之父”的美国 BBDO 广告公司创始人奥斯本（A.F. Osborn）曾提出过许多创新方法，他发明的奥斯本检核表法是设问型创新方法中最为典型的一种方法，也是创造学界最有名的、最受欢迎的创新方法。以此作为提示人们进行创造性想象的工具。

奥斯本检核表法又称检核表法、设想提问法或分项检查法。检核表法是根据需要解决的问题或者进行创造发明的对象列出有关问题，逐个对它们进行分析，从中获得解决问题的方法和创造发明的设想的方法。

由于设问的形式能使作答者处于较为自然、轻松的状态，给人们可以商洽的感觉，往往对人启发较大，特别是对尝试性的内容，用询问形式更为合理，所以检核表中的各项具体内容基本采用了设问的形式。由于检核表是先提出问题，再逐个进行分析、检验的做法，所以它可以使思考更全面，也可促使新思想的产生。检核表法是一种能够大量开发创造性设想的创新方法。检核表法几乎适用于任何类型与场合的创造活动，因此被称为“创新方法之母”。

所谓“检核表”，是人们在考虑某一问题时，为了避免疏漏，把想到的重要内容扼要地记录在表格中，便于以后对每项内容逐个进行检查。

（1）奥斯本检核表法包含了九个检查项目，相当于从九个方面提出问题（表 2-2），作答者可将新设想名称和新设想概述填在表中空白处。

表 2-2　奥斯本检核表

记号	检核项目	新设想名称	新设想概述
1	有无他用		
2	能否借用		
3	能否改变		
4	能否扩大		
5	能否缩小		
6	能否替代		
7	能否调整		
8	能否颠倒		
9	能否组合		

1）有无其他用途：现有产品有无其他用途（包括稍作改革可以扩大的用途），也就是扩展产品的应用范围，稍加改变可以扩大现有发明或产品的用途，就可以为该产品带来全新的生命力。这样的提问便于深入开发原有产品的价值。

2）能否借用：现有产品领域内能否引入其他领域的创造性设想，或者直接引入其他领域具有类似用途的发明？过去有无类似的东西可供模仿？现在的发明能否引入其他的创新设想之中？这些提问有助于使发明向广度和深度发展，以形成一系列发明产品。

例如，受石油工业中用小机器人来探测管道漏洞做法的启发，制造出各种内镜用于医疗工作，如胃镜、肠镜等。这些被借用的发明未必是高精尖的产品，有时候小玩具也能起大作用，听诊器的发明正是如此。

泌尿科医师在治疗患者肾结石的时候，想到开矿石要用炸药爆炸，那么消除肾脏内的结石是否也能引入爆炸技术，把结石炸碎而排出体外呢？医师想到了当时世界上第一流的爆炸技术能将一栋高层建筑炸成粉末，而不影响仅隔开一条街面甚至只隔开一堵墙的其他建筑物。于是，聪明的医师们经过精确的计算，把炸药的分量控制在只能炸碎肾脏里的结石而不影响肾脏本身。这种技术在医学上被称为微爆破技术。微爆破技术的运用，给肾结石患者带来了福音。

再如，当伦琴发现“X 光”时，并没有预见这种射线的任何用途。通过联想借鉴，现在人们已不仅用“X 光”来观察人体的内部情况，还用它来治疗疾病。同样，电灯在开始时只被用来照明，后来通过改进光线的波长，发明了紫外线灯、红外线加热灯、灭菌灯等。科学技术的重大进步不仅表现在对某些科学技术难题的突破上，也表现在科学技术成果的应用上。一种新产品、新工艺、新材料，必将随着它在越来越多的领域得到应用而显示其生命力。

3）能否改变：现有的东西是否可以做某些改变？改变一下会怎么样？可否改变一下形状、颜色、音响、味道？是否可改变一下意义、型号、模具、运动形式？……改变之后，效果又将如何？这类方法看起来很简单，却非常有效。

例如，变色杯子的制作原理就是在杯子外侧按需要覆盖上一层特殊的变色涂层，当温度变化时，变色图层变透明或者变成其他颜色。还可以把自己的照片或文字清晰地印制在变色杯上。不倒水时，杯子上没有任何图案，当往幻影杯中倒入水后，印制在幻影杯上的图像就清晰地显现在杯子上了。

4）能否扩大：现有的东西能否扩大使用范围？能否添加部件、拉长时间、增加长度、提高强度、延长使用寿命、提高价值、加快转速……

例如，日常用的钢化玻璃杯，就是在制造玻璃的过程中加入了某些防震、防碎材料而制成的。使用加法和乘法，能使人们扩大探索的领域。例如，煤气没有气味，一旦泄露危害很大，“乙硫醇”臭气非常强烈，在空气中只要浓度达到五百亿分之一就能闻到，所以在煤气中加入极微量的“乙硫醇”，就可以有效地判断煤气是否泄漏问题。再如，在牙膏中加入药物就成为药物保健牙膏；在自行车上增加伞就成为带遮阳伞的防晒自行车。

5）能否缩小：前面一条是沿着“借助于扩大”“借助于增加”而通往新设想的渠道，这一条则是沿着“借助于缩小”“借助于省略或分解”的途径来寻找新设想的渠道。现有的产品可否密集、压缩、浓缩、聚束？可否微型化？可否缩短、变窄、去除、分割、减轻？如袖珍式收音机、微型计算机、折叠伞等就是缩小的产物；没有内胎的轮胎，尽可能删去细节的漫画，就是省略的结果。又如，我国留美博士研究生李文杰于 1992 年发明了世界上最小的超微电池，直径只有一个红细胞的 1%，微电池如果应用到集成电路上，可提高功效上千倍；上海一家公司制造出直径只有 200 微米的电动机，广泛用于医疗微创手术。

6）能否替代：是否可以找到能够部分或全部代替现有产品及其组成部分功能的产品或零部件？是否可用其他型号？是否有可以替代的原材料、生产工艺、产品配方或动力源？

为了使宇宙飞船能把月球上收集到的各种信息发回地面供人类研究，就必须在月球上架设一架像大伞似的天线。因此，宇宙飞船要携带很多精密仪器，但其容积有限，怎样才能把很占空间的天线带上月球呢？科学家为此绞尽脑汁。后来，人们从材料选择方面入手，采用形状记忆合金，在 40℃以上做成天线，然后冷却，把天线折叠成球团放进飞船，送到月球后使天线“记忆”起原来的形状，自动展开而达到预定的状态，从而创造性地解决了技术上的难题。

7）能否调整：设计方案时从以下方面考虑，可否调整模式？可否调整布置、顺序？可否调整操作工序？可否调整因果关系？可否调整速度或频率？可否调整工作规范？重新安排通常会带来很多创造性设想。

例如，飞机诞生的初期，螺旋桨均安装在头部，后来装到了顶部，逐渐发明了直升机；原来的汽车喇叭按钮多装在方向盘的轴心上，每次按喇叭总要把手移到轴心处，既不方便，又容易失手肇事，后来有人把喇叭按钮改装在方向盘的下半个圆周上，只要手指轻按该半圆的任何一处，喇叭就响起来；另外，工作时间上的重新调整、城镇建设的合理布局等都有可能导致更好的创新结果。

8）能否颠倒：现有发明可否颠倒？可否颠倒正负？可否颠倒正反？可否头尾颠倒？可否上下颠倒？可否颠倒位置？可否颠倒作用？这是一种反向思维的方法，它在创造活动中是颇为常见和有用的。第二次世界大战期间，有人就曾运用这种“颠倒”的设想建造舰船，建造速度有了显著提升。

9）能否组合：现有的几种发明是否可以重新组合？可否混合、合成、配合、协调、配套？可否把物体、目的、特性或观念组合？人们常常把某种新的科学技术同各种方法组合起来，如发明超声波技术之后，就创造了超声波研磨法、超声波焊接法、超声波切割法、超声波理疗法、超声波洗涤法等。

奥斯本检核表的具体应用（以拖鞋为例）见表 2-3。

表 2-3 奥斯本检核表具体应用

记号	检核项目	新设想名称	新设想概述
1	有无他用	拍蟑螂	拍蟑螂拖鞋
2	能否借用	和拖把一样在鞋底加易于清洁的纤维	拖地拖鞋
3	能否改变	改变拖鞋的颜色图案、改变形状	时尚拖鞋
4	能否扩大	加厚鞋底	增高拖鞋
5	能否缩小	做成小的精品挂饰	挂饰拖鞋
6	能否替代	改变做鞋的材料	竹制拖鞋
7	能否调整	将人字拖夹脚趾的部位换到中间	双向穿拖鞋
8	能否颠倒	将前面护脚趾的地方也加到后面，中间可折叠	双向折叠拖鞋
9	能否组合	和轮子组合	趣味拖鞋

（2）奥斯本检核表的主要优点

1）奥斯本检核表有助于人们打破各种思维定式，以问题的形式激发人们的想象力，使其敢于对现实产品展开自己的想象。

2）奥斯本检核表提醒人们从各个角度、观点看问题，避免了单一化的思维方式，从而使问题得到较好的解决。

3）奥斯本检核表内容丰富，可应用于各个方面，如开发新产品，设计、销售、广告等，它为创造发明提供了很好的解决问题的思路，也指出了方向。

4）经常使用奥斯本检核表能提高人们的思维素质，有利于突破不愿提问的心理障碍，会使人们善于提问、思考、想象及变换思考角度。

5）奥斯本检核表的适应性强，不论对象和专业如何，都可以相应地列出很多检核问题。

但是奥斯本检核表法还存在如下缺点：奥斯本检核表问题过细、过多，实施起来比较复杂，有学者认为该方法一般很难取得较大的突破成果。

（3）使用奥斯本检核表的注意事项

1）不应过于拘泥于这一种方法。如果过分依赖于这种方法，反而会把它变成束缚自己的条条框框，妨碍自由想象，使本来为防止思考漏洞而采用的检核表变成制造漏洞的根源。因此，需要将检核表与其他方法结合使用，同时要经常对检核表进行改进和补充。

2）检核的内容可做适当改变。具体使用时应灵活掌握，根据活动的主要目的、检核对象的主要特点、周围环境来设计检核表。如用于技术问题方面，则要注意明确产品的材料、结构、功能、工艺过程等。

3）奥斯本检核表法提供的主要是一种思路。由于检核表比较强调创造发明主体思维素质的改变，借助克服思维障碍产生更多的思路，因而较为忽略对技术对象客观规律的认识。因此，在解决较复杂的技术发明问题时，奥斯本检核表法仅能提供一个大概的思路，还需进一步与其他技术结合。

4）要联系实际，一条一条地进行核检，不要有遗漏。多核检几遍，效果会更好，或许会更准确地选择出所需创新、发明的方面。在检核每项内容时，要尽可能地发挥自己的想象力和联想力，产生更多的创造性设想。

（4）运用奥斯本检核表法进行创新活动的实施步骤

1）根据创新对象明确需要解决的问题。

2）根据需要解决的问题，参照表中列出的问题，运用丰富想象力，强制性地一个个核对讨论，写出新设想。

3）对新设想进行筛选，将最有价值和创新性的设想筛选出来。

具体操作程序是针对待研究的对象，按照奥斯本检核表提供的九个方面的思考角度进行假设和思考，然后在假设的基础上形成若干新的解决方案，最后对所有的解决方案加以分析，最终产生解决这一问题的综合方案。

2. 和田十二法 是我国上海创新教育工作者许立言、张福奎在奥斯本检核表的基础上，结合我国青少年小发明、小改革的特点提炼出来的创新方法，原名称“十二个聪明的方法”，是一种有效的发明检核方法，也称为动词提示检核表法、思路提示法。其中的动词分别是加一加、减一减、扩一扩、缩一缩、变一变、改一改、联一联、学一学、代一代、搬一搬、反一反、定一定。和田十二法的原理源于奥斯本检核表法，它同样也给发明创造提供了若干种考虑的方向。具体如下：

（1）加一加：从添加、增加、附加、组合等角度考虑。例如，将吊灯和电扇组合形成的灯扇，既美观，又节省了空间，一举两得。数字音乐播放器（MP3）加上收音机的功能就更贵一些。海尔冰箱加上电脑桌的功能，在美国大受欢迎。手机加上照明的功能便价格不菲。

（2）减一减：从删除、减少、减小、拆散、去除等角度考虑。例如，为使建筑管道安装省力、安全和高效率，现在广泛采用了合成树脂制成的水管，这种水管与原来的水管相比，重量大大减轻。移动硬盘越小越方便携带，销路就越好。大米改成小包装反而卖得快。目前市面上很多高功能的数码照相机，消费者买回家却发现 90%的功能不会用，这个时候减去一些功能并降低价格，可能更适合普通消费者。

（3）扩一扩：从加大、扩充、延长、放大等角度考虑。例如，将彩色照片的版面扩大，这样更有利于欣赏人物和风景。有一个中学生雨天与人合用一把雨伞，结果两个人都淋湿了大半个肩膀。他想到了“扩一扩”，就设计出了一把“情侣伞”——将伞面积扩大，并呈椭圆形，结果这种伞在市场上很畅销。

（4）缩一缩：从改小、缩短、缩小等角度考虑。例如，将大型电子管变为小的晶体管，制成丰富多彩的电器元件。又如，随着科学技术的进步，家用电器的功能不断提高与增多，这种多功能化一方面受到消费者的赞赏，另一方面也因为产品结构复杂化而增加了操作使用上的难度。早期的家用微波炉按钮多达十余个。使用者，尤其是老人和儿童认为功能过于复杂，操作程序烦琐。于是，韩国人开发设计出操作简单的“单旋钮微波炉”，让任何人都可以轻松操作这个电器。佳能当初也是看准施乐大型复印机的不足，利用小型复印机将之打下马。

（5）变一变：从改变形状、颜色、音响、味道、顺序等角度考虑。例如，改变卖法和策略，让销售变得简单，有一个很好的例子：圣诞之夜，某高校门前，一老妇守着两筐大苹果叫卖，因为天寒，问者寥寥，生意非常冷淡。一教授见情形，上前与老妇商量几句，然后到附近买来节日用的红彩带，并与老妇一起将苹果两两一扎，接着高叫道：“情侣苹果哟！两元一对！”经过的情侣都觉得新鲜，用红彩带扎在一起的一对苹果看起来很有情趣，不一会就全部抢光。老妇感激不尽，赚得颇丰。

手机、家电变换模式，先进入市场就赚钱，当年的摩托罗拉 V70 会旋转的手机及夏新 A8 会跳舞的手机都是变换款式抢先获得高额利润的典范。

（6）改一改：对原有事物进行修改，使它消除缺点，变得更方便、更合理、更新颖。例如，以前的饮料大多是玻璃瓶装，运输、保管和使用都不是很方便。改变一下它的材料，使用塑料、纸制软包装极大地方便了人们的生活。同一产品卖点改一改有时就卖活了，如王老吉，把卖点改为“预防上火的饮料”就迅速畅销了。

（7）联一联：寻找某个事物的结果与它的起因的联系，从事物的联系中找到解决办法或提出新的方案，如澳大利亚曾经发生过这样一件事，在收获的季节，有人发现一片甘蔗田里的甘蔗产量提高了50%。这是由于甘蔗栽种前一个月，有一些水泥洒落在这片田里。科学家认为水泥里的硅酸钙改良了土壤的酸性，而导致甘蔗的增产，于是人们研制出了改良酸性土壤的“水泥肥料”。这种原因与结果联系起来的分析方法经常能使人发现一些新的现象和原理，从而引出发明。农夫山泉用纯净水和矿泉水养花的实验让人联想到久喝纯净水对身体无益，从而提高了农夫山泉矿泉水的销量，也提升了自身的品牌地位。车展的时候总是配备很多漂亮的车模，吸引顾客买车，仿佛买了车就能得到人，这就是品味联想。

（8）学一学：学别人的做法，模仿现有事物的形态结构、原理等。例如，模仿海豚皮肤的特殊结构制成鱼类的外壳，在航行中将阻力减小。又如，模仿蛇的嘴巴能张大到超过它自己头的特征，发明蛇口形晒衣架，用这种衣架可从上到下将衣物连竹竿一起夹住，更好地防止衣物被风吹落。

（9）代一代：用一事物（材料、零件、方法等）代替另一事物。例如，用激光这把纤细的“手术刀”代替原来的金属手术刀，在电子计算机的控制下对人眼的角膜做矫正近视的手术，获得了极大的成功。当钢笔被圆珠笔、签字笔逐渐取代后，已经成为一种步入衰退期、濒于死亡的产品，但将它的定位转向有意义的、有价值的礼品时却仍具有一定的市场。

（10）搬一搬：把一个事物搬到别的地方，将新事物移到别的领域，寻找新用途等。例如，将电视上的拉杆天线“搬”到圆珠笔上，成了可伸缩的“教棒”圆珠笔；再将它“搬”到口杯上去，设计出可伸缩的旅行杯。又如，将医学的电子计算机 X 线断层扫描技术（CT）移植运用到地下探矿中。

（11）反一反：把一种东西或事物的正反、上下、左右、前后、横竖、里外等颠倒一下。例如，人们常用的泡茶方法是把茶叶从袋子里取出来放到茶杯里，用开水泡开。茶叶在水中四散漂开，喝茶时不小心茶叶还往嘴里钻。有人反其道而想，把茶叶留在袋内一块儿泡，这样避免了常用喝茶方法的不便，于是袋泡茶便应运而生了。计算机都以渠道为核心竞争力，但戴尔却不搞传统渠道，玩直销一度成为了计算机行业的“龙头老大”。

（12）定一定：为了解决某一问题或改造某件物品，提高学习、工作效率和防止可能发生的事故或疏漏等，需要做出一些规定。例如，药水瓶印上刻度，贴上标签，注明每次服用几次，什么时间服用，服几格；城市十字路口的交通信号灯规定通行和停止的时段。制定标准和游戏规则的企业总能赚取更多的利润，众所周知，微软、英特尔、思科都是行业标准的制定者，所以都能引领市场。

3. 5W2H 法 美国陆军用英语中的 7 个疑问词来进行设问，这 7 个方面的英文第一个字母正好是 5 个 W 和 2 个 H，5W2H 法因此得名。其中，5W 是指 why、what、when、where、who，2 个 H 是指 how、how much。5W2H 分析法也称七何分析法，是一种思考的方法，也可以说是一种创新方法。它是对选定的项目、工序或操作，从原因（何因）、对象（何事）、人员（何人）、时间（何时）、地点（何地）、方法（何法）、多少（何值）等七个方面提出的问题进行思考。这种思考办法可使思考的内容深化、科学化。

5W2H 法以设问形式列出问题。具体内容如下：

（1）为什么（why）：如为什么发热？原事物为什么用这个原理？为什么要做成这个样子？为什么不用机器人代替工人？为什么产品的制造要经过这么多环节？为什么要这么做？不这样为什么不行？为什么要进行该项目的开发？为什么别人没有做或失败了？

（2）什么（what）：如条件是什么？目的是什么？重点是什么?功能是什么？开发什么？与什么有关？以什么为主题？什么是革新对象？什么是问题的关键？有什么有利条件和不利因素？创新欲达到的功能、造型、结构、技术水平是什么？规范是什么？

（3）何时（when）：如何时要完成？何时安装？何时开始？何时投放市场最佳？需要几天才算合理？何时销售？何时产量最好?

（4）何处（where）：如何处最经济？何处有与众不同的特点？从什么地方入手？地点选在什么地方?首先在什么地方销售？原事物什么部位要创新？哪里的原材料最便宜?在何地做最经济、最有效?

（5）何人（who）：如谁来办最方便？谁是顾客？谁是潜在顾客？谁是决策人？谁是该对象的使用者？谁会喜欢它？谁适合承担该任务？

（6）怎样（how）：如怎样做最省力？怎样做得快？怎样改进？怎样避免？怎样扩大知名度？怎样实施？怎样解决可能发生的事情？怎样防止非法仿造？怎样突破旧框框？怎样做可少废料、少费工、少费时、少费钱？怎样扩展销路?

（7）多少（how much）：如该项目的创新需要投入多少人力、财力、物力？第一批创新产量是多少？价格是多少？多少人会选择这种产品？该创新成本、利润是多少？能维持多长时间?

5W2H 法的特点是把创新的思路科学系统化，同样也抓住了问题的关键，而且更加简单、方便记忆和使用，它可以减少漫无目标的胡思乱想，节约创新时间，也能有效地帮助人们突破陈旧框架。

5W2H 法的实施程序包括三个方面：首先，从七个角度对一种现行的方法、产品或初步发现的问题进行分析；其次，找出关键点及目前不能解决的问题；最后，对可以解决的问题寻找改进措施，若不能解决则进入下一个过程——问题的变换过程。

在非技术发明领域，如事务管理、经营、广告、扩大知名度、社会活动计划与组织等，由于这些领域创造活动的内容与形式不同，每类活动都有自己特有的创新形式，所以不具有普遍适用的、有指导性的检核表。这时候 5W2H 法就表现了很强的普适性。5W2H 法具体可以用于以下几种情况：

第一种是在技术创造中，通过这七个方面的设问，可实现创造活动的有效管理。

第二种是在组织管理或创造活动出现问题或失误，需要查明原因时，可以从这七项内容中寻找。由于人们最初定的计划不可能都是完善的，而且实施时事物复杂多变，所以做某种事情的动机、方式、时间、地点、对象等各个方面都可能会出现问题，这时的检核要对每一项都引起重视。

第三种是在营销活动，如广告、推销、宣传或以扩大知名度为目的的公关活动中。

5W2H 法还可以运用于其他方面，如点检制。所谓点检制是一种对设备进行管理的方法，具体包括按照一定的标准和周期，对设备规定的部位进行检查，以便能在早期发现设备故障和隐患，及时加以修理调整，使设备保持其规定的功能。值得指出的是，设备点检制不仅是一种检查方式，而且是一种制度和管理方法。

4. 系统提问法　由庄寿强创建，是以系统发问为先导的创新方法。这种方法从事物的表象出发，找出它具备的所有特性或属性，将它们归纳后上升为几大类，如一般的抽象属性，然后再抛开事物已有的特征，进行发散式的想象，得到多种备选属性，最后通过发问的形式找出可行的创新方案。

系统提问法的实施程序如下：

（1）列出观察对象的主要特征。

（2）将这些属性上升到一般的属性。

（3）再对一般属性进行发散思考，列出可联想到的一系列具体属性。

（4）对观察到的属性和联想到的属性进行“为什么”的提问。

（5）尽可能地寻找理由来回答提问，由此判断哪些属性可以被否定或肯定，将每一个特征对应的最佳属性标上记号。

（6）将所有最佳属性进行组合，得出多种方案。

以表 2-4 公文包的创新为例，来看系统提问法的操作步骤。

表 2-4　系统提问法的操作步骤

具体属性（已知）（第一步）	上升的抽象属性（第二步）	抽象属性概念的外延列举（未知）（第三步）	发问（第四步）	组合（第五步）
棕色	颜色	红色、蓝色、绿色、黄色、黑色、白色、灰色、橙色……	第一列：已知具体属性，问“什么是”	如红色正方形 30 厘米牛皮植物图案包
长方形	形状	正方形、圆形、半圆形、梯形、三角形、扇形……		
40 厘米	大小	30 厘米、25 厘米、20 厘米、45 厘米、50 厘米、60 厘米、80 厘米……		
PU 皮	材料	牛皮、猪皮、纸、化纤布、麻布、金属、陶瓷、塑料……	第三列：未知具体属性，问“什么不是”	如绿色扇形 45 厘米麻布人物图案包 ……
表面印大嘴猴	表面图案	植物图案、动物图案、人物图案……		
……	……	……		

第一步，仔细观察创造的物品（产品），并按具体的主要属性做好记录。比如，对于一支

现有的（已知的）公文包可做如下观察：棕色，呈长方形，长度 40 厘米，由 PU 皮制成，包口上有拉链，包的表面印有大嘴猴图案等。同时，要将这些已知的，具体的属性在一张纸的左侧按顺序记录为一竖列。

第二步，脱离原物，把对原物观察到的、已知的、具体的属性分别上升到一般的属性，并在同一纸张稍右侧排位一竖列对应书写。例如，棕色，可上升为“颜色”；长方形可上升为“形状”：40 厘米长可上升为“大小”；PU 皮可上升为“材料”等。

第三步，按照一般属性概念的外延范围列出一系列具体属性（即脱离原来具体事物的未知的具体属性），如“颜色”的外延，可列出红色、蓝色、绿色、黄色、黑色、白色、灰色、橙色等；“形状”的外延，可列出正方形、圆形、半圆形、梯形、三角形、月牙形、扇形、动物形状等；“大小”的外延，可列出 20 厘米、25 厘米、30 厘米、45 厘米、50 厘米、70 厘米、80 厘米等；“材料”的外延，可列出牛皮、猪皮、纸、化纤布、麻布、塑料、玻璃、金属、陶瓷等。同时，也要把这些结果写在上述纸的相对应的右侧。

第四步，对第一、三列中写出的每一个具体的已知和未知属性进行发问，发问的模式分别是“为什么是”和“为什么不”。发问的理论根据如下：“肯定”和“否定”之间的矛盾关系，其外延之和穷尽了任何一个属性概念的外延，如棕色与非棕色外延之和即等于所有的颜色。因而，用“为什么是”和“为什么不”发问，从理论上说可保持思考的完整性。例如，该文件包为什么是棕色？为什么不能是棕色？即为什么不能是红色？为什么不能是白色？为什么不能是蓝色等？每发问一句，都要尽量找出理由来回答，这样就可引发思维活动，找出一系列的肯定句和否定的属性及其理由，就不难挑选出自认为最理想或最有意义的属性答案作为创造的目标，并在其下方做一记号。

第五步，将上一步中有意义的答案选出，并进行彼此间排列组合，得出众多的组合方案，如上例中就可以有“红色正方形 30 厘米牛皮植物图案包”和“绿色扇形 45 厘米麻布人物图案包”等方案可作为参考的创造目标。

系统提问创新方法的实施过程体现了人们由已知到未知，由特殊到一般再到特殊的认识世界的规律，实践效果很好。很多大学生都可在极短的时间内按系统提问法提出数十甚至上百个方案，且由于每个方案都是经过判断的，所以这些方案完全不同于造性设想，其中好的方案占的比重很大。

四、类比型创新型方法

（一）类比型创新方法的含义

类比型创新方法是指利用类比方式去从事技术发明创造和管理创造活动所使用的方法。它是在两个特定的事物间进行的，通过联想思维，把相同类型的两种事物联系起来，把未知的东西与已知的东西联系起来，把不同类型事物间的相似点联系起来，把陌生的对象与熟悉的对象联系起来，把未知的东西与已知的东西联系起来，异中求同，同中求异，从而产生出崭新的创造设想及发明方案的一类方法的统称。

类比型创新方法是一种主要的创新方法，古往今来人类利用这一方法发明创造了无数的生活用品、生产工具、科学仪器等。在科学领域，荷兰物理学家惠更斯将光和声进行类比，从而提出了光的波动学。德国物理学家欧姆把关于电的研究和法国科学家傅里叶关于热的研究加以类比，建立了欧姆定律。在技术领域，20 世纪 40 年代美国数学家维纳等通过类比把人的行为、目的等引入机器，又把通信工程的信息和自动控制工程的反馈概念引进活的有机体，创立了控制论。

类比型创新方法较为常见的典型方法是综摄法，引申方法有原型启发法、移植法和仿生法等。

利用类比进行发明创造的操作程序如下：

一是正确选择类比对象。要围绕发明对象、创造目标来进行类比。

二是发挥想象力。要将创造对象和类比客体两者进行深入分析，全面比较，从中找出包括表面上、本质上、外延上、内涵上、结构上、材质上、工艺上、技术上、功能上、性能上等方面的共同属性。

三是在前两个程序的基础上，进行类比联想推理，最后得出结论。

需要注意的是，我们在选择类比对象的时候，一般选择熟悉的、直观的事物，因为这类事物比较容易进行类比。例如，要设计汽艇的控制系统，可与汽车的控制系统进行类比，汽车能前进、后退，有不同的速度档位，有车头灯，方向灯，喇叭等，那么在设计汽艇的控制系统时，也应具有这些设备。但我们更鼓励选择明显不同类的两种事物，选择表面上毫无相关的两种事物，选择跨度和距离很大的两种事物。这种产生的创造发明设想，更具有新颖性和突破性。

例如，飞机发动机的燃烧器由于气流无法控制，常出现气流湍流紊乱的现象，这成为世界上困扰喷气发动机燃烧技术 40 多年的关键问题，北京航空航天大学的高歌教授曾经在西北戈壁滩上工作，观察过在大风中自行维持稳定形状的新月形沙丘。他由此得到启示发明了“沙丘驻涡火焰稳定器”，解决了这一世界难题，在航空喷气发动机部件技术方面取得了重大突破。用以类比的两种事物，“沙丘驻涡火焰稳定器”和新月形沙丘，是表面上毫不相关的两种事物，是跨度和距离很大的两种事物，但正是这种巨大的差别，成就了这项发明的新颖性和突破性。

（二）类比型创新方法的分类

根据实际的类比方式不同，类比型创新方法又分为四种类型，即直接类比法、拟人类比法、幻想类比法、象征类比法。

1. 直接类比法 是指从自然界的现象或人类社会已有的发明成果中寻找与创造对象性类似的事物，并通过比较启发出创造性设想。

美国创造学家戈登以小组讨论自动售货机为例说明了直接类比的实际应用。售货机的出货口要求设计成发货时张开，用完后闭合，自然界中有哪些活动像售货机要求的那种运行方式呢？小组成员讨论的意见如下：

A：蚌从它的外壳中伸出脖子……又缩回去紧紧关上外壳。

B：是这样，但蚌壳是一种皮骨骼，蚌的实际部分，即蚌的实际组织是在内部。

C：那有什么不同呢?

A：蚌没有自己清扫的功能，只是缩进蚌壳有保护作用。

D：还有别的类比吗?

E：人的嘴如何?

B：人的嘴能做什么?

E：吐痰……嘴里任何东西都可以吐出来……有时候吐东西时会有部分滴到下巴上。

A：能否训练嘴吐物时不弄脏下巴呢?

D：我小时候是在农村长大的，常常和马在一起。当马拉粪时，它的肛门会张开，然后排出马粪球，之后，肛门又重新闭合，整个过程干净利索。

E：如果马腹泻会怎么样？

D：当马吃的谷物过量时，就会发生这种情况。但马会在很短时间内收缩肛门口……在瞬间挤出液体……然后又关闭肛门。

B：你描述的是种塑性运动。

D：我推测可以用塑性材料来模拟马的肛门。

后来，自动售货机研制小组受此启发创制了一种和上述类比特性完全相同的产品。

运用直接类比法，主要通过描述与创造发明对象相类似的事物、现象，去形成富有启发的创造性设想。直接类比是事物之间的类比，在技术发明中最经常使用的思路是将创造对象与其他事物进行对比。人类从动植物获得灵感的直接类比又称为仿生法。

直接类比又包括三种类型：

第一种是外形类比。2008 年北京奥运会上，国家游泳中心选用的“水立方”设计方案是由中国建筑工程总公司、澳大利亚 PTW 建筑师事务所、ARUP 澳大利亚有限公司联合设计。这个看似简单的“方盒子”是由中国传统文化和现代科技共同搭建而成的。在中国文化中水是一种很重要的自然元素，能激发起人们欢乐的情绪。国家游泳中心在奥运会后将成为北京最大的水上乐园，所以设计者针对各个年龄层次的人，开发可以提供的各种水上娱乐方式，他们将这种设计理念称为水立方。为达到此目的，设计者将水的概念深化，不仅将水作为装饰因素，还利用了其独特的微观结构。基于泡沫理念的设计灵感，他们为方盒子包裹上了一层建筑外皮，上面布满了酷似水分子结构的几种形状，表面覆盖的 ETFE 膜又赋予了建筑冰晶状的外貌，使其具有独特的视觉效果，轮廓和外观变得柔和，水的神韵在建筑中得到了完美体现。

第二种是结构类比。早在公元 4 世纪的古希腊，数学家佩波斯就提出：蜂窝的优美形状，是自然界最有效劳动的代表。他猜想人们所见到的截面呈六边形的蜂窝，是蜜蜂采用最少量的蜂蜡建成的，他的这一猜想被称为“蜂窝猜想”。受自然蜂巢的启迪，人类通过长期研究和分析自然蜂窝结构的特点，创造性地发明了各种蜂窝复合结构材料及其制品，有的用于新材料和新产品的研发，有的用来改善现有产品的特性，有的用于解决结构设计中面临的难题等。高强度蜂窝纸板是近年来在欧美、日本和我国兴起的一种节省资源、保护生态环境、成本低廉的新型绿色环保包装材料，它具有轻、强、刚、稳四大优点，体现了一种全新的包装模式和观念。从体积上来讲，小如微型马达等电子产品，大至飞机发动机等大型机电产品；从重量而言，轻如几百克的蜂窝移动电话，大到几吨重的汽车零部件都可以采用蜂窝纸板包装。蜂窝纸板的应用已经显示出了其他包装材料无可比拟的巨大优越性。而且，作为一种环保材料，它具有可自然降解、不污染环境和循环再生利用等特点。不仅如此，使用一吨再生蜂窝纸材料，可以替代 30～50 立方米的木材，极大地减少了木材的使用量，保护了日益减少的森林资源。正是由于蜂窝纸板的众多优点，尤其是在节约资源和环保价格上的优势，正日益得到世界各国政府的鼓励和支持，在推广和应用上已出现了令人鼓舞的局面。

第三种是功能类比。蚂蚁在出去寻找食物的时候，就会时常返回蚁穴里重新调整系统以防迷路。蚂蚁不但通过路标来确定方向，还拥有一种名为“路径整合器”的备份系统。该系统会对走过的距离进行测量并通过体内的罗盘不时地重新测算蚂蚁所在的位置。这使得蚂蚁即使离开巢穴时走过的路和迷宫一样时，也能找到返回巢穴的直线路径并减少路程。现在，科学家利用这一理念制造更智能的机器人。苏黎世大学的马库斯 · 克纳登教授指出，如果从蚂蚁那里学到路径整合及识别路标的知识，就能将其应用到智能机器人身上。这能使机器人在辨别方向上的性能更可靠。

2. 亲身类比法　亲身类比又称拟人类比，即把自身与问题的要素等同起来，从而帮助我们得出更富创意的设想。在这个过程中，人们将自己的情感投射到对象，把自己变成对象，体验一下作为他会如何、有何感觉。这是一种新的心理体验，是个人不再按照原来分析要素的方法来考虑问题。

挖土机就是模拟人体手臂的动作来进行设计的，它的主臂如同人的上下臂，可以左右上下弯曲，挖斗似人的手掌，可以插入土中，将土抓起。运用亲身类比，最简单的做法就是问“假如我是它……”这是一种移情，又称拟人化，即把要解决的问题、要面对的事物人格化，使无生命的东西有生命。

例如，“假如我是铅笔，我想变成什么？”把自己比作铅笔，想象一下自己的感受，这样的体会过程使设计师对铅笔的看法与过去不同了，设计师说：“我想让自己变成项链”“我想自己变成一把锁”“我想让自己变成橘子”等。于是，一连串的创意就会像喷泉一样涌出。要记住，这些精美的设计都来自“假如我是它，我会……”这样的思考能激发人的情感、启发人的智慧、促使人提出独特的设想和得出解决问题的方法。

因此，在创造发明中，如果我们能通过拟人化、移情，把自身的性格、情感、感受与客体对象（或问题因素）等同起来，这就是亲身类比。亲身类比使我们看问题的角度变了、感受变了，能使我们从中获取关于对象（或问题对象）的全新的感受和深刻见解，能帮助我们最终产生创造性设想。

科学上，拟人类比的例子也是不胜枚举。凯库勒在梦见一条蛇咬住自己的尾巴后，提出了苯分子环状结构理论。科学家在设计机械装置时，常把机械看成人体的一部分，进行拟人类比。从而得到意外的收获。又如挖土机的设计，就是模拟人的手臂动作；他向前伸出的主杆，如同人的胳膊可以上下左右自由转动；他的挖土斗，好比人的手掌，可以张开、合起；挖土斗边的齿轮，好似人的手指，可以插入土中。挖土时，手指插入土中，在合拢，举起，移至卸土处，松开手让泥土落下。这是局部的拟人类比，各种机械手的设计也是如此，整体的拟人类比就是各种机械人的设计。这种拟人类比还常用于科学管理中，如把某工厂的厂办比作人的大脑，把各车间比作人的四肢，把广播室比作嘴巴，把仓库比作内脏等，从而按人体的正常活动管理工厂。这样就能及早发现问题，实现协调有序的管理。

3. 幻想类比法　就是将幻想中的事物与要解决的问题进行类比，由此产生新的思考问题的角度。例如，要设计能动驾驶汽车，人们想到神话中用咒语控制地毯的故事，由此启发人们运用声电变化装置实现汽车的自动驾驶。

借用幻想，由神话和传说中的大胆想象来启发思维，在许多时候是相当有效的。在这里，首先要强调的是幻想类比只是运用幻想激发想象力，幻想就像帮助我们过河的垫脚石，只是一个工具，幻想并不是我们马上要实现的目标。

幻想类比在设计中的应用往往会得到奇异的结果，如小时候看《一千零一夜》时，你是不是憧憬着拥有一块阿拉伯飞毯。现在你看到的这块毯子虽然不能真正地带你飞翔，但却可以随心所欲地使用它。具有高度功能性和互动性的地毯为喜欢席地而坐的人们提供了选择的乐趣。它的背面有三个互相独立的气囊，使用附带的充气装置，你可以通过调整其囊中的空气容量来改变它的外观，当然一切都是为了使你感到舒适。有了这种自选的随意性，可能最挑剔的人也会为之称道。看到这款设计，你一定会觉得设计师的灵感与神话故事相关。

著名的哲学家艾赫尔别格曾经对人类的发展速度有过一个形象的幻想比喻。他指出，在到达最后 1 千米之前的漫长征途中，人类行进的道路十分艰难崎岖，虽侥幸穿过了荒野和原始森林，但对周围的世界万物一无所知，只是在即将到达最后 1 千米的时候，人类才看到了原始时代的工具和史前穴居时代创作的绘画，他搂着描绘道，在最后的赛程里，人类看到难以识别的文字，看到农业社会的特征，看到人类文明刚刚透过来的几缕曙光。离终点 200 米的时候，人类在铺着石板的道路上穿过了古罗马雄浑的城堡。离终点还有 100 米的时候，在跑道的一边是欧洲中世纪城市的神圣建筑，另一边是“中央之国”四大发明的繁荣场所。离终点 50 米的时候，人类看见了一个人，他用创造者特有的充满智慧和洞察力的眼光注视着这场赛跑——他就是达·芬奇，剩下 5 米了，在这最后冲刺中，人类看到了惊人的奇迹，电灯光照亮了夜间的大道，机器轰鸣，汽车疾驰而过，飞机飞至云端，摄影记者和电视记者的聚光灯使胜利的赛跑运动员眼花缭乱……

在这里，艾赫尔别格运用了形象的幻想比喻，将漫长人类历史即所谓的“最后 1 公里”栩栩如生地展现在人们面前。

4. 符号类比法 就是通过逆向思考、浓缩矛盾等技巧，在抽象的语言（符号）与具体的事物之间反复建立新的联系，从而从原有的观点中超脱出来，得到丰富的、新颖的注意方法。

符号类比法运用了“两面神思维”：对立事物的结合预示着矛盾，而且是自相矛盾，在科学研究中，碰到这种矛盾对立的现象，却往往预示着将会有新的突破。符号类比中的“浓缩矛盾”（compressed conflict），或称“简约反差”，即用精炼的、紧凑的、利落的语言形式去表达相互对立的、矛盾的属性。比如，“粗心的谨慎”“痛苦的微笑”“笔直的弯曲”“摇摆的稳定”等。

莎士比亚在一幕悲剧中使用了短语“被俘虏的胜利者”来描写一个靠魔鬼帮助取胜的人是自己的罪恶的俘虏。科学家们使用浓缩矛盾“安全攻击”，给法国科学家巴斯德一个启发，他通过给患者注入少量的病菌去阻止患者的病情恶化，因为人体会变得适应那些病菌，用小病去代替死亡，这就是“安全攻击”。

掌握浓缩矛盾的技巧，可以使我们学会一种两面神思维的方式，去解决复杂的问题。这种浓缩矛盾的基础训练可从两个方面展开。

从抽象概念到具体事务，训练从浓缩矛盾的词意中联想到具体事物，一个所见的自相矛盾词能描述不止一个事物。例如，“庞大的精确”能够形容一头大象用鼻子捡起一粒花生。同样的词，又能形容一架巨大的电视接收系统或一台大型电脑。这完全决定于人们自己特别的大脑如何去想象他。

从具体的事物到抽象概念。训练由具体的事物概括出一个矛盾短语。用矛盾短语概括事物的方法，是先找一个词，概括你要解决的问题，在寻找这个词的反义词，把他们组合在一起。例如，你要解决的问题是废电池的污染，就要用一个抽象的概念来概括你这个问题，就是“文明的毒物”。

自相矛盾在创造性思考中具有重要作用，因为他能同时容纳两种不同甚至对立的见解。实际上，正是这种情况会刺激人们走出狭隘的思维轨道，迫使人们对已有的假设产生怀疑，从而经常带来科学上的重大突破。

运用符号类比的具体操作程序是：

第一，从具体到抽象，把要解决的具体问题用抽象的具体概念去表达。

第二，找到它的反义词，把两者联系在一起就构成了矛盾短语。

第三，从抽象到具体，受这个矛盾短语的启发，联想到其他具有这种对立性质的事物。

第四，通过大量列举，发现有价值的对象，分析其原理。

第五，借助其原理，产生直接类比，形成新的解题方案。整个过程是以符号（主要是符号语言）为中介的类比，因此称为符号类比法。

例如，运用符号类比法创造新的建筑房屋和架桥的方法。

第一步，联想到猴桥，众多猴子互相抱紧了，从一棵树到另一棵树，猴子就可以便利地采集树冠边的水果。

第二步，这种桥的诀窍在于每个猴子用自己的身体拉力和扭力来形成一个悬索结构的桥梁。

第三步，用矛盾的词来描述这种桥就是“费劲的便利”，猴子搭桥很费劲，但采水果很便利。

第四步，通过“费劲的便利”得到更多同时具有这样对立性质的事物；驯养信鸽（驯养信鸽的费劲和信鸽能送信的便利）、鲸鱼捕食（张大嘴巴费劲的等待食物到来，突然闭上嘴巴，就便利地得到了大量的食物）、多米诺骨牌（费劲地搭起后，轻轻一碰就倒了）。

第五步，由上述事物想到发明一种汽车桥，在各辆汽车前后都装上凹凸装置，能使很多汽车连成一条长龙，具有不弯曲、不打折的整体效果。这样在过河和过洼地的时候，就可由后面轮子着地的汽车来推动前面的汽车。前面的汽车到了彼岸后，又用拉力把后面的汽车拉过去。

第六步，修改设想。

第七步，把设想画出来或做出模型。

（三）类比型创新方法的典型方法——综摄法

在类比型创新方法中，最典型的是综摄法。综摄法是英文 synectics 的译称，意思是把表面上各种不同的事物结合在一起，也有人把综摄法翻译为提喻法、集思法、群辨法、分合法等。

综摄法是指从已知的事物出发，将毫无联系的、不同的知识要素结合起来，从不同的角度分析未知的事物，从而使理想中的未知事物变成现实的过程。综摄法最初是由美国创造学家威廉·戈登提出来的，后来乔治·普林斯同威廉·戈登一起研究，使综摄法得到进一步完善，成为理论性和操作性很强的创新方法。

综摄法的提出，是以如下几个假设为基础的。

第一，每个人都有潜在的创造力，这种创新能力是可以开发的。

第二，通过人的创造现象（包括艺术和科学），可以描述出共同的心理过程。

第三，在创造过程中，感情的非合理因素比理智的、合理的因素更重要。

第四，这种心理过程能用合适的方法加以训练、控制。

第五，集体经历的创造过程可以模拟个人的过程。

综摄法是一种以类比为纽带进行联想的适用于集体创造的，且针对已有问题进行的专业的、系统的创造方法。威廉·戈登认为，综摄法的基本原理包含两个部分，即变陌生为熟悉和变熟悉为陌生。

1. 变陌生为熟悉 人的机体和思维在本质上都排斥陌生的东西。当遇到陌生事物时，总是设法将它纳入一个可以接受的模式中，人们就能逐渐了解这个陌生的事物。在变陌生为熟悉解决新问题时，借助于分析将陌生的事物分解，尽可能地将之变为以前所熟悉的事物。例如，在邓洛普对轮胎进行改进以前，无论橡胶轮胎是软还是硬，车上的乘客都不会感到舒服，因为橡胶是被直接裹在车轮上的。邓洛普决定改进。橡胶轮胎（熟悉的）→足球（陌生的），类比后得到启发：如果像足球一样，使橡胶轮胎中充满气就可以解决不舒服的问题，邓洛普轮胎就这样诞生了。计算机领域的术语“病毒”“千年虫”“黑客”等都是利用人们较熟悉的语言来描述计算机专业的事物或现象，其实质就是“变陌生为熟悉”的例子。

2. 变熟悉为陌生 要使人们的思维跳出已有的习惯是困难的，但又是非常重要的，因为只有跳出熟悉的专业领域，才能获得不同寻常的启示，得到独特新颖的创新设想。创造性解决问题的实质不是了解问题后用旧的方式解决，而是以全新的方式、全新的角度，甚至是以改变逆转或转换通常那种给世人以可靠、熟悉的观察问题和解决问题的方式来有意识地设法实现对已有的人、思想、感觉和事物的新的待考察事物或问题。这种对陌生的追求并不是因为对熟悉的东西感到厌倦而去猎奇。例如，将用在收音机上的拉杆天线换个新位置，应用在教鞭上，便出现了可伸缩的教鞭；用在照相机上，变成可伸缩三脚架；用在手杖上，成为可伸缩的旅行手杖等，都是“变熟悉为陌生”的产物。

综摄法的实施步骤如下：

步骤一：组成综摄法小组。

综摄法在集体创造活动中，需要一个专业小组来实施。这个小组一般由 5～7 人组成，要有一名主持人、一名专家，其余为不同学科领域的非专业人员。

步骤二：提出问题。

由主持人将事先设定的、想要解决的问题向小组的成员宣读。此前，小组成员并不知晓该问题。

步骤三：分析问题。

由小组中的专家对主持人中提出的问题进行解释和陈述，使小组成员了解有关问题的背景等信息，使非专业人员对该问题有一个大致的理解。

步骤四：净化问题。

小组成员围绕这一问题，运用直接类比、亲身类比、幻想类比、符号类比等方法展开联想，尽可能提出问题的解决方案。小组中的专家从较专业的角度，说出每个想法的不足之处，从中选择二三个比较有利于问题解决的设想，达到净化问题的目的。

步骤五：理解问题——确定解决问题的目标。

从所选择的设想中的某一部分开始分析，让小组成员从新的问题出发，展开联想，陈述观点，从而使小组成员理解解决问题的关键环节，并提出解决问题的目标。

步骤六：类比灵活运用。

确定了解决问题的关键环节后，主持人要有意识地抛开原来的问题，把问题从熟悉的领域转到远离问题的领域，让小组成员发挥类比设想作用。从小组成员的类比中，再选出可以用于实现解决问题的类比，并对其进行分析研究，找出更详细的启示。

步骤七：适应目标。

把小组成员灵活运用类比过程中得到的启示，与在现实生活中能使用的设想结合起来，使之更好地适应目标，从而形成一种新颖独特的解决方案。

步骤八：方案的确定与改进。

专家对于形成的方案进行反复的论证，并对其中的缺陷进行改造，直到取得满意的结果。

在运用综摄法时，不一定要完全按照以上八个步骤，关键是要灵活运用类比。另外，在运用综摄法时还有四个问题需要注意：

一是在组建小组时对小组成员要精挑细选。主持人和专家必须由合适的人担当，其他成员要具有不同的知识背景，同时具有一定的隐喻能力、合作态度、冒险精神，这样才能展开大胆的设想，互相合作、集体攻关。

二是对所要解决的问题进行陈述，不能太过详尽，以防小组成员的思维受到限制，影响问题的深入讨论。

三是在解决问题和确定解决问题的目标时，既要发扬民主，让小组成员充分讨论，尽可能多地提出设想；又要体现集中，由专家挑出 2～3 个设想，选出的设想要新颖、独特。

四是专家要发挥积极作用，要能及时发现有益的启示。

（四）类比型创新方法的引申方法

1. 原型启发法　也称垫脚石法。它是指通过观察找到原型，在原型的启发下，产生创新设想的方法。它是一种最为笼统的类比方法。能够起启发作用的事物称为原型。原型可以来自于生活、生产和实验。例如，人们通过对鸟翅膀构造的研究，设计出飞机机翼；通过对蝙蝠超声波定位的仿效，制造出雷达；通过对犬鼻构造的分析，发明了电子嗅觉器。原型启发法是科学创造中一个十分有用的方法。

原型启发法的特点：首先，在受到原型启发前，有时创造者的目标并没有确定，有时虽然确定了目标，但不是在有意识的寻找下才发现原型。其次，原型启发法强调的是启发，启发只是一个垫脚石，并不是要求启发物与发明物之间有明显的、严格的相似关系，最终的发明物和启发物之间可能有很大的差别甚至完全看不出启发物的痕迹。

原型启发法是根据人的创造性思维和运行方式，对偶然遇到的某些事物经过观察和分析，突然间启发出灵感的方法。它是以创新欲望为前提，以类比为基础而进行的一种创造活动。启发带有偶然性、机遇性，因此运用原型启发法需要具备一定的条件。例如，要有强烈的创新欲望，这样才能提高接受启发的敏感性；要明确问题的实质，以鉴别把握可能得到的启发；要增加信息量，扩大知识面，为启发创造更多机会；要能大胆猜测事物之间可能的联系，寻找启发的原型。

运用原型启发法进行发明创造的例子有很多。从飞鸟到飞机，从开水壶到蒸汽机，从海豹皮到南极探险服，从木蛀虫到地道导管软钻机……北京一位四年级小学生发明了一种充气雨衣，雨衣下面是一个气圈，充气后雨衣张开，雨水便不会灌进鞋子了。他的充气雨衣的构想，便是从芭蕾舞旋转长裙和游泳圈这两个原型得来的。只要我们善于观察思考，就可以得到更多的灵感和启发。

2. 移植法　创造学中的移植法是指将某个领域的原理、技术、手段、方法、结构或功能引用和渗透到其他领域，用以创造新事物的方法。

从思维角度看，移植是一种侧向思维方法。它通过相似联想、直接类比，力求从表面上看来仿佛是毫不相关的两个事物或现象之间，寻找他们的联系。

移植法是一种被应用广泛的创新方法。通览人类的科学技术成果，可以在不少地方发现这种方法的应用，而且在21世纪高新技术领域中被科学家所普遍采用。例如，干细胞移植术治疗瘫痪患者、基因重造工程移植记忆等。与原型启发法相比，移植法是更为具体的类比，其发明物与原型之间的相似之处更为明显。而且发明者在运用移植法之前有明确的目标（即要移植的指向），它的特点是从目标出发来寻找被移植的对象。因此，移植往往不是先有原型后使人受到启发或让人模拟的，而是先有问题，然后带着问题去寻找原型，并巧妙地将原型应用到所要解决的问题上来。

移植法具有侧向移植和侧向外推两种运用技巧。

（1）侧向移植：法国近代微生物学奠基人巴斯德曾花费了大量的时间和心血研究证明、酒变酸和肉汤变质的原因都是由于细菌在作怪，经过高温处理的瓶子里的酒或肉汤，只要与外界严密隔离，就不会变味变质。

当英国外科医师李斯特看到巴斯德的这一实验报告后，他想，如果说细菌破坏了酒味和使肉汤变质，那么细菌是不是使动过手术的患者的伤口发生化脓溃烂的原因呢？于是，李斯特把巴斯德的理论和经验移植到医疗领域里，发明了外科手术消毒法，拯救了千百万患者的生命。

这个发明实例揭示的道理正是创造性思考的关键所在：不同领域的知识和方法有时可以相

互移植和借鉴，这就是侧向移植法。不是按常规的做法，而是主动把注意力引向其他领域，使用其他领域的原理、技术、方案来解决问题。

采用侧向移植，首先要分析问题的关系所在，即搞清创造目的与创造手段之间的不协调、不适应的问题；然后借助联想、类比手段，找到被移植的对象，确定移植的具体形式和内容，并通过实验研究和设计活动实现发明创造。

侧向移植包括技术原理的移植、技术手段的移植两种类型。由于揭示了大部分技术对象的共性规律，技术原理成为许多专业技术的共同基础。对这种基本的技术原理，只要根据不同的技术要求和技术目的，采用不同的物质手段，就可以物化为不同的技术。当一种技术原理最初在某一特殊技术领域实现后，经过适当提炼，就很容易移植到其他技术领域或其他技术对象上，从而产生新的创新方案。例如，红外辐射是一种很普通的物理过程，凡是高于绝对温度零度的物体都有红外辐射，只是温度低时辐射量极微罢了。将这一原理移植到其他领域，可产生新奇的成果，如有红外线探测、遥感、诊断、治疗、夜视、测距等，在军事领域则有红外线自动导引的“响尾蛇导弹”、装有红外瞄准器的枪械、火炮、坦克及红外扫描、红外伪装等。

技术手段的移植是把一个领域中的技术装置程序或方法移植到另一个技术领域，根据新的技术要求进行变换和组合，从而导致新的技术发明的侧向移植类型。例如，拉链的发明者贾德森是为了解除系鞋带的麻烦而想到的，并于 1905 年取得了专利权。这项发明吸引了一个叫霍克的军官，他决定建厂生产拉链。霍克经过 19 年的时间才研制出拉链机，但是生产出的拉链却没有人用它代替鞋带。后来，一个服装店老板将思路引向了鞋带以外，生产出带拉链的钱包，赚了一大笔钱。从那以后，半个世纪以来，拉链几乎渗透到人类社会生产、日常生活的每一个角落，如衣服、枕套、笔盒等。

应用侧向移植，关键是注意两个问题：一是要注意打破传统的思维定势；二是要注意打破专业的界限。

（2）侧向外推：美国一家制糖公司，每次往南美洲运方糖，方糖都会受潮，故而损失很大。公司里的一位工人受到轮船上通风洞的启发，建议在方糖包装盒的角落里戳个针孔使之通风，以达到防潮的目的。这个建议取得了意想不到的好效果。日本的一位 K 先生，听到戳小孔引出发明的消息后深受启发，于是，他埋头研究，结果发现在打火机的火芯盖上钻个小孔，可以使打火机灌一次油，由原来的维持 10 天变成现在的 50 天之久，由此他大获收益。K 先生运用的发明方法就是侧向外推。

当取得一项发明或看到什么感兴趣的方法后，将它推广应用到其他领域，也就是寻找他的新用途，这就是侧向外推。

从思维角度看，侧向外推是一种侧向思维方法。这一点与侧向移植是一致的。两者都是将某个领域的原理、技术、方法引用或渗透到其他领域，用以改造或创造新的事物。从发明者的角度看，侧向外推是先有发明，然后试着把它向其他领域引申和推广；而侧向移植是试着把其他领域的技术拿过来为我所用。显然两者只是方向不同。

具体分析两者的不同之处在于：一是侧向移植是先有问题后有答案（办法），侧向外推是先有办法（答案）后找问题；二是侧向移植是在没掌握方法之前积极去“寻找”和“引用”，侧向外推是在有了方法（发现）后积极去“推出”和“输出”。对于某个发明主体来说，侧向移植和侧向外推是其应用移植发明的两个不同阶段和环节：侧向移植是发明创造的第一阶段，是寻求一个好办法的环节；侧向外推是发明创造的第二阶段，是将好的发明创造推向更好的领域，是扩充运用这个好的办法的环节。而对于不同的发明主体而言，两者的区别是没有什么实际意义的。例如，激光技术被第一个人应用到工业上，研制出激光打孔机，这无疑是侧向移植。

然后他又将这项技术应用到其他领域研制出激光定向仪，这无疑是侧向外推。但如果第二个人受到第一个人激光打印机的启发，将它应用到另外的领域，研制出全息照相机，对第二个人来说，这既可看作是侧向移植，也可看作是侧向外推，只能依照他的主观进行判断。他如果是先掌握了激光技术，然后想到移植，就是侧向外推；反之，就是侧向移植。

因为侧向外推也是移植法的原理。因此，侧向移植的主要方法（途径）也适用于侧向外推，具体包括以下两方面。

1）技术原理的外推：如将微波炉的工作原理外推到筑路领域，研制成微波筑路机加热沥青，取得了很好的效果。

2）技术功能的外推：如在自然界，河川中夹杂的有机物流入海洋却并不会使海洋受到污染，原因是海洋中生长着能消化有机物质的净化细菌，有机物经他的消化后会变成水和一氧化碳。环保专家将此功能移植于废水处理——引进净化细菌并让它大量繁殖，以达到去污变清的目的。这就是目前污水处理的活性污泥处理法。

（五）仿生法

仿生法是指通过模拟生物的结构、功能或原理等来进行发明创造的方法。

每种生物都有别的生物所不具备的特点和奇妙的功能，如蝙蝠可以发出和听到超声波；螳螂可以在 0.05 秒内计算出飞掠眼前的小昆虫的速度、方向和距离；犬的鼻子可以感觉出 200 万种物质和不同浓度的气味。这些功能是人类根本不具备的。而人脑的思维、创造功能却又是其他生物望尘莫及的。与生物构成的天然自然相比，人创造的人工自然技术，却只有短暂的历史，人们在有些技术上所遇到的困难或问题，生物界早就在进化过程中妥善地解决了。生物独特的特点和功能，加上人类的创造功能和技术手段，使得人们借鉴生物来解决大量的技术难题或创造出更新的技术成为可能。

例如，飞行服的发明。我们知道，长颈鹿的脖子很长，大脑与心脏的距离大约是 3 米，要使血液能输送到头上，血压相对要高，大约是人体的 2 倍。但当长颈鹿低头喝水时，血液却没有一股脑的涌向头部。原来是裹在长颈鹿身体表面的一层厚皮起了作用。长颈鹿低头时，厚皮紧紧地箍住了血管，限制了血压，使其不能因血压突然升高而发生意外。科学家依照长颈鹿皮的原理设计出抗荷飞行服，飞行员穿上后在一定程度上起到了限制血压的作用，当飞行加速时，抗荷飞行服还能压缩空气，也能对血管产生一定的压力，就此而言比长颈鹿的厚皮更高明了一步。

使用仿生法，要遵循一定的步骤：

第一步，有原则地研究生物体的结构与功能。

第二步，将生物资料简化为生物模型。

第三步，通过数学分析抽象成通用的数学模型。

第四步，采用机械、电子、化学手段制成可进行工程技术实验的实物模型。

仿生学于 1960 年前后形成，这意味着仿生法不仅仅是一种方法，更是一种科学。目前仿生学已形成电子仿生、机械仿生、化学仿生、建筑仿生、人体仿生、分子仿生、宇宙仿生等众多分支。利用仿生法做出的仿生发明也极为繁多，大型飞机、轮船、导弹、鱼雷的制造是仿照了海洋生物的流线型外观以减少阻力；声呐系统是对蝙蝠、海豚的回升定位的模仿。此外，蛙服雷达、电光鹰眼、鱼眼瞄准器、响尾蛇导弹定位器、电子警犬、生物地震预报仪、人造丝、生物膜、袋鼠跳跃器、企鹅型极地汽车、恐龙钻头、叶氏浮桥、蜂窝状建筑、人工智能装置等的发明都是仿生类比的结果。仿生法可以打开生物界这个丰盛的技术源泉，使发明成果达到更高水平。

五、组合型创新方法

组合在创新活动中极为常见并被广泛运用。在现代技术开发中，组合型成果占全部发明创造的 60%～70%。

（一）组合类创新方法的含义

这种方法是以两个或多个事物为基础，按照一定的原理或目的，进行有效组合而产生的创新方法。在当今世界，属于首创、原创的创新成果很少，大多数创新成果的获得都是采用组合类创新方法取得的。在进行创新时，组合只要合理有效，就是一项成功的创新。组合类创新方法的特点：以组合为核心，把表面上似乎不相关的事物有机地结合在一起，合多而一，所有特征都为单一目的起作用，并相互支持、促进与补充，从而产生意想不到、奇妙新颖的创新成果。

（二）组合类创新方法的常见形式

1. 功能组合　就是把不同物品的不同功能、不同用途组合到一个新的物品上，使之具有多种功能和用途。比如，按摩椅就是按摩功能和椅子功能的结合体，具有计算功能的闹钟也是一种新的组合。被世界各国视为珍品的瑞士军刀中有一种被称为“瑞士冠军”的款式，是由大刀、小刀、木塞拔、开罐器、螺丝刀、开瓶器、电线剥皮器、钻孔锥、剪刀、钩子、木锯、凿子、钳子、放大镜、圆珠笔等 31 种工具组合而成。携刀一把等于带了一个工具箱，但整件长只有 9 厘米，重只有 185 克，完美得令人难以置信。

2. 意义组合　这种组合功能不变，但组合之后赋予了新的意义。比如，在文化衫上印上旅游景点的标志和名字，就变成了具有纪念意义的旅游商品。同样，一本著作有了作者的亲笔签名，其意义也会不同。

3. 构造组合　把两种东西组合在一起，它便有了新的结构并带来新的实用功能。比如，房车就是房屋与汽车的组合，它不仅可以作为交通工具，还可以作为居住的场所。电脑桌也是一种构造组合的结果。如今，3D 打印已得到广泛应用，大到一座城市的交通系统，小到一只茶杯设计理念，3D 打印婚礼、3D 打印建筑模型、3D 打印咖啡厅……它们都完美地呈现着思维的创造力，也在改变我们当下的生活。

4. 成分组合　两种物品成分不相同，组合在一起后，就构成了一种新的产品。比如，柠檬和红茶组合在一起，就开发出了柠檬茶。调酒师调制鸡尾酒采用的也是一种不同的成分组合。化学家阿伏伽德罗曾和著名的数学家高斯开了个玩笑，他在高斯面前把 2 升氢气放在 1 升氧气中燃烧，结果得到 2 升水蒸气。阿伏伽德罗对高斯说：“只要化学愿意的话它能使 2+1=2，而你们数学能做到这一点吗？”

5. 原理组合　把原理相同的两种物品组合在一起，产生一种新产品。比如，将几个相同的衣服架组合在一起，就可构成一个多层挂衣架，以分别挂上衣和裤子，从而达到充分利用衣柜空间的目的。

6. 材料组合　不同材料组合在一起，不仅可以改善原物品的功能，还能带来新的经济效益。比如，现在电力工业使用的远距离电缆，其芯用铁制造，而外层则用铜制造，由两种材料组合制成的新电缆，不仅保持了原有材料的优点（铜的导电性能好，铁硬不下垂），还大大降低了输电成本。

（三）组合创新法的典型方法——形态分析法

形态分析法是借助形态学的概念和原理，通过对创造对象的构成要素进行分析（因素分析），再对构成要素所要求的功能属性进行分析（形态分析），列出各因素可能的全部形态（包括技术手段），在因素分析和形态分析的基础上，采取表格的形式进行方案聚合，再从聚合的方案中择优的一种系统思维方法。具体做法：将创新课题分解为若干相互独立的基本因素，找出实现每个因素功能所要求的技术手段或形态，然后加以排列组合得到多种解决问题的方案，最后筛选出最优方案。

形态分析法的实施步骤：

1. 确定创新对象　即明确需要解决的问题和研究的目标。确定创新对象必须十分准确地表述所要解决的创新课题或所要实现的功能，包括该创新对象所要达到的目的等。

2. 基本因素分析　即确定创新对象有哪些基本因素，筛选出有助于解决问题的所有基本因素，给出每个基本因素尽可能多的选择值，编制形态特征表。这是应用形态分析法的重要环节，是确保获取创新设想的基础。

在进行基本因素分析时，要使确定的因素满足两个基本要求：第一，确定的基本因素在功能上应是相对独立的和全面的，不要遗漏重要因素；第二，在数量上应该是适当的，若数量大，会使系统过大，使下步工作难度增加，组合时过于繁杂，很不方便。

3. 形态分析　就是寻找每个基本因素的可能解决方案（形态），分别列出与各基本因素相对应的形态。列出的形态要求尽量全面，尽可能列出无论是本专业领域的还是其他专业领域的所有具有这种功能特征的各种形态。

4. 形态组合　根据对创新对象的总体功能要求，分别把各因素的各形态一一交叉组合，绘制形态图，形成解决方案的图解，以获得所有可能的组合设想。

5. 评价选择最合理的具体方案　由于形态分析法会产生多种方案，一般采用新颖性、先进性和实用性几条标准进行初选，选出少数较好的设想后，进行综合评价，通过进一步具体化，好中选优，最后选出最佳方案。

比如，为公园游人设计出新颖别致的小游船，具体步骤：①定创新对象——公园小游船的设计。②基本因素分析。对于小游船来说，可分解成三个独立要素：外形、动力、材料。③形态分析。找出每一独立要素的解决途径，即形态值，如材料可以选用木材、钢材、玻璃钢、塑料、水泥、铝合金、橡胶板等；动力可以采用划桨、脚踏螺旋桨、电动螺旋桨、明轮、喷水；外形可以用鸳鸯、天鹅、龙、画舫、鱼等。④形态组合。把上述三种因素的各种形态再进行组合，列出形态分析表（表 2-5），按其行列进行组合，共可获得 210 种方案。例如，“鸳鸯划桨水泥船”“画舫电动螺旋桨船”“玻璃钢船”等。⑤评价选择最合理的具体方案。

表 2-5　形态分析表

独立要素	外表	动力	材料
1	天鹅	划桨	玻璃钢
2	鸳鸯	脚踏螺旋桨	塑料
3	鱼	电动螺旋桨	木头
4	画舫	明轮	钢
5	飞碟	喷水	水泥
6	龙		橡胶
7	荷花		铝合金

（四）创新方法的引申方法

1. 信息交合法 是由我国创造学研究者许国泰提出的。具体做法：把若干种信息排列在各自的线性轴标上，将它们进行交合，形成“信息反应场”，每一轴标上的各信息依次与另一轴标各点上的信息交合而产生新的组合信息。信息交合法的实质就是将现有事物进行分解，然后借助于辐射状的标线重新组合成新事物，是一种在信息交合中进行创新的方法。

信息交合法的基本内容：一切创造活动都是信息的运算、交合、复制和繁殖的活动。借用坐标方法，设一个信息为一个要素，同一类或同一系统信息按要素展开，用一根线串起来，这条线称为信息标。要使信息交合，就要提供一个能使信息“反应”的“场”，这个场称为“信息反应场”，最少由两维信息标相连而成，当然也可以是多维的。各信息标上的要素沿垂直于信息坐标的方向延伸出来，产生许许多多的交合点，即所谓信息交互所产生的信息，其中便可能有新的有价值的信息。

信息交合法的原则：一是整体分解原则。先把对象及其相关条件整体加以分解，按序列得出要素。二是信息交合原则。以一信息标上的要素信息为母本，以另一信息标上的要素信息为父本，相交合后可产生新信息。各个信息标上的每个要素都要逐一与另一信息标上的各个要素相交合。三是结晶筛选原则。通过对方案的筛选，找出更好的方案。如果研究的是新产品开发问题，那么在筛选时应注意新产品的实用性、经济性、易生产性和市场可接受性等。

信息交合法的具体步骤：一是定中心。确定立体信息场的聚集原点。确定一个中心，即零坐标。例如，研究“笔”的革新，就应以“笔”为中心。二是画标线。根据信息基点的需要画几条坐标线。绘出若干标线，如研究“肠”，则在“肠”的中心点画出水果类、肉禽类、水产类等坐标线。三是注标点。在各信息坐标线上注明有关信息点，如在水产类坐标上注明虾类、鱿鱼、海米等。四是相交合。若干信息标形成信息反应场，信息在信息反应场中交合，以一个坐标线上的信息为“母本”，另一个坐标线上的信息为“父本”，彼此相交后即产生新信息。从这些新信息中可以发现某些有价值的新设想。通过上述四步，信息相交就能够产生出无数新信息。然后，根据需要和生产条件，可以连续不断地开发、设计、制造出一系列新产品甚至可以创新出能引起顾客购买欲的各种各样的稀奇古怪的新产品。

2. 主体附加法 又称添加法、主体内插式法等，是指以某一特定的事物为主体，通过补充、置换或插入新的事物，从而得到新的有价值的整体。它是一种“锦上添花”的方式，在主体附加组合中，主体事物的性能基本上保持不变，附加物只是对主体起补充、完善或充分利用主体功能的作用。附加物可以是已有的事物，也可以是为主体设计的附加事物。主体附加法是一种创造性较弱的组合，在生活中应用很广，如安装了载物架、车筐、打气筒的自行车，安装倒油口的锅具；磁铁附在杯子上成为磁化杯，藏在鞋跟里成为磁疗鞋，安在头梳里有护发保健作用，附加在文具盒上便于开关，嵌在开瓶器上不用时顺手吸在冰箱上。江苏省一中学生发明了一种能够让色盲识别的红绿灯，在现行的纯红绿颜色的灯中加入一些白色的有规则形状的图形，如红色圆形中间加入一条横着的白杠，绿色圆形中间加入一条竖着的白杠，以此来让色盲进行识别。

主体附加法的具体步骤：首先要确定主体附加的目的，可以通过全面分析主体的缺点，然后围绕这些缺点提出解决方案，再通过增加附属物来达到改善主体功能的目的。其次，根据附加目的确定附加物。主体附加组合的创新性很大程度上取决于附加物的选择是否别开生面，使主体产生新的功能和价值，以增加其实用性，从而增加其竞争力。

在主体附加组合中需注意：

（1）主体不变或变化不大，即原有的事物、技术、思想等基本保持不变。

（2）附加的事物只是起到补充完整主体的作用，不会导致主体的大的变化。

（3）附加的事物有两种：第一种是已有的事物，第二种是根据主体的情况专门设计的新事物。

（4）附加的事物都是为主体服务的，用于弥补主体的不足。因此，在主体附加组合时应该全面考虑，权衡利弊；否则会事与愿违，费力不讨好。

3. 分解法　是一种将看似一个整体的事物（原理、结构、功能、用途）经过巧妙的分割，形成创新的方法。例如，将电话座机的机身抽离，对听筒部分加以改造和完善就变成了手机。把手套的指套部分分解出来，成为单独的产品——卫生指套，用无菌塑料薄膜做成的指套附在食品包装中，在食用前将指套套在手指上，以防手指上的细菌污染食品，更适合旅行时使用。

分解有两种情况：一种是“分解成若干部分”仍构成“一个整体”，但有了新的功能，这是一种分解而不分立的创新；另一种是从“一个整体”中分出某个组成部分或某几个组成部分，由此构成功能独立的新的“一个整体”，这是一种既分解又分立的创新。

分解法和组合法虽然是不同的创新技法，但是以现有事物的功能为前提，以改变功能为目的，达到完善旧功能、增添新功能、开发新产品是这两种创新技法的同一思路。组合作为一种创新技法早就引起人们的注意，并在创新实践中得到广泛应用。而分解法却长期被人们忽视，许多人至今对这一创新技法感到陌生。

按照分解前后的功能对比，可以将分解法分成两类。

（1）原功用分解：将某个整体分成若干部分或分出某一部分作为一个新整体时，其功能结构同整体时的功能目的一样。这样的分解创新称为原功用分解。虽然原功用分解的功能目的、功能结构基本不变，但经过分解，功能的性能、效果、表现形式、载体、代价、寿命、意义等发生了变化，就可能产生新的价值。例如，地毯在使用过程中有诸多的不便，不便于清洗、不便于更换，花色花样比较单调。有人把地毯化整为零，可以任意组合，使得清洗和更换十分方便，且可以随心所欲地进行拼装。

（2）变功用分解：将某个整体分成若干部分或分出某一部分，作为一个新的整体和新的组合整体时，结构基本不变，而功能却不同于整体原来的功能。这样的分解创新称为变功用分解。变功用分解创新追求的是功能的变化。例如，将自行车进行分解成为独轮自行车，虽然其功能结构基本不变，但是其功能目的发生了变化，其用途不再是代步，而成为杂技表演的道具以供演员使用。

有关分解法的案例：某大学坐落在城市的郊区，建有一座豪华饭店，可是饭店建成后一直亏损，亏损的原因是“里不出、外不进、远不来”——校园里的师生不出来吃；四周的乡镇企业主和员工也不来就餐，因为这个饭店的菜价太高；只有城里的商务人士能吃得起，可是饭店离城市中心区太远。如何解决饭店经营的尴尬局面？首先，分析饭店的产品定位。把饭店“消费”作为整体，分解出五个需求层次，最底层的消费是“菜肴”，属于生理需要；再上一个层次是卫生，属于“安全”需要；再上一个层次是圈子交往，属于“归属”需要。例如，同学聚会，再上一个层次是消费意义，属于“尊重”需要；最高层次是荣誉，属于“自我实现”，如庆功会。这是按照马斯洛需求层次论原理分解的。在上述五个需求层次中，他们选择一个消费层次——归属。按照“血缘”关系，是否能够拉动本校毕业的校友到饭店来聚会呢？这些校友中有相当多的人士具有高消费的能力，且校友之间普遍需要交往，需要扩大与加固交往的圈子。其次，从产品定位出发，粗略确定市场定位——校友聚会。那么，如何拉动校友到母校的饭店聚会呢？还需要把“校友”作为整体，再进一步分解，他们很快发现，这些校友是分别由1000

多位教授指导出来的，按“师–生”关系即可把众多的校友分解成一个个小圈子。于是，“给教授过生日”便成为分解这些校友、拉动这些校友来母校饭店消费的切入点。饭店按照教授的名单和生日信息，分割校友市场，营销部变成一套人马，两块牌子——“教授生日办公室”和“校友联谊办公室”，指标落实到员工个人，全年的经营计划立即有了眉目。在上述案例中，把饭店的产品分成五个层次，这就是利益性切进分解，而把校友分解成“师–生”圈子，则是物质性（结构性）切进分解，且利用“教授过生日”则隐含着利益性分解。在这个案例中，物质性切进是纵向的，利益性切进是横向的，两向切进就像切豆腐一样，把市场分割成利于经营者发挥作用的细分。

第四节 创新意识的培养

创新能力的培养离不开创新的知识技能、创新的思维品质及创新的人格特征。创新思维是创新能力的核心因素，是创新活动的灵魂。开展创新训练的实质就是对创新思维的开发和引导。一个人的创新能力，特别是创新思维能力的强弱，将决定他将来的发展前途。

创造性思维方式是培养创新能力，进行开创性的起点。一般来说，常规思维是纵向、线性、收敛和刚性的思维方式，而创新思维是多向、发散性的，思维方式是辩证的。在中国古代，诸子百家中的兵家（孙子与孙膑）与纵横家（鬼谷子）就很重视谋略思维。关于谋略的产生，人们通常认为，中略、下略是常规思维的结果，上略是创造性思维的结果。因此，要以中略和下略作为设谋的起点。常规思维为正，创造性思维为奇，设谋要经历参正变奇和参奇再变的过程。只有具备了创造性思维，才有可能进行开创性的工作。

一、培养独立意识

培养创新意识时要注意对自身独立意识的培养。培养自己独立的人格，独立获取知识、钻研问题的能力，不依赖别人，不盲从他人的意见。独立意识包括两个方面的内容：一是思想方面的独立性，即独立思考和判断的能力；二是实践方面的独立性，即学习工作、社会交往等方面独立处理问题或事情的行为能力及生活上的独立自理能力。个体的创造性是在后天的实践中形成的，其发挥也受到多种因素的影响和制约，最关键的就是独立性。具备独立性并非就一定具备创造性，但没有独立性绝不可能有创造性。创造性与独立性等非智力因素比智力因素更能决定一个人的成败，在这一点上独立性比创造性更重要。培养独立意识是培养创新意识的前提。

（1）大学生要加强自身的知识储备，培养自立、自强精神。

在学习过程中要开阔视野，储备知识，力求融会贯通，将所学知识转化为独立解决问题的能力。当遇到困难时，自觉地从头脑的知识储备中过滤出需要的信息，进而找到解决问题的方法和途径。还要注重对最新理论、最新技术和最新信息的了解，不断探求新的知识，努力掌握社会、文化、科技发展的新动向。自立是指立足于自身奋斗，不依赖他人；自强是指不安于现状，勤奋、独立、自主的精神状态，是一种强烈的、改变自我状态的向上驱动力。

（2）大学生要融入到同辈的独立群体之中。

同辈群体又称同龄群体，是由一些年龄、兴趣、爱好、态度、价值观、社会地位等方面较为接近的人所组成的一种非正式初级群体。大学生中的同辈群体交往频繁，时常聚集，彼此间有着很大的影响。大学生要充分利用同伴的影响作用，在生活和学习上多与独立性较强的同学、朋友沟通和交流。将他们的行为作为评定自己行为的参照，从同伴对自己的反应中发现自我、认识自我、进而完善自我。

二、培养独立思考的习惯

要真正实现创新，在理论和实践上获得首创和突破，就要敢于对现有研究成果产生怀疑，敢于否定和超越。巴尔扎克曾说过："问号中开辟一切科学的钥匙。" 问题是时代的格言，是表现时代自己内心状态的最实际的呼声。有的大学生奉书本为神明，有问题不敢怀疑，有问题不肯思考，这都成为阻碍学生创新的屏障。

（1）大学生在学习过程中，要养成收集、记录生活学习过程中随时产生的疑问的习惯。每天抽出时间整理疑难问题，针对问题进行思考，或者请教老师和同学，并记录下来。同时还要经常给自己和别人提问题。

（2）加强学习，具备一定的知识和智力水平，掌握一定的创造性思维方法，从不同角度提出有价值的问题。要充分重视别人解决问题的方法，探讨别人处理问题的途径，善于从比较中学习，从而纠正自己的错误，发现问题的缘由。

（3）要有坚持真理、挑战权威的勇气。只要有疑问，就要敢于怀疑。有了怀疑，再去求证。即使错了，也会获得经验。在疑问的过程中，可以展开争论，激发自己的灵感，发挥集体的智慧，相互启发。

三、培养合作意识

要进行创新，光靠个人的力量很难完成，必须相互协作。合作是指两个或两个以上的个体为了实现共同目标（共同利益）而自愿地结合在一起，通过相互之间的配合和协调（包括言语和行为）而实现共同目标，最终个人利益也获得满足的一种社会交往活动。在实验课上，有的同学只是自己做实验，不让别人动手；有的同学为了显示自己，对别人指手画脚；也有的同学只看别人做实验，自己从不动手；汇报现象时，有的同学漠不关心，从不张口；而有的同学对出错的同学讽刺挖苦等。培养学生之间的合作精神，能促进大学生学习能力的提高。合作意识很难通过讲座或讨论形式得到培养。其需要通过某种活动，通过人与人交往过程，通过共同完成任务和对各种结果经历，以及成果的分享及责任的共同承担的关系去培养。靠个人奋斗取得成功的时代已经过去了。合作和竞争并存，在竞争的基础上合作，在合作的基础上竞争，这一时代特征表象越来越明显，大学生应树立竞争意识，并将竞争纳入有序的状态和友好合作的氛围中。

四、培养风险意识

创新意识和冒险精神是创新创业的内在要求。创新是走前人没有走过的路，难免会遇到困难和挫折，创新需要有冒险精神、胆略和胆识，创业实践也要有风险意识，还要有克服困难的勇气和百折不挠的意志。大学生要敢于幻想，大胆试验，做敢作敢为、勇于创新的人。努力保持风险意识和冒险精神的平衡，保持理性思维，才能降低风险和损失。

（1）提高自身对风险的预见性及防范能力。正确认识个人成长过程中可能遇到的各种风险，如不合理饮食、缺乏运动、睡眠不足导致的"亚健康"风险，沉迷网络游戏导致的学业难以完成的风险，就业创业过程中遇到各种"陷阱"而导致的人身、财产风险等，形成正确的人生价值观和完善的人格素养。

（2）树立正确的风险意识观念。认识到对风险的解决有助于积累经验、总结不足、更好地提升自我。风险是包含积极因素的，也是机会和创新的动力。既要看到风险带来的挑战，增强对风险的预警，也要看到风险中孕育的机会和希望。树立科学的风险观，增强抵御风险的能力，减少风险带来的危害。

五、发展全面思维的品质

思维品质是人的思维的个性特征，反映了每个个体智力或思维水平的差异。

（1）发展思维的广阔性：是指能全面而细致地考虑问题。考虑问题的整体和细节，考虑问题的本质和相关的其他条件。思维的广阔性以丰富的知识为依据，从事物的不同方面和不同联系上考虑问题，从而避免片面性和狭隘性。

（2）发展思维的批判性：是指能使自己的思维受到已知客观事物的充分检验。思维批判性是以广阔性为基础，是一种既善于从实际出发，又善于独立思考的思维品质。

（3）发展思维的深刻性：是指能深入到事物的本质里面去考虑问题。思维的深刻性是以批判性为前提的。只有通过客观事物的充分检验，丢掉不符合实际的假设，保留符合实际并能真正解决问题的假设，才能为思维的深刻性创造必要的条件。

（4）发展思维的灵活性：是指一个人的思维活动能根据客观情况的变化而变化。即能根据所发现的新事实，及时修改自己原来的想法，使思维从成见和教条中解放出来。

（5）发展思维的敏捷性：是指能在很快的时间内提出解决问题的正确意见。也就是说，人在解决问题时，能够当机立断，不徘徊、不犹豫。思维敏捷性是思维其他品质发展的结果，是所有优良思维品质的集中表现。

第五节　创新思维的训练

创新思维是思维的高级形式，具有跳跃性、发散性、独创性等特点。人们的思维活动常常模仿以前的成功经验或他人的成功做法。这种常规的思维模式比较适合已知的世界，可以帮助人们节省思考的时间和精力，从而提高思维效率。但这种方式一旦进入未知世界，由于人们没有可参照的模仿对象，就不再适用。这时，人们需要启动一种新的思维方式来适应陌生的环境，这种方式就是创新思维。大学生作为国家的宝贵人才资源，是祖国未来的希望，更要掌握创新思维的方法，培养自己的创新能力。医学生不仅要具有严谨的学习态度、全面的医学知识和娴熟的医疗技术，还要拥有创新思维和实践能力。结合现代医学发展的现状和趋势，通过突破思维定势、打开思维空间、提升思维质量、养成思维品质等方面，努力将医学生培养成充满探索精神、富有敏捷思维和创造能力的人才，胜任卓越或全科医师的职能要求，以适应医学快速进步需要和群众身心健康需求。

一、突破创新思维的障碍

思维障碍并不是医学上的大脑疾病，而是人的思维方式上的局限性。

（一）常见的思维障碍

1. 习惯性思维障碍　又称思维定势，通俗的说就是习惯成自然。它是指人们常常沿用一种思路和固定的思维方式去考虑同一类问题。这种思维一旦变成固定不变的“老套路”、“老框框”，就会束缚人的思维，使人发现不了新的问题，想不到新的解决方法，从而构成学习、创造的心理障碍。因此，过去的经验既是我们的财富，但在某种程度上又是我们的包袱。

习惯性思维并不都是有害的。对于有些简单的问题，如日常生活中的小事，按照习惯性思考去行事，可能会节省时间或者少费脑筋。例如，写字是先找纸还是先找笔，早上起来是先洗脸还是先刷牙，各人有各人的习惯，都无不可。即使是某些数学运算，有时按照老经验、老习惯，也可以较快地完成运算。

人的思维不仅有惯性，还有惰性，对于比较复杂的问题如果仍按照习惯性思维如法炮制，就会使人犯错误。或者面对新问题一筹莫展。要想使自己变得聪明起来，要想进行创新，就必须自觉地打破习惯性思维障碍，主动去寻求新的思维方式。

2. 直线型思维障碍　是一种单维的、定向的、视野局限、思路狭窄、缺乏辩证性的思维方式,但同时也被认为是以最简洁的思维历程和最短的思维距离直达事物内蕴的最深层次的一种思维方式。由于在解决简单问题时人们只需用一就是一，二就是二，或因为 A=B，B=C，所以得出结论 A=C，这样直线型的思维方式就可以奏效，往往在解决复杂问题时仍用简单的非此即彼或者按顺序排列的直线的方式去思考问题。一些同学在学习时，遇到稍微复杂的数学问题、物理问题后，多数情况下都是把类似的例题拿来照搬。对待需要认真分析、全面考虑的社会问题、历史问题或文学艺术方面的课题，经常是死记硬背现成的答案。久而久之就形成了直线型思维障碍。

3. 权威型思维障碍　也称权威定势，是指在思维过程中盲目迷信权威，以权威的是非为是非，缺乏独立思考能力，不敢怀疑权威的理论或观点，一切都按照权威的意见办事。权威定势对人类的发展与进步有着一定的积极意义，因为有了权威的存在，节省了人们无数重复探索的时间和精力。一切都按照权威的意见办事，盲目崇拜和服从权威，不敢怀疑权威的理论或观点，不敢逾越权威半步，就会严重阻碍人们创造性思维的发挥。人类史上的大量创造性成果都是克服了对权威的无条件崇拜、打破了迷信权威的思维障碍后取得的。

普通的自行车工莱特兄弟要发明飞机时，许多有名的物理学家都提出了否定的意见，甚至说要想让比重比空气大的机械装置在空气中浮起来是不可能的事情。然而，莱特兄弟不迷信权威，经过多次实验，终于让世界上第一架飞机飞上了蓝天。

当某一领域专家的权威确立之后，除了不断的强化外，还会产生“权威泛化”的现象，即把某个专业领域内的权威不恰当地扩展到社会生活的其他领域内。例如，某位专家是某一领域的专家，可能是在某尖端领域做出了很大的贡献，于是马上有人请他参政议政，担任某个单位的领导，也就是说他马上就成了一切领域的权威。例如，爱因斯坦成为世界著名科学家之后，曾有人邀请他参与政治，竞选以色列总统，当然爱因斯坦坚决地回绝了。

对于权威，我们应当学习他们的长处，以他们的理论或学说作为基础和起点。但不可一味模仿，不敢超越他们。如果只是跟在他们后面亦步亦趋，那就谈不上改革和创新了。

4. 从众型思维障碍　从众心理，就是不带头、不冒尖，一切都随大流的心理状态。当个体的信念与大众的信念发生冲突时，虽然清楚地知道自己的信念是正确的，但由于缺乏信心，或不敢违反大众的信念而主动采取与大众相同的观念。在实际生活中，大多数人都可能因从众心理而陷入盲目性，明明稍加独立思考就能正确决策的事却偏偏跟着大家走弯路，这就是从众型思维障碍。

每个人或多或少都有从众心理，对一些约定成俗的说法或做法，我们应持有判断力，既要相信“群众的眼睛是雪亮的”，又要相信“真理往往只掌握在少数人手里”，独立思考，不盲从、不轻信。

张三开了个面馆，生意红火，利润丰厚，李四看了也开了个面馆，王五同样开面馆……大家效仿张三开面馆，结果是谁的生意也不好，著名经济学家吴敬琏曾说：“一哄而起，一哄而上，一哄而乱，一哄而散。”只会跟在别人后面的人永远成就不了事业，反倒是不盲目从众、坚持独立思考的人能出类拔萃，获得成功。

创新就是用不妥协于常规的思维做出与众不同的行为来创造与众不同的结果，创新往往带来的是意料之外的惊喜。日本一纺织公司董事长的父亲对他说：“一项新的事业，十个人中有一两个人赞成就可以开始了，有五个人赞成的时候，就已经迟了一步，要有七八个人赞成，那就太晚了。”

5. 书本型思维障碍 书本是千百年来人类经验与智慧的结晶，有了书本，前人能够很方便地将自己的知识、观念等传递给下一代人，使得后人能够始终站在前人的肩膀上做事。知识的传播与继承是人类社会进化得以加速进行的重要原因，但书本在带给我们大量有益信息的同时，也会给我们带来一些麻烦。

许多人认为，一个人的书本知识多了，如上了大学，读了硕士、博士，必然有很强的创新能力，其实不然。还有的人认为，书本上写了的就都是正确的，遇到难题先查书，如果自己发现的情况与书本上不一样，那就是自己错了。在这种认识的指导下，有的人对书上没有说的不敢做，对读书比自己多的人说的话百分之百地相信，一点也不敢怀疑。因此，把这种由于对书本知识的过分相信而不能突破和创新的思维方式称为书本型思维障碍。

只有正确、有效地应用知识，它才能成为现实力量。不能认为谁读的书多，知识丰富，谁的力量就大，创造性思维就强。书本知识固然重要，但是书本知识毕竟是前人知识和经验的总结，时代发展了，情况变化了，书本知识也可能过时。

正确对待书本知识的态度应当是既要学习书本知识，接受书本知识的理论指导，又要防止书本知识可能包括的缺陷、错误或落后于现实的局限性。要善于思维创新，要敢于否定前人，培养提出问题的能力。学习新知识，不能完全依赖老师，也不能盲目迷信书本，应勇于质疑，勇于提出问题，这是一种可贵的探索求知精神，是创造的萌芽。人们常说：真理诞生于一百个问号之后。而马克思的座右铭恰恰就是：怀疑一切。

6. 经验型思维障碍 所谓经验就是人们通过大量实践获得的知识、掌握的规律或技能。通常情况下，拥有了某些方面的经验，就能将各种各样的问题处理得井井有条。如果要加工一个精密零件，具有熟练技术的工人就能够很好地胜任这个工作；一个熟悉车间运作的管理人员能够很好地管理这个车间；老工人听到机器运作的声音就知道机器什么地方出现了问题……这些都与人们所拥有的丰富经验分不开。

没有个体与群体经验的积累，人类和社会的进步是不能想象的。但经验和习惯又有局限性，他们常常会妨碍创新思考，成为创新的枷锁。因此，经验需要鉴别。而我们一旦使用创造性思维，跳出框框，突破经验的局限性就会创造财富、创造奇迹。

历史上有不少事例是由于受到了经验型思维定势的影响而使发明的东西性能大打折扣，有的甚至因为这种定势的影响而造成失败；相反，如果没有受到经验型思维定势的影响，那么就能够获得成功。

在美国早期设计的飞船上按照经验都安装了一个小小的减速器，用来减低太阳能发射板的开启速度。科学家嫌这种减速器太笨重，并且容易沾上油污，而重新设计的减速器经过试验并不可靠，多次改进后仍不令人满意。正当研制小组几乎绝望的时候，有位科学家突破经验型思维定势，提出可以不用这个减速器。最终的实验证明这个建议完全正确，也就是说这个减速器从一开始就是多余的，只是经过多次的成功飞行强化了人们的思维定势。

最初问世的火车的车轮上有齿轮，铁轨上也有齿轮。火车行进时，车轮上的齿轮和铁轨上的齿轮正好啮合。这样的设计是从安全的角度出发，为了防止火车打滑出轨的事故出现。火车的设计者和制造者为什么会采取这样的加齿轮的做法呢？他既不是直接来自于书本的知识，也不是来自实践经验的结果，设计者认为车轮上的齿与铁轨上的齿啮合后能够避免打滑，设计者并没有对这种设计进行认真的分析、研究和论证，便认定齿轮对防止打滑出轨是必不可少的。而后来取消齿轮后的火车不但依然能够安全行驶，还大大提高了行车速度，降低了制造成本。

7. 其他类型的思维障碍　以上介绍的是常见的、多数人可能出现的思维障碍，还有一些思维障碍在不同的人那里表现的严重程度也不同，如以自我为中心的思维障碍、自卑型思维障碍、麻木型思维障碍、偏执型思维障碍等。

（1）以自我为中心的思维障碍：在日常生活中，我们常常可以看到有些人特别固执，思考问题时以自我为中心，阻碍了创造性思维。这些人有的还是很有能力的，做出过一些成绩，但他们从此就觉得自己了不起，不知道天外有天，能人之上有能人。

再伟大的人也有犯错误的时候，爱迪生因故步自封拒绝使用交流电技术，其最终的结果就是短短几年内，他便失去了在电气公司的控股权，而且在另一座磁力矿的经营中也一败涂地。而他与J.P.摩根所建立的通用电气公司，在他之后，却欣然接受了交流电技术，利润由此源源不断。

（2）自卑型思维障碍：有的人由于过去的失败或成绩较差，受到过别人的轻视，产生了自卑心理。在这种自卑心理的支配下，不敢去做没有把握的事情，即使是走到了成功的边缘，也因害怕失败而退却。

（3）麻木型思维障碍：即对生活、工作中的问题习以为常，精力不集中，思维不活跃，行为不敏捷，不能抓住机遇，对关键问题不能够及时捕捉，更不会主动寻找问题，迎接挑战。

（4）偏执型思维障碍：他们大多颇为自信，但有的是爱钻牛角尖，明知这条道路走不通，非要往前闯，直到碰得头破血流才罢休，不知道及时转弯子。喜欢跟别人唱对台戏，人家说东，他偏往西，走了许多弯路还不愿回头。

不管你遇到的思维障碍是什么，只要能冷静客观地发现自己的思维障碍，分析产生的原因，换一种方式去思考，并有意识地去克服它，就是一个了不起的进步。因为突破思维障碍，就是创造性思维的开始。

（二）思维障碍的突破

思维障碍会抑制创新意识，使创新意识难以得到进一步的提高。要提高创新能力，就应该突破思维障碍，而突破思维障碍的关键就是转换思维视角。创造学里将思维开始的切入点称为思维视角。对于同一事物以不同的切入点进行思考，其结果是大相径庭的。就像我们切苹果一样，我们以通常的角度竖着切下去看到的只是几粒籽，而横着切下来我们将看到一个可爱的五角星。

思维障碍的突破是一个人格独立、自我独立觉醒的过程。一旦走出了思维定势，也许可以看到许多别样的人生风景甚至可以创造出新的奇迹。因此，人们从舞剑可以悟到书法之道，从飞鸟可以造出飞机，从蝙蝠可以联想到电波，从苹果落地可悟出万有引力……

突破思维障碍的最好办法就是扩展思维视角。一是可以把复杂的问题转化为简单问题；二是把不能办到的事情转化为可以办到的事情；三是把直接变为间接。

1. 扩展思维视角对认识客观事物的影响

（1）事物本身都有不同的侧面，从不同的角度去考察，就能更加全面地接近事物的本质，如盲人摸象。

（2）世界上的各种事物都不是孤立存在的，它们与周围的其他事物有着千丝万缕的联系，观察研究某一未显露本质的事物，可以从与它有联系的另一事物中找到切入点。

（3）事物是发展变化的，发展变化的趋势有多种可能性。

（4）对于某个领域的一些事物，特别是社会生活或专业技术领域里的常见事物，许多人都观察思考过了，你自己也应经常接触。

2. 扩展思维视角的方法 万事顺着想容易找到切入点，解决问题的效率比较高，大家都是这么想的，彼此之间的交流就比较方便。但是在互相竞争的情况下，很难出奇制胜。更重要的是，客观事物本身并不是那么简单的，而是很复杂、千变万化的，顺着想不可能完全揭示事物内部的矛盾并发现客观规律。

（1）变顺着想为倒着想：在顺着想不能很好地解决问题时，倒着想是一种新的选择。

（2）从事物的对立面出发去想：遇到问题时可以直接跳到事物中矛盾一方的对立面去想。因为对立的双方既对立又统一，改变这一方不行，改变另一方则可能有助于问题的解决。

（3）思考者改变自己的位置：改变思考者自己的位置，从另外角度看问题，这就是换位思考或异位思考。如果你是思考社会问题，你可以把自己换到其他人的位置上，特别是应当换到你考察的对象的位置上；如果你研究的是科学技术问题，你可以更换观察的位置，从前后、左右、上下等各个方向去分析问题。

二、掌握创新思维的方法

一个科技工作者如果缺少人文内涵，他就不可能对人的价值和生命的意义有深刻的理解，也不可能有更高的精神追求，而只会满足做个“普通劳动者”。在这样的背景下，他又如何会形成伟大的目的和抱负、产生强烈的创新意识呢？同样的道理，如果一个科技工作者存在着严重的心理素质的缺失，特别是当他缺少足够的胆识和信心，不敢冒险，不敢竞争，经不起挫折和失败，要其在难度极大的原始型创新中有所作为，显然是不切实际的。由于传统应试教育特别强化对已有专业知识的灌输，而这些成熟的知识又都是按照严密的逻辑关系编织起来的，所以，专业知识越丰富者，所得到的逻辑思维训练的机会也就越多，久而久之，就形成了习惯思维，即思维定势。相比之下，与原始性创新密不可分的非逻辑思维方法，如发散思维、灵感思维等却明显不足，导致一些科技人员遇到原始性创新科技难题时常常会感到手足无措。

（一）发散思维的训练

发散思维是指大脑在思维时呈现的一种扩散状态的思维模式，从一个问题出发，突破原有的圈圈，充分发挥想象力，经不同的途径、方向，以新的视角去探索，重组眼前的和记忆中的信息，产生出多种设想、答案，使问题得到圆满解决的思维方法。大学生可以通过从不同方面思考同一问题，如“一题多解”、“一事多写”、“一物多用”等方式，培养自己的发散思维能力。

训练发散思维能力要遵循以下原则：

（1）考虑所有因素：尽可能周全地从各个方面考察和思考一个问题。

（2）预测各种结果：思考一个问题时应考虑各种“后果”或最终可能出现的结局。这有利于对事物的发展有较明确的预测，并从中寻求最佳的结局模式。

（3）尝试跳跃思维：当解决某个问题遇到困难时，可以采用思维跳跃的方法，即不从正面直接入手，而是另辟蹊径，从侧面突破困难。

（4）寻求多种方案：思考问题时，可快速“扫描”并指向事物或问题的各个点、线、面、立体空间，寻找多种方案，并对方案进行深入思考，从而找到全新的思路和方法。

介绍几种训练发散思维的方法：

1. 运用发散思维进行漫想及论述 如由“方圆”漫想到“方”，从图形上看，方形是一个由四条直线相交而成的闭合体。这使人联想到我国古代城池的构造，老北京四合院的形状：方方正正。方，明明白白地划清了界线，似包公那刚正不阿，没有一丝妥协、一点余地。简言之，它象征着一种原则性：曲与直，是与非，内与外。“方”的缺点是毫无弹性。就弹性而言，圆可称得上方之楷模，它首先使人想到脸，一会儿笑，一会儿哭，怒嗔无常；它又如一个皮球、一个月亮……继而产生如月光遐想、阴晴圆缺、长城漫想、说“贫”道“富”等多项论述。

2. 用发散思维进行创造性想象 你的目标可以是在任何一个层面上的，如身体的、情绪的、内心的、精神的，想象着自己处于一个新的家庭中，或从事一个新的职业，或拥有一种美妙的关系，或感到平静自在，或获得一个改进了的记忆，或强盛的能力。也许可以想象着自己毫不费力地处理一个困难的局面，或看到自己作为一个辉煌的人物，内心充满光明和爱情。可以在任何一个层面上工作，并且都会取得成果……在经验中将会找到对自己最有效的、独特的形象和技巧。

3. 运用发散思维进行各种联想

（1）相近联想

根——叶的联想

同学——高中生活

（2）相似联想

网——法网

苹果的生命——青春的生命

牵牛花——小喇叭

（3）对比联想

老照片——新照片

顺耳——逆耳

再举个例子，在学习完内分泌甲状腺激素内容后，同学们可随即向自己提出几个问题：正常人与甲状腺功能亢进（甲亢）患者相比，基础代谢有何不同？正常人与甲亢患者相比心血管系统和神经系统有何不同表现？机体如何维持甲状腺激素的稳定水平？进行知识延伸，既能拓宽学习思路，还可减少思维定势冲击或产生负效应，从其作用联想到稳定水平升高时对机体的危害，正如甲亢患者的表现基础代谢升高，心率加快，神经兴奋性提高易激惹狂躁等，而其稳定水平的维持主要依靠下丘脑-腺垂体-甲状腺轴的调节。这样就可以提高自身认识生理变化、分析和医治疾病的实践能力，可将糖皮质激素、性激素等相关的内容通过这样的方式去学习，还可以与临床锻炼相结合，把所学知识在实践中运用，技能操作在练习中巩固，而不单单是只记住甲状腺激素的作用和作用机制。

（二）平面思维的训练

平面思维是一种二维思维，能将横向的现实知识与纵向的历史知识结合起来思考，从不同方面去说明思维的中心，从而相对地达到认识某一全面性。英国学者爱德华·德波诺提出了一些促进横向思维的方法：

第一，对问题本身产生多种选择方案（类似于发散思维）。

第二，打破定势，提出富有挑战性的假设。

第三，对头脑中冒出的新主意不要急着做是非判断。

第四，反向思考，用与已建立的模式完全相反的方式思维，以产生新的思想。

第五，对他人的建议持开放态度，让一个人头脑中的主意刺激另一个人头脑里的东西，形成交叉刺激。

第六，扩大接触面，寻求随机信息刺激，以获得有益的联想和启发（如到图书馆随便找本书翻翻、从事一些非专业工作等）。

横向思维常常在创造活动中起到巨大的作用。例如，在美国的一个城市里，地铁里的灯泡经常被偷。窃贼常常拧下灯泡，这会导致安全问题。接手此事的工程师不能改变灯泡的位置，也没多少预算供他使用，但他提出了一个非常好的横向解决方案。这位工程师把电灯泡的螺纹改为左手方向或者是逆时针方向，而不再用传统的右手方向或顺时针方向。这意味着当小偷认为他们正在试图拧下电灯泡时，实际上他们反而是在拧紧它们。

纵向思维是指将思考对象从纵的发展方向上依照各个发展阶段进行思考，从而设想、推断出进一步的发展趋向的思维方法。

一个人养了一只猫，它对开门让猫进进出出感到烦了，就想了个办法，在门上挖个洞，猫可以自由进出，就用不着打扰他了。这只猫下了只小猫，他又马上在门上挖了第二个洞，但略小点儿。这个故事被认为是对于受控于某一思想的纵向思维（即逻辑思维）者的最妙的讽刺。影片《大话西游》中紫霞仙子和悟空之间穿越时空的千年之恋就是以纵向思维来设计剧情的。

平面思维比线性思维的思维性更加全面和科学，它是线性思维向着纵横两个方向扩张的结果。甲乙丙三家企业都种山楂树，但结果却大不一样。甲企业运用点式思维模式，一直种山楂苗，没过多久就没有了竞争力，很快倒闭。乙企业运用线式思维模式，在别人开始种山楂苗时，开始种山楂树，在别人种山楂树时，开始大量种植苹果树。拥有了一个较大的果园，但没有很大的发展。丙企业运用平面思维模式，在别人开始种山楂苗时，开始种山楂树，在别人种山楂树时，开始做山楂干。在别人做山楂干时，开始进行山楂深加工，注册了商标并开拓全国市场，在全国有了一定的竞争力。

平面思维更具有跳跃性和广阔性，联系和想象是它的本质，大学生在平时要多多训练自己的想象能力，善于在事项之间进行跳跃连接，从不同方面去说明思维的中心，以达到解决问题的目的。

（三）立体思维的训练

立体思维也称多元思维、全方位思维、整体思维、空间思维或多维型思维，是指跳出点、线、面的限制，能从上下左右，四面八方去思考问题的思维方式，也就是要“立起来思考”。它包含以下几方面的要求：一是思维可以从不同的方面、不同的角度、不同的逻辑起点、不同的思维程序来考察世界，而不拘泥于某一方面、某一角度。二是它要求多种思维活动的并存性与联系性，即通过多种思维形式来揭示事物的多层次联系。三是各种思维形式依据一定的条件相互转化，彼此之间不存在绝对界限。

一位心理学家曾经出过这样一个测验题：在一块土地上种植四棵树。使得每两棵树之间的距离都相等。受试的学生在纸上画了一个又一个的几何图形：正方形、菱形、梯形、平行四边形……然而，无论什么四边形都不行。这时，心理学家公布出了答案，其中一棵树可以种在山顶上！这些受试的学生考虑了那样长的时间却找不到答案，原因在于他们没有学会使用一种创造性的方法——立体思维法。当他们碰到几何问题的时候，也往往先从平面几何而不是立体几何的角度来进行思考。这时，为他们所牢固掌握的平面几何也就成了他们思考问题的框框，于是也就想不出正确的结果来。

立体思维训练的方法主要有三种：

1. 整体性思考法 即以诸多因素综合律为依据进行整体性思维。在立体思维过程中，要全面把握、反映思维对象的整体，运用整体性的思考方法，把看来零碎的、没有联系的东西组成互相联系的整体。

2. 系统性思考法 以各层次、因素、方面贯通律为依据，注意层次或顺序，或是从小系统到大系统逐级进行，或是从大系统到小系统逐级进行，不能越级，避免出现错误。

3. 结构分析思考法 以纵横因素交织律为依据，了解整体或系统中各组成部分，各处于什么位置，各起着什么作用，应当如何组合、排列等。

（四）逆向思维的训练

逆向思维是对司空见惯的似乎已成定论的事物或观点反过来思考的一种思维方式。让思维向对立面的方向发展，从问题的相反面深入地进行探索。对于某些问题，尤其是一些特殊问题，从结论往回推，倒过来思考，从求解回到已知条件，反过去想或许会使问题简单化。

例如，关于给网球充气。网球与足球、篮球不一样，足球、蓝球有打气孔，可以用打气针头充气。网球没有打气孔，漏气后球就软了、瘪了。如何给瘪了的网球充气呢？专业人士首先分析了网球为什么会漏气？气从哪里漏到哪里？网球内部气体压强高，外部大气压强低，气体就会从压强高的地方往压强低的地方扩散，也就是从网球内部往外部漏气，当网球内外压强一致了，就没有足够的弹性了。运用逆向思维，专业人士考虑让气体从球外往球内扩散，使球内压强增加。把软了的网球放进一个钢筒中，往钢筒内打气，使钢筒内气体的压强远远大于网球内部的压强，这时高压钢筒内的气体就会往网球内“漏气”，经过一定的时间，网球便会硬起来了。让气体从外向里漏的逆向思维让没有打气孔的网球同样可以实现充气。很显然，通过逆向思维，把不可能变为了可能。

使用“逆向思维”思考问题，常常会帮助人们在“山重水复疑无路”时，进入“柳暗花明又一村”的境界。在日常生活中大学生要积极主动地运用逆向思维，拓宽和启发自己的思路。当陷入思维的死角不能自拔时，不妨尝试一下逆向思维法，打破原有的思维定势，反其道而行之，说不定就会豁然开朗。

三、参加创新思维的实践活动

（1）把各类创新创业竞赛作为训练和培养创新思维的平台。以“挑战杯”为代表的全国大学生系列科技学术竞赛是大学生开展科研训练、培养创新能力的重要平台。它包括创业计划竞赛和课外学术科技作品竞赛两个项目，为大学生提供了一个勇于创新、积极创业的实践实训平台。大学生可依托这一平台，将立项选题更多地与自身的专业相结合，从而加强专业知识的学习，积极开展有益的社会实践活动，了解社会需求，在实践实训过程中找到创新的灵感和动力，在实践实训过程中提升和锻炼自己的创新能力与应用能力。

（2）积极参加社会实践：从知识上看，一般说来，大学生具备走向实践、适应社会的一般知识与专业知识。所欠缺的主要是加工处理知识、运用知识的能力，也就是思维能力不够。创新思维来自实践，服务于实践，以实践为出发点和落脚点。社会实践中产生的创新需求是创新活动不衰的动力。社会实践是指高校学生深入现实社会，参与具体的生产劳动和社会生活，以了解社会、增长知识技能、养成正确的社会意识和人生观的过程。大学生多参加社会实践活动有利于对理论知识的转化和拓展，可增强运用知识解决实际问题的能力。也有利于增强大学生适应社会、服务社会、组织协调的能力和创新意识，提高个人素养，完善个性品质。社会实践活动是科技启蒙教育、培养学生创新能力不可缺少的重要途径。大学生要有意识地参与社会实践活动。通过社会实践，寻找实践活动中发现的不如意、不完美之处，然后通过各种形式进行加加、减减、改改、拆拆，从中引发心中的创新火花。通过动手把设想、创造、发明变成现实。这样不仅能提高自身参与实践活动的积极性，并且能培养自己的创新能力、动手操作能力，发展智力，增长才干，促进健康全面和谐发展。大学毕业生可能具有较高的理论基础、较丰富的专业知识、较成熟的思想和心智，具备了一定的在社会上打拼的能力，但由于社会实践活动较少、实践能力较低；又由于实践训练没有到位，很多大学生一旦离开校园步入社会，就会表现出人际交往能力差，应用所学知识能力差，出现了茫然、难以适应工作环境的现象，以致不能发挥出自身的实际水平，从而影响了个人发展，也在一定程度上影响了社会的发展。因此，大学生的创新实践能力是大学生创新能力培养中的重要因素。

（3）提升专业操作技能，将动手能力与大学生良好思维品质的培养有机结合。培养独立思考的能力，在操作中体会相关理论，在独立思考中找到答案。逐渐养成独立思考的习惯，从多角度去分析研究问题，在牢固掌握实验操作技能的基础上拓展自己的思维空间，激发创造力。

例如，在尿管插入的实验课上，除严格执行无菌消毒操作且动作轻、慢、稳外，对老师讲授的患者处于膀胱过度膨胀且极度虚弱状态时，第一次导尿量不可过大这一要求就可以通过反复思索或动物实验而得出如下结论：如果大量放尿，导致腹腔内压急剧降低，血液会大量滞留于腹腔血管内，不仅导致膀胱黏膜突然大量充血，引起尿血现象的出现，还可能会造成血压下降，使患者虚弱的状态进一步加重。这种积极探索习惯的形成，对创新能力的训练大有益处。

创新思维能力训练犹如练习游泳，仅仅在岸上观察动作和模仿方法是不够的，必须要有下水游泳的兴趣和切身体验。大学生要做到勤于思考、多用脑，主动加强创新思维能力的学习和训练。既异想天开，又实事求是，打开自己所有的接收器，全方位地接收外界的信息。学会从多个角度看待身边的事物，并从中寻找不同和（或）被忽略的地方。

思考题

1. 创新思维方法有哪些？请举例说明。

2. 提升创新能力的方法有哪些？

3. 第二次世界大战期间，苏联昆虫学家施万维奇利用蝴蝶伪装迷惑的原理仿照蝴蝶翅膀上的花纹、色彩、图案，对军队的重要目标进行军事伪装。在实战中，苏军的蝴蝶伪装术取得了巨大成功，德国战机在飞临苏军军事设施后也无法准确找到目标。这就是军用迷彩服的由来。请问这位科学家运用的是哪种思维方式？

第三章　创业者素质与创业精神

通过本章学习，你将能够回答下列问题：

1. 你是否能够成为创业者？
2. 创业能力和创业素质有何关系？
3. 大学生应该从哪几个方面培养自身创业素质？
4. 创业精神具体表现在哪几个方面？
5. 大学生如何培养创业精神？

【案例导入】

郭鑫，四川阿坝藏族羌族自治州人，是南开大学2011级周恩来政府管理学院政治学与行政学专业本科生。毕业后，他被保送至南开大学商学院攻读硕士学位。除了学生身份，年纪轻轻的他也是高维创业岛运营管理有限公司董事长暨高维资本创始合伙人。先后参与创办了6家公司，估值过亿元，还荣获了2015年“中国青年五四奖章”——这是永远保有激情的郭鑫缔造的一段创业传奇。

2008年的汶川地震，郭鑫的家园因灾毁损，外婆和爷爷不幸去世。亲眼目睹来自四面八方的救援，家乡得以迅速重建，意识到行政工作能够给一个地区带来如此大的变化，郭鑫当时便立志从政，希望未来尽可能帮助更多的人，回报社会。这也是他高分考入南开大学，为什么第一志愿填报政治学与行政学这个外人觉得“冷门”专业的原因。

第一桶金——“碳汇林”项目

关心社会的郭鑫入学不久，从新闻中了解到，我国一些地区的农民因为退耕还林，被迫放弃以往稳定的经济来源，生活每况愈下。热心的他调研发现，退耕还林的林地大部分都符合国际碳汇林标准。与此同时，我国东南沿海的中小型出口企业，正因为碳排放超标，遭到欧美国家各种形式的排挤，大量碳关税外流，而根据国际规则，超标部分可以通过碳汇林的方式加以抵消。如果种树农民和出口企业互动，通过市场机制反哺给农民，可以改变农民的生存状况，也能降低企业成本。

经过许多努力，他提出了“林业碳汇商业化模式”，并专门成立公司帮助农民和企业对接，最终成功使我国1000万农民受益。

凭借着突出表现，2013年5月郭鑫获评“2012中国大学生年度人物”，获得习近平总书记的接见，随后进入团中央“我的中国梦——奋斗的青春最美丽”分享团，全国巡回分享他的故事。

二次创业再造两个估值过亿企业

2013年6月，经过多方考虑，郭鑫最终卖掉了碳汇林项目。就此停下，他也就是一个“有钱”的大学生而已。不过，他在创业这条路已经不自觉地“停不下来了”。早在2012年2月，一次偶然机会，郭鑫的一位美术专业的学长毕业后跟他感叹收入低租不起房。联想到像学长一样的众多有艺术特长和梦想的毕业生，因为初期住房、收入问题，置身普通繁忙工作，无奈扼杀梦想。郭鑫觉得，自己应该为他们做点什么。

最终，他在清华大学对面以每月3500元一套的价格租下了50间房子，将房子改造成适合宜居的生活空间，以每月1500元的价格租给刚毕业的大学生。除了前期装修的成本之外，每租出一间房子，郭鑫就得亏2000元，一般市面上租房的付款方式是押一付三，而这里的租客只需向郭鑫支付一个月的房租。

他把这些房子取名为“创新公寓”，申请入住的毕业大学生，需要给他的团队提交一份个人未来几年的详细梦想计划。郭鑫的团队会做一个可行性评估，符合条件的入住者，不仅享受网络、空调等生活设备完善的居住条件和低廉的房租，还会得到郭鑫团队的帮助，可以更快地完成个人梦想。

看起来这是完全为他人做嫁衣的一件事，郭鑫有什么好处呢？当创新公寓的居住者，如绘画方面的青年才俊成名，郭鑫协助其举办画展，收益二八分成。听起来有些不可思议，但郭鑫又一次成功了。目前创新公寓已经入住45间并开始盈利。

一位老家在农村、经济条件不佳的清华大学美术学院的本科生，梦想是做导演。白天在广告公司做策划文案，晚上拍一些微电影反映年轻人生活，最终完成了自己的微电影制作，被广泛转载，获得了可观的广告收入。此外，项目试验初期，当年很火的几首民谣歌曲的作者、原唱也曾入住过创新公寓。

2013 年 6 月，郭鑫卖掉碳汇林项目后前往海南三亚，了解到海岛官兵吃菜的难题，郭鑫投资整合无土栽培技术，创办的“绿箱子项目”，给海岛官兵提供新鲜蔬菜，目前也已经取得成功，为他的团队带来了可观的收入，企业估值同样已经过亿。利用自身优势，他还在做“创业教育”的项目，虽然刚刚起步，但是郭鑫有着长远的规划。

2014 年 3 月，郭鑫带领他的团队创办了天津闯先生网络科技有限公司，即“闯先生网站”（http：//www.mrchuang.com），注册资本 50 万元，专注于通过互联网和移动互联技术搭建面向青年创业者的一站式服务平台，将创业政策、创业问答和创业服务以最便利的方式推送给创业者，将创业者从烦琐的杂务中解放出来，将更多的精力投入到产品和服务创新中来，从而实现“让创业如此简单”的使命和愿景。“闯先生网站”的成功，让郭鑫实现了从一名大学生创业者向一名大学生创业帮扶者的转变。接下来，他又变身投资人，开始演绎另一个精彩的故事，这个故事称为高维“创业岛”。

想一下：你想成为创业者吗？
成为创业者的条件是什么？
什么样的人更容易成为创业者？

第一节　创　业　者

目前，80 后已经成为青年创业者（年龄为 18～44 岁）的主体，创业活动最为活跃。90 后相较于 80 后，有 31.1%的被访者认为在未来三年内有创业意愿，并且更不惧失败。清华大学经济管理学院党委书记、副院长高建在 2014 年全球创业观察报告发布会上说：“目前中国青年人的创业总体活跃程度在接受观察的 70 个国家中排名 22，属于效率驱动型经济体。”

根据国家统计局《2015 年国民经济和社会发展统计公报》发布的普通本专科毕业生人数为 680.9 万估算，2015 届大学生中约有 20.4 万人选择了创业，自主创业比例是 3.0%，比 2014 届（2.9%）高出 0.1 个百分点，比 2013 届（2.3%）高出 0.7 个百分点，并自 2010 年以来连续六届学生的自主创业呈现上升趋势。而国务院 2015 年发布《国务院关于大力推进大众创业万众创新若干政策措施的意见》明确提出大众创业、万众创新这一重大举措。大学生作为社会中最具有创造性的群体，无疑将成为创业大潮的中坚力量，会有越来越多的大学生加入到创业的队伍中，有越来越多的大学生成为创业者。

那是否意味着所有的大学生都适合成为创业者呢？

成为创业者是天赋使然，还是可以后天培养呢？

作为创业者需要具备哪些素质呢？

为什么大学生毕业三年后自主创业的比例较刚毕业时有所提升呢?

一、创业者的内涵及类别

创业者对应的英文单词是 entrepreneur，其有两个基本含义：一是指企业家，即在现有企业中负责经营和决策的领导人；二是指创始人，通常理解为即将创办新企业或者是刚刚创办新企业的领导人。

创业者一词由法国经济学家 Cantillon 于 1755 年首次引入经济学，他把创业者定义为承担不能按固定价格买卖导致风险的人。1800 年，法国经济学家萨伊（Say）将创业者描述为将经济资源从生产率较低的区域转移到生产率较高区域的人,并认为创业者是经济活动过程中的代理人。著名经济学约瑟夫·家熊彼特则认为创业者是打破市场均衡并实现生产要素重新组合的创造性的破坏者。Stevenson 认为创业者是一位希望获取所有的报酬，并将所有的风险转嫁给他人的聪明人。

香港创业学院院长张世平将创业者定义为是一种主导劳动方式的领导人,是一种无中生有的创业现象，是一种需要具有使命、荣誉、责任能力的人，是一种组织、运用服务、技术、器物作业的人，是一种具有思考、推理、判断的人，是一种能使人追随并在追随的过程中获得利益的人，是一种具有完全权利能力和行为能力的人。

林强等将组织中负责经营、管理决策并进行风险承担的个体定义为创业者，认为创业者等同于在企业中负责经营、组织决策的企业家，或者创办新企业的创始人；雷家啸、冯婉玲则认为创业者不等于企业家，创业者是新创企业初始时期的经营者、推动者，可能并不具备企业家的个性品质；姜军等从广义和狭义两个角度对创业者进行界定，广义上创业者是指参与创业实践活动过程中的全部人员；狭义的创业者是指在创业活动过程中的主要核心成员，对创业活动起推动作用。

创业者小结：创业是在高度不确定的环境下，通过整合不同的资源要素，通过发现、识别、捕捉和开发机会，实现以创新为核心的创造价值的过程。而大学生创业是指个体在评估自身创业素质的基础上，通过甄别市场机会创办新企业或新业务，进行价值创造的过程。大学生创业者是实践者也是宣传者，是继承者更应该是创新者。

2001 年，全球创业观察（GEM）报告的撰写者雷诺兹等最先提出了生存型创业和机会型创业的概念，是以创业者的创业动机为依据对创业进行划分的一种方式（表 3-1）。

表 3-1　按照创业者身份及其目的划分创业者类型

类型标准及特征	生存型创业者	机会型创业者
创业目的	维持生存	赢得尊重和认可
特征	以被动式为主	以主动式为主

生存型创业者通常是指为了满足生存需要，在别无其他更好的选择下做出创业行为的个体。生存型创业者主要是在现有的市场或小市场中寻找机会，很少考虑创新市场或者企业扩张等可持续发展的公司经营战略。因而生存型创业相对具有简单、创业成本低、对创业者素质要求较低等特点。生存型创业不仅适合很多下岗职工、专业军人等，而且对于没有经历过创业实践和未接受过系统创业训练的大学生也是可行的。

机会型创业者则是指为了追求一个商业机会而从事创业活动的个体。与生存型创业者相比，机会型创业更多的是创业者积极主动追求的结果。机会型创业者不仅仅只局限于对现有资源的运用和选择，更愿意着眼于新的市场机会，发现新的需要，开辟新的产业。从经济角度看，机会型创业要比生存型创业更有价值。机会型创业不仅解决创业者自身的就业问题，同时也能为更多的人提供就业的机会。与生存型创业相比拥有更高的技术含量，有可能创造更大的经济效益，从而改善经济结构。一般来说，年龄在 25～44 岁的人更有可能进行机会型创业，而年龄在 45～54 岁的创业者，生存型创业的比例明显高于机会型创业。另外，学历高低与机会型创业比重呈正相关，与生存型创业比重呈负相关。

因此，作为大学生本身受到的良好的教育、所处于年龄阶段及国家政策倾斜，都为大学生成为机会型创业者奠定了基础。《全球创业观察 2015/2016 中国报告》显示中国创业活动的主体是青年，占创业者总体比例的 41.67%。创业动机以机会型创业为主，64.29%的创业者为机会型创业者，与 2005 年的 53.2%和 2010 年的 57.47%相比，机会型创业者的比重不断提高。《全球创业观察 2014 中国报告》显示，中国 80 后和 90 后青年都是以机会型创业为主要动机，分别达到 66.5%和 68.9%。

二、创业者的特征

说起创业者，人们能列出长长的一份名单，从国外微软的比尔·盖茨、苹果的史蒂夫·乔布斯、Facebook 的马克·扎克伯格，到我国海尔的张瑞敏、联想的柳传志、百度的李彦宏、新东方的俞敏洪、阿里巴巴的马云、华为的任正非、小米的雷军、京东的刘强东、腾讯的马化腾，汽车之家的李想等。人们敬佩他们，尊重他们，但他们所创造的事业似乎是难易复制、无法模仿的。因此，部分人认可创业成功与否取决于创业者的天赋，创业者不是培养出来的，而是天生的。成为创业者到底是天生的还是后天可以培养的呢？这并非是一个新话题，而是一个在创业研究领域持续争论了 40 余年的话题。

2008 年，伦敦帝国学院的尼古拉教授（Nicolaou）和美国凯斯西储大学（Case Western）的斯考特·谢恩（Scott Shane）教授证明了创业基因的角色和存在，将这一问题推到了新的极端。他们选取了来自英国的 870 对同卵双胞胎和 857 对异卵双胞胎为样本，通过对比同卵双生和异卵双生的双胞胎成为创业者可能性的差异，来分析基因和创业之间的关系。同卵双胞胎的基因是几乎相同的，异卵双胞胎携带 50%相同的遗传基因。最终实验结果证明，在剔除了收入、受教育程度、婚姻状况、年龄、种族和移民状况等因素的影响后，遗传基因影响了创业倾向的 41%的变异。而双胞胎在成长过程中各自经历着独特的外部环境（而非共同的家庭环境）也解释了个体投身创业的倾向。为了弥补该实验中 99%的被试都是女性双胞胎这一局限性，亚利桑那州立大学的张震教授和他的同事于 2009 年利用瑞典的双胞胎数据继续了创业基因的研究，尼古拉教授和谢恩教授利用美国的双胞胎样本进一步扩展了基因对创业影响的研究。虽然这两个研究在女性创业者是否受到更多基因影响上结论不同，但有关基因行为学研究的共同点在于证实了基因会影响人们投身创业的可能性，但其影响小于环境的影响。基因发生影响的机制主要通过影响个体的差异（如性格）或者环境选择，同时在影响职业选择的环境因素中，大部分是非共享环境，即家庭之外的因素，如工作环境和从外部获取的职业建议等。此外，对于创业者和非创业者差异的研究还包括人口学统计学特征和人格特质方面。

（一）人口统计学特征

对创业者的研究首先是从人口统计特征入手的。

1. 性别　在传统观念中，创业是男性的主导领域。一方面，研究表明男性比女性创业的态度更加积极。即使是在受到同等教育程度的基础上，随着年龄的增长，女性会更多地将注意力转移到家庭上，倾向于选择稳定的工作；相对于男性，女性创业的自我效能较低，低估自己在创业方面的能力，从而导致回避创业行为。另一方面，无论从创业者还是从创业成功者的比例而言，男性的数量都要高于女性。无论是研究还是数据，似乎也都印证了男性更适合创业。但在性别和创业的研究中，当创业者是目标导向且拥有经历和热忱时，个体的创业动机不受性别的影响。根据 2005 年的全球创业项目（GEM）的女性创业报告显示全球从事创业活动的人当中女性所占的比重已经超过了 1/3，并且这一比例正在上升。相较于法国、德国、俄罗斯等欧洲国家女性，中国和美国女性更具有创业精神。《2015 胡润女富豪榜》则表明，全球前十位白手起家的女富豪中，中国占 4/5，即有八位来自中国。就整体而言，中国的比例也在不断攀升，从 6 年前的 55%增加到 67%。《全球创业观察 2015/2016 中国报告》显示：中国女性创业者（14.18，第 21 名）相对男性创业者（16.83，第 22 名）在全球创业活动中相对而言更加活跃一些。双创时代的到来，很多 95 后大学生纷纷加入"大众创新、万众创业"的行列，2016 年大学毕业生创业人群中，男女比例为 6∶4，女生创业比例高达 40%。而 80 后男女创业总体比例约为 7∶3，非常明显，95 后女生们越来越有冲劲。因此，随着女性受到教育机会和背景的提升及互联网+时代的到来，女性拥有了越来越多创业的机会和创业空间。

2. 受教育程度　创业者受教育程度不仅对创业者的创业意向有影响，对于创业动机、创业竞争优势、创业团队、创业资金来源等都会构成影响。2009 年哈佛大学法学院高级研究员、杜克大学研究中心主任瓦维维克·瓦德瓦等针对 549 名高成长创业企业创业者调查显示，即使在学制开放的美国，95%的创业者都具有大学生学历，47%的有硕士及以上学历。而且他们在校期间的学习成绩并不是很差，还有 2/3 的人成绩位居前 30%。全球范围内 18～24 岁创业者中 53%的获得本科学历，25～34 岁青年创业者中 46%的获得本科学历，而据《全球创业观察 2015/2016 中国报告》显示中国的这两个数字分别是 24%和 34%，均低于全球的平均水平。同时《中国大学生就业报告（2010-2016）》显示：高职高专学生的创业比例高于本科毕业生。但相对而言，受教育程度越高的创业者，机会性创业的比例越高，在高科技创业领域、市场竞争和国际化程度方面都更具有优势。如学历是小学的创业者占机会型创业的比重为 22.2%，而学历是高中和大学的创业者占机会型创业者的比重为 70%以上。30%的大学及以上学历创业者有 25%以内的产品面向国际客户，1%的大学及以上学历创业者有 75%以上的海外客户，这些数字都显著高于低学历创业者。此外，相对于学历低的创业者更倾向于向亲戚朋友借钱，学历高的创业者似乎从外部筹措资金的能力更强，筹钱目标转向合伙人或拿到了政府项目的延伸资金。随着创业者学历的提高，其创业团队规模通常会更大，更倾向于将主导权握在自己手中。女性在受到教育后更容易培养其独立性，这也是女性创业活动和受教育程度呈正相关的重要原因。

创业到底需要还是不需要学历呢？虽然从以上论述可以发现，相对而言创业者受到好的教育更有利于创业的开展和持续。但很多人可能会想到比尔·盖茨、马克·扎克伯格的故事，他们都是大学没有毕业就辍学创业，而且创造了一个个神话。这似乎都是很好的例子，证明创业不需要学历。虽然不能用特例简单的一言以蔽之，但其中确实是有其独特性的，一方面他们在某些领域具有天赋，另一方面他们都是辍学于世界一流大学，学习能力强。受商机所限，而非无法因应付功课被迫选择创业。比尔·盖茨在一次毕业典礼上即兴演讲时说："在哈佛的短短一年我学到了很多东西，包括很多经济和政治方面的新观念，但体会最深的还是科学的不断进步。”他突出强调是哈佛的教学模式培养了自己的独特个性，正因为这一点，才有了他年轻时的辍学创业经历。因此，教育对创业者的作用是肯定的，但是在创业过程中，创业者所受的教育是相对比较宽泛的，而并非仅仅局限于正规的教育活动。反之，如果缺少了终身学习的理念，即使有再高的起点也无法持续发展。

3. 年龄 什么年龄可以创业？什么年龄更适合创业？当然任何年龄都可以创业，但应与人的成长和发展规律相符合，人在创业中也存在黄金年龄段。比尔·盖茨创立微软时年仅 20 岁，马克·扎克伯格创立 Facebook 时 20 岁，史蒂夫·乔布斯创立苹果时 21 岁，拉里·佩奇创立谷歌时 25 岁，而且分别在他们 31 岁、28 岁、25 岁和 31 岁时公司成功上市。我国丁磊创办网易时 26 岁，29 岁时公司上市，成为当时中国最年轻的首富，马化腾创办腾讯时 27 岁，李彦宏创办百度时 31 岁，刘强东 24 岁创业，33 岁实现京东转型。根据哈佛商学院对超过 500 家初创企业的调查发现，在市场价值超过 5 亿美元的初创企业中，有 67%的创始人创业时年纪都低于 30 岁。《中国青年创业现状报告（2016）》中通过对东部、中部和西部地区青年创业现状的调查显示，中国青年首次创业年龄平均为 24.67 岁，20～26 岁创业活跃度最高。作为青年创业者比年龄较大的非青年更有精力和体力、冲劲与干劲及学习能力和成长潜能。在创业过程中会更注重产品新颖性和使用新技术。相较于年龄较小的创业者，会具有更成熟的心态、较多的经验、人脉资源和行业历练。因此，大学生正处于创业的黄金年龄，是适合创业的年龄。虽然年纪较大的创业者更容易成功，但相对他们获得的成功也没有年轻人那样丰富多彩。年轻创业者即使失败了，也更容易站起来。作为年轻时的创业者，更倾向于为自己的兴趣和理想而战。

4. 先前经验 虽然有人说创业要趁早，但相对于年轻人，年纪大的创业者成功的比例会更高。杜克大学校友 Vivek Wadhwa 对 549 个成功创建科技公司的人进行了分析，其数据分析结果显示，这些人的平均年龄是 40 岁。年长者相较于年轻者，有更多的机会积累丰富的工作经验，建立广阔的人脉。在对创业者的调查中，28.5%的创业者认为自己第一次创业最欠缺的是创业经验，有 21.8%的创业者认为最缺少行业和人脉资源。创业者普遍认为，创业前应有一些相关的工作经验。丰富的行业知识和就业经验会大大减少创业阻力，降低创业风险。需要注意的是，先前经验不仅包括工作经验，还包括创业经验、管理经验、人际交往经验及从事研发、财务等其他职能经验。先前经验会帮助创业者更好地发现机会、识别机会、获取资源、战略决策、帮助企业度过生存危机等。其中，行业经验、管理经验比创业经验能更好地预测新企业绩效发展。所以对于在校和刚毕业的大学生而言，虽然年龄上具有一定的优势，但是其在先前经验上通常是有欠缺的。因此，在鼓励大学生创业的同时，需要为大学生建立更多的实践平台，减少大学生经验积累的时间和空间壁垒。

5. 家庭背景 2009 年，瓦维维克·瓦德瓦研究表明 90%的创业者来自中产或高产阶层家庭。中国台湾的研究结果也发现，中产或中下层家庭环境的小孩，会有较高的创业动机和创业企业家精神，因为有向上翻身的动机，创业机会成本又比上层者低，所以会有较多的创业行为。

美国的一项调查显示，50%～58%的公司创业者的父母是公司所有人、自由职业者、独立手工艺人或农场主。在家庭中，父母的行为远比家庭地位对儿童的影响要更大。父母的创业经验和经营理念会在不知不觉间传递给孩子，父母的创业行为会成为孩子的模仿和学习的榜样。正如一位创业者所说，我的父亲是那么执着于他所开创的企业，这为我树立了一个印象深刻的榜样，我也从来没有考虑过为别人工作。

（二）人格特质

关于人格特质的理论模型有很多，其中得到最广泛认可和接受的是Lewis Goldberg在前人基础上进一步整理归纳的五维模型，即后来著名的五大人格。五大人格理论主要从开放性、尽责性、外倾性、宜人性和神经质五个方面对个体的人格特质进行评价。

1. 开放性 是指为了自身的缘故主动寻求、探索和理解，能够容忍和探索陌生情境。开放性描述的是一个人整体的认知风格，而非指人际交往中的开阔心态。具有高开放性的个体，更富有想象力和创造力，对未知的事物充满好奇心，善于独立思考，敢于打破常规。低开放性者则更讲求实际，偏爱常规，比较传统和保守。创业的重点或者至少在起步时“创”才是重点。创包含对信息的汇总和在整理中发现新，如对现有局面的破，对新事业的拓，对问题的解。因此，相对而言具有高开放性的个体在创业中更具有优势，也更容易成为创业者。作为创业者要敢于打破现有的局面，开拓新的疆土，尤其是对于已经有工作的创业者，可能更加需要有破的勇气和精神。而创新性是一个企业具有足够竞争力和发展性的重要根基，高开放性的创业者则有更多机会在众多的信息中抽丝剥茧而获得新信息，并不断更新自己、完善创意、解决在运营中遇到的各种问题。

2. 尽责性 是指我们控制、管理和调节自身冲动的方式，评估个体在目标导向行为上的组织、坚持和动机。它把可信赖、讲究的个体和懒散、马虎的个体作比较。同时反映个体自我控制的程度及推迟需求满足的能力。高尽责性的个体表现为对自己的能力自信、更有条理和规划性、有责任感、可信赖。他们对于工作有更高的追求，表现为勤奋、有进取心、有抱负、追求成功和卓越、更自律和谨慎。而低分者则比较懒散、无规矩、冲动等。作为创业者，在创业不同阶段都要面对各种各样的问题，自然需要有克服困难的决心和坚韧不拔的毅力。扎克伯格总结了三个常见的创业原因：①自己做老板；②希望工作有灵活性，可以有很大的自主支配权；③赚更多的钱，有更多的影响力。但这些都不是创业的最好和最理想的理由。最好的理由就是你不能忍受自己不去做这件事。你意识到一个问题，并且觉得自己必须要去解决它，只有这样你才会有归属感，才会有激情去面对前途的困难。对于创业者和普通领导者差异的研究中，在五大人格特质方面尽责性体现的最为突出。

3. 外倾性 代表人际互动的数量和密度、对刺激的需要及获得愉悦的能力。其主要从人际的卷入水平和活力水平两个方面进行衡量。前者评估个体喜欢他人陪伴的程度，而后者反映了个体自身的节奏和活力水平。高外倾性个体更喜欢与人交往，并在人群中处于支配地位，能够影响别人。在生活工作中更有活力，喜欢刺激和冒险，容易感受到各种积极的情绪。低分者在人群中缺少主导权，不喜欢与人交往，讨厌冒险，不容易感受到各种积极的情绪。虽然也是单打独斗的创业者，但是绝大多数的创业者都要有创业团队。作为创业者不仅要和自己团队成员沟通，还需要与客户、其他企业等众多人员打交道。与人交往是创业者必不可少的品质。作为创业者还需要对整个团队进行管理，主导企业的引领方向，需要说服客户、说服投资人等。而在创业过程，要保持更多的积极情绪，才更可能在困难重重中看到希望，不断前行。因此，外倾性的人比内倾性的人更有创业优势。外倾性的人更有创业冲动和创业行为。一组以英国人为被试的研究显示，其11岁时外倾性人格测试结果与其日后成为创业者的概率呈正相关。美国一项对女创业者的研究也显示，她们具有显著的外倾性。

4. 宜人性 是考察个体对其他人所持的态度。宜人性代表了“爱”，即对合作和人际和谐是否看重。宜人性高的人对人性持有乐观的态度，认为人性本善。他们乐于助人、善解人意，把别人的利益看得高于自己的利益，为了他人可以放弃自己的利益。宜人性低的人，则把自己的利益放在别人的利益之上，他们更关心自己的利益。作为创业者，和他人竞争是必不可少的。所以宜人性很高的人是很难成为创业者的，他们不会为了追求自己的利益而与他人争斗。研究显示，与普通领导者相比，创业者的宜人性更低一些。但这并不意味着创业者就都是宜人性很低的人。因为创业的成功不仅仅在创，同时要能守，对于企业的持续存在和发展，过低的宜人性则不利于企业的守。

5. 神经质 反映个体情感调节的过程，反映个体体验消极情绪的倾向和情绪不稳定性。神经质从焦虑、愤怒与敌意、抑郁、自我意识、冲动性、脆弱性六个维度衡量个体的情绪稳定性程度。高神经质的人倾向于有心理压力，即容易体验到如愤怒、焦虑、抑郁等消极情绪，相对情绪的调节、应对能力较差。相反，低神经质的人则较少情绪化，比较平静，更善于把控自身的情绪，调节、应对能力较好。作为创业者，要应对众多的挑战和压力，需要有较好的承受能力。创业者不应过度忧虑，在面对挫折能及时管理和调控自己的情绪。研究显示，与创业者相比，情绪不稳定更常见于普通经理人之中。

就创业者与非创业者的差异而言，对人口学特征和人格特质比较，虽然能够从一定程度上对创业行为和创业过程进行解释，但其概括性是有限的。一方面，并不是所有的创业者都具备相同的特质；另一方面，即使具备了全部特质的个体也不是一定会成为创业者。作为创业者虽然可能在某些方面存在天生的特质，但作为创业者的更多特质则是可以通过后天培养的。因此，针对创业者到底是不是天生的，萨阿斯·娃斯的观点具有重要的借鉴意义。他指出将人们简单地分为创业者和非创业者不太合适，而应该看成一个概率分布。在这个概率分布中，除了一端的没有严格限制条件就会创业的天生创业者和另一端在有利条件下也不会踏上创业的天生非创业者之外，大部分人都具备成为创业者的可能性。在某种条件下，他们可能会成为创业者，而在其他条件下，他们可能不会成为创业者。美国西北大学劳埃德·谢夫斯基（Lloyd E. Shefsky）教授历时六年，在采访了全世界200多位最具成就的创业者后指出，所有的人天生就具有创业素质，连婴儿也有创业素质，“如果你见过婴儿爬到不该爬的地方，你就会知道他们是毫不畏惧的。”应该承认创业者特质在创业活动中的作用，但不能过分放大少数天生创业者的特质影响。我们所应思考的问题是“应该创造什么条件，帮助这大部分中间分子克服障碍，成为创业者。”通过什么样的方式增强和提高绝大多数个体的创业素质，帮助他们加入到创业的队伍中。

三、创业者的责任

加拿大不列颠哥伦比亚大学尚德商学院院长、创业学教授莫佐克非常强调社会责任对创业者的重要性。“没有人能脱离社会、脱离社区而取得成功。但不幸的是，现在有相当数量的年轻企业家们，他们认为自己的责任只是使股东权益最大化，除此之外别无他物。但这真是大错特错了。”“承担社会责任不是一个企业做出的选择——这不是什么可做可不做的事情，这是任何一家公司必须要负起的责任。”莫佐克说，“企业，只有担当起社会责任，才能和世界一起前进、发展。”前面提到的郭鑫的例子，其创业的成功轨迹就和满足社会与特定群体的特殊需要紧密地联系在一起。例如，碳汇林改善了农民的生活状况，创新公寓改善了毕业生的住房环境，绿箱子让海岛官兵吃上了新鲜蔬菜。郭鑫认为，“创业更大的吸引力不在于创造了多少财富、多少金钱，而在于你每天都在做新的事情，更关键的是你每天或者都跟别人不一样。”同时他建议大学生在创业时应该找社会的痛点而非热点，即社会存在的问题。2008年星巴克通过网络收集顾客的意见，提出改善服务、增强顾客积极体验的创意之一就是和社区有关的。扎克伯格在 2012 年 2 月 Facebook 启动 IPO 时发表的公开信中写道：Facebook 存在的意义是让世界更加开放和紧密相连，并非仅仅是开办一家公司。我们期望 Facebook 的每个人，每时每刻都要致力于为世界创造真正价值，并将这一理念融入自己所做的每一件事情中。在崇尚个人主义的美国，企业或产品创造的社会价值也同样重要。相反，曾经在我国有一个以网络媒体技术开发与应用为核心的高科技公司——快播公司。其因技术而快速崛起，但因其对大量淫秽视频和盗版作品的传播而走向覆灭。大学生作为未来创业者的主要群体，在创业之初及创业的过程中，对社会责任都需要有清楚的认识。需要强调的是，这里所说的社会责任不是指公司成功了再来从事公益事业，也不是不图利润一味地奉献社会，而是个人创业的本身就是社会责任的实现，也是企业价值所在。这种模式往往会使公司获得成功，并具有更长久的持续发展性。此外，大学生作为未来科技创业和知识创业的主力军，对于推动社会经济转型、促进社会经济发展有重要作用，科技创业和知识创业能为社会提供更多的就业机会，在为创业者及团队提供就业机会的同时也为社会提供了相应的工作岗位。

四、大学生成为创业者的优劣势

麦克思对 2010～2015 年共 6 届大学本科毕业生的追踪调查显示，大学生的自主创业比例和创业动机都发生了一定的变化。大学生受雇全职工作的比例从 82.6%下降到 74.2%。相反，“读研”“自主创业”比例呈上升趋势，大学生的毕业去向呈现出“单一出口”向“多口径分流”的特征。2010～2015 年本科应届毕业生毕业半年后自主创业的比例从 0.9%上升到 2.1%。大学毕业生创业群体中大部分是先就业后创业，大学毕业生毕业 3 年后创业比例增长为 5.7%，就业后再创业的约为 4.7%。但也要看到，虽然大学生创业的比例在不断上升，但大学生创业的成功率还是比较低的。

因为喜欢创业而加入到创业大军的大学生越来越多, 那么帮助大学生了解自身创业的优势与劣势将更有利于其在双创的背景下走好创业之路。

（一）优势

1. 大学生是青年群体乃至整个社会中接受教育较高的群体，不仅具有较好的基础知识背景，也具有较多的前沿知识。在适时适当的点拨下，将知识的有效转化将成为其创业的优势，尤其很多理工科学生表示，在学校学习的相关专业知识为其创业奠定了重要基础。但大学生教育给予大学生的不仅仅是知识的影响，更重要的是对于思维方式、解决问题能力的培养。麦克思对 2014 届毕业生的调查显示，创业项目与创业者创业学习的相关性不大，创业大学生约有三成创业项目与所学专业相关。就学历而言，本科以上的学习经历不仅没提升创业意向，反而降低了其创业意向。这可能和研究生阶段以研究能力为主要培养目的有关。因此，大学生是受高等教育人群中相对更适合创业的，但也有更多其他创业的群体。

2. 具有相对开阔的视野和更好的领域能力。大学生能更快更好地接受新事物、产生新观念、提出新创意甚至成为潮流的引领者。他们敢于挑战传统和权威，对于传统模式的挑战可以转化为创业的意向和动力，成为其创业的精神动力。

3. 大学生正处于人生发展的黄金阶段，思维敏捷、活跃，精力旺盛、有活力，敢想敢干，失败了可以从头再来，故有“年轻是最大的资本”之说。互联网模式的出现为大学生提供和创造了更好的创业平台与创业机会。

4. 大学生创业能提高自己的能力，与非创业大学生相比，敢于创业的大学生的能力水平更高，同时也对自身能力水平更有信心。虽然大学生的创业动机众多，但其中理想就是成为创业者，这是大学毕业生创业的最主要原因，通过成功创业，可以实现自己的理想，证明自己的价值。相关数据显示，为理想而创业的大学生从 2010 届的 41%上升到 2015 届的 48%。与此同时，因“未来收入好”而自主创业的比例则从 2010 届的 18%下降到 2015 届的 9%。

（二）劣势

《2016 年中国大学生就业报告》显示，毕业半年后自主创业的应届本科毕业生中，3 年后超过半数的人退出创业，3 年后存活率约为 1%。即便在创业环境较好的省份如浙江，大学生创业的成功率也只有 5%左右。在对 2015 届本科毕业生自主创业的主要风险因素为缺少资金（28%），其后是市场推广困难（26%）、缺乏企业管理经验（24%），而这三项恰恰是大学生在创业中存在的劣势。

1. 缺少资金。《全球创业观察 2016 中国报告》指出，58%的中国青年资金来源于家庭积蓄，9%的来自银行或金融机构贷款，而欧洲和美国的这两项比例分别为 14%和 23%。《2016 年中国大学生就业报告》也指出，2015 年毕业的大学生自主创业资金主要依靠父母、亲友投资或借贷和个人积蓄，比例约为 78%；来自商业性风险投资、政府资助的比例均较小，还不到 5%。因此，与全球其他地区相比，中国青年更多的是使用家庭积蓄开展创业活动，更难从银行和金融机构获得资金。除了大学生创业需要提高项目质量外，政府资助政策也需要落实。商业投资对大学生创业项目还需要进行更好对接，并控制投资风险。

2. 创业设想大而无当，缺乏真正的商业前景。在创业过程中，对于项目的选择，首选是自己熟悉的领域。贸然进入陌生领域可能导致对很多问题的无法把控。很多大学生在选择创业项目时多从个人喜好出发，但由于缺少相关的市场调查和理性分析，过于主观地扩大自己喜好的项目和产品。很多大学生乐于向投资人大谈自己的产品如何领先和独特，但是对于如何实现市场运作则全然没有概念。其实，能够切中市场需求的产品或者服务，会有更好的发展前景，也更容易得到投资人的青睐。

3. 缺乏社会经验和职业经历，尤其缺乏人际关系和商业网络。大学生虽然在知识上具有相关的优势，但终究缺乏必要的实践能力和经营管理经验。相关经验的缺乏使得大学生创业者发现机会、识别机会，尤其是获取和整合资源、战略决策等方面存在不足，不能及时发现在创业过程中遇到的问题，更无法借助外部资源来解决问题，因此很多的大学生创业都无法走过三年的时间，这也是三年后成功率极低的原因。失败并不可怕，很多著名的成功创业者也都有过失败的经历，不要因为失败就失去信心。但失败后可怕的是，失败者没有吸取经验教训，只是对创业经历的简单重复，不加以总结的再多次失败也无法带来成功。

目前，我国的创业环境变得更加有利，尤其对于大学生而言，国家制定了众多优惠和鼓励政策，学校也在调整教育模式培养大学生的创业素质和精神，社会也逐步承认和认可大学生的创业，但这并不意味着所有的大学生都适合创业，至少不是所有的大学生都适合在校创业或者一毕业就创业。大学生需要对自身有充分的认识和了解，对自身有正确的评估。

实践活动：

创业者特质自我评估

在下列问题中，选一个适合你的情况或接近你情况的描述

1.（A）不用别人告诉我，我自己就会独立完成一些事情。

（B）如果有人让我做，我就会顺利完成。

（C）尽管做起来很简单，但除非是我必须要做的，否则我是不会做的。

2.（A）我喜欢与人交往，愿意与任何人沟通。

（B）我已经有很多朋友，不需要其他的人了。

（C）我发现大多数的人都很麻烦。

3.（A）当我开始做事的时候，我会让很多人和我一起去做。

（B）如果有人让我必须做，我会命令别人去做。

（C）我会让其他人去做，如果我喜欢会一起做。

4.（A）我愿意负责。

（B）如果必须要我做，我会负责的，但是我更愿意让别人去负责。

（C）周围总有人愿意显示他们的聪明，就让他们去做吧。

5.（A）我喜欢在做事之前制订一个计划。我是一个经常将事情安排得井然有序的人。

（B）我会做好大多数事情，如果有很多困难，我会放弃。

（C）如果有人安排和处理整个事情，那么我更愿意随遇而安。

6.（A）只要需要我就会坚持做，我不会介意为我想做的事而努力工作。

（B）我会努力工作一段时间，但当我觉得做够的时候，我就不会做了。

（C）我不会为了有点成就而去努力工作的。

7.（A）我能很快地做出决定，并且大多数都是对的。

（B）如果我有足够多的时间，我就能够做出决定。但是，如果时间很短就做出决定，我经常会过后改变主意。

（C）我不喜欢做决定，因为我经常做出错误决定。

8.（A）人们相信我说的，我从来不说谎话。

（B）我大多数时间里都讲真话，但有些时候却不能做到。

（C）如果人们不知道事情的真伪，我为什么要讲真话呢？

9.（A）如果我决心做什么事情，任何情况都不能阻止我完成它。

（B）如果不犯什么错误，我通常会完成我的事情。

（C）如果事情进展不顺，我会放弃，何必为此烦恼呢。

10.（A）我的健康状况非常好，总是精力充沛。

（B）我有足够的精力去做我想要做的事情。

（C）在我朋友看来，我总是力不从心。

自我测评参考答案：创业者特质自我评估测试分数的意义。

1. 大多数是（A），如7～10个。说明你是个称职的创业者。

2. 少数是（A），多数是（B），如小于7个（A）或者7～10个（B）。说明当试图自己去经营一个企业时，你可能会遇到很多困难。给你一个好的建议，就是能够找到一个或者两个能够弥补你劣势的合作者。

3. 多数是（C），如7～10个。说明创办和经营一个企业，目前对你来说可能不是一个可行的选择。如果你希望创业，那么就要努力培养创业者必备的能力。另外，你可以在企业里工作或者从事其他你更感兴趣的工作。总之，不要气馁。

（资料来源：Olm BKW，Eddy GG，1985.Entrepreneurship and venture management：text and cases. Columbus：Charles E Merrill Publishing Co.）

第二节　创业素质

哈佛商学院的创业观点是，在创业之前，你必须用心思考一些问题，以便检验自己是否真的适合创业。这些问题是：

你为什么要创业？

你是否有足够的决心？

你愿意承担风险吗？

你是否能承受挫折？

你是否具有综合的创业素质？

你创业的核心优势是什么？

你创业最大的风险是什么，最坏的结果是什么，你是否能承受？

你是否愿意放下安稳的生活，重新投入一个全新且充满变数的环境之中？

遇到困难或问题时，你是否能不怕艰辛，一一应对，并且能够做出正确的决策？

你是否不怕失败，甚至将每一个危机视为转机？

你是否愿意每天工作，甚至一天工作长达 20 小时以上，牺牲与家人团聚的时间？

你是否喜欢接触新鲜事物，并且具备追根究底的精神？

你是否是个实践家，做事绝不拖拖拉拉、拖延进度？

你是否意志坚定，同时也能从善如流，广纳他人建议？

你是否愿意将企业所获得的利润与合伙人、员工分享？

你是否愿意尽到自己的社会责任，尽可能地回馈社会？

一、创业素质的内涵

创业是一项颇具挑战的事业，如何才能创业成功，是人们不断探索的问题。对创业的认识大致经历了从个体观到过程观，再到认知观的转变，虽然每种观点分析的焦点和分析的层面都有所不同，但从根本上而言，都不能完全地与创业者相互脱离。虽然有天生的创业者和非创业者，但大多数个体都是可以被认定为是潜在的创业者的。那如何将潜在的创业者转变为创业者，就不妨从创业素质角度来探究一下。

《辞海》中“素质”一词有三个定义：①人生理上的原来的特点；②事物本来的性质；③完成某种活动所必需的基本条件。素质从狭义的角度讲，主要是指个体的先天特质。但在教育领域中，更多的是从广泛的角度来阐释素质的内涵。素质是在后天环境、教育等影响下，以先天生理特质为基础，形成认识世界和改造世界等相关活动的基本品质。素质包含先天素质与后天素质两个方面，后天素质是在时间、环境、教育、学习、实践等因素的影响下不断变化形成并发展起来的，具有变动性和延续性，而相应素质一旦形成则会具有相应的稳定性。美国著名心理学家麦克李兰于 1973 年提出了一个著名的素质冰上模型。顾名思义，冰上模型是把个体的素质以睡眠划分为冰山上部分和冰山下部分两部分。冰山上部分包括基本知识、基本技能，是外在表现，是容易了解与测量的部分，相对而言也比较容易通过培训来改变和发展；冰山下部分包括社会角色、自我形象、特质和动机，是人内在的、难以测量的部分。它们不太容易通过外界的影响而得到改变，但却对人员的行为与表现起着关键性的作用。

创业素质已成为大学生人才素质的重要组成部分，是达到创业目标、践行创业活动的不可缺少的主体因素。创业素质是指在人的心理素质和社会文化素质基础上，在环境和教育的影响下形成和发展起来，在社会实践活动中全面地、较稳定地表现出来并发挥作用的身心组织要素的结构及其技术水平。美国创业家马丁·格伦德认为：选择爱好；制订目标；拿着薪水学习；与成功者为伍；相信自己；重点在以己之长发财致富；敢于提问；不循规蹈矩，不墨守成规；工作越努力，运气就越好等九大素质可以帮助个体，即使一个普通人也能成为成功创业者。威廉·D. 拜格雷夫则将创业者所需要具备的素质归纳为 10D：①理想（dream）；②果断（decisiveness）；③实干（doers）；④决心（determination）；⑤奉献（dedication）；⑥热爱（devotion）；⑦周详（details）；⑧命运（destiny，是指相比于雇主，个体对自己命运有主动权）；⑨金钱（dollar）；⑩分享（distribute）。

罗天虎提出创业素质包括自主意识、人际沟通能力、身体素质、个体竞争意识、科学合理的管理决策能力、心理品质、风险承担、洞察能力及政治素质等综合素质。刘道玉则提出创业素质分为个性素质、智力素质、文化素质、心理素质、身体素质五个方面。还有研究者认为创业素质包括创业意识、创业精神、创业心理品质、创业知识、创业技能等。

由于对创业素质研究的侧重点不同，至今国内外对于创业素质的构成要素说法不一，但综合以上相关论述，对于大学生创业者来说，首先可以从身体素质、心理素质、知识素质和能力素质四大方面加以分析。

二、大学生创业素质的构成

（一）知识素质

当今是一个知识化、信息化、科技化的时代，创业的成功需要以知识作为基础。创业知识既影响着创业者的创业方向、领域，也影响着创业的竞争力和发展性。对大学生创业者而言，所需要掌握的知识众多，主要可以划分为行业知识、商业知识。

1. 行业知识　作为大学生创业团体，知识的储备是他们的优势之一。大学生首先需要具有掌握扎实的专业知识，这些知识是大学生未来在创业过程中的核心竞争力。尤其作为理工科学生，其在校所学知识在创业中的作用得到普遍性的认可。专业知识是选择创业项目、解决技术难题的基础。但专业知识并不完全等同于行业知识。行业知识还需要将专业知识从理论层面上升到社会层面，了解相关专业的社会发展现状、发展趋势等。

2. 商务知识　作为创业者是有别于开发者或者单纯的管理者的。作为创业者不仅需要对相关行业知识有所了解，同时还要掌握必要的经营管理、市场营销、财务管理、法律知识、谈判知识、礼仪规范等商务领域的各项基本知识。商务知识是创业者选定创业方向后实现创业规划不可缺少的。学习的方法一是来源于理论，二是来源于实践。将两者有机结合能让创业者少走弯路，从科学的理论中得到指导自己创业的方法和工具。作为创业者想要成为一个面面俱到的人是很困难的，因此作为创业者最好能够组建创业团队，团队成员间可以相辅相成，互相弥补在不同知识领域的欠缺。

知识是不断变化的，社会是不断发展的。对于行业知识和商务知识的学习不是以学习成绩的好坏作为衡量标准的。大学生在形成稳固的理论知识的基础上，更需要能够做到因时而动、因势而变，形成自己独特的、灵活的知识结构。将自身所学融会贯通，与实践领悟相结合。知识是创业的重要基础，但不会直接转化为创业的助力，只有将其转化为能力，与实践相结合才能发挥其应有之力。

（二）身体素质

身体素质是指身体健康、体力充沛、精力旺盛、思路敏捷。创业是一个长期的过程，过程中存在各种各样甚至是连续不断的困难。作为创业者要应对繁忙的工作，承担每天长达数小时的工作。所有人都可以找上级主管申请支援，但作为创业者却没有办法寻求这样的支援，所有的事情都无法逃避，需要创业者或者创业团队承担。创业者需要处理公司中大大小小的事情，每件事情都需要做决策，而每个决策都可能影响公司的生死存亡。作为创业者要承担巨大的压力，没有足够的精力是很难出色高效地完成工作的。正所谓身体是革命的本钱，如果身体不好，必然力不从心，难以承担重任。市场竞争是持久的，征途无尽，创业中最常见的不是简单的成功和失败，而是长时间的苦苦挣扎，因此从某种意义上而言，身体健康不仅仅是个人的事，也是创业企业的一种资本。健康不仅仅是体格强健、没有生理疾病、支撑长时间的高负荷工作，而且心理上能够承担外界的压力，以良好的心态来面对工作和生活中的问题。

（三）心理素质

心理素质是指在先天因素和后天因素共同作用下发展起来的，对创业活动具有调节作用的个性意识特征。创业者的个性特质是多种多样的，体现为同样是成功的创业者，但个体特质确实是各有不同的。但就整体而言，成就动机、内控制点、风险承担性、不确定容忍性在相关特质具有相对突出的作用。

1. 成就动机 是指一个人所具有的试图追求和达到目标的驱动力。成就动机能够激发个体为了自身认为有价值的事，不断克服困难，不达到自身设定的目标决不罢休。具有较高成就动机的个体重视对事件本身的完成程度，而不在于对事件完成后所带来的报酬。成就动机是一种内在型动力，即使在不利环境下，也要克服困难，实现目标的内在倾向。因此，具有较强的内隐性和激发性。创业本身就是一件极富挑战性意义的事，需要个体有强烈的创业意愿。根据心理学家麦克里兰的观点，成就动机是众多预测和影响创业意愿的最稳定的人格特质。约翰逊也认为，成就动机是创业者的核心特征，是判断个体是否是创业者的关键指标。但对于创业而言，并非创业动机越高越好，过高的创业动机可能转化为创业焦虑或者因为惧怕失败而不敢接受挑战，反而不利于创业。

2. 心理控制点 是指人们对行为或事件结局的一般性看法，这是一个连续的维度，一端是内在性，一端是外在性。作为心理控制点的个体，倾向于从内在因素对行为或事件的结局进行解释，不论失败与成功都会更多从自身找原因，对于行为与事件的结果是可以被个人控制的，而不是将原因归结为运气、事情的难易、社会背景等。罗特等提出内控性是成功创业者理应具备的主要特征。创业中的成功和失败都是必然的经历，创业者感觉对于这些成功和失败有一定的控制力才会更积极努力地分析问题并提出解决的方法。

3. 风险承担性 是指个体对承担风险的种类、大小等方面的基本态度。从某种程度上而言，创业与风险是共存的，创业就意味着风险。从企业家的本意就可见一斑，企业家一词源于法语 entreprendre，最初的含义是“承担”（to undertake）。1755 年，法国经济学家理查德 · 坎特龙出版了《一般商业之性质》一书，首次将企业定义为承担某种风险的活动，因为企业家以确定的价格购买商品，然后以不确定的价格出售。因此，如果个体对于风险持有逃避的态度，是不可能进行创业的。但风险承担性不意味着不断地寻求风险，过高的需求也会导致失败。风险承担性要适当，侧重于对风险的不退缩等积极的态度。

4. 不确定性容忍 被用来衡量我们对不确定的容忍度，即个体能在多大的程度上需要和可预测性，以及在不确定的情况下会如何反应。高不确定性容忍的个体对于不确定性的环境和事件有更好的接纳和忍受程度，更喜欢体验新鲜、刺激、陌生环境等。相反，低不确定性容忍的个体对不确定的容忍度较低，更喜欢待在熟悉的、可预测的环境中，不确定性会给他们带来恐惧、焦虑。就创业的本质而言，就是一种不确定性的活动，极大地考验人的意志。作为创业，即使有完整周全的计划，但整个的创业过程都不可能保持一成不变，很多创业最终的发展都和最初的设想有很大的差异。因此，要求创业者具有较高的不确定容忍性，面对不确定的环境，能够积极地想办法，充分利用偶然事件而不是躲避，快速行动，善于学习。当然，随着经营经验的积累和个体对市场的了解，将能够更好地处理和容忍不确定性事件。

（四）能力素质

创业素质的核心在于能力素质，对大学生进行创业素质的培养，不仅仅是让大学生学习、认识、记忆与创业有关的知识，更重要的在于将知识转化为能力。创业能力的提高是个体创业发展的本质体现。大学生创业要想获得成功，必须具备多项能力，在创业实践中这些能力主要包括创新能力、洞察能力、管理能力、合作能力和学习能力。

1. 创新能力 是指在实践过程中运用科学理论，提出具有发明、创意、创造的能力。创新能力是大学生创业者首要培养的能力。虽然复制已有的商业模式也是创业的途径之一，但对于别人创业模式的复制，更多局限在低技术含量、低成本等小规模的创业活动中。要进行具有高竞争力的创业，就需要创业者能在创业的过程中找到不同创业之路。大学生作为创业者要敢于打破常规，或有新思想、或有新产品、或有新模式、或有新管理方式等，才能让自身的创业更有活力和竞争力。

2. 洞察能力 创业所要面对的是一个变化莫测、竞争激烈的市场。创业者要有敏锐的洞察力，要能有效地将相关信息整合，发现市场的空白。机会总是稍纵即逝，如果没有敏锐的洞察力，就很难抓住机会。良好的洞察力能够让创业者注意到别人没有注意到的机遇，观察到一些细节，做到及时应对，为自身创造机会。

3. 交际能力 与人打交道是创业中不可缺少的一环，也对创业成功有重要的作用。哈佛商学院的一项调查显示，69%的人认为他们的成功源自于人际关系。良好的人脉基础的积蓄，将可能会转化为创业信息、创业资金、创业经验等。随着时代和观念的转变，单枪匹马的创业模式已经不适合时代特色。知识的广博性、能力的全面性，都要求创业者在创业过程中最好能够形成自己的创业团队。即使是能力在强的人，也可能有薄弱之处，集合众人的智慧才能相互取长补短。通过交流，才能获得更全面的信息。

4. 管理能力 创业是对自己的管理，是对创业团队的管理，也是对一个新产品或新业务的管理。无论哪一层面的管理，都需要有系统的管理工作。因此，创业者要具备管理能力，必须时刻保持管理意识。管理学认为，管理能力就是影响和推动一个群体或者多个群体朝着某个方向和目标努力。作为创业者，需要将创业团队凝聚在一起，为实现创业的方向和目标不断前进。

5. 学习能力 作为大学生创业者，虽然具备相对丰厚的知识储备，但与整个创业过程中所要运用的知识相比，大学时期的知识储备还是有限的，同时还有信息的不断更新与科技的不断进步等因素的存在。作为创业者就必须不断地进行学习，更新自身的知识系统。而学历的相对重要性体现在很多创业者没有接受或者没有接受完整的大学教育却依然能够成功甚至不乏成为佼佼者，是因为他们虽然没有接受看似系统的正规教育，但是他们具有很强的学习能力，而且能保持学习行为，他们用更多的时间专攻他们感兴趣的内容。因此，要想成为一个成功的创业者，就要做一个终身学习者和自我改造者。

三、大学生创业素质培养

对于大学生创业素质的培养是以大学生的先天条件为基础的，在尊重他们的主体性和主动精神的基础上，通过相关知识、能力的提高，对个性特质的完善来提升大学生的基本素质。要意识到创业素质的提升不是一个一蹴而就的过程，而是一个漫长并且艰苦的过程。但同时也充满了很多的喜悦和成长，如果不把训练中的苦当作一种磨难，而是当作一种锻炼，更容易体会到苦中的甜、苦中的乐。虽然将个体的创业素质分为知识素质、能力素质、身体素质和心理素质，但就创业素质而言，各种素质是相互紧密联系的，甚至是你中有我、我中有你的。通过对一种素质的训练和提高，也会有助于其他素质的提升，所以从整体对大学生素质提高的角度阐述大学生创业素质的培养方法。

（一）优化创业教育课程

《全球创业观察 2015/2016 中国报告》中提到中国与全球其他地区相比，接受过创业教育的中国青年相对较少。87%的中国青年没有接受过创业教育，而欧洲和美国等发达国家该比例为 68%。大学生作为特殊群体，具有较好的基础资源。2015 年年底，教育部印发《关于做好 2016 届全国普通高等学校毕业生就业创业工作的通知》明确提出，从 2016 年起所有高校都要设置创新创业教育课程，对全体学生开设创新创业教育必修课和选修课，纳入学分管理。

首先，要树立对创业的正确认识，帮助学生形成正确的创业理念。创业教育专家布罗克豪斯认为："教一个人成为创业者，就如同教一个人成为艺术家一样。我们不能使他成为另一个梵·高，但是我们却可以教给他色彩、构图等成为艺术家必备的技能。同样，我们不能使他成为另一个布朗森，但是成为一个成功的创业者所必需的技能、创造力等却能通过创业教育而得到提升。"创建新企业仅是狭义角度的创业，从广泛意义而言，创业是一种敢于迎接挑战、承担风险的精神，是一种勇于在有限资源的约束下能够发现机会、创造价值的认识，是一种积极向上的做人态度。创业行为是具有普遍性的，普遍存在于各种组织活动中。创业教育在于激发学生的创业意愿，能够并愿意在生活中寻找创造的机会；促动学生的创新思维，从看似普通的事情引发更多的思考。点燃学生的创业冲动，敢于迈出创业的第一步。而对所有学生即使仅想就业的学生而言，国外有研究显示，创新创业教育既可以提高学生的就业能力，也可以提高其工作能力和工资收入。

其次，为具有创业兴趣和潜质的学生提供全面及综合性的创业课程，参照百森商学院的创业教育，课程分层和模块进行设置。课程的分层是针对不同需求的学生和不同现状的学生，在不同年级开设不同的课程。在一年级以创业基础知识为主，注意培养学生的创业知识，帮助不同专业的学生梳理相关专业的创业知识体系。二年级以创业精神强化为主，在一年级大众化教育的基础上，选拔有创业意向和创业潜质的学生，选修相应的创业课程，帮助他们更早接触创业活动。对于高年级的学生设立导师制，邀请各行各业创业的专家学者进校园为学生做讲座的同时，为有创业行为的学生和相关领域的创业成功者建立沟通联系平台，提供单独的指导。最好能够让大学生在创业之初听一听有经验的人在关键问题上的建议。硅谷的很多创业者都有师傅，像扎克伯格就经常和乔布斯聊天，向他请教问题。而谷歌早期的师傅一个是乔布斯，一个是马克·安德森。对前人经验的吸取，将有助于大学生在少摔倒的前提下，更快速地实现自我突破和自我成长。

（二）搭建层级式实践平台

在 GEM（global entrepreneurship monitor）的概念模型中，创业活动是创业机会与创业能力合成的结果。在国家的相关政策和创业环境的变化下，大学生拥有较好的创业机会，但却存在创业能力较弱的问题。作为创业素质的核心，全面培养和提升大学生能力素质至关重要。创业能力是对知识及经验的灵活运用，虽是以知识的积累为基础的，但并不完全等同于知识。大学生在掌握相关知识的基础上，创业实践会更有助于从创业知识到创业能力的转化，是对风险意识、竞争意识等创业意识的检验，是对创业规划、决策等创业思维的锻炼，是对组织、协调、调节等执行能力的培养。创业能力的培养需要呈现逐级化，搭建层级式实践平台。从初级企业实习入手，到中级的创业项目比拼，高级的潜力企业入孵，到最终脱离孵化基地，步入社会。将创业者能力培养与创业活动实现同步化。

1. 加强创业实训基地建设　通过高校与校外企业联合搭建创业实训平台，首先，由大学生进入实训基地，主要通过参观的方式了解商业理念、企业运作等相关的整体概念。其次，请企业中高层管理人员和企业内成功者对明确创业意向的大学生提供一定期限的创业实训，给予创业指导，让学生熟悉创业规律。最后，让学生进入实训基地实习，掌握一定的创业技巧。

2. 鼓励学生参与创业竞赛　目前国家省市校等有各个级别的多种类的创业训练项目。例如，国家级有国家级大学生创新创业训练计划、挑战杯大赛等相应的比赛，这些比赛都是采用逐级选拔的方式进行。创业大赛涵盖如动漫、广告、数学、工程等众多专业。大学生创业者可以根据自己的兴趣、专长选择竞赛项目。竞赛中，学生在运用已有知识的同时也能发现知识、能力的不足，有更明确的学习方向和目标。在创业比赛中，学生能提升创新和实践能力，培养心理素质。在团队中，互相沟通、互相协作有益于整体意识和全局观念的提升。学生更直接地感受、体验创业的各个环节、程序，发现创业中出现的问题，依靠自身和团队的协作力解决问题。

3. 激发潜力企业在孵化基地的成长　2017 年 3 月，中国青年报社会调查中心联合问卷网的一项调查显示，对于提供更好的创业环境问题，有 46.5%的受访者希望学校帮助学生“把控”创业风险，38.0%的希望对学生给予经济支持，32.2%的希望营造更加宽容的创业环境，16.7%的提出对学生项目保持关注等多项建议。目前高校建立大学生创业孵化基地正是从改善创业环境、降低创业风险的角度出发而建立的。大学生通过政府和学校提供的政策、资金和场地等支持，让大学生创办的有潜力的企业在真实的情景中运作，在孵化基地中实现快速成长。在孵化基地中，指导教师、行业专家可以提供技术辅导、决策探讨；学生团体建立共同协作和学习小组，以产生的经济与社会利益作为衡量标准。

（三）培养良好的生活习惯

为了创业成功，很多创业者都承担着远远超过 8 小时的工作，而且是连续数月数年。具有良好的身体素质才具备了创业、持续创业、成功创业的可能性。身体是革命的本钱，具有良好的身体素质才能有充沛的体力、敏捷的思路解决创业路上遇到的各种问题和困难。身体素质虽在一定程度上取决于先天的生理功能，但可以通过后天的运动和锻炼来提高，甚至在锻炼中还能发现部分运动潜能和运动的乐趣，就像很多的成功创业者都喜欢和重视运动，如柳传志坚持长跑、王石喜欢登山。身体素质的培养往往是个体化的，但在培养中可以遵循以下主要原则。一是重视对身体素质培养的重要性，把提高自身的身体素质当作一件大事。创业拼的是身体、拼的是心理、拼的是耐力、拼的是人脉，如毛泽东同志很早就将身体形象地比喻为“载知识之车”，身体素质是其他创业素质的基础。二是养成健康的生活方式。创业者要有自律精神，零点研究咨询集团董事长袁岳曾经说：“如果你因为老师没有要求你做到天天出操就不这样做，那么创业也不是老师要求的。连天天坚持出操都做不到的人，要干每天都出摊的创业更是纸上谈兵。”要克服不良嗜好，注意充分休息。三是合理安排工作节奏。借用一句话年轻时依靠身体换金钱，有很多创业未捷身先死的案例，对于这些创业者而言，创业自然是不成功的。很多时候用健康换不来金钱，即使换来了到老年时要用金钱换健康就更难上加难了。

（四）创业辅导与心理辅导相结合

创业辅导和心理辅导是既相互联系，又相互区别的两个系统。在具体的创业辅导和心理辅导过程中，要对需要帮助的学生加以适当的区分，因为学生没有创业意愿的原因不同，或者有创业意愿，但是对自身的自信不足，根据其不同的情况加以辅导和训练更有利于问题的解决，也会达到更好的提升效果。同时，高校心理健康教育活动有助于大学生心理健康的发展，增强大学生在创业中面对压力、面对困难的能力，使得他们行动时具有自主性，提高其自信心，减少焦虑不安。可以针对不同群体的心理特征，如贫困大学生群体，来自农村的大学生群体开展团体辅导，以提高其在创业过程中的自我效能感。鼓励他们积极参与公共活动，提高创业的心理素质，克服自卑、孤僻等消极心理，走出封闭。

（五）学校辅导与家庭教育相贯通

家庭的作用对学生人格特质、心理素质的形成有重要的影响作用，但因为大学生已离开家庭，在学生创业辅导中，家庭的这种作用可能就容易被忽视。除此之外，家庭对大学生创业的态度，也是影响大学生创业的重要因素，因此在创业辅导工作实践中，作为咨询者和辅导者，不能忽视家庭因素对学生创业的影响。一方面，可以鼓励学生多和家长沟通，将自己的创业想法和创业计划与他们分享、讨论；另一方面，可以增加学校与家长的沟通联系，将学生受家庭的影响的相关问题反映给家长，针对家庭具体情况进行沟通与家庭指导，督促家长因材施教，提高对学生创业辅导的效果。虽然家庭的一些背景因素（如家长的职业、学历等）是不以个人的意志为转移的，但是可以通过与家长的沟通与辅导，改变家长的教育方法和意识，最终使家庭的系统功能向良性的方向发展。另有研究显示，家庭行为控制、沟通功能、问题解决的健康改善尤其应得到重视，从而达到家庭对学生教育产生积极的影响。针对不同家庭背景和家庭意愿的大学生进行分门别类的辅导和沟通。

（六）鼓励父母形成良好教养方式

随着时代的发展，越来越多的父母非常重视子女的教育工作。整个家庭以孩子为中心，尽力满意孩子的各项要求，或者有些家长替孩子承担各项难题、做决策。父母的出发点是好的，但是研究结果显示，这可能不仅不会促进孩子的发展，反而抑制孩子的发展。创业是一件富有挑战性的工作，要求创业者能有较高的成就动机和独立性，父母的过度管束和限制会使儿童独立性发展较慢，进而在成年后缺乏创造性和竞争力，缺乏成就动机。结合以往研究的结果，家庭中父母应该多关注、爱护自己的子女，但不是事事包办；以鼓励的语言和态度、以稳定的关注和赞美，真诚地对待自己的孩子。使子女长期生活在和谐的家庭氛围中，会有助于个体安全感的形成和自信心的建立，能够更加从容、镇定地面对未来世界。而且父母应该少使用消极的教养方式，父亲尤其要注意自身对孩子的严厉、惩罚、保护要适度。父亲是个体形成社会规范的主要指导者和榜样，如果父亲表现出过多的保护行为，使得个体产生过多的依赖感，就会不相信自己。父亲要学会放手给孩子面对困难和挑战的机会。

实践活动

检验创业者心理素质的测试题

1. 你在哪一种条件下，会决定创业（　　）

A. 等有了一定工作经验以后

B. 等有了一定经济实力以后

C. 等找到天使或 VC 投资以后

D. 现在就创业，尽管自己口袋里没有几个钱

E. 一边工作一边琢磨，等想法成熟了就创业

2. 你认为创业成功的关键是（　　）

A. 资金实力

B. 好的创意

C. 优秀团队

D. 政府资源和社会关系

E. 专利技术

3. 以下哪项是创业公司生存的必要因素（　　）

A. 高度的灵活性

B. 严格的成本控制

C. 可复制性

D. 可扩展性

E. 健康的现金流

4. 开始创业后你立刻做的第一件事情是（　　）

A. 找钱、找 VC

B. 撰写商业计划书

C. 物色创业伙伴

D. 着手研发产品

E. 选择办公地点

5. 创业公司应该（　　）

A. 低调、埋头苦干

B. 努力到处自我宣传

C. 看情况顺其自然

D. 借别人的势进行联合推广

6. 招聘员工时最重要的是（　　）

A. 学历高低

B. 朋友推荐

C. 成本高低

D. 工作经验

7. 产品进入市场的最佳策略是（　　）

A. 价格低廉

B. 广告投入

C. 口碑营销
D. 品质过硬
8. 和投资人交流最有效的方式是（　　）
A. 出色的现场 PPT 演示
B. 详细的商业计划书和财务预测
C. 样品当场测试
D. 有朋友的介绍和引荐
E. 通过财务顾问的代理
9. 选择投资人的关键因素是（　　）
A. 对方是一个知名投资机构
B. 投资方和团队不设对赌条款
C. 谁估值高就拿谁的钱
D. 谁出钱快就拿谁的钱
E. 只要能融到钱，谁都一样
10. 你认为以下哪一项是 VC 投资决策中最重要的因素（　　）
A. 商业模式
B. 定位
C. 团队
D. 现金流
E. 销售合约
11. 从哪句话里可以知道 VC 其实对你的公司并没有实际兴趣（　　）
A. “我们有兴趣，但是最近太忙，做不了此项目”
B. “你们的项目还偏早一些，我们还要观察一段时间”
C. “你们如果找到领投的 VC，我们可以考虑跟投一些”
D. “我们对这个行业不熟悉，不敢投”
E. 上面任何一句话
12. 创业团队拥有 51%的股份就绝对控制了公司吗（　　）
A. 正确
B. 错误
13. 创业公司的 CEO 首要的工作责任是（　　）
A. 制订公司的远景规划
B. 销售
C. 人性化的管理
D. 领导研发团队
E. 搞进投资人的钱
14. 凝聚创业团队的最好办法是（　　）
A. 期权
B. 公司文化
C. CEO 的魅力
D. 工资和福利
E. 团队的激情

15. 创业公司的财务预测中最重要的是（　　）
A. 销售增长
B. 毛利率
C. 成本分析
D. 资产负债表
16. 创业公司的日常运营中，以下工作是最重要的（　　）
A. 会议记录的及时存档
B. 业绩指标的合理安排和及时跟踪
C. 团队的经常性培训
D. 奖惩制度
E.管理流程的 ISO 9000 认证
17. 创业公司的日常运营中，最棘手的问题是（　　）
A. 人的管理
B. 销售增长
C. 研发的速度
D. 资金到位情况
E. 扩张力度
18. 创业公司产品市场推广效果的衡量标准是（　　）
A. 广告投入量和覆盖面
B. 营销推广的精准程度
C. 产品出色的品质保证
D. 广告投入和产出比例
E. 产品价格的打折力度
F. 品牌的市场渗透率
19. 防止竞争的最有效手段是（　　）
A. 专利
B. 产品包装
C. 质量检查
D. 不断研发新产品
E. 比竞争对手更快地占领市场
20. 创业公司的第一个大客户竟然是个土财主，你会（　　）
A. 一视同仁地对他提供公司的标准服务
B. 指导他如何来积极配合你的工作
C. 修理他，给他些颜色看看是为了他的提高
D. 提供全面服务+免费成长辅导
21. 你认为创业公司中的最大风险是（　　）
A. 市场的变化
B. 融资的成败
C. 产品研发的速度
D. CEO 的个人能力和素质
E. 决策机制的合理性
22. 当创业公司账上的现金低于 3 个月的时候，应该采取哪项措施（　　）
A. 立刻启动股权融资

B. 通知现有公司股东追加投资
C. 立刻大幅削减运营成本，包括裁员
D. 打电话给银行请求贷款
E. 把自己的存折和密码交给公司会计
23. 创始人之间发生矛盾时，你会（　　）
A. 坚持原则，据理力争
B. 决定离开，另起炉灶
C. 委曲求全，弃异求同
D. 引入新人，控制局势
24. 投资创业公司的理想退出方式是（　　）
A. 上市
B. 被收购
C. 团队回购
D. 高额分红
E. 以上都是

【答案】

1. D　2. C　3. E　4. D　5. B　6. D　7. D　8. C　9. E　10. C　11. E　12. B　13. B　14.B　15. A　16. B　17. A　18. D　19. E　20. D　21. D　22. C　23. C　24. E

（1）如果你的得分是 1～8 分：还不具备创业的基本知识，不要贸然创业哦。
（2）如果你的得分是 9～16 分：游走在创业的梦想和现实之间，继续打磨打磨吧。
（3）如果你的得分是 17～24 分：已经做好了创业的基本准备，大胆往前走喽!

第三节　创业精神

【案例分享】

马云——草根们的励志霸主

2014 年 9 月 19 日，阿里巴巴在纽约证券交易所上市，融资额高达 240 亿美元。阿里巴巴上市后，阿里巴巴创始人马云将成中国首富，阿里巴巴也将成为中国最大的互联网公司。借着这股上市东风，马云又有被推上神坛的感觉。其实，创始人不经千辛万苦、千锤百炼、不吃一堆亏是很难成长和成熟起来的，即便是马云也不例外。

马云不是完人，也犯过许多错误，其中一些是致命的。2013 年的一次颁奖典礼上，马云说，如果将来要写书，就写《阿里的 1001 个错误》。

1. 好大喜功，迁都上海铩羽而归

时间：1999 年

原因：盲目追求高大上

结局：公司总部重新迁回杭州，再也没离开过

1999 年，阿里巴巴刚起步，员工的办公场所是马云那 150 平方米的家。获得融资后，马云开始飘飘然，将公司总部搬到美国，我国总部搬到上海，但马上发现水土不服，又重新迁回杭州。财经评论人吴晓波表示，这是马云犯下的第一个错误。

事后分析，上海城市多是大型国企、外资企业，而阿里巴巴服务对象多是中小企业。杭州聚集着大量制造外贸企业，它们有实实在在的电商需求。

点评：马云年轻时也犯过盲目追求“高大上”的毛病，远离自己的用户和“上帝”。这点尤其值得其他创始人警醒。据了解，很长一段时间，浙江一直是阿里巴巴收入最高的省份，后来才被广东超越。

2. 投资星晨急便失败，痛失物流发展战略机遇期

时间：2009 年

原因：云物流概念烧钱过猛

结局：星晨急便破产，阿里物流战略慢了数年

物流企业星晨急便于 2009 年成立，一年后分别获阿里巴巴 5000 万元、2000 万元投资。当时，京东体量还比较小，阿里巴巴完全有机会在自建物流+自营 B2C 上赶超京东，可惜阿里巴巴只做到了天猫的壮大。阿里巴巴将“云物流”的实践交给了星晨急便，将“云物流”的技术交给了马云个人参股的浙江百世物流。2011 年，星晨急便仓促收购鑫飞鸿，但整合并不顺畅，不到 4 个月，双方决裂，元气大伤。

另外，星晨急便采用的是加盟制，2012 年，该制度带来的混乱全面爆发，陷入空前危机，一些高管出现“失联”。据网络流传的一条短信，那时的星晨急便用掉了阿里巴巴的 7000 万元，自己的 5000 万元也赔光了，另对外还负债 1600 万元。

2012 年 3 月，星晨急便停止营业。当年 5 月，创始人陈平计划 B 轮一亿元融资，又被阿里巴巴董事会否决。自此东山再起无望，阿里巴巴 7000 万元投资打了水漂。

点评：星晨急便的失败对阿里巴巴的影响是深远的，阿里巴巴的自建物流战略由此慢了数年，给京东靠自建物流配送做大做强提供了战略机遇期。

3. 淘宝商城服务费提升过猛，引网商骚乱

时间：2011 年

原因：不满费用大幅提高

结局：重新调整新规，延后执行期

2011 年 10 月，淘宝商城（现已更名天猫）发布新规，提升技术服务年费，从以往的 6000 元提升到 3 万元、6 万元两个档次，涨幅 5～10 倍。同时，商户的违约保证也全线提高，由以往的 1 万元涨至 5 万元、10 万元、15 万元不等。

该举措引发了部分中小商户的不满，他们通过恶意购买等方式，对天猫大卖家进行攻击，如先购买、付款，然后给予低评价，再申请退款。对此，马云在微博上强势回应“虽离经叛道仍会一意孤行”，淘宝商城也公开表示“已经报警”。

但对峙局面持续不长。2011 年 10 月 17 日，淘宝商城将对新规进行调整。方案中，将新规执行期后延，此外阿里巴巴还出资总额 18 亿元，帮助淘宝商城卖家成长。

点评：这个事件是对马云提出的“让天下没有难做的生意”价值观的冲击，在越来越庞大的阿里巴巴平台，当阿里巴巴需要做收入，当越来越多的土豪在阿里巴巴做巨额投放时，中小卖家很难再回到淘宝以前的好日子，生意真的是越来越难做了。

想一下：什么是创业精神？

创业成功需要哪些创业精神？

你是否具备这些创业精神？

《2016 年高招调查报告》显示，2015 年我国高等教育在校人数 3700 万人，相比 1978 年增长超过 300 倍。目前，我国高等教育规模位居世界第一。自 1999 年高校扩招开始，我国高等教育毛入学率稳步上升。到 2015 年，我国高等教育毛入学率比计划提前 5 年达到 40%。根据适龄人口的情况，预计在较短时间内，我国高等教育毛入学率将达到 50%，快速进入高等教育普及化阶段。十年以来，在大学生创业教育基础上，大学生创业的比例虽呈现出上升趋势，但就整体比例尤其是成功率而言还是比较低的。我国大学生创业率有很大的差异，与美国大学

生创业率高达 20%相比，这也正是美国保持创新活力的重要来源之一。

习近平总书记指出：“创业是推动经济社会发展、改善民生的重要途径。青年学生富有想象力和创造力，是创新创业的有生力量。”“广大青年一定要勇于创新创造。要勇于创业、敢闯敢干，努力在改革开放中闯新路、创新业，不断开辟事业发展新天地。”从长远的战略规划的角度而言，“传播创业文化，分享创业经验，弘扬创业精神，有利于激励更多青年特别是青年学生开启创业理想、开展创业活动，为实现中华民族伟大复兴的中国梦贡献力量。”

一、创业精神的发展

《中国式创业：中国著名 CEO 的生存哲学与经营智慧》一书的作者对李嘉诚、张瑞敏、马云、马化腾等 41 名中国著名 CEO 的经营之道进行了详细的梳理、分析和总结，将他们的生存哲学和经营智慧分为艰苦、志存高远、顺势而为、破釜沉舟、激情满怀五种类型。每个创业者因个人所处时代、资源、个体特质等的不同，各自的创业领域、经历也是不同的，但创业精神则是促使他们走上创业之路、走向成功之路不可缺少的共性因素。

创业精神，英文为 enterperneusrhip，亦指企业家精神及企业家的身份、能力等，因此创业精神也被很多研究者直接称为企业家精神。随着社会变迁，对企业家及其创业活动的不同认识，也使得在不同时期对创业精神有了不同的界定。

1755 年，法国经济学家理查德·坎特龙在《一般商业之性质》中将从事经济活动行为的人定义为企业家，把他们和承担风险联系在一起。因为他们是以确定的价格购买商品，但要以不确定的价格出售。18 世纪后期，经济学家弗朗斯瓦·魁奈和魁奈平·鲍杜将从事农业栽培的人称为企业家，把企业家的内涵从承担风险扩展到创新。伴随着生产力和商品经济的不断改变，对于企业家的认识经历了多次的改变。作为新古典经济学奠基人马歇尔的经济理论中蕴含着企业家理论影子，从个人特质角度界定了创业精神，包含“果断、机智、谨慎和坚定”、“自力更生、坚强、敏捷并富有进取心”及“对优越性的强烈渴望”。

但真正让企业家形象清晰起来的是 20 世纪经济学家约瑟夫·熊彼特。企业家居于熊彼特经济理论的核心，被认为是那些有眼光、有能力、敢于冒一定风险实现创新的人，他们和只想赚钱的普通商人或者投机者不同。他们虽然可能受到个人致富这一外部物质动机的驱使，但这充其量仅仅是他们的部分目的，更重要的是受到实现自我这种内在的非物质心理因素的影响，即包括建立私人王国，对胜利的热情、创造的喜悦和坚强的意志等在内的创业精神。企业家精神促使企业家不断创新，实现“创造性的破坏”。企业家帮助自己的企业突破现有的平衡创新，摆脱旧的组合方式，形成新的组合方式。实现创新自然成为企业家的职能，但熊彼特认为创新精神不能直接等同于创业精神，只有在实践中发挥并履行了自己的这种职能，才能成为企业家，才具有了创业精神。美国当代管理学之父彼得·德鲁克则在《创新与企业家精神》一书中推进了这一理念：虽然通常企业家们本身不带来变革，但企业家在寻求变革，对变革做出反应并将变革视为机会时，这就是创业精神。回归以往，虽然对创业精神的研究始终伴随着对企业家个体研究的深化，尤其是在早期对创业精神和创业者都没有明确定义时，还有许多学者采用人格特质的共性如承担风险、决断性、成就动机等来定义创业精神。但随着经济活动模式转变及创业精神研究的发展，正如彼得·德鲁克所说，创业精神是一种独特的特性，也是一种行为，而非人格特质。

20 世纪 80 年代初，信息技术的普遍应用，促使新的商业模式不断涌现，机会和创造成为商业活动的核心内涵。哈佛大学教授霍华德·史蒂文森把创业精神定义为追求超越现有资源控制以外机会的机遇，其核心是追寻、资源、机遇。追寻是一种绝对专注的态度。创业者能觉察转瞬即逝的机遇，在有限时间内展现实力、吸引外部资源。机遇则通常与创业者的创新行为有关，如创新产品、创新商业模式等。因此，无创新的机遇不包含在创业精神之列。资源是指突破现状。哈佛创业精神就体现为一种突破资源限制，通过创新来创造机会、创造资源的行为，而不是简单地体现在创建新企业或体现在创新上。史蒂文森教授把创业精神理解为一种独特的整体管理观念，而非将其限定于企业发展的某个特定阶段（如初创企业）、某种个人角色（如创始人）或某类精神气质（如激进、独立）。据此，对创业精神的认识进入一个新的层面。创业精神不仅仅是个体层面的现象，也可以成为企业层面的现象。

就企业层面而言，Covin、Smart 等的研究显示，创业精神可提高企业绩效。Becherer 和 Maurer 在对美国 215 家小型企业的研究也证实创业精神可提高公司获利。虽然通常认为小企业或者新兴企业更有活力，但也更需要有创业精神。例如，美国小型工业企业的重大发明大约占总体重大发明的 50%。但作为大企业或成熟的企业同样需要实现自我突破，否则也可能会被市场淘汰。现在有些大公司，从小公司身上学到了经营，学会如何灵活经营、促进创新等，有的还在企业内建立了创业团队。就国家层面而言，诚如经合组织商务产业咨询委员会（Business and Industry Advisory Committee to the Organization for Economic Cooperation and Development）2003 年指出："培育创业精神的政策是创造就业机会和促进经济增长的关键。"

二、大学生创业精神的构成

1. 创新精神　人类从原始社会发展至今，和其对生产工具的不断改革创新有关。蒸汽机的发明更是导致了社会模式的变革。电脑、手机和网络的发明更是改变了人类的生活方式。创新是一个民族进步的灵魂，是一个国家兴旺发达的不竭动力，也是中华民族最深沉的民族禀赋。创新是推动发展的第一动力，更是引领发展的第一动力。在激烈的国际竞争中，唯创新者进、唯创新者强、唯创新者胜。以色列是一个充盈着创新氛围的国家，作为一个国土面积只有 25 740 平方千米（实际管辖面积），人口仅 850 万（2016 年）的小国，其活力正源于创新精神。

前人的智慧和经验是后人成功的基石，可以让后来者少走很多弯路。对于创业者而言，善于模仿可以在一定程度上帮助创业者缩短走向成功的距离。即使是在创业活力很高的美国，100 个公司里也没有多少公司是有创新能力的，其余的都是模仿拷贝的。但模仿创业产生的效力和竞争力是有效的，无疑很难成就真正的大事业。就像市场上同一种商品越来越多，最后会出现供大于求的情况，产品自然就会贬值。但如果能够在模仿中加入自己的想法，加入创新元素，往往能够让自己脱颖而出。小米和华为的成功也是源于他们对技术的不断创新。

创业精神的核心是创新精神。创新不仅仅是创建新公司、制造新产品等等，创新体现在方方面面，方方面面皆可创新。以麦当劳为例，他没有发明任何新东西甚至他们生产的产品也是以前任何小餐馆都可以制作的，但是他们凭借着管理上的创新制造出了覆盖全球的快餐市场。阿里巴巴通过营销创新造了一个"双十一"节。因此，创新不一定非是技术上的，也不一定非是实物的，其具有更广阔的范围。作为思维活跃的大学生，要有敢于打破常规的思维，在平常中发现不平常。福雷沃克斯作为一家专门生产掩盖药品味道的调味剂公司，最初创意来源于克拉姆为小女儿哈德莉喂药的经历，为了让女儿能够顺利服药，他调兑出了不冲淡药量、不影响药效的无害添加剂。据此，他想世界上并非只有他一个人因为喂药发愁。所以，在 1995 年创办了公司，开始研制改进其他液体、丸状、粉状处方药的调味剂配方。到今天，福雷沃克斯公司的销售额已经过亿，其产品也已经扩展到宠物诊所。

创新精神是创业精神的核心，但不是全部的内容，作为一个创业者如果只有创新精神，而不具备其他条件，也是无法成功的。因此，创业者要有创新精神，同样也要具有其他精神和品质。

2. 进取精神 是不满足于现状，坚持不懈地追求新的目标、蓬勃向上的心理状态。创业的原因有很多，但是仅仅为了创业而创业，终究是很难成功的，为了金钱而创业，会因害怕损失金钱而止步。对于成功的创业者通常拥有更高的价值追求，现在有越来越多的大学生创业者是为了实现自我价值。追求卓越被认为是优秀企业的品质。拥有进取精神，会有强烈的好胜心，不甘落后，勇于向未知领域挑战。创业是一个从无到有、从小到大不断前进的过程。作为创业者要勇于知难而进，在面对各种各样的困难和挫折时，要敢闯敢干，不能患得患失。邓小平同志说过："没有一点闯的精神，没有一点'冒'的精神，没有一股气呀、劲呀，就走不出一条好路，走不出一条新路，就干不出新的事业。"作为创业者要敢于破旧创新、及时学习，不断更新自己的知识，提高个人的能力。古人有云："君子之学必日新，日新者日进也，不日新者必日退，未有不退而不进者。"创业是和他人竞争的过程，但更重要的是能够战胜自我，在创业之初，创业者都需要时刻突破自我，不断寻找下个增长点。斯坦福大学的两位教授，在对十八家基业常青公司的成功经验分析后提出，"最成功的公司致力于赢得竞争，他们对手是自己。"很多创业失败都是因为放弃，不是被别人打败，而是被自己的失败心理打败。在创业成功之后，创业者更加需要突破自我。张瑞敏说："海尔的理念是只有创业没有守业，不断打破昨天的思维定式，去争取更大的成功！"也正是因为这样，才能让海尔实现一次次的突破，使其不管是在中国的家电领域，还是在美国等市场上都占有巨大的经济份额。结合古往今来的案例不难发现，进取精神是所有创业成功者的必备素质，他们在进取精神指引下持之以恒的不懈奋斗，是走向成功途中最有利的武器。

3. 冒险精神 比尔·盖茨将冒险看作为成功的第一要素。入选胡润百富榜的中国人的"十大财富品质"中，冒险也是位居前列。冒险意味着承担风险、不惧危险，而之所以需要冒险是事件本身充满了不确定性，但同时也存在着无数的可能性。创业正是一件充满未知和变数的事，即使在创业前创业者做了周密的计划和准备，也无法保证制订出万全之策，不确定的事件随时都有可能出现。创业本身的特点就决定创业永远有着不确定性，而正是这种不确定性才为创业者提供了机遇。

这个世界上最不可能成功的就是永远都不敢尝试、不敢做的人。他们回避困难，自然也失去了成功的机会。只有敢于尝试、敢于冒险，一个人才有可能在创业的种种挑战下创造成功。在今天开放的全球化世界中，随机性和偶然性更大，在如此不确定的环境中，冒险是一个人创业成功的前提，也是一个人创业能够成功的重要精神。世界上所有人都能看到，并认为可行的就不是机会。没有被别人看到，而只有我们看到时，然后去做又成功的机会则是少之又少。最普遍的是大家都看到了，但是在别人还没有看好时，我们就要勇敢去做了。如果没有詹姆斯·卡梅隆在拍摄《泰坦尼克号》时压上自己的一切财富，也就不会有这部票房收入达 18 亿美元的电影，如果没有他对 3D 电影的尝试，动员全球的电影院线更新设备，就不会有《阿凡达》，也不会有新的电影世界的到来。所有的创业者都是冒险家，都是敢于迎难而上、敢于从危机中挖掘机会的人。当然，冒险也不是盲目而为之，要科学估算成功的可能性，讲究科学规律，降低风险概率。

4. 团队精神 无论是就业还是创业，个人和社会的发展都需要个体具有团队精神。在社会中发展，个人的力量是有限的。正所谓一根筷子容易折，一把筷子折不断。团队的有效通力合作产生的不是 1+1=2，而是大于 2 的效果。对于团队合作有正确认识的个体，将在团队中增强自我的力量，也有助于激发他人的潜力，使团队的能量发挥到极致。创业绝非是一件更适合单打独斗就会成功的事，绝大部分创业成功者都有着自己的团队。马云在2011年回答网友提问时说道："没有人能够伟大到独自建立一个像阿里巴巴这样的企业，是团队和制度使公司能够不断发展，而不是个人……，就像我一直说的，我不是公司的英雄。如果我看起来像，那是因为我们的团队造就了我，不是我造就了团队。阿里巴巴最宝贵的财富是我们的员工，他们是我们的一切。"

作为大学生创业者，要认知、认同团队精神的重要性。团队精神的形成，能将不同的个体凝聚成一股力量，为了共同的目标而前进。团队中的优秀个体对于其他成员而言是一种激励力量，而不是嫉妒的对象。因此，要创业的大学生在对自身能力认同的基础上，也需要学会欣赏别人的优点，找寻别人的优势，愿意与人合伙，积极需求合作伙伴。在团队中尊重和接纳团队成员的感受和建议很重要，在团队中的对自身行为的控制和约束也必不可少，团队依靠成员间的相互协调和相互激励来实现个体与团队的共同成长。

三、大学生创业精神现状

谢超波（音）认为自己的条件可以在一家大国企谋求一份工作。他是中国顶尖学府之一清华大学（Tsinghua University）的研究生。他的研究方向是中国政府最重视的一个领域——环境工程。此外，他正在试验新技术，以帮助找出水中的污染物。他应该是一个不可多得的人才。然而，他到目前为止已经申请了30家公司，仅获得了四次面试机会，而且最终还是没有得到一份工作。

谢超波的父母都是企业家，他们曾经创办过生产玻璃和鞋类的企业，现在经营着一家生产水泵的公司。尽管如此，谢超波却没有兴趣留在民营企业工作。这名24岁的工程专业的学生说，中国的学生从小就被教导要寻求稳定、规避风险（节选自《寻求安稳的中国大学毕业生求职受挫》，华尔街日报）。

在2008年席卷世界经济危机背后，却孕育着商业革命的新落脚点——创业型经济。这一模式主要是以员工具有很强流动性的中小企业为主要驱动力。正如美国学者彼得·德鲁克第一次提出这一概念时，预计的创业型经济正在逐步取代大公司为主的经济。随着社会从工业化向后工业化、信息化的转变，中小企业以其适应的灵活性赢得了生存和发展空间。根据美国中小企业管理局（SBA）的数据，在2008年大部分经济指标都下降的情况下，新创立的中小企业数量依然维持在经济危机前的水平。创业型经济带来创业的规律化、整体化、基础化，促使资源再生及生产力的发展。世界著名创业大师拉里·法雷尔曾说："发展创业型经济是打赢21世纪这场全球经济战争的关键。"创业型经济以创新和新创事业为基础，正和我国建设创新型国家的目标不谋而合。随着互联网技术的发展，市场中企业竞争的核心要素从资本与管理转变为信息、知识和创业精神。

伴随着连续上升的创业比例，至2015年达到数年来创业比例最高值2.9%，但与美国的20%创业率相比还是有很大差距的。大学生作为受过高等教育的群体，在知识储备方面具有一定的优势，但在创业精神方面如何呢？

中国人民大学发布的《2016中国大学生创业报告》，以全国31个省（自治区、直辖市）1767所高校43万多名在校或刚毕业大学生为被试，其中89.2%的受访者曾考虑过创业，18.2%的受访者有强烈的创业意向。据中国人民大学商学院院长毛基业介绍：在此次调查中，约有12万大学生正在创业或曾有过创业经历，占调查学生总人数的28%。大学生的自主创业比例呈现持续上升趋势。而另一项由江苏中公教育的调查显示，有 34%的大学生想要去政府事业单位工作，30.7%的希望去外资企业，24.5%的希望去国有企业，7.5%的学生愿意去民营或私营企业。从大学生的就业意愿而言，稳定的工作仍然是大学生毕业择业的主要方向，也是理想选择。这两个调查数据正印证了之前的一项以斯坦福大学、清华大学、北京大学及北京师范大学的工科学生为调查对象的研究。虽然中美大多数学生的梦想都是创业，但当梦想能变为现实时，只有 3%的中国学生表示自己会进入一家初创企业，而 22%的斯坦福学生会如此选择。希望进入政府部门工作的中国学生数量是斯坦福大学学生的 10 倍。中国学生仍然更倾向于稳定的工作，存在创业精神不足的问题。

在创业和就业地的选择上，大学生还是更倾向于回家乡所在的省份。《2015 年中国大学生就业报告》显示，近八成创业大学生选择留在家乡。其中，在家乡省读书并创业的占 56%，在外省读书回到家乡省创业的占 19%，只有 9%在家乡省读书的学生去外省创业，9%在外省读书并留在大学所在省，外省读书异地创业的最少，占 7%。相对于外省，大学生更愿意选择自己熟悉的家乡省，也在一定程度上说明了大学生冒险精神的缺乏。

创业教育在中国发展近十年来，积累了一定的经验，为大学生进行创业打下了相对良好的知识基础。但对于创业教育认识的不完善，也使得很多创业教育更多停留在知识或能力的层面上。创业知识不等同于创业精神，创业知识不能自动转化为创业行为，需要以创业精神为中介才能实现其有效转化。相对于创业知识的完善，中国大学生的创业精神还存在不够强的问题。

四、大学生创业精神的培养

美国百森商学院的杰弗里·蒂蒙斯认为，真正意义上的创业教育应当着眼于为未来的几代人设定“创业遗传密码”，以造就最具革命性的创业一代作为其基本价值取向。这里所称的遗传密码，就是指以创业精神为内在表现的创业品质的传承问题，它也是评价创业素质教育成功与否的关键环节。2015 年 5 月国务院办公厅印发了《关于深化高等学校创新创业教育改革的实施意见》中反思以往高校创业教育存在的问题，制订新一轮教学改革的目标，激发更多的大学生积极投身创业实践。创新创业教育不仅仅在于知识的学习，更重要的是在于创业能力和创业精神的培养。

1. 营造创业文化氛围 创业精神作为一种心理现象，文化对其影响是不可忽视的。McGrath 等对 13 个国家被试的对比研究显示，创业者与非创业者在不确定性规避、权力距离、个体主义倾向和男子气概四个文化维度上都有显著差异。Thomas 和 Muceller 对 9 个国家 1600 个样本的对比分析也发现文化因素对风险倾向、创新意识、控制感等存在影响。创业精神模型在跨文化情景中可能有所差异。据此，社会文化对创业行为的认同程度和普遍倾向会影响个体的创业精神，乃至整个国民的创业精神。伴随着经济模式和人们观念的转变，社会对大学生创业的态度变得更有接纳性。尤其是 2014 年，大众创业、万众创新理念的提出，整个社会形成了更积极创业氛围和创业环境。就大学校园而言，也需要营造良好的校园创业文化，通过创业比赛、创业实践、创业网络平台等，培养学生的创造性思维与创新精神，激发学生的好奇心，鼓励学生敢于怀疑、敢于尝试、敢于冒险。

2. 正确认识创业本质 创业是对一个人创业素质的检验，也是实现个人价值的途径。创业不仅仅是一种谋生手段，也是在无法就业下被迫的选择。找一份固定的工作固然没有错，但随着经济模式的转变，所有的职业都没有绝对的稳定而言。而就工作方式和工作内容而言也不是简单的重复再重复。大学生的创业不仅仅是办公司，也可是岗位创业、制度创业。东南大学创业教育博士生导师胡汉辉教授以新闻媒体为例解释说，办一种报纸是创业，而创办一个栏目、报道以前没采访过的对象群体也是创业，这就是岗位创业。而制度创业主要是指对一个组织内部的运行机制等进行改革创新，提高效率。创业的核心在于创新，大学生既要有创新意识，又要不断锻炼自身的创新能力。大家可以依照前文中对创新思维锻炼的方法多多加以训练。

3. 树立明确创业理想　2016 年中国发展高层论坛上，扎克伯格和马云都同时提到了创业理想对大学生创业的重要作用。创业虽然能够为创业者带来财富，而且相关数据也显示，创业者的收入确实要高于非创业者，但赚钱不应该是大学生成立公司的首要目的，更不能是唯一目的。大学生要实现自我价值，但也不能为建立公司而成立公司。在创业之初，大学生就要带着使命和信念创业，要搞清楚自己想要解决什么问题、实现什么理想，要规划公司的发展方向，有明确的目的，要承担更多社会责任，为社会创造更多财富并回报社会。如拥有了远大的创业理想，创业信念会更加坚定，自信心也会随之增强。

4. 培养强大人格魅力　奥尔波特被称为“人格研究界第一人”，他在《人格形态与成长》中提出了成熟人格的六要素，将自我意识的扩大，和他人的密切联系，情绪的安定，具对现实的知觉、技能，自视客观——洞察和幽默，统一的人生哲学看作人格成熟的基本标准。创业者处于纷繁复杂的社会关系网络中，无论是寻找创业伙伴还是谋求合作伙伴，都需要个体具有相对完善的人格特质，需要与他人保持相应的密切关系，在遇到问题时不气馁，不因失败而放弃。创业者要对自身有足够的自信，才能以阳光的心态向着既定的方向前进。大学生要客观地评价自己，正确认识自身的优点。人的心理是对客观环境的主观反应。如果一个人对自身没有正确的认识，不仅影响自己对自己的评价，也会影响别人对自身的评价。曾经心理学者做过一个瘢痕实验，请 10 位被试参与到实验中，实验中让被试相信他们是以脸上有着可怕伤痕的面容出现在公众面前的，让他们收集公众对他们的态度。被试收集回来的信息相当的一致，觉得周围人对他们不友善、没有礼貌等等。但问题是他们出现在公众面前时脸上并没有瘢痕，这道瘢痕已经种在了他们的心里。一个不够自信的人看到更多的是别人的不尊重、不重视、不公平。但一个足够自信的人并非看不到不尊重、不公平，只是他们更具有客观性甚至可将其转化为前进的动力。让我们的大脑接受更多积极的声音，多鼓励自己，多支持自己，让自己迈出创业的第一步。

2014 年李克强总理在夏季达沃斯论坛上承诺：“打破一切体制机制的障碍”，让每个有创业愿望的人都拥有自主创业的空间，让创新创造的血液在全社会自由流动，让自主发展的精神在全体人民中蔚然成风！创业者是中国经济升级换代的力量，创业者的成功不仅是为个人创造财富，也为社会和国家创造财富，增加就业的机会。中国年轻人已经迎来了创业的好时代，大学生不应该仅是这个时代的旁观者，更应该是见证者和参与者。大学生应该勇敢地迈入新一轮的创业大潮历练自己，砥砺前行。

实践活动：访谈身边的创业者

结合本章内容，设计一份访谈提纲，找一位你身边的创业者访谈。要求如下：

（1）将访谈实践设计在 40～60 分钟，因为创业者很忙，时间不宜太长。实践也不要太短，太短了你了解不到什么。

（2）认真准备和设计访谈提纲，问题可以来自本章的主要知识点，也可以是你对创业、创业活动及创业精神的理解，还可以是你不清楚的问题甚至是疑问。设计访谈提纲时预想可能的答案。

（3）自己找创业者，创业者类型不限。

（4）访谈时要做好记录，如果对方允许，最好录音。

（5）访谈时一定要注意创业者的表情、思考、停顿等细节。

（6）访谈结束后一定要仔细整理，对照访谈前你预想的答案，看你发现了什么？

（7）你觉得从自己访谈的创业者身上学到了什么？哪些是你根本无法学习到的？

回过头来看一看你设计的访谈提纲，你觉得有哪些地方需要修改，重新修改和完善你的访谈提纲。

思考题

1. 创业者是天生的吗？
2. 你想成为一名创业者吗？为什么？
3. 成为创业者的基本素质包括哪些？
4. 如何培养自身的创业精神？

第四章　创 业 团 队

通过本章的学习，你将能够回答下列问题：

1. 什么是大学生创业团队？其产生的历史背景和社会意义是什么？
2. 大学生创业团队的组建原则和内容是什么？当前大学生创业团队存在的问题有哪些？
3. 大学生创业团队管理的基本原理和方法是什么？如何提高大学生创业团队的绩效？

【案例导入】

钱俊冬出生于安徽省无为县赫店镇的一个农民家庭。由于家庭贫困，他从小就立志要考上重点大学，毕业后找一份好工作，改变家庭贫困的面貌。1999 年，父母做生意借来的 8 万元钱被人骗走，使本就不富裕的家庭更是雪上加霜。由于家庭经济拮据，钱俊冬随父母来到天津大港，靠着父亲做卤菜的手艺，全家人在一个偏僻的小巷子租住下来，省吃俭用，挣钱还借款。

刚到天津时，钱俊冬特别向往大学生活。一有空闲他就去附近的南开大学和天津大学转悠，并结交了一些大学生朋友。通过与他们的交往，他知道了大学生毕业后将会面对严峻的就业压力，于是他萌发了上大学后一定要自己挣钱的想法。

钱俊冬把自己整天关在屋里，除了复习功课，就如饥似渴地阅读从旧书摊上购来的杂志，大量成功人物的创业故事刺激着钱俊冬活跃的大脑，特别是那些大学生通过勤工俭学改变自己命运的文章，让他意识到，要想成为一名成功人士，单靠找一份好工作是实现不了的，必须走自主创业的道路。

2000 年，钱俊冬考上了陕西省的长安大学。当学校的录取通知书送到家里时，父母既欣喜又发愁，生意的失败使他们债务缠身，已经没有能力支付儿子上学所需的费用。最后，全家人东借西凑好不容易才弄到 2000 多元钱。

开学报到的那天，钱俊冬攥着 2000 元现金，在报名的长队里他一次一次退到最后面。后来他鼓起勇气找到辅导员，争取到了缓交学费的机会。安定下来后，钱俊冬的心中萌发出一种坚定的信念：越是日子困窘，越要咬紧牙关，想办法改变命运。开学第三天的下午，钱俊冬正独自在寝室里翻阅新课本，一位师兄推门进来推销随身听。正在这时，几位室友也回到了寝室。结果，这位师兄没费多少口舌，4 部随身听以每部 80 元的价钱被室友买下。这件事情使钱俊冬隐约地觉得一种商机和一个比较大的消费群就在自己身旁。后来，他从同学那里打听到在西安东郊有两处小商品批发市场。第一个周末，他逛遍了这两个小商品批发市场，仔细对比了各种随身听的性能和价格后，他以 15 元的批发价购买了 6 部师兄推销的那种款式的随身听，一倒手净赚了 300 元。这是他掘得的第一桶金。之后，当同学们刚习惯用卡式电话时，他以低廉的价格从 IC 卡经销商那里购进电话卡，然后以比市场低的价格出让给同学，在赚得一点辛苦费的同时，让同学们也得到了一些实惠。后来，像上游泳课穿的游泳衣，考研用的复习资料、英语磁带，他都找到了低于校外价格的供应渠道。一年后，他便成了校园里小有名气的“生意精”。

为了实现自己的理想，钱俊冬除了学习好专业课外，还不时去学校图书馆看一些法律、心理学、市场营销等方面的书籍。他认为，搞推销和倒卖纯属个人行为，还没有完全融入社会。要创业最好还是先融入企业，到企业中去体验，懂得如何把学到的知识与企业实际相结合，这样才能获得成功（来源：青年创业网 ）。

第一节　认识创业团队

一、创业团队的概念

（一）创业团队的定义

关于创业团队的界定，理论上还没有统一的定论。Kamm 和 Nurick 认为，创业团队是经过构想，决定共同创业并成立公司的一群人。Gartner 等指出，创业团队应该包括对企业战略选择产生直接影响的人，应该把董事会尤其是占有一定股权的投资者包括在内。Mitsuko 则把创业团队定义为参与且全身心投入公司创立过程，并共同克服创业困难和分享创业乐趣的全体成员。至于律师、会计师和顾问等外部专家，由于只参与公司创立的部分工作，因此不能算作创业团队成员。因为团队通常不会在创建一开始就完备，Gaylen 等认为创业团队指的是在公司成立之初执掌公司的人或是在公司营运的前两年加盟公司的成员，但不包括没有公司股权的一般雇员。Leon Schjoedt 则表示在创业初期履行职责、执行任务的成员都可被认为是创业团队的成员。学者谢萍萍等认为创业团队常被视为组织取得成功和创造知识的基本单位，它有效突破单个创业者在能力、经验、资源等方面所受到的限制，通过多个创业者之间的优势互补，为创业成功奠定基础。可见，对创业团队界定的焦点主要集中于创业团队成员的划分及创业过程的划分之上。创业团队成员划分的变量包括是否有共同的财务目标，是否对公司的运营有影响及其影响程度，是否在公司任重要职位等。而关于创业过程，相当多的研究者将其描述为 3～10 个阶段。

综上所述，我们认为创业团队（entrepreneurial team）是指由两个或两个以上的人组成的共同开办新的企业或者开展类似的业务活动的团体，团队成员对企业未来发展负责，共同拥有企业资产并承担相应的财务或其他方面的义务。

（二）创业团队的组成与结构

创业团队的组成与结构一直是创业团队研究的重点，包括创业团队的规模与角色、成员的关系结构、能力结构和权力结构等。

1. 创业团队的规模与角色　创业团队的规模对创业过程有无影响?创业团队的最佳组成人数是多少？一些学者对此进行了探究，如 Bart 和 Nathalie 认为如果创业团队成员为 7 人或 7 人以上，他们将很难在一起工作，会需要太多的管理费用，并且在管理权威与股东权益之间可能产生太多冲突。Sanjay 认为对投资者而言，3～4 人将是一个较好的选择，因为投资者越多，可获得的资源虽然也很多，但资源本身可能会限制机会的选择和成长的潜力。

在创业团队的角色构成方面，Timmons 认为团队总要有一个人扮演领导角色，他能明晰企业的愿景，提出战略让团队其他成员去实现。Enesly 经研究表明，创业团队中存在着领导者，领导者的创业愿景和自我效能感要强于其他的创业团队成员，且创业团队的业务增长与领导者的愿景呈正相关，与其技能和自我效能感无显著相关。

关于领导角色扮演者同团队中其他非领导角色之间的个性和行为特征差异及他们之间的政治平衡和创新战略方面的差异的研究很多。很多研究者认为优秀的创业团队除了领导角色之外，还要包括“技术专家”“赞助人”“项目领导者”“守门员”等角色。

2. 创业团队成员的关系结构　Shuman 认为，很多创业团队是由亲戚、朋友、原先的同事或同学所组成的。Chandler 等通过对一组创业企业团队的研究，发现在大多数情况下，团队成员都是同事关系或属于家庭成员。因此，在创业团队成员的关系结构中有两个研究重点，一是家庭，二是友谊。然而，国外学者更多关注的是友谊，如 Kamm 认为创业团队成员之间的“情投意合”才使他们走到一起创业，友谊是创业团队成员的来源。友谊的强度、内容与形式影响着团队的建设、团队内部职能分工、团队的稳定性、冲突及决策的质量和团队业绩。

关于创业团队成员关系的动态性，Hambrick 和 Mason 认为，在企业从创立、成长到衰退的历程中，一个团队所需要的技能可能会改变，因此会引入（和辞退）团队成员。而 Wiersema 和 Bantel 认为，引入（和辞退）团队成员的倾向可能同企业所在的行业有关。Cooper 等调查发现，在高科技行业，48%的被调查企业至少有一个创建者离开被调查企业。Timmons 发现，在高潜力的公司，几乎每一个新公司在五年期过后都会失去至少一个创建者。

一些研究者还对创业团队成员加入或退出的时机对绩效的影响等进行了研究，如 Deniz 等对创业团队成员的加入做了研究，指出在控制变量“创业企业规模和年龄、行业、外部环境”之下，创业团队的规模、团队的平均年龄、功能和异质性对成员加入与否的影响，发现不同因素对团队成员的加入与退出产生非常复杂的影响。

3. 创业团队成员的能力结构 Timmons 认为在创业团队中，成员职能分工必须明晰，即成员在管理技能、决策制订风格及经验等方面达到互补，这样才能保证团队与企业的健康运行。然而，由于大部分的创业团队由亲戚、朋友、原先的同事或同学所组成，也就是说他们由现存的各种社会关系中而来，这样的创业团队能通过原有关系网络来进行创业，但通常没有考虑成员对成功创建一个新企业的能力问题。

Gaylen 和 Doughs 认为，在初创企业中，技术和运营专家比例要大一些，而管理、营销和财务控制专家比例要小一些。通常，作为创建者的 CEO 们都是有技术背景而又缺乏管理经验的，因此他们在管理高层团队方面专业性不强。Bart 和 Nathalie 建议要给予他们时间和自由去学习，逐步培育创业团队。Chandler 等通过个案访谈发现，创业团队大多是通过“干中学”或直接从外部招募所需人才的方式来弥补创业团队所缺能力的。

4. 创业团队成员的权力结构 根据管理权力理论，在公司中任期较长的管理者拥有较大的权力。研究表明，公司的创建者都是高层管理团队权力最大的执行官，在公司中相当受尊重。在学术界，除了任期和地位之外，创建者的股票权力比例已经成为执行力的一个指标。因此，组成有效创业团队的一个重要方面就是团队成员所有权的分布。风险投资家们认为：“我们不相信在只有一个人拥有所有的权益，而其他人都作为雇员且没有所有权的企业中，你能成立一个很大的公司。”然而，有很多不同的方式来实现所有权的原始划分。在 100 个最成功的 IPO（initial public offer，即首次公开发行）企业中，有 54 个可获得数据的初创企业，其中 10 个是完全不等同的权益分布，而 44 个有着完全等同的分布。同时，由于团队成员投资换股票的权益可以仅仅是简单的资金，而没有其他投入，他们被称为“休眠排挡”，属于“贵族”层次，也就是只投资和获得收益，而对企业具体运营决策没有影响的人，这就使得所有权的划分更加复杂。

（三）创业团队的绩效

创业团队的绩效研究主要集中在创业团队的创业绩效与个体创业者的创业绩效比较、原因分析及创业团队绩效影响因素探讨。

1. 创业团队的创业绩效 一般认为，创业团队的绩效要优于个体创业者的绩效。Obermayer 调查发现，在 Boston、SanFrancisco、Milwaukee 等地的 33 家成功高科技公司中，有 23 家是由创业团队创办的。Cooper 等研究发现，在他们调查的公司当中，超过 80%的高增长公司是由创业团队创办的。Timmons 发现，单个的创业者很难创建一个超百万美元的创业企业。Obermayer 发现，在他们调查的公司当中，只有 30%的单个创业者创办的公司年销售额在 600 万美元以上，但在 23 家创业企业中，就有 16 家超过了这一水平。Venture 指出，1988 年的风险投资调查发现，在 100 个最成功的 IPO 中，有 56%的公司是由创业团队创办的。在这 100 家创业企业中，历经了 2～10 年的创业历程，仍有 56 家是由 2～4 个持有股权的创始人在领导，而其余的 44 家企业是由单个创业者或剩下的一名创业团队成员来领导的。Kamm 对这两类企业的 t 检验表明：两者在股票市值上存在显著差异；创业团队所领导的企业在销售收入、净收入上都要高于个体创业者所领导的企业，但这种差异没有达到显著水平。

Albach 和 Hunsdieky 对德国 180 家创业企业做了调查，以年销售额作为绩效指标，发现 43%的创业团队创办的企业是成功的，而只有 20%的个体创业者所创办的企业是成功的。之后，Picot 等又对德国 52 家创业企业做了调查，以年销售额作为绩效指标，发现 63%的创业团队创办的企业是成功的，而只有 38%的个体创业者所创办的企业是成功的，高达 60%以上的个体创业者所创办的企业是不成功的。还有较多的学者对创业团队的创业绩效优于个体创业的创业绩效的原因进行了分析，如 Gartner 认为，高技术行业要求更多的技能，而这些技能是单个创业者难以具备的，但当创业团队有效地满足了这一要求后，创业便得以成功。Vesper 指出，创业团队的成员有各种不同的人格特性、知识、技能和能力，他们之间可以存在整合和互补优势。Cooper 和 Daily 认为，以团队的形式创业使得创业企业对某个个人的依赖降低，可减弱因该人的缺陷或离开对企业所造成的负面影响。Boyd 和 Gumpert 则认为，团队创业的形式可降低由于创业环境的不确定性所带来的创业压力，团队成员间也会更加信任和相互支持，这些都促进了创业绩效的提高。

2. 影响创业团队绩效的因素 虽然创业团队的创业绩效要显著高于个体创业的创业绩效，但是创业企业的失败率也相当高。调查发现，小企业的平均寿命仅为 6 年，大部分企业在其创业的前 3 年就失败了。因此，一些学者对创业企业成功与否及创业团队绩效的影响因素进行了探讨。例如，Bhide 认为资源限制已是创业企业生存和成长的最大障碍，尤其是在竞争激烈、环境复杂的今天。Kunke、Robinson 等研究表明，公司战略和行业结构对处于竞争中的创业企业绩效有着重要影响；同时，还通过考虑企业战略和行业结构的交互影响，找到了对创业企业绩效影响最大的因素。而更多的研究者则是对创业团队中人际互动和人际关系与创业绩效关系的关注，如 Lechler 对创业团队中的人际社会互动过程与创业绩效的关系进行了研究。研究认为，团队的组成与结构特征，如团队的规模、层级、领导风格等，以及团队成员的个性特征和人口统计学特征会影响团队成员的社会人际互动，这些互动包括沟通、协调、相互支持、规范、凝聚力和冲突解决。而团队组成和团队人际互动共同影响创业团队的任务绩效，包括计划和战略、组织和人员配置、网络关系、财务、营销、生产和研发。这些任务绩效和团队成员人际互动共同决定了创业绩效。研究证实，团队成员社会互动的各个维度都与创业绩效的各指标维度显著呈正相关。研究还指出，团队成员的冲突状况不能完全代表团队成员的社会互动状况，同时也不能很好地解释和预测创业绩效。

Deborah 和 William 认为，友谊有助于创业企业管理团队的形成和决策制订过程，有助于提高团队解决问题的效率，最大限度地提高创业企业的绩效。友谊在不同的环境下，对创业团队的流动率可能会有正的或负的效应，这些影响可促进或削弱企业的绩效。Francsi 和 Sandberg 则对团队成员间的友谊与创业团队的创业绩效的关系做了研究。研究证实，如果创业团队在进行创业投资之前是基于友谊而组建的团队，则创业团队会迅速地达到职能的齐备。高友谊的团队更多地依靠内隐的心理契约而不是外显的合同来开展创业投资；高友谊使得创业团队的投资更多来自自有资金；高友谊导致更好的团队决策，团队成员对团队决策有更大的参与度，决策过程中经历更多的认知冲突和更少的情感冲突；高友谊使得团队具有更强的稳定性，团队成员有更少的更换率；高友谊导致高的创业绩效，并使得创业团队在遇到困难时有更高的存活率。

从以上回顾可以看出，目前国外创业团队研究的理论基础还比较薄弱，主要集中于创业团队的组成与结构及其与创业团队绩效关系的探讨，更多的是对创业团队自身结构的关注，而对创业团队与所处的情境关注甚少，尤其是对不同文化背景、不同领导风格下创业团队行为特征、绩效等研究的缺乏。而且，相应的实证也仍停留在对具体现象的概括和描述水平上，缺乏相应的定量研究。研究表明，创业团队所处情境，尤其是不同的文化背景、不同领导风格等情境因素对创业团队的结构、成员行为特征、创业绩效影响很大。因此，对不同文化背景、不同领导风格等情境因素与创业团队的结构、成员行为特征及创业绩效等问题的定量实证分析都是未来需要深入研究的。

二、大学生创业团队及其特征

（一）大学生创业团队的定义

王红军认为我国大学生创业团队多是由一些私交很好而在一起的伙伴组成的，是由人际关系来寻找共同创业的伙伴，或是有相似的理念和观点，基于对某一技术的狂热而结合。他提出大学生创业团队的建立需要注意以下四点：成员要有共同的目标远景；保证团队成员间通畅的沟通渠道；建立学习型组织，保持团队的创造力和学习力；以法律文本的形式确定一个清晰的利润分配方案。

张承龙认为我国大学生创业团队有以下特点：有共同的理念和愿景；创业团队组织内部具有类似于企业的管理模式；成员在专业知识和技能上具有互补性。存在的问题：初建阶段资金来源缺乏；在创立初期无明确的利润分配等激励方案；随着创业团队规模的增长，创业团队成员的学习能力不足；没有科学合理的管理制度。而陆连国从合作者出发提出了大学生创业团队中的合作伙伴的五大原则：因创业而合作原则、合作的必需原则、志同道合原则、优势互补原则、管理规范原则。张宁认为，大学生创业团队协同共振的障碍主要是团队内产生冲突。一个有意义有价值的目标可以很好地统一团队成员的思想认识，克服个体性差异造成的各种负面影响，使这种差异在共同目标的驱使下成为一种良好的互补。划分清楚团队成员的岗位职责、制订严格的考核制度可以从客观上抑制成员的依赖心理，使付出者得到应有的收获，同时可以更好地提高团队的绩效。

厦门大学的木志荣教授运用国内外学者的相关研究成果，以及对大学生创业者的抽样调查和访谈，描述了当前我国大学生的创业现状，分析了影响大学生创业活动的因素，提出了大学生创业过程模式，研究了大学生创业胜任特征，并提出了大学生创业教育模式和创业扶持体系。彭小媚和陈祖新结合现有的几个大学生创业的团体与大学生创业的实际情况，分析了现有可行的大学生创业的几种模式，如代理加盟创业、依附创业、入孵化园、法人股份制及各自的特点。

综上所述，大学生创业团队是指由不同专业学生组成，具备相同或相近创业意愿，以团队目标为导向，强调自我管理、独立分工，对自己的工作负责，相互配合、协作完成工作，以现代信息通信技术为沟通基础，专业或技能互补，结构保持一定流动性的团队。

大学生创业团队具有以下特点：首先，年轻敢闯、敢于挑战和尝试，大学生创业团队的成员都比较年轻，具有年轻人的特质，敢于挑战新事物、敢于做出尝试，不惧怕失败；其次，具有创新的勇气和机会，大学生的知识结构、年龄层次、各方面经历都有其特点，在创业过程中，比较有创新意识；最后，由于大学生年龄较小、经验不足，也具有弱点和缺陷，如考虑问题不够成熟等缺点，因此需要政府、高校及社会的支持和帮助。

（二）大学生创业团队的特征

1. 大学生创业团队的异质性 大学生创业团队的异质性是指大学生创业团队内部成员在知识结构、性格、年龄、任务分工、资源共享等方面的差异，其互补性可以产生的效果。在实现创业主体多样化的大潮中，大学生是一特殊群体，其思维活跃、具有丰富的想象力、创新意识强烈，而这些都是作为创业者实现创业成功的必要条件。一个优秀的创业团队通常具有很强的团队成员互补性，谢科范等认为创业团队结构是由角色结构、技能结构与权力结构三个主要维度组成。在一个高效率的稳定性团队中，有些成员可能侧重于技术的研发，某些人员可能偏向于业务经营管理，而有些大学生则具有开拓市场的特长。大学生创业团队中的大多数成员往往在组建团队前就比较熟悉，更多时候是通过个人关系网络构建的，因此其思维方式、思考视角等往往会有很大的不同。外放与内省并包，战略与业务兼收，使得整个创业团队的战斗力与凝聚性大大提升。同时，Covin 和 Miles 指出大学生创业团队在年龄、知识结构、性格等方面的多层次性有利于创业决策的科学化与民主化，亦可以保证整个团队组织结构的稳定性。

大学生创业团队内部成员的差异性并不是根本原则与行事方式的背离，而是在互相融合与彼此信任的基础上充分发挥集体的智慧，朝着同一个目标共同努力。需要注意的是，大学生创业团队在年龄的分布上较为集中，但是这并不否认成员间经历与价值观的趋同，在高风险的创业活动中，大学生往往可以通过对市场环境的掌控与专业知识的运用快速制订有效的战略决策，以便更好地应对突发事件，提高驾驭市场风险的能力。Chandler 和 Lyon 认为，大学生在校所学专业的不同决定了其具备的创业技能的多样性，该种多样化可以促使大学生创业团队在面对瞬息万变的市场环境时从不同的视角与维度来审视、分析一个个复杂的问题，进而改善决策质量。必须指出的是，大学生创业团队的异质性与互补性决定了资源共享的必要性与紧迫性。信息的不对称会导致团队内部成员的沟通困难，无法实现各类创业资源的快速流通与价值的体现。在大学生创业团队中，每个成员在团队中都担当不同的角色，其在完成自身职责范围内的工作中必须依靠他人来获取信息、资源及必要的支持，必须通过分享资源与共享知识来协调完成各自的各项工作。

2. 大学生创业团队的协同性 是指创业团队内部成员能够在核心人物的有效领导下保持最初的创业动机与创业热情，民主平等地协商解决问题与整合资源，共同承担责任，进而在创业过程中体现自身价值。共同愿景是衡量一个团队凝聚性与战斗力的重要指标之一，决定了团队成员的融合度与团队结构的稳定性。共同的创业兴趣与饱满的工作热情促使内部成员有着一个共同的远大目标，使得整个创业团队上下一心，迈向成功，加之大学生群体思想活跃而又不失互相融合与彼此包容，因此大学生创业团队较为容易接受共同愿景的引导。目标的一致性能够激励大学生创业群体愿意为创业共同目标的实现而付出自己的时间、精力与资源。考虑到团队成员加入创业团队的出发点不尽相同，这就需要团队中的核心成员尽量去统一内部成员的意见，以形成一个大家均能接受的可行性目标。

卢俊义和程刚指出，大学生创业团队是一个能够及时沟通、协同合作的关系网络，是一个能够产生协同共振效应的群体。协同共振效应能够促使团队成员在同一目标的指导下形成统一的意志，通过民主平等地协商、资源整合与协同合作达到共振的效果，直接作用于成员创业行为，从而实现团队绩效的最大化。大学生创业团队的协同性要求团队成员始终保持良好的合作关系，树立共同承担责任的理念，在实际创业过程中积极发挥积极性、主动性与创造性，进而配合团队目标的实现，同时亦有利于自我价值的体现。协同共振效应的产生要求清楚地划分团队成员的岗位职责与任务权限，科学制订严格的考核制度与管理体系，而这在创业初期显得尤为重要。大学生创业团队的协同性并不否认其内部成员竞争关系的存在，良性的竞争关系更有利于发挥成员的主观能动性，使其保持基本的合作博弈状况，尤其在内部条件与外部环境稳定的情况下，更应该倡导基于竞争观念的合作机制，鼓励资源共享与开拓进取的双向发展。

3. 大学生创业团队的前瞻性 是指创业初期大学生团队对人员规模、目标市场界定、行业选择、核心或关键技术、利益分配机制等诸多计划的完善性与弹性，以保证随着内部条件与外部环境的变化而做出适当的调整。创业目标或归宿的激励作用集中体现在创业团队成员对总目标的理解与明确程度，其主要衡量指标是实现技术、市场、社会网络等各项工作的从无到有、从起步到成熟。确定创业目标后，团队成员众志成城为创业目标的实现而共同努力，而总目标则是由若干个阶段性的可行性子目标构成的，从而总目标的实现就落实为一个个子目标的践行过程。之后就是研究如何根据总目标与阶段性子目标的要求去制订适合团队成员实施的具体规划，以更好地为创业目标的实现做好准备。Yazici 指出，创业计划是在对创业目标进行分层次、分阶段分解的基础上，以团队为整体来考虑计划的可行性与针对性。创业计划的重要性不言而喻，其确定了在不同的创业阶段团队需要完成的阶段性任务，通过分层次完成这些阶段性任务来最终实现创业总目标。

大学生创业团队的另一个前瞻性特征表现在其追求的是长期效益还是短期效益、对计划进行动态调整与改进的能力，其对创业活动的推进与发展往往有着决定性的影响。

4. 大学生创业团队的适应性 是指团队成员学习新知识、掌握新技能、及时获取市场信息的能力，以及把握创业优惠政策、处理与利益相关者关系的观察力与执行力。大学生创业团队不同于其他团队的一个重要特性在于其善于在摸索中不断学习与进步，尤其是在所在区域对创业支持体系的敏感嗅觉。

大学生群体年轻有活力，具有全面的专业基础知识，能够根据团队内部条件的实际情况结合外部环境的不断变化做出理性的决策，且一旦做出决策就可以长久地坚持下去，具有充分的计划弹性。大学生创业团队是一个典型的学习型组织，能够熟练地创造、获取与传递知识，同时善于修正自身的行为，以适应新的知识与见解。市场环境是快速变化的，这就对创业团队获取市场信息的时效性提出了较高的要求，大学生创业团队的一个突出优势在于其拥有的资源与技能的互补性，以及在详尽分工的前提下能够协作共事，形成高度互相依赖的伙伴关系。对大学生创业团队影响较大的一个外部环境因素是政府政策，包括政府创业政策优惠项目、提供的培训与教育等，尤其在贷款融资方面给予的优惠更是创业活动发展的强大推动器。赵文平等认为大学生创业团队中存在着高度的风险性特征，其合作项目与面临的任务都是高风险的，而创业团队内部成员的高度信任与知识共享是可以对所承担风险起到缓解与减弱作用的，同时对创业团队的韧性与弹性亦不失为一种锻炼。大学生创业团队对内部条件与外部环境的适应性突出表现在对与其利益攸关的相关者的沟通与合作上，如能否从外部获得创业所需的资源与信息，因此大学生创业团队的适应性亦可以反映对外部环境的互动性，树立双赢的创业理念，注重构建创业伙伴关系网络，以利于今后创业活动的开展。

综上所述，当前创业团队及创业管理相关理论研究已趋于成熟，但大学生创业及大学生创业团队相关理论体系构建尚为初级阶段，国内外学者对于大学生创业团队的研究还缺乏成熟和规范的理论范式，其中以定性的、纯管理学科的研究居多。创业经济学、行为经济学及合作经济学等理论的发展为大学生创业团队相关问题的研究奠定了坚实的理论基础，但目前鲜有以上理论在大学生创业团队研究中的运用。

三、创业团队产生的时代背景

（一）创业团队产生的国际背景

1. 创业团队产生的经济环境 和平与发展的主题为世界经济发展提供了坚实的基础，世界经济全球化与一体化趋势为经济发展和腾飞提供了广阔的舞台。当前世界经济呈现整体下滑和动荡不定的整体态势。2007 年爆发金融危机，也称为环球金融危机、世界金融危机、次贷危机、信用危机，2008 年起被称为金融海啸及华尔街海啸。这次危机开始于美国次级房屋信贷危机，信贷危机爆发导致投资者开始对按揭证券的价值失去信心，引发流动性危机，流动性危机使多国中央银行多次向金融市场注入巨额资金，但也无法阻止这场金融危机的爆发。次级房屋信贷危机的发生使得受到这些信用衍生性商品冲击的成员增加了，包括雷曼兄弟、美国国际集团、美林证券、华盛顿互惠银行、摩根史坦利和高盛证券等。直到 2008 年 9 月 9 日，这场金融危机开始失控。金融危机的影响是巨大的、全球的、持续的，金融危机导致美国多间相当大型的金融机构倒闭或被政府接管；金融领域所有的或大部分的金融指标急剧恶化，以至于影响相关国家或地区乃至全世界经济的稳定与发展；金融危机造成欧盟大量年轻人失业，就业压力加大；经济危机令法国公共债务规模明显扩大。2010 年开始，世界经济在经历了国际金融危机和经济衰退阶段后进入了艰难复苏的“后国际金融危机时期”，世界经济实现复苏性增长。2011 年以来，尽管世界经济总体上保持了缓慢复苏的态势，但复苏进程比较脆弱且很不平衡，不确定、不稳定性因素进一步增加，复苏面临的风险继续增加。

世界经济形势为大学生创业团队的创业行为提供了前所未有的机遇。清醒认识世界经济复苏的长期性、艰巨性和复杂性，充分预估各种变化，认清世界经济形势对大学生创业团队创业行为有着深远影响。但是机遇与挑战同在，在全球化进程中，创业需要参与的竞争一开始面对的就是全球化竞争，需要与世界上所有的企业站在同一起跑线上，因此挑战也是较大的。

2. 创业团队的发展历程 20 世纪 70 年代，随着西方国家“向日本学习”的浪潮兴起，根据日本经验总结产生了“团队理论”。以威廉·大内提出的 Z 理论，认为欧美企业要向日本企业管理学习，要形成上下级融洽气氛，鼓励员工参与决策，对员工进行全面培训等。20 世纪 80 年代以来，团队在美国企业中大量出现，70%以上的组织拥有一个以上的团队。因此，团队建设逐渐成为管理方面的研究热点。例如，贝尔宾提出团队角色理论，通过明确团队中各类角色的性格特质要求，以及不同角色在性格和功能上的互补，促使团队不断地发展并取得成功。而 Lewis 和斯蒂芬·罗宾斯则把团队概念进行了精练与概括，认为团队是实现某一共同目标或高品质的结果而相互协作的个体所组成的正式群体。

随着美国硅谷的成功与创业浪潮的兴起，团队建设已成为西方企业在竞争中求胜的法宝。学术界也开始研究创业团队组建模型。创业团队依据成员的差异性可以组成网状创业团队（net team）和星状创业团队（start team）。两种团队模型的主要差异在于团队成员的关系。

在网状创业团队中，创业团队的成员以亲友、同学、同事和朋友等关系密切的人员为主，就某一个创业想法达成共识后开始共同创业，成员根据各自的技能经验进行不同定位和分工，没有明确的核心领导人物，主要以协作关系为主，但存在结构松散、缺乏核心、决策效率较低、易冲突、退出等缺陷。而星状创业团队则由一个核心人物作为团队领导者，由该领导者基于自身创业理念和需要组建团队，成员间关系可能熟悉，也可能陌生，团队成员主要为团队提供支持和执行具体任务；领导者可以逐渐形成对团队的个体影响力和权威性，决策程序简化，决策效率高，但核心人物的权威性过强可能导致权利的过分集中和盲目权威，一旦团队冲突出现，其他团队成员处于被动地位，易做出退出决定，对团队发展不利。

（二）创业团队在我国产生的背景

1. 经济环境　我国经济环境是大学生创业团队在选择创业领域和进行创业项目可行性分析时必须要加以考虑的主要因素之一。我国经济环境主要包括以下七方面。

（1）我国经济结构：是指国民经济中不同的经济成分、不同的产业部门及社会再生产各方面在组成国民经济整体时相互的适应性、量的比例及排列关联的状况。其主要包括产业结构、分配结构、交换结构、消费结构和技术结构，最重要的是产业结构。

（2）国民经济发展水平：是指一个国家经济发展的规模、速度和所达到的水平，常用指标有生产总值、国民收入、人均国民收入和经济增长速度。

（3）国民经济发展趋势：是指整个国民经济发展的方向和态势。

（4）经济体制：是指国家经济组织的形式，规定了国家与企业、企业与企业、企业与各经济部门之间的关系，并通过一定的管理手段和方法来调控或影响社会经济流动的范围、内容和方式等。

（5）宏观经济政策：是指实现国家经济发展目标的战略与策略，它包括综合性的全国发展战略和产业政策、国民收入分配政策、价格政策、物资流通政策等。

（6）当前经济状况：主要包括经济增长率、税收水平、通货膨胀率、贸易差额和汇率、失业率、利率、信贷投放及政府补助等。

（7）其他一般经济条件：如利率、通货膨胀率、人均就业率等，这些因素会影响到产品的生产成本、服务成本和市场情况。

根据 2016 年国民经济和社会发展统计公报显示，我国全年生产总值 116 694 亿元，按可比价格计算，比上年增长 9.1%，加快 1.1 个百分点。其中，第一产业增加值 17 247 亿元，增长 2.5%；第二产业增加值 61 778 亿元，增长 12.5%；第三产业增加值 37 669 亿元，增长 6.7%。在第三产业中，金融保险业增长 6.9%，批发和零售贸易餐饮业增长 6.6%，房地产业增长 5.3%。全国居民消费价格总水平比上年上涨 1.2%。工业品出厂价格上涨 2.3%，原材料、燃料、动力购进价格上涨 4.8%，固定资产投资价格上涨 2.2%，农产品生产价格上涨 4.4%。工业经济效益大幅度提高。规模以上工业企业实现利润总额 8152 亿元，比上年增长 42.7%；39 个工业大类行业中有 38 个行业利润保持增长。石油和天然气开采业、交通运输设备制造业、黑色金属冶炼及压延加工业、化学工业和电力工业新增利润占全部规模以上工业新增利润的 48.7%。建筑业保持较快发展。全年全社会建筑业实现增加值 8166 亿元，比上年增长 11.9%。全国具有建筑业资质等级的总承包和专业承包建筑业企业实现利润 459 亿元，增长 23.8%。固定资产投资大幅度增长。全年全社会固定资产投资 55 118 亿元，比上年增长 26.7%。国有及其他经济类型投资中，东部地区投资 24 666 亿元，增长 33.6%。由此可见，在国际经济形势发展趋缓的情况下，扩大内需、加快经济发展方式转变、促进自主增长成为主流。我国在这种经济环境下，为自主品牌企业和新创高科技企业的发展提供了难得的机会，为大学生创业团队提供了非常好的经济环境。

2. 法律环境　大学生创业团队的法律环境是指大学生创业团队进行创业筹备和实质性创业阶段所处的国内外法律环境。目前我国与大学创业团队创业密切相关的法律有《中华人民共和国就业促进法》《中华人民共和国中小企业促进法》《中华人民共和国高等教育法》《创业投资企业管理暂行办法》《普通高等学校毕业生就业工作暂行规定》《关于进一步改进小额担保贷款管理积极推动创业促就业的通知》《关于促进以创业带动就业工作的指导意见的通知》《关于加强普通高等学校毕业生就业工作的通知》等。另外，下述内容也是大学生创业中必须要了解的，具体有《中华人民共和国公司法》《中华人民共和国民法通则》《中华人民共和国合伙企业法》《中华人民共和国个人独资企业法》《中华人民共和国合同法》《中华人民共和国担保法》《中华人民共和国票据法》《中华人民共和国企业所得税法》《中华人民共和国企业所得税法实施条例》《中华人民共和国劳动与社会保障法》等法律；《中华人民共和国企业法人登记管理条例》《中华人民共和国公司登记管理条例》等工商管理法规、规章；有关开发区、高科技园区、软件园区（基地）等方面的法规、规章、有关地方规定；其他相关法律法规与规章制度。

在大学生创业团队创业筹备期和项目选择期，需要从创业所瞄准的目标市场出发，收集目标市场所在国家或所在地区的相关法律法规与规章制度，并进行比较分析和风险分析，对可供选择的项目进行法律风险评估，为项目选择提供依据和相关信息。在选定项目后进行可行性分析阶段，需要进一步深入了解和详细分析目标国或目标市场的法律环境，尽量规避法律风险，最好做好法律风险预控。通过项目可行性分析后，进入实质性创业阶段前，需要成立公司，办理工商管理和税务登记等手续，需要到工商行政管理部门办理登记手续，领取营业执照，因此大学生创业团队需要了解《中华人民共和国企业法人登记管理条例》《中华人民共和国公司登记管理条例》等工商管理法规和规章；需要进行税务登记，了解相关的《中华人民共和国税法》和《财务制度》等，并安排企业会计人员处理企业财务；需要弄清楚企业营业税、增值税、所得税等相关知识。另外，企业成立以后需要聘用员工，这其中涉及劳动法和社会保险问题，需要了解劳动合同、试用期、服务期、商业秘密、工伤、养老金、住房公积金、医疗保险、失业保险等诸多规定。如果创业项目和经营领域涉及特许行业，则还须到相关主管部门办理特许经营许可证和相关批文。根据《中华人民共和国民法通则》《中华人民共和国公司法》《中华人民共和国合伙企业法》《中华人民共和国个人独资企业法》等法律的规定，企业的组织形式可以选择股份有限公司、有限责任公司、合伙企业或个人独资企业，其中以有限责任公司最为常见。如果成立的是高科技企业，则还需要了解《中华人民共和国科学技术进步法》《高新技术企业认定管理办法》《国家重点支持的高新技术领域》，以及有关开发区、高科技园区、软件园区（基地）等方面的其他法规规章、地方规定等。另外，在全球化背景下，大学生创业团队还需要了解我国和出口目标国的知识产权法，如《中华人民共和国专利法》《中华人民共和国商标法》《中华人民共和国著作权法》和商业秘密保护等相关的法律知识，保证企业经营既不能侵犯别人的知识产权，又要建立自己的知识产权保护体系。在业务中还要了解《中华人民共和国合同法》《中华人民共和国担保法》《中华人民共和国票据法》等基本民事法律及行业管理的法律法规。

大学生创业团队创业时，面临繁杂的法律环境，而且法律环境一旦把握不好可发生法律风险，损失是巨大而深远的，有时甚至是毁灭性的，现实中已经发生太多类似的案例。因此，大学生创业团队创业时需要对其面临的法律环境进行深入、充分的分析，做好法律风险防范。这同时也对大学教育和市场提出了要求，一方面，需要对在校大学生开设法律基础课程，对于有创业热情的学生要提供可供选择的丰富的法律类自选课程；另一方面，市场上也还需要保证有数量充足的、管理规范的律师事务所等法律咨询机构，能够在大学生团队创业需要法律援助和咨询时能够找到这些代理机构，政府在这方面需要鼓励和规范这一创业的发展，律师及其代理行业也需要加强行业自律和交流学习，提高服务水平。

3. 政策环境

（1）国家创新驱动发展战略：2006 年全国科技大会及十七大都明确提出科技发展要紧紧围绕经济社会发展这个中心任务，要解决制约经济社会发展的关键问题，尤其是明确提出要建立以企业为主体、以市场为导向、产学研结合的创新体系，让企业成为创新主体。十八大明确提出："科技创新是提高社会生产力和综合国力的战略支撑，必须摆在国家发展全局的核心位置。"强调要坚持走中国特色自主创新道路、实施创新驱动发展战略。这是我们党放眼世界、立足全局、面向未来做出的重大决策。2013 年，李克强总理提出的"大众创业，万众创新"发展战略，是中国经济发展的新引擎。从口号的提出到现在，国家已经出台了一系列支持创新创业的优惠政策。学习贯彻十八大精神，以全球视野谋划和推动自主创新，着力增强创新驱动发展新动力，加快形成经济发展新方式，推动经济社会科学发展、率先发展是高等学校今后一个时期的重要任务。

1）"创新驱动发展"战略的含义：创新驱动发展战略有两层含义，一是中国未来的发展要靠科技创新驱动，而不是传统的劳动力及资源能源驱动；二是创新的目的是为了驱动发展，而不是为了发表高水平论文。

2）实施创新驱动发展战略的意义：实施创新驱动发展战略对我国形成国际竞争新优势、增强发展的长期动力具有战略意义。改革开放 30 多年来，我国经济快速发展主要源于发挥了劳动力和资源环境的低成本优势。进入发展新阶段，我国在国际上的低成本优势逐渐消失。与低成本优势相比，技术创新具有不易模仿、附加值高等突出特点，由此建立的创新优势持续时间长、竞争力强。实施创新驱动发展战略，加快实现由低成本优势向创新优势的转换，可以为我国持续发展提供强大动力。

实施创新驱动发展战略对我国提高经济增长的质量和效益、加快转变经济发展方式具有现实意义。科技创新具有乘数效应，不仅可以直接转化为现实生产力，而且可以通过科技的渗透作用放大各生产要素的生产力，提高社会整体生产力水平。实施创新驱动发展战略，可以全面提升我国经济增长的质量和效益，有力推动经济发展方式转变。

实施创新驱动发展战略，对降低资源能源消耗、改善生态环境、建设美丽中国具有长远意义。实施创新驱动发展战略，加快产业技术创新，用高新技术和先进适用技术改造提升传统产业，既可以降低消耗、减少污染，改变过度消耗资源、污染环境的发展模式，又可以提升产业竞争力。

3）创新驱动发展战略对大学生创业的影响：为贯彻国家创新发展战略，根据教育部、财政部《关于"十二五"期间实施"高等学校本科教学质量与教学改革工程"的意见》（教高〔2011〕6 号）和教育部《关于批准实施"十二五"期间"高等学校本科教学质量与教学改革工程"2012 年建设项目的通知》（教高函〔2012〕2 号），教育部决定在"十二五"期间实施国家级大学生创新创业训练计划。希望通过实施国家级大学生创新创业训练计划，促进高等学校转变教育思想观念，改革人才培养模式，强化创新创业能力训练，增强高校学生的创新能力和在创新基础上的创业能力，培养适应创新型国家建设需要的高水平创新人才。

国家级大学生创新创业训练计划内容包括创新训练项目、创业训练项目和创业实践项目三类。创新训练项目是本科生个人或团队，在导师指导下，自主完成创新性研究项目设计、研究条件准备和项目实施、研究报告撰写、成果（学术）交流等工作。创业训练项目是本科生团队在导师指导下，团队中每个学生在项目实施过程中扮演一个或多个具体的角色，完成编制商业计划书、开展可行性研究、模拟企业运行、参加企业实践、撰写创业报告等工作。创业实践项目是学生团队，在学校导师和企业导师共同指导下，采用前期创新训练项目（或创新性实验）的成果，提出一项具有市场前景的创新性产品或者服务，以此为基础开展创业实践活动。

为了充分发挥大学生创新创业训练计划对高等教育的人才培养模式和质量的积极作用，教育部对高校提出下列要求。

第一，要高度重视大学生创新创业训练计划对推动人才培养模式改革的重要意义。参与高校要成立由主管教学的校领导牵头负责，由教务、科研、设备、财务、产业、学工、团委等职能部门参与的校级组织协调机构，制订切实可行的管理办法和配套政策，将大学生创新创业训练计划的日常管理工作纳入本科生教学管理体系。

第二，大学生创新创业训练计划要进入人才培养方案和教学计划。参与创新创业训练计划的高校教学管理部门要从课程建设、学生选课、考试、成果认定、学分认定、灵活学籍管理等方面给予政策支持。要把创新创业训练项目作为选修课程开设，同时要组织建设与创新训练有关的创新思维和创新方法等选修课程，以及与创业训练有关的项目管理、企业管理、风险投资等选修课程。

第三，要重视大学生创新创业训练计划导师队伍建设。对参与大学生创新创业训练计划的学生实行导师制。参与计划的高校要制订相关的激励措施，鼓励校内教师担任大学生创新创业训练计划的导师，积极聘请企业导师指导学生创业训练和实践。

第四，重视大学生创新创业训练计划实施的条件建设。参与计划高校的示范性实验教学中心、各类开放实验室和各级重点实验室要向参与项目的学生免费提供实验场地和实验仪器设备。参与计划高校的大学科技园要积极承担大学生创新创业训练任务，为参与计划的学生提供技术、场地、政策、管理等支持和创业孵化服务。

第五，参与计划高校要营造创新创业文化氛围。搭建项目学生交流平台，定期开展交流活动。鼓励表现优秀的学生，支持项目学生参加校内外学术会议，为学生创新创业提供交流经验、展示成果、共享资源的机会。学校还要定期组织项目指导教师之间的交流。

第六，参与计划的学生，如发现学校实施该计划时有违反教育部要求的情况，可以向教育部投诉。投诉的问题要确切，并且署真实姓名。教育部将在调查核实之后予以处理。

（2）大学生创新创业的相关政策及成效：1998 年 5 月清华大学成功举办了首届“清华大学创业计划大赛”，首次将创业计划大赛引入我国大学校园，这次大赛共有 320 名同学参加，受到了中央电视台等国内外近 60 家媒体的采访报道，同时也引起了学术界、企业界和投资界的广泛关注，自此创业计划大赛成为社会各界关注的焦点。清华创业计划大赛在投资者、企业家与大学生创业者之间架起了一座彼此沟通联系的桥梁，极大地促进了大学生的创新与创业教育，迅速在全国范围内形成了很好的示范效应。于是，共青团中央、中国科协、教育部与全国学联共同决定把创业计划大赛推向全国，从 1999 年开始举办“挑战杯”中国大学生创业计划大赛，并由清华大学承办首届比赛，至今创业计划大赛已成功举办了十多届，其影响和意义深远，主要体现在：一是它配合了我国高校教育教学的改革，探索了一条推广创业教育，培养复合型、创新型和创造型人才的路径；二是加强和促进了产学研之间的结合，加快了高校科研成果的转化；三是鼓励了大学生自主创业，培养了大学生的创业开拓精神；四是吸引并推动了我国风险投资的发展。正是基于这些影响，大学生创业也从一种大学生的校内活动发展成为一种社会活动，并逐渐上升成为一个政策问题，得到中央、地方各级政府及社会的广泛关注和重视。特别是政府部门，一方面迫于大学扩招和就业的压力；另一方面更是因为大学生创业不仅解决了自身的就业问题，而且带来了社会财富和更多的就业岗位，因此为了更好地促进大学生创业，先后出台了一系列的政策文件。2016 年，我国的创新创业教育改革有重大变动。23 个省份和 101 所中央高校已完成了本地本校创新创业教育改革方案编制，将创新创业教育改革有机纳入、有序推进。方案对全部 92 个本科专业类教学质量国家标准作了进一步修改完善，明确创新创业教育目标要求；推动各地各高校修订人才培养方案，明确各专业创新创业教育具体要求、实施路径。健全创新创业教育课程体系，挖掘和充实各类专业课程的创新创业教育资源，推动高校开发开设创新创业教育必修课与选修课，加快推出慕课、视频公开课等在线开放创新创业教育课程。改革教学和学籍管理相关制度，推动高校设置合理的创新创业学分，并建立创新创业学分积累与转换制度。推动高校为有意愿、有潜质的学生制订专门的创新创业能力培养计划。修订《普通高等学校学生管理规定》，将“实施弹性学制，支持学生休学创新创业”等相关政策写入文件。

截至 2015 年年底，国家级大学生创新创业训练计划项目立项 29 339 项，参与学生人数共计 120 345 人，投入项目经费共计 4. 98 亿元。支持举办各类科技创新、创意设计、创业计划等专题竞赛。举办了首届中国“互联网+”大学生创新创业大赛，累计有 1878 所高校的 5.7 万余支团队报名参加，提交项目作品 3. 6 万余个，参与学生超过 20 万人，带动上百万高校学生投入创新创业活动，掀起了大学生创新创业的热潮。各省大学生创新创业项目是国家级项目总数的 2～3 倍，预计项目总数达 6 万～9 万项，参加人数为 30 万～45 万人。

4. 社会环境 大学生创业团队的社会环境是指大学生创业团队所处社会的社会结构、风俗习惯、信仰、价值观、行为规范、生活方式、文化传统、人口规模与地理分布等因素。大学生创业团队的社会环境是大学生创业团队环境中最复杂、最深刻、最重要的因素之一。大学生平时在大学校园的象牙塔中，接受学校教育，对社会不甚了解，很少参与社会活动，即使参与也多是参加一些社团活动或实习，与真正的社会生活和市场竞争还存在较大差距，因此大学生创业团队创业之初最大的挑战就是熟悉并尽快适应社会环境。

大学生创业团队的社会环境主要包括以下几个方面：

（1）社会结构：所谓社会结构主要是指整个社会的年龄结构、性别结构、所受教育程度结构、社会层次结构和贫富悬殊程度等的现状和发展趋势。社会结构对大学生创业团队的创业行为是存在广泛影响的，如创业目标市场如果老龄化问题严重，则针对老年人的产品和行业具有较高的可行性和长远发展愿景。又如目标市场社会贫富悬殊差距较大时，产品定价可以采取“走两端”的策略，即可以选择开发高端奢侈品市场，又可以选择低价平民市场的产品和项目。又如文化教育水平高的国家或地区，其消费者要求商品既包装典雅华贵，又对附加功能有一定的要求，因此大学生创业团队在向这些目标市场推出产品时，需要在产品设计开发、定价策略、促销活动时考虑这些因素，采取不同的策略。

（2）社会文化：是指某一特定人类社会在其长期发展历史过程中形成的价值观念、行为方式、伦理道德规范、审美观念、宗教信仰及风俗习惯等。它影响和制约着客户的消费观念、需求欲望、需求特点、购买行为和生活方式，对大学生创业团队的创业行为将产生直接的影响。

1）宗教信仰：是人类社会生存不可或缺的一种精神动力，它具有强大的凝聚力，是构成社会文化的重要因素，对人们消费需求和购买行为影响很大。原始社会人类为了抵御自然灾害和凶猛野兽的侵袭而聚集在一起，进行群体生活，形成部落。部落或者国家往往都利用信仰——宗教崇拜这个有利武器来统治部落，维持部落的稳定。当代世界的宗教信仰主要有西方基督信仰和伊斯兰信仰。不同的宗教有自己独特的节日礼仪，对商品的使用有自己的要求和禁忌。为此，大学生创业团队在创业时，需要考虑不同的宗教信仰，避免由此产生的矛盾和冲突，给创业活动带来阻碍和损失。旧中国主要依靠佛教和道教来统领社会，新中国则主要通过共产主义信仰和大公无私、乐于奉献的价值观来凝心聚力，建立新中国。在当代中国，在市场经济发展和西方信仰的冲击下，信仰其实开始出现动摇和缺失，这需要我们重新去塑造新时代能够被普遍中国人民认同并接受的信仰。这些也是大学生团队在创业时分析和选择目标市场时需要考虑的因素。例如，不能在伊斯兰信仰的市场里生产和销售猪肉产品，否则不仅产品卖不出去，而且会招致当地社会的抵制和反抗。

2）风俗习惯：是指目标市场长期以来形成的普通老百姓既定俗成的生活方式和行为规范，是社会自发形成的，并为大多数人所接收并经常重复的行为方式。它对人们行为的约束是非强制和潜移默化的，是特定社会长期发展和积淀的产物。大学生创业团队创业时需要对目标市场的社会风俗习惯进行充分的考虑，即使是在我国经过实践经验、效果非常好的产品或广告，在推向国外或另一地域市场时，均需要对当地的风俗习惯进行充分考虑。例如，某厂家在国美卖得非常好的一款汽车，在卖到欧洲时却发现业绩平平，后来才知道是由于该款产品的内部空间狭小，对于体型普遍较大、追求气派的欧洲人而言没有吸引力。

3）价值观念：价值观是指人们对周围的人、事、物总的评价和总的看法，是人们判断事物有无价值及价值大小的评价标准。它既表现为一种价值尺度和准则，也表现为一种价值取向、价值追求或价值目标。一个社会或群体的价值观具有一定的稳定性，但是由于其成员构成的更替、外部环境的冲击，其价值观念也会发现一定的变化。传统价值观念会不断地受到新价值观的挑战。价值观是决定人们行为的心理基础，在不同文化背景下，人们的价值观念往往存在较大差异，他们对产品的色彩、标志、式样及促销方式都有自己褒贬不同的意见和态度，这是大学生创业团队在进行创业活动时，特别是产品设计、销售过程中又要面对和考虑的重要因素之一。

4）社会创业就业环境：社会创业环境是指社会对大学生创业团队的创业行为所持有的态度及行为方式，包括政府部门、学校、家庭、企业家及雇员等的态度及行为方式。特别是政府部门能够推动并积极主动营造一种有利于大学生创业的社会环境，能够促进学校、家庭、企业家甚至劳动力对于大学生创业行为的认可和支持。另外，就业环境也对大学生创业存在较大影响，在就业压力不断加大、就业市场存在饱和的情况下，可能更有利于创造一种对大学生创业有利的社会环境。自从高校扩招后，中国每年毕业的大学生屡创新高，大学毕业生就业难已经是一个众所周知的现实问题。2016 年我国高校毕业生达 765 万人，比 2015 年又增加了 16 万人。以高校毕业生为主的青年就业群体数量持续增加，将对就业产生很大的压力。按照国家统计局的统计数据，2015 年城镇新增就业 1312 万人，同比下降了 0. 8%，不过仍然维持在 1300 万人以上，这也是连续三年维持在 1300 万人的高位上，预计 2016 年的城镇新增就业人口也在 1300 万人左右。我国除了高校毕业生外，每年还有大量的中职毕业生和初高中毕业以后不再继续升学的学生，而这个数量和高校毕业生数量相差不大，也高达 700 万以上。因此，2016 年新增的需要就业的青年群体加起来有 1500 万左右，对比历年来的城镇新增就业人数，缺口还是非常明显的，如果再加上历年来未落实就业的，压力之大就显而易见了。正是基于巨大的就业压力，许多大学生选择了自主创业之路。

大学生创业本身就是一种就业行为，而且能够解决更多的人的就业问题。目前，在全球经济发展减缓、就业压力普遍加大的国内外环境下，单方面来讲，为大学生创业营造一种比较好的创业环境，政府部门、学校、家庭、企业家和雇员对于大学生的创业行为均给予了充分的肯定、支持和认可。虽然近年来国家不断出台鼓励大学生创业的政策，但是真正创业的大学生还相对较少。根据教育部哲学社会科学发展报告项目的《中国大学生就业创业发展报告》的数据显示，2015 届全国高校毕业生创业率为 2. 86%，创业比例虽然相比 2014 届有所上升，但是对于 765 万的庞大基数来说，依然是杯水车薪。大学生由于专业、经验、时间、精力有限，很难凭借个人努力取得创业的成功，于是团队式创业成为了大学生自主创业的主要模式。

5. 市场环境 大学生创业团队创业时必须提供一定的产品或服务，那么这些产品或服务在进行设计和选择时，就需要以市场为导向，以顾客为中心。因此，市场环境对于大学生创业团队的影响是最直接、最重要的因素之一，必须进行认真的分析和研究，必要时还需要开展深入的市场调研。大学生创业团队的市场环境具体而言包括目标市场消费者的行为及特点、目标市场的市场集中程度、目标市场的市场竞争程度、目标市场的进入与退出壁垒、目标市场的盈利能力。

（1）目标市场消费者的行为及特点：是指大学生创业团队所瞄准的或准备瞄准的目标市场的消费者对本产品或服务的消费需求、市场规模、消费特点、购买能力和购买渠道等。一般而言，在大学生创业团队进行项目初步可行性和详细可行性分析时，需要进行全面的分析，为创业项目决策提供科学依据。

（2）目标市场的市场集中程度：是指大学生创业团队创业所针对的目标市场中企业的集中程度，一般而言，集中程度越高，垄断倾向越明显，竞争越不充分，大学生创业的机会就更小，难度就越大，需要克服的困难就越多，即对大学生创业团队在资金、市场、技术或人才方面提出了更高的要求；相反，则机会更多，难度更小。

（3）目标市场的市场竞争程度：目标市场的市场竞争程度其实与市场集中程度密切相关，但是目标市场的市场竞争程度还与目标市场的替代者、目标市场中的供应商数量和消费市场中消费需求量的大小密切相关，即还需要依据波特“五竞争力模型”对目标市场的竞争状况进行深入分析，如图 4-1 所示。

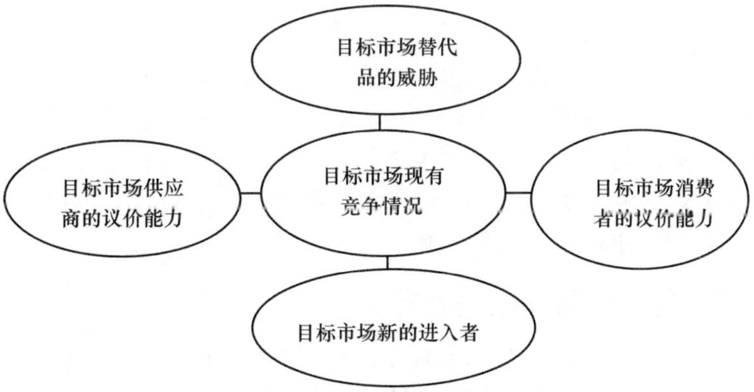

图 4-1 大学生创业团队竞争环境分析

（4）目标市场的进入与退出壁垒：目标市场进入与退出壁垒的高低对于大学生创业团队创业的市场环境存在影响，目标市场进入与退出壁垒高，则进入或退出难度大，大学生创业团队一旦创业成功进入目标市场，则面临的竞争环境要轻松，但是进入和退出的难度加大；相反，则进入容易，但进入后面临的竞争压力较大。

（5）目标市场的盈利能力：是指推向目标市场的产品或服务的利润空间。它是企业获取利润的来源，关系到企业能否盈利和盈利的大小，关系到大学生创业团队创业投入的投资回收期和内部收益率等指标，同时也会影响到投资者的兴趣和支持力度。

6. 技术环境 大学生创业团队的技术环境是指大学生团队创业时所选择产品或服务所涉

及技术领域的具体情况，包括现有技术的先进性、成熟度和普及度，技术动态与发展趋势和替代技术等。

（1）现有技术越先进，成熟度则越弱，商品化和市场化风险越大，技术的普及度也较低，大学生创业团队的技术壁垒就越容易形成，竞争的技术优势就越能够长时间保持；相反，如果技术越成熟，则市场风险越小，普及度越高，大学生创业的技术壁垒和优势就越难以形成。

（2）技术动态与发展趋势：技术发展趋势要求大学生创业团队在创业过程中不仅能够对现有技术且能够对未来的技术发展趋势做出正确的预测，并以此决策。在预测技术发展趋势方面，大学生创业团队应该拥有优势，因为大学生刚刚从学校出来，对于技术前沿把握较准，比较容易对于技术发展趋势做出理性和科学的判断。

（3）替代技术：包括对现有技术的完全替代和现有技术的更新换代，与原有技术相比，替代技术一般具有明显的技术优势，比较容易得到消费者的认可。

苹果系列手机所取得的巨大成功等案例充分说明技术优势的重要性。因此，大学生创业团队更加需要充分利用各方面资源和自身优势，在技术开发与创新投入上超越竞争对手，把握技术前沿，以此构建核心竞争力。大学生可以通过在学校时掌握的理论知识和研究前沿，运用期刊网、学术会议、各种论坛和专利数据库等来对现有技术、技术发展趋势和替代技术做出预测和判断，再加上后天在创业过程中对于社会和市场的理解，选择正确的领域和方向进行技术开发研究的投入，或通过技术市场直接获取相关技术，构建起团队的技术优势和壁垒，这为大学生创业团队成功创业打下了坚实的技术基础。

四、大学生创业团队的作用

（一）创业团队能激发个人潜能

我国当前大学在校生多数都是独生子女，生活条件比较优越，这使得他们缺少对未来的规划，缺少对未来就业形势的清醒认识，也没有积极上进的动力。在这种学习和生活条件下的大学生一旦遇到挫折就容易悲观消沉，这对于大学生的培养教育而言是极为不利的。创业团队的组建和运作能够增强交流与对话，通过师生之间、同学之间的交往、互动与沟通，提高个体的意识经验、认知模式、情感态度，从而能够使学生更好地了解自我，拓展自己的视野，为学生更好地认知创业、主动创业打下坚实的基础。

（二）创业团队有利于实现优势互补

创业团队通过科学合理的分工合作实现了团队成员之间的优势互补。一个团队有不同的岗位，必然就需要具有不同专长的人，人有所长，必有所短。团队的真正价值就是能够实现取长补短。这种互补性既包括性格上的互补，也包括技术上的互补。不同性格类型的碰撞与对话，不仅能得到较高的工作效率，还能产生创新性思维和成果；团队成员通过技术上的互补还能实现效率上的提升和技术上的突破。性格脾气可以通过制度化的管理来约束，而技能上的缺失则无法弥补，一个优势互补的创业团队更有利于保持创业团队的稳定。

（三）团队合作更能激发创造力

创业活动需要进行一系列具有创新性的活动，需要团队激发每个成员的创造力。一支优秀的创业团队必须包括以下几种成员角色：①创业团队的战略决策者，这个决策者可以是个人，更多的可能是一个决策层；②创业团队的策划者，应能够对公司的规章制度、业务活动的运行等进行规划设计，保证团队健康有序的进行；③创业团队的执行者，包括市场调研、资金筹集、产品开发、产品推销等。此外，创业团队的财务人员，具体负责分析企业面临的各种风险，综合考虑各项投资的成本与收益，保证将企业风险维持在可控范围之内。大学生创业团队成员来自于不同的学校或者同一学校的不同专业，这种跨越专业的分工合作有利于通过跨学科的结合以促进新思维方式的产生。现代信息技术和通信条件的提高完全可以使团队成员解决空间分散、时间不一致的问题，加强交流与合作。创造性的活动离不开大量的知识背景和信息，团队成员之间的知识共享和信息共享极大丰富了团队的知识面与信息量，从而提高了整个创业活动的效率。

第二节　组建创业团队

一、创业团队的组建原则

（一）统一性原则

由于严峻的就业形势，促使很多在校大学生开始思考未来的出路问题。大学生群体，作为一个比较特殊的群体，因为拥有一定的专业知识、一定的技术基础，他们为了更好地去实现自身的社会价值和人生追求，在校大学生往往会因为共同的理念和愿景走到一起进行创业实践，于是在大学周边经常会发现在校大学生开的小饭店、服装店、小酒吧等，早早地将自身投入到创业实践中。当创业成员的个人目标与创业团队的愿景基本一致时，他就会认同团队的努力目标和方向，认可企业的文化。正是因为创业团队成员拥有共同的价值观，把个人目标整合到组织目标中，才有在校大学生创业团队的良好凝聚力。因此，创建大学生创业团队要遵循统一性原则。

（二）实践性原则

团队是由两个或两个以上的个体所构成的，为了完成共同的任务而一致行动的由个体所组成的团体。关于大学生创业团队的鉴定，康舒认为大学生创业团队有以下内涵：第一，由不同高校或同一高校不同专业的大学生构成，常常跨越时间与边界进行分散的工作，相互之间面对面交流机会比较有限，团队成员需要依赖现代信息与通信技术手段实现相互沟通。第二，大学生创业团队组建、运作以团队目标为导向，临时性大学生创业团队随团队目标的产生、实现而组建、解散；长期性大学生创业团队的结构依据团队目标的变化而变化。第三，强调团队成员自我管理，团队成员在团队工作目标、工作任务的引导下，独立或协作地进行工作，并对自己的工作负责。他把大学生创业团队定义为以现代信息与通信技术为沟通基础的团队；团队成员来自不同高校或不同专业，拥有共同的目标、互补的技能；大学生创业团队的创建、运作以团队目标把所学知识运用起来，通过创业的方法来付诸实践本来就是具有实践意义的活动，对于其结果的评价要通过全面地调查研究，了解不同地区大学生创业的特点，了解不同学校的大学生创业的特点，了解不同专业的大学生创业的特点，从而设计出具有实践性的大学生创业团队的评价体系。

（三）创新性原则

郭必裕指出大学生创业即大学生自谋职业，依靠所学知识、所拥有的知识产权将知识产品推向市场，开办企业、开创事业的活动。他认为大学生创业主要包括以下方面：拥有知识产品或者新的服务方案；有一定的资金，能将知识产品或服务推向市场；创办一个合法的企业；有一个能形成企业市场竞争能力的团队。因此，大学生作为一个群体而创业，在主体上就具有创新性，但对于以大学生为主体的创业绩效评价不能等同于其他主体的创业绩效评价，要结合大学生创业团队的特征，研究出具有创新性的评价体系，从而更好地评价大学生创业团队的绩效。

（四）互补性原则

人与人之间是不同的，各有各的特色，大学生创业团队就是把每个人的优势集中在一块，形成优秀团队即由合格员工组建的团队。正如 QQ 教父马化腾在 2007 年 12 月接受《商学院》杂志采访时说道："团队成员应该有互补性，并且能够拥抱变化；腾讯在创业时就遵循了这样的原则，现在仍然在贯彻这一原则。对管理者的要求也是随着企业的不同发展阶段而变化的。所幸的是，我们拥有一个年轻的管理团队，能够很好地应对变化并把握变化带来的机会。"大学生创业团队的成员在专业知识和技能上具有互补性。一个团队的领导者往往是由最具有激情、号召力和创造力的人来充当，但仅仅如此，一个创业团队如要存活，它需要各种才能的队员来组成。一个好的项目必须有明确的分工才有可能顺利地完成，如有的队员软硬件开发能力较强，那可能会主要负责项目中主要产品的制作与开发；有的队员的市场开拓能力强，他需要做一系列有关市场调查的工作；有的队员公关能力强，他需要积极地运作起项目的各个环节；有的队员采购能力强，他便需要及时经济地购进项目所需的各项物资。

一个创业团队正是因为自身各方面的优势才组建的，并在不断地改进中发展壮大。在建立优秀团队时，不要只选择那些背景、教育、经历状况相似的人，虽然这样做将在许多方面显得容易和令人愉悦，但是它不能提供新企业所需的丰富的人力资源基础，一个优秀的团队，它必须包含和掌握非常宽泛的信息、知识、技能、才能和能力。创业团队内部成员应该是互补的，他们可以在技术、知识、管理、经验上相互补充，这样才能使团队发挥最大的功效。综上所述，在建立优秀团队时不仅要注意避免创业团队成员间的相似性，还要找到他们之间的互补性。

二、创业团队建设的内容

（一）建立共同的企业愿景和明确的目标

创业团队成员共同的创业理念和愿景是创业成功的基础，也是团队成员克服困难、战胜挫折的精神支柱。大学生的创业团队是由一些志同道合的同学自愿组成的，在创业初期会有比较一致的创业理念。但是，在创业过程中，由于与社会的不断接触，自身能力不断提高，可能会改变创业理念和愿景。因此，需要不断加强创业理念和愿景的营造，并及时解决创业过程中的分歧和矛盾，保持这种和谐、开放的创业氛围。

什么是企业愿景呢？它是指企业的长期愿望及未来状况，组织发展的蓝图，体现组织永恒的追求。优秀企业成长的背后，总有一股经久不衰的推动力——企业愿景激励着这些企业不断向前。例如，苹果公司的愿景是"让每人拥有一台计算机"；腾讯公司的企业愿景是"成为最受尊敬的互联网企业"；索尼公司的企业愿景是"成为最知名的企业，改变日本产品在世界上的劣质形象"；毕博公司的企业愿景是"为顾客创造真实持久的价值，为员工创造发展的机会、为我们的投资者创造长期的价值，成为全球最具影响力、最受尊敬的商业咨询和系统集成公司"。AT&T 公司的企业愿景是"建立全球电话服务网"；华为公司的企业愿景是"丰富人们的沟通和生活"；迪士尼公司的企业愿景是"成为全球的超级娱乐公司"；戴尔计算机公司的企业愿景是“在市场份额、股东回报和客户满意度三个方面成为世界领先的基于开放标准的计算机公司”；鹰腾咨询的企业愿景是“具有专业品质和职业精神的全球化专业智囊机构”；联想公司的企业愿景是“未来的联想应该是高科技的联想、服务的联想、国际化的联想”。

团队的核心组织者建立一个大家都愿为之共同奋斗的愿景或目标，然后在实现目标的道路上，时时告知大家企业的进程，使大家能够看到目标在一步步地接近，坚定为组织奋斗的决心。因此，企业愿景能不断地激励着企业奋勇向前、拼搏向上。

（二）加强团队制度建设

规范的规章制度是大学生创业团队建设成功的基本保障，大学生创业团队最好的管理方式是在刚建立之初往往让员工对新企业有认同感，并调动他们的积极性和创造性，能高效率地开展工作，淋漓尽致地发挥他们的潜力和能力。成功的企业背后必然有一个强大的团队，而一个强大团队的内部必然有一个比较完备齐全的管理制度，但大学生创业团队在创业之初，软肋往往就在自己企业内部的管理制度上，所以一个良好的管理制度至少应该涉及以下四个方面。

1. 制订严格的创业团队管理章程　没有规矩，不成方圆，作为在校大学生创业团队，要进行有效的管理，首先要有一套目标明确、定位科学、发展思路清晰的团队管理章程，章程包含了创业团队的创立目的、经营的范围和方向、团队资金组成、团队部门设置及团队成员分工、成员权利与义务、人事制度等各个方面，只有制订一套规范科学的团队管理章程，创业团队后面的工作才能开展的顺利，各种关系才能理得清楚。

2. 建立大学生创业团队的内部合作制度　创业团队一系列的制度体系主要包括对其成员起着控制与激励作用的纪律条例、财务条例、组织条例，以及一整套包括利益分配方案、考核措施、奖惩方案等在内的激励机制。这些制度体系一方面保证了创业团队的稳定秩序，避免团队成员做出不利于团队发展的举动，实现了对成员的有效约束与监管控制；另一方面，激励机制的高效运作可以最大限度地调动成员为实现创业目标的积极性。同时必须指出的是，创业团队的利益分配机制至关重要，尤其是随着创业财富的增加与成员社会地位的提高，股权、奖惩等对于团队成员利益密切相关的事宜必须以规范化的书面形式固定下来，以避免不必要的混乱。大学生创业团队的创业活动不仅可以产生促进当地经济发展、增加就业岗位等经济效益，亦可以实现带动全社会创业的连锁反应，其行业选择、成员进入门槛、决策模式等都会对后续创业者的创业活动产生借鉴作用。

3. 完善的奖惩制度　作为一个创业团队，我们不希望有任何凌驾于团队组织之上的个人，无论是团队的发起人还是团队的关键成员都要遵守团队的规章制度，一旦有违规现象就要在团队会议上给予批评，并给予创业奖金扣减处罚。例如，规定财务管理人员如发现团队的成员违规使用不能报销或无效的发票，则给予财务人员 10%的票面奖励，这个 10%的票面罚金则来自于违规成员的奖金扣除或从月工资中扣除。这样大家都会自觉遵守团队的财务管理制度。

4. 打造优秀团队制度　从我们现实的社会环境来看，越来越需要团队合作去完成某些事业，许多成功的企业最初都是由创业团队建立并发展起来的。在知识、经济高速发展的今天，靠创业者一个人来取得创业的成功已不太现实，因为创业企业的发展是一种团队合作的行为。因此，优秀创业团队的建立包含这三个方面：一是优秀团队的内部构成要素；二是优秀团队的基本特征；三是优秀团队的合作情况。

（1）优秀团队的内部构成要素。创业团队，其内部成员在家庭背景、技术能力、知识兴趣和性格爱好方面都各不相同，也正因为如此他们在团队的内部分工和角色扮演上能够达成互补，其目标是一致的，那就是团队存在的根本。一般来说，一个完整的团队由“目标、定位、职权、计划和人员”五部分要素组成。目标是团队的核心，是把成员联系起来的根本力量，创业团队想要实现什么目标，这会决定其创业团队的项目规划及实施步骤，但是“目标”有时也会不断地变化，因为创业的实际情况会不断发生变化，创业团队可以根据具体的现实状况更改目标，这是机遇与问题共存的过程。定位是创业团队如何与现有组织结构相结合的问题，这能够把团队的组织形式进行清晰的规划，其首要任务就是决定团队成员及团队对谁负责，然后采取措施激励团队成员，并最后形成一套完整而有效的制度规范，把团队人员构成和组织方式确定下来。职权是指创业团队的“权利”与“义务”，这体现在创业团队工作范围和实际运作过程中决策的自主程度。它实际上是团队目标和定位的延伸。要注意的一点是，创业团队的职权一定要明确，不能够含混，以致工作界限模糊，影响团队的运作。计划是如何具体实施职权，因为一旦明确了团队的职责和权限后，就需要把它们分配到团队成员中，这是一个怎么做的问题。同时，计划既需要宏观地把握创业团队的发展方向，也需要细致入微地把成员的具体职责和权限明晰安排。人员是决定团队能否获取成功的关键。一般而言，创业团队应包括技术型人才、管理型人才、营销型人才等。这几方面的人才协调好，是团队稳定发展的保障。以上构成优秀团队的五个要素是团队的基本组成部分，缺一不可，而且各个要素之间相互制约、相互影响。

（2）优秀团队的基本特征。曾有人统计，在美国，创业团队成员的分手率要高于离婚率，由此可见团队组成的不易，所以创业者应高度重视创业团队的建设，而优秀的团队一般都具有以下基本特征：有明确的目标、以团队利益为主、凝聚力坚不可摧、技能技术突出、合适领导、诚信正直、勇于创新、坚持正确的经营方针等。

（3）优秀团队的合作情况。获取必要的人力资源是创业团队发展企业的第一步。促进创业团队成员间的有效合作主要有三个因素：一是明确的职责分工；二是公平感知对这一基本问题的密切关注；三是团队成员之间的有效沟通。

（三）构建科学合理的利益分配机制

创业团队成员间的股权分配是一个非常敏感、困难，又非常重要的议题，需要尽量做到科学合理。本着有利于企业长期发展的原则，尽量听取各股东的意见。如果股权由一人把握，那么会极大地挫伤其他股东的创业积极性，降低团队的战斗力，影响团队的和谐与稳定。一个完善的企业应由不同的部门组成，每个部门分管的领域及各自的人员配置均不相同，所以应采用不同的激励机制，企业才会有更好的发展，归纳起来激励机制主要包含以下三个方面：一是对领军人物的激励；二是对风险投资者的激励；三是对一般员工的激励。

1. 对领军人物的激励 领军人物即大学生创业团队的“精英”，而这种“精英”在知识结构、素质构成和个性修养方面都很突出，他们是支撑创业团队更好发展的支柱，他们将自己突出的资源与市场资源相结合，为企业创造更多的利润。这种奖励通常有以下方式，如薪酬、股权、机会、情感、环境等。薪酬在一定程度上体现一个人的价值，而薪酬又与绩效挂钩，所以建立一个完善的绩效考核体制对于每一个人都是公平、公正的。股权的合理分配，特别是对领军人物是一种持续激励的方法，这样的表现形式是对“精英”的承认与重视，对企业、对“精英”是双赢的过程。机会激励对“精英”也是一种有效的激励措施，常说“机会是给有准备的人”，而“精英”拥有扎实的专业知识，所以机会对他们来说尤为重要。要公平、公正地运用机会激励，保证不会对“精英”的积极性造成不必要的损害。情感激励对领军人物来说显得尤为重要，中国自古以来都是有情有义之国，而对于受过良好教育的领军人物来说，受尊重的需求相对较高，也更加渴望被尊重，让他们多参与决策讨论，以增强他们的被认同感和企业归属感，如在节日里发放小小的礼物等，带来的可能是领军人物更加卖命的工作和为企业创造更多的效益。一个良好的工作环境对领军人物来说是他们能顺利从事工作的基本保障，所以企业内部应该创造良好的创新氛围，对他们的创新给予关注、支持、重视和理解。

2. 对风险投资者的激励 由于创业初期的企业缺乏足够的资金，这就需要引进风险投资进行必要的融资，但是如果出现一些问题，就会对风险投资者的积极性造成影响，这就需要对风险投资者进行有效的激励。退出的激励机制源于退出收益的经济激励。风险投资的退出方式存在许多不同之处，但是其退出收益却都是基于创业者良好业绩的前提下的。由于有限合伙制的利润分享机制，风险投资的退出实现了风险投资个人利益最大化与风险企业股东利益最大化之间的统一，对个人利益的追求激励着风险投资者追求股东利益的最大化。

3. 对一般员工的激励 一般员工是指公司非部门领导以外的其他工作人员，这些人员一般做一些具体的工作，如销售、财务、生产等。首先让一般员工要有企业归属感，使一般员工有与企业共存亡的意识，形成企业的整体行动力，使所有员工都投入到创业者推动的创业活动之中，为实现创业者的创业目标而努力。实行对一般员工的激励，应包括评价激励、薪酬激励、参与激励、榜样激励四个方面。评价激励通常指的是客观正确地评价员工的工作态度、努力程度及每月的绩效，从而激发员工积极上进的竞争意识并负责与行动的这个过程。例如，著名的微软公司每半年便对员工进行一次综合考评，采用优胜劣汰的机制，让员工更加积极主动地争取工作机会，从而达到个人价值的体现及增加社会影响力。薪酬激励指的是在客观正确地评价员工综合考核内容基础上，通过合理的薪酬，给员工适当的激励，主要采用的方法有三种：一是按时按件计算；二是基本工资加提成；三是个人收入与企业效益挂钩。按时按件计算的方式最大程度避免了以往的“大锅饭”弊端，通过正确考核，员工不再担心因为不确定因素而拿不到自己相应的工资，以此解决了员工生存和安心的问题。基本工资加提成是指在基本工资的基础上设立工作提成奖励，这是薪酬激励的重要手段，对员工的工作积极性具有重要作用。现在许多企业都行使基本工资加提成的工作结构，只是比例有所差别，如日本企业的基本工资加提成奖金比是 5∶5，美国企业一般维持在 3∶7，我国目前企业这方面的比例一般是 5∶5、4∶6 。参与激励是指让员工发挥主人翁精神参与到企业的日常管理、决策及工程创新中来。参与激励首先要明确的是员工具体岗位责任与权力，然后是让员工参与到决策的制订过程中，让员工获得归属感，提高积极性。个人收入与企业效益挂钩的情况通常在销售人员方面实施得较多，如某些公司销售工作员没有奖金和津贴，完全按销售收入的 5%左右提成。

（四）加强团队文化建设

企业文化是一种新的现代企业管理理论，企业要真正步入市场，走出一条发展较快、效益较好、整体素质不断提高、使经济协调发展的路子，就必须重视文化建设。

1. 企业文化的概念 美国学者约翰·科特和詹姆斯·赫斯克特认为，企业文化（corporate culture 或 organizational culture）是指一个企业中各个部门，至少是企业高层管理者所共同拥有的那些企业价值观念和经营实践，是企业中一个分部的各个职能部门或地处不同地理环境的部门所拥有的那种共同的文化现象。威廉·大内认为，企业文化是进取、守势、灵活性，即确定活动、意见和行为模式的价值观。

综上所述，我们认为企业文化是指企业为解决生存和发展的问题而树立形成的，被组织成员认为有效而共享，并共同遵循的基本信念和认知。它集中体现了一个企业经营管理的核心主张及由此产生的组织行为，是一个由其价值观、信念、仪式、符号、处事方式等组成的特有的文化形象。

2. 企业文化的分类 企业文化是社会文化体系中的一个有机的重要组成部分，它是民族文化和现代意识在企业内部的综合反映和表现，是民族文化和现代意识影响下形成的具有企业特点和群体意识及这种意识产生的行为规范。企业文化有广义和狭义两种理解。广义的企业文化是指企业所创造的具有自身特点的物质文化和精神文化；狭义的企业文化是指企业所形成的具有自身个性的经营宗旨、价值观念和道德行为准则的综合。企业文化包括三个组成部分，分别是物质文化、精神文化和制度文化。

特雷斯·迪尔和阿伦·肯尼迪把企业文化整个理论系统概述为五个要素，即企业环境、价值观、英雄人物、文化仪式和文化网络。

企业环境是指企业的性质、企业的经营方向、外部环境、企业的社会形象、与外界的联系等方面。它往往决定企业的行为。

价值观是指企业内成员对某个事件或某种行为的好与坏、善与恶、正确与错误，是否值得仿效的一致认识。价值观是企业文化的核心，统一的价值观使企业内成员在判断自己行为时具有统一的标准，并以此来选择自己的行为。

英雄人物是指企业文化的核心人物或企业文化的人格化，其作用在于作为一种活的样板，给企业中其他员工提供可供仿效的榜样，对企业文化的形成和强化起着极为重要的作用。

文化仪式是指企业内的各种表彰、奖励活动、聚会及文娱活动等。它可以把企业中发生的某些事情戏剧化和形象化，以此来生动地宣传和体现该企业的价值观，使人们通过这些生动活泼的活动来领会企业文化的内涵，使企业文化“寓教于乐”。

文化网络是指非正式的信息传递渠道，主要是传播文化信息。它是由某种非正式的组织和人群及某一特定场合所组成，它所传递出的信息往往能反映出职工的愿望和心态。

3. 企业文化建设的作用 每一个企业都有自己独特的企业文化，一个新团队组建之后，加强企业文化建设，使员工对本企业文化的认同是管理成功的一个前提条件。20 世纪 80 年代初，美国哈佛大学教育研究院的教授特雷斯·迪尔和麦肯锡咨询公司顾问阿伦·肯尼迪在 6 个月的时间里，集中对 80 家企业进行了详尽的调查，写成了《企业文化——企业生存的习俗和礼仪》一书。它用丰富的例证指出，杰出而成功的企业都有强有力的企业文化，即为全体员工共同遵守，但往往是自然约定俗成的而非书面的行为规范；并有各种各样用来宣传、强化这些价值观念的仪式和习俗。正是企业文化——这一非技术、非经济的因素，导致了这些决策的产生、企业中的人事任免，小至员工们的行为举止、衣着爱好、生活习惯。在两个其他条件都相差无几的企业中，由于其文化的强弱，对企业发展所产生的后果就完全不同。该书在 1981 年 7 月出版后，就成为最畅销的管理学著作。后又被评为 20 世纪 80 年代最有影响的 10 本管理学专著之一，成为论述企业文化的经典之作。

（五）团队领导

团队需要领导者的管理。一位优秀的领导者应该是一名舵手，引领团队实现愿景，也是团队沟通的媒介，有独特视角及敏锐洞察力的战略家。所谓“领军人物”就是在不同行业里有远大目标、能力出众、知识渊博、素养突出的领导人。他们有敏捷的创新意识和创业行动，在知识结构、素质构成和个性修养方面都要很突出。

1. 团队领导的知识结构 大学生创业团队领军人物需要具备以下四个方面的知识体系。

（1）专业知识体系。大学生创业团队领军人物需要自身拥有过硬的专业知识，因为只有这样，才具有竞争力，否则就会失去人才优势。现在很多大学生创业团队领军人物首先着手自己所学的专业知识方面，如学英语的开英语培训班，学美术的开美术培训班，大学生创业团队正是运用这些专业知识，对创业形式进行分析，把握事物的流行趋势，有自己的独到见解，实现创业目标。

（2）商业知识体系。创业不仅是课程里的死板知识，它还是一种具体的商业实践活动，但是大学生团队很少具备丰富的商业实践经验，对商业规律中的商品交换与流通等都知之甚少。而这种情况就对大学生团队创业造成了巨大的限制，缺乏商业知识体系就很难把创业计划进行细致入微的安排。缺乏商业知识，就会缺乏商业意识，更缺乏经商能力，所以不管是立志创业的普通大学生，还是立志创业的大学生精英，必须学习一些商业知识，了解经商之道。

（3）管理知识体系。大学生创业团队作为一个组织而言，其本身就存在管理问题，团队内部的成员分工及决策流程都是需要重视的。如果顺利发展成为企业，那么企业管理更是一个大问题，这涉及人力资源、财务、活动策划等方方面面。没有相应的管理知识和经验，很难把这些问题都协调好。

（4）相应的法律法规知识体系。当今社会是法制社会，任何创业者都必须遵纪守法，不然不但不会给社会及自身带来财富，反而会给社会带来危害，给人民带来不好的效应，所以大学生创业团队在创业前及创业过程中，需要熟悉相应的法律法规。

2. 团队领导的素质 领导者素质是指在先天禀赋的生理和心理基础上，经过后天的学习和实践锻炼而形成的在领导工作中经常起作用的那些基础条件和内在要素的总和。

中国古代《孙子兵法》中对领导素质的描述包括五个方面，“将者，智、信、仁、勇、严也。”《十一家注孙子·五暂》解释说：“智者，先见而不惑，能谋虑，通权变也；信者，号令一也；仁者，惠抚恻隐，得人心也；勇者，徇义不惧，能果毅也；严者，以威严肃众心也。五者相须，阙一不可，故曹公曰将宜五德备也。”

在现代领导科学理论的研究中，人们把领导者的素质分为政治素质、思想素质、道德素质、文化素质、业务素质、身体素质、心理素质及领导和管理能力等。

团队领导要具备五种能力和素质：

第一，领导应正直，勇于承担责任甚至主动替别人承担责任。

第二，领导要有胆识。领导不仅要是一个有胆识的人，而且还要在见识的基础上加上决策能力和实践能力，这样才能带领团队做出成绩来。

第三，团队领导要有牺牲精神。牺牲是指为了团队的整体利益，为了他人利益愿意做出自我利益牺牲的想法、姿态和行为，这样才能获得大家的信任和爱戴。

第四，领导要谦虚、有亲和力、善解人意并有较好的群众基础。

第五，领导需培养独特的视角和敏锐的洞察力，目光长远，有战略头脑。

3. 领导的用人策略

（1）团队领导要熟悉团队成员的性格、特点、特长，要善于发现团队成员的长处，并使成员的才能得到发挥，即人尽其才，才尽其用。

（2）团队领导者在用人方面要善于使用一定的技巧和艺术手段，不可过于死板。

（3）不要计较队员的缺点和小错，尊重队员的个性，海纳百川，有容乃大，宽容失败，鼓励创新。

（4）大胆放权，切勿独裁，也不要过于民主。

（六）建立团队学习和培训机制

对一个大学生组成的创业组织来说，由于知识限制、经验缺乏、心态问题、实践创新能力薄弱及资金不足等问题，大学生要注重把自己的团队建造成一个学习型组织。学习型组织是一个能使组织内的全体成员全身心投入并有持续增长学习力的组织。企业的市场竞争实质是产品的竞争，产品的竞争其实是技术的竞争，而技术的竞争要归结于人才的竞争。因此，企业的竞争根本就在于人才的竞争，也就是学习力的竞争。联想是中国相当成功的一个学习型企业的典范。联想创建学习型组织的其中一个理念是学习是最重要的工作，其他都靠后排。这有两层意思，第一，学习是工作；第二，学习不但是工作，而且是最重要的工作。所以，现在联想的计算机产品在亚太地区销售量是最好的，IBM 则排第二。新加坡被称为亚洲四小龙之一，其一直致力于将自己的国家建设成学习型的国家，将自己的政府建设成学习型的政府；欧盟在 1998 年就已经提倡将欧盟各国都建设成为学习型的国家；学习型组织是一个大的趋势，只有这样，组织才能不断进步，也才能跟得上社会高速发展的脚步。

1. 学习内容

（1）相关法律知识培训。十八届四中全会提出依法治国的理念，法律在社会生活中起着重要的作用，是社会有序健康发展的有力保证。大学生创业自然也要遵循社会法律体系。因此，加强对创业团队成员的法制意识培养是必需的。创业的首要问题往往是设立企业从事经营活动，这就必须到工商行政管理部门办理登记手续，申领营业执照等，对于《中华人民共和国公司法》《中华人民共和国合伙企业法》等法律，以及《中华人民共和国企业法人登记管理条例》《中华人民共和国公司登记管理条例》等工商管理法规、规章，创业团队成员都必须要有所了解，而这时创业教育者的主导作用就充分发挥出来了。

（2）经营理念培训。创业团队建立之初，需要对成员进行培训。内容包括企业的经营理念、企业的规章制度、企业的奖惩机制等；创业团队在发展的后期，会出现原有成员的退出和新成员的加入等新情况的出现，这就需要对新成员进行培训，使其了解团队的发展理念，拥有统一的信念。

（3）市场经营与运作知识培训。大学生创业团队的学习内容还应该包括企业经营的相关知识，如营销、税收等知识。第一，融资的相关知识。创业团队一般拥有自己的创业项目，这便涉及资金筹措、资金管理、资金使用、市场调查与开发及市场营销等管理活动，因此在校大学生创业团队中有比较明显的企业管理设计模式，有别于学校常见的社团组织，如要设立财务会计部门、市场营销部门、企划部门等。这些部门的设计，有利于这些创业团队在学校和学校周边开展一些经营性的活动。第二，要想打造知名品牌，实现百年企业的宏伟目标，需要制订市场发展战略。告诉客户公司对市场、对客户的态度及品牌的营销思路，如一切工作满足顾客的需求、一切工作满足客户的要求为最高指示、让客户感觉到公司把客户视为宝贝。第三，定位目标客户也很重要。要明确消费群体的类型，是青春一族的学生层面，还是普通大众上班族工薪层；是收入比较高的白领女性，还是富贵阶层的私营业主，或者财富女性、成功女性及知识女性等时尚消费群体。第四，做好市场定位，如定位农村市场还是城市，定位高端消费还是主流消费群体，主攻县级城市还是市级城市，主打专卖还是商超渠道，让客户知道做品牌的位置，包括地位及操作手法等，让客户全城了解品牌的运作过程，让客户建立长远合作的信心。第五，确定市场营销模式，如采取开发新顾客留住老会员为营销核心，体验营销为主线，人均策略为长线。定向开发为方向，对适合产品消费的企业单位个人多梯次开发，让绝大多数的目标消费群体体验到产品，从而通过体验认知产品、通过店铺相信产品、通过活动消费产品、通过服务留住顾客。

（4）销售技巧培训。销售在日常生活中非常普遍，销售就是介绍商品提供的利益，以满足客户特定需求的过程。商品包括有形的商品及无形的服务，满足客户特定的需求、解决客户特定的问题是销售的最高境界。根据销售的途径，可以将销售分为实体销售、电话销售、网络销售、会议销售、电视销售、渠道销售、关系销售和广告销售等多种类型。要拓展业务、提高销售业绩、需要学习一些技巧。

第一，把握好首因效应。谈业务第一印象非常关键，如果第一次不能给顾客留下好印象，以后业务的进展会遇到很大的阻力，因为顾客觉得自己都知道了，所以就不会再给业务或者新业务的机会。因为初次接触，业务员没有把公司的信息及品牌的优势传达给客户，让客户感觉到与公司合作没有希望，或者说没有激发客户合作的欲望而导致业务失败。

为了给客户一个良好的印象，初次见面时让客户理解公司背景是非常重要的，要让客户从全景的方式了解公司的发展历程，通过资料画册及业绩表现等让客户建立全面的具体的印象。介绍公司背景有几个层次需要注意，首先，初级层次让客户看画册或者简单告诉客户公司的情况；中级层次让客户知道公司的背景比较曲折，这样做可以加深客户的印象；高级层次让客户了解公司的背景具有传奇色彩。其次，告诉客户公司的战略目标及发展目标，让客户知道公司的过去、现在及将来，让客户觉得跟随公司绝对有前途，帮助客户树立合作的信心，如未来三五年品牌将会成为一流品牌，未来十年将会成为世界级的跨国企业等。再次，是要告诉客户本公司打造品牌的发展战略，如何时成为主流品牌？何时成为大品牌？何时成为国际化的大品牌？品牌规划的步骤分几步走，如三年以后品牌的表现，五年以后品牌的成就及层次，十年以后品牌的位置。要打造百年品牌、成就百年企业，需要做好品牌规划。例如，今年成为优势品牌，第二年成为强势品牌，第三年成为主流品牌，三年后成为三甲品牌等；或今年成为全国优势，第二年成为全国主流，第三年成为全国三甲品牌，三年后成为世界级品牌等。

第二，注意接待技巧。当“顾客光临”实体店时，营业员是静静地走开，还是轻轻地留下，这里蕴含着营业员的商业功底。当一名消费者逛商店时，经常会碰到令人尴尬的场面，如当你正兴致极高地欣赏琳琅满目的商品或刚刚邻近柜台还没看清商品时，营业员就马上凑上来一声连一声地追问“买什么”或忙不迭地把商品递到你面前，使窘迫中的顾客留下一句“随便看看”后，便惶惶然匆匆离去，这是销售心理把握不当而造成的。在这种情况下，作为销售员应该慢慢地跟随在顾客的后面，观察顾客的兴趣感，而后选好时机，用你百般锤炼的最诱人的声音、灿烂的笑容向顾客解释产品的优势、潮流、意义等，这样即便客人不回答或不做出反应也不失礼貌，反而会给顾客留下好的印象。21 世纪的大商场，都十分注重营造优美的购物环境，提供丰富多彩、适销对路的商品，但由于营业员素质及柜台接待技巧和方法使用不得当，造成适得其反的效果。同顾客直接打交道的营业员一向被看作是商铺的门脸，其形象也是商场整体形象的反映。因此，营业员素质的高低、接待技巧如何对商店来讲是至关重要的。

第三，学会察言观色。营业员职业的特殊性要求他们具有敏锐的观察力，善于从消费者的外表神态、言谈举止上揣摩各种消费者的心理，正确判断消费者的来意和爱好，有针对性地进行接待。

A. 从年龄、性别、服饰、职业特征上判断。不同的消费者，对商品的需求各不相同。一般来讲，老年人讲究方便实用，中年人讲究美观大方，青年人讲究时髦漂亮；工人喜欢经济实惠的商品，农民喜欢牢固耐用的商品，知识分子喜欢高雅大方的商品，文艺界人士喜欢别具一格的商品。当消费者邻近柜台时，营业员可从其年龄、性别、服饰上推测其职业和爱好，有针对性的推荐和介绍商品。

B. 从视线、言谈、举止上判断。眼睛是心灵的窗户，语言是心理的流露，举止是思索的反映。从消费者的言谈举止、表情流露能进一步了解消费者的需要和购买动机，还可以看出消费者的脾气和性格。动作敏捷、说话干脆利索的消费者，其性格一般是豪爽明快的，对这种消费者，营业员应迅速为其推介商品，快速达成交易。在挑选商品时，动作缓慢、挑来比去、犹豫不决的消费者，一般属于顺从型的性格特征，独立性较差。对于这种消费者，营业员应耐心周到，帮助其挑选，并适当的加以解释，促使其做出购买决定。

C. 从消费者的相互关系上判断。消费者到商店买东西，特别是购买数量较多、价格较高的商品时，大多是结伴而来，在选购时由于各自的个性特征及兴趣、爱好不同，意见往往不一致。接待这样的消费者，营业员要弄清以下情况：一是谁是出钱者。有些时候符合出钱者的意愿是很重要的。二是谁是商品的使用者。有些时候使用者对选定商品有决定作用。三是谁是同行者中的内行。由于内行熟悉商品，所以虽然他既不是使用者，又不是出钱者，但对商品选定起着重大作用。在了解了上述情况以后，营业员还要细心观察、分清主次，找到影响该笔生意的“守门人”，然后以“守门人”为中心，帮助他们统一意见，选定商品。

2. 学习形式 要营造主动进取、谦虚好学的风气，形成良好的学习氛围。学习形式有四种。

（1）参加公司的集体讲座，学习使用的理论知识。

（2）参加公司的例会，形成学习共享与互动的团队氛围。

（3）利用图书馆等资源主动学习。

（4）发挥队员的信息共享优势。通过召开表彰大会，让优秀团队介绍经验，达到整体提升的目的。

（七）团队的沟通与交流

管理与被管理者之间有效沟通是任何管理艺术的精髓。美国著名未来学家奈斯比特曾指出：“未来竞争是管理的竞争，竞争的焦点在于每个社会组织内部成员之间及其与外部组织的有效沟通上。”团队管理过程中，很多问题的产生来源于不顺畅的沟通和交流。这就要求上自团队领导者、下至团队普通成员要在遇到问题和矛盾的时候及时沟通和交流，指出彼此做的不妥的地方。

1. 沟通的含义 沟通（communication）是为了一个设定的目标，把信息、思想和情感在个人或群体间传递，并且达成共同协议的过程。

大学生创业团队是一个组织，因此应该遵循组织沟通的原则。所谓组织沟通是指在商务活动中组织围绕既定的目标，通过各种信号、媒介和途径有目的地交流信息、意见和情感的信息传递行为，它是组织内部和外部沟通的有机整合。组织沟通的目的就是协调好组织内部和外部的各种关系，为组织的发展创造良好的沟通环境。

2. 影响沟通的因素 影响组织沟通的因素是方方面面的，无论是沟通行为本身的流程要素，还是组织的领导行为风格或组织文化，都直接对组织沟通产生重要影响。

任何组织的沟通总是在一定背景下进行的，受到组织文化类型的影响。例如，世界著名的GE公司，它的企业文化突出“以人为本”的经营哲学，鼓励个人创造力的展现，并充分重视和强调个人，尊重个体差异。因此，GE公司的沟通风格是个体取向的，并直言不讳。企业内部的员工在任何时候都会将自己的新思想和意见毫无掩饰与过滤地反映给上层管理者。而对于公司的管理协调方面，GE公司员工习惯于使用备忘录、布告等正式沟通渠道来表明自己的看法和观点。与此同时，前通用CEO杰克·韦尔奇在公司管理沟通领域提出了“无边界理念”。GE公司“将各个职能部门之间的障碍全部清除，工程、生产、营销及其他部门之间的信息能够自由流通，完全透明。”在这样一个沟通理念的指引下，GE公司更为有效地使公司内部信息最大程度上实现了共享。实践证明，良好的企业必然具有良好的沟通，而良好的组织沟通必然由其良好的企业文化所决定。

企业的行为文化直接决定着员工的行为特征、沟通方式、沟通风格，而企业的物质文化则决定着企业的沟通技术状况、沟通媒介和沟通渠道。世界上没有人是完美的，也没有一个团队是完美的，三国时期的刘备组成的团队如此优秀，但还不是被曹操瓦解，西游记中唐僧组建的团队虽说最终取得了西经，可还不是有着太多的瑕疵。唐僧的木讷糊涂，孙悟空的桀骜不驯，猪八戒的贪吃贪睡外加好色，沙和尚还好点，为人老实本分，可是和白龙马一样在取经过程中“业绩”惨淡，基本上职业生涯也没有什么出彩的地方。但是刘备的团队和唐僧的团队都得到了大家的广泛认可，这说明了什么？这说明了追求完美的人才是真正完美的人，追求成功的人失败了也是成功的英雄。

3. 大学生创业团队的沟通　团队出现矛盾是在所难免的，大家对新项目的认知程度是不同的，这样就必须通过沟通来消除误会、交流思想，才能出色地完成任务。团队沟通不畅，团队管理就很难进行。大学生创业团队成员充满活力，但也经常因为年轻气盛而出现争执。如果沟通渠道不顺畅，成员之间极容易产生误解和信息的错误传递，从而影响团队的正常运作。良好的团队沟通不仅意味着团队成员可以把自己的想法清晰有序地表达，而且还能够得到团队其他成员的充分理解。大学生团队成员年龄相差无几，沟通起来比较容易。但是，在进行团队沟通的时候，还是要掌握一定的技巧。例如，在空闲和假期时，一起出去购物或旅游，这样有利于增进了解；当与队友出现矛盾时，主动给队友道歉、解释，冰释前嫌。

沟通和交流的方式和途径非常多，关键是要常规化、制度化，如规定每周开一次会，会议的方式可以是网上 QQ 群交流，也可以是面对面的会议，根据大家学习和工作时间安排来定，可以灵活处理。但是每次交流的目的要达到，不能交流完以后依然存在问题，有问题会议上彻底解决清楚，工作和执行过程中出现的问题再另行及时解决。

三、大学生创业团队建设存在的问题

创业团队的人员流失率很高，大学生创业团队分裂最容易发生在企业从创业阶段向集体化阶段过渡的时期。导致创业团队不稳定甚至走向分裂的因素主要有三种：创业成员之间因为性格、理念不合，导致目标和策略价值观有冲突；随着企业规模的增长，创业团队成员的能力不足；团队在创立初期无明确的利润分配方案。大学生创业团队建设存在的主要问题有以下方面：

（一）创业团队组织结构不稳定

根据一项调查报告的数据统计，我国大学生自主创业企业有 70%的创业团队因各种问题导致团队在 5 年后解散，团队成员变化超过 50%的团队占到 12%，仅有 8%左右的创业团队保持稳定。导致团队结构不稳定的原因是多方面的，从我国创业团队的组建过程来看，创业者在寻找创业合作伙伴时更倾向于选择与自己具有良好关系的伙伴来进行创业，这种利用人际关系来寻找创业伙伴的方式虽然能在短期内保持一定的凝聚力，但是并不像想象中的那样稳定。创业团队成员的流失在我国高校创业团队中非常普遍，这与创业团队的组建缺少明确的规划有很大关系。创业团队在建立之初缺少明确的目标，对各个岗位的职责和权限划分不清，很容易导致在工作过程中产生摩擦。随着创业规模的不断扩大，许多创业初期的运营模式很可能不再适应发展。因此，对于大学生在团队形成阶段最重要的便是找对合伙人。创业是一个漫长艰辛的过程，其间会遭受到常人难以想象的痛苦和挫折，会时时面对各种无法预料的突发情况。因此，大学生创业者需要寻觅一个或几个具有共同理想、与自己优势互补、同甘共苦的合伙人，可以为接下来的创业项目寻找投资、出谋划策、添砖加瓦，一起为创业大业不断奋斗。

有了好的合伙人之后，还要在合伙的初期明确各自的权利义务，规划好企业的发展历程，建立好规范的部门制度，营造好企业良好的团队氛围，在以后创业的不同阶段更是要处理好企业发展时遇到的各种情况，适时调整企业的发展方向，大家要肝胆相照，为企业的发展流血流汗。

（二）选择项目缺乏经验

缺乏经验是我国大学生创业团队组建过程中存在的普遍问题，因为他们大多刚刚毕业或还没有毕业，大多缺乏必要的社会阅历，对社会了解不够，所以他们在选择项目时往往很难把握，这就很难保证大学生创业团队的顺利发展。经验不足具体表现在以下六方面：一是大学生创业团队选择项目目标不明确；二是在项目运行过程中，空谈多余实践；三是没有自己鲜明的项目创业模式和理念；四是在项目的实际运行过程中，成员分工和资源运用不当；五是在项目运行过程中，不懂维持已有的创业成果；六是在项目运行中，意志不坚定、容易自满。 例如，清华大学视美乐公司，曾以“媒体超大屏幕投影电视”技术项目获得首届全国大学生科技创业大赛一等奖，并获得了 250 万元的风险投资。但是发展到第二年，视美乐公司就遇到了问题，上海市第一百货商店没有履行对其进行高达 5000 万的二期投资，这也把视美乐公司带到了失败的边缘，最终视美乐公司以 3000 万的价格将其技术卖给了澳柯玛集团。现实来看，视美乐公司是符合现代社会发展需求的，而且其团队成员也都勤奋努力。但是他们存在最大的问题就是“缺乏商业运作的经验”，这也在一定程度上决定了视美乐公司的命运。

（三）创业资金筹集困难

著名的日本创业家中田修曾说过，“有钱谁都会创业，关键在于没有钱怎么创业。”可见资金对创业的重要性。

一般创业者资金都来源于个人资金、亲友资金、风险投资、民间资本、商业融资、合作融资六个方面，但大学生创业团队个人资金不雄厚，亲友对大学生创业团队的信任度不够，过大的风险投资、商业融资使得大学生创业团队难以承受，又找不到民间资本的渠道，合作融资的机会有限，导致大学生创业团队的资金筹集困难。个人资金主要受家庭条件的影响，家庭条件不好的话，就很难给大学生创业提供资金支持，以我国目前的经济状况，大部分大学生创业很难从家庭方面获得足够的资金支持。

亲友资金又称亲情融资，就是向身边的亲人或者朋友筹措创业启动资金。对大学生创业团队来说，在创业初期对资金预估的不确定性来讲，除了大学生创业团队自身的资金外，向亲友间借款是周转资金的主要来源，但是由于大学生创业团队在创业初期，创业轨迹未成形，亲友间对此往往持不理解、不支持的态度，导致亲友资金筹集困难。

风险投资是现代社会一种全新的资金融投方式，它主要是指给那些极具发展潜力的新成立的企业或中小企业提供股权资本，然后通过提供管理服务并参与创业过程，目的是为了在投资对象发展成熟之后获得资本增值收益，其运作方式为股权转让。因此，大学生创业团队如何吸引风险投资的眼球最为关键，而往往大学生创业团队会觉得交给风险投资进行运作反而会产生更大的风险。

不同于风险投资的民间资本则没有那么高的标准，但民间资金金额不大，对于大学生创业团队来说，一时半会也难以找到该渠道。大学生在人文知识欠缺的基础上，对自身的要求不高，导致大学生多以自我为中心。因此，大学生在大学期间好好地利用社团、班级、宿舍这样的平台来培养自己的团队意识，而高校更应该开设培养团队意识的相关课程，为大学生创业增强团队意识。

（四）创业团队后续发展能力不足

大学生由于个人能力、资源等因素的限制，依靠个人很难取得创业的成功，越来越多的大学生采用创业团队来进行自主创业。大学生创业团队有其组织和工作的内在功能和运行方式，有引导和制约团队各项活动的基本准则和制度。由于大学生创业团队的特殊性，其运行机制与企业创业团队有着较大的差异，因此不能完全照搬企业创业团队的运行模式。创业团队的发展方向比较分散，各创业团队在选择从事的业务活动时并没有从各自的专业优势出发，而是从那些资金投入少、市场推销简单的行业出发。创业团队在运作经验、团队成员的吸纳和项目选择的问题上缺少经验。调查中发现，有 40%的创业学生没有创业经验，有 80%的创业成员来自同一班级或系部，这显然不利于形成专业知识方面的优势互补。大学生创业团队很难获得具有高附加值的创业项目，这与大学生创业团队的承接能力有限有关，也与大学生创业团队的社会资源有限有关。大学生创业团队必须通过不断的学习来弥补自身经验的不足，由于大学生创业团队在组织结构上稳定性不强，很难进行系统一致的后续学习，团队成员的中途退出也给创业的发展带来消极影响。

此外，在大学生创业团队发展过程中，还必须面对如资金来源匮乏、创业团队成员能力不能适应企业发展壮大的需求等问题，这些问题最终导致创业团队缺少后续发展的能力，致使创业活动停滞不前甚至失败。

（五）创业团队沟通不顺畅

所谓团队，是由一群不同背景、不同技能及不同知识的人员组成的，通常人数不多，他们分别来自组织中的不同部门，为了某一特殊的任务而工作。团队中通常一人为领导人，在团队存在期间，按工作的逻辑领导团队开展工作。随着知识经济时代的到来，各种知识、技术不断推陈出新，竞争日趋紧张激烈，市场需求越来越多样化。在很多情况下，单靠个人能力已很难处理各种错综复杂的关系，所有这些都要求企业人员组成团队、加强沟通、共同合作完成。但是，团队的规模和结构的设计往往是困扰企业的大问题，团队成员过多，容易产生交流障碍，削弱团队凝聚力，降低团队决策效率；团队成员过少，则容易形成“一言堂”，决策失去客观公正性；团队成员背景经历趋同，容易出现以偏概全的现象，但是如果团队成员的背景差异过大，容易造成不易沟通的现象。《战略与经营》杂志与南加利福尼亚大学下属的组织效率研究中心共同组织了一个大型调查，重点考察全球 66 家领袖企业的团队组成。研究结果表明，团队的人数不宜过多，7～9 人为最佳，并且组成人员应具多样性，即团队成员最好具备不同的资历背景。这样可以使团队成员在知识结构上具有互补性。

（六）创业团队绩效管理不完善

大学生创业团队要维持团结协作、高效运作就必须构建一个科学合理的绩效管理体系。在制订绩效考核的标准和对象时，又存在着绩效考核层面的两难选择。对大学生创业团队整体进行绩效考核能够反映整个团队的工作绩效，但由于忽略了团队内不同成员的贡献差异，会导致贡献大的成员积极性下降甚至引发不满和矛盾，最终会导致创业团队的低效运行或者解体。对大学生创业团队成员个体进行绩效考核时，由于各个成员关注于个人绩效的完成情况，每个团队成员都追求个人绩效的最大化时往往会导致团队整体效益的下降，而且也会导致团队成员忽略团队整体效益，影响到团队成员之间的密切协作关系。因此，如何解决好创业团队绩效考核的两难选择问题对大学生创业团队的健康稳定发展非常重要。

第三节　管理创业团队

团队管理对任何一个组织来讲都是不可缺少的精髓，否则就如同一盘散沙。一根筷子容易弯，十根筷子折不断……这就是团队精神重要性力量的直观表现，大学生创业团队建成以后，面临的最大问题就是团队管理，而团队管理的好坏直接影响到企业的经营目标和利润，当然也影响到职业营销人的个人声誉和形象。那么该如何管理好我们的团队呢?

一、管 理 概 述

管理是指在特定的环境下，管理者通过执行计划、组织、领导、控制等职能，整合组织的各项资源，实现组织既定目标的活动过程。它有三层含义。

（1）管理是一种有意识、有目的的活动，它服务并服从于组织目标。

（2）管理是一个连续进行的活动过程、实现组织目标的过程，就是管理者执行计划、组织、领导、控制等职能的过程。由于这一系列职能之间是相互关联的，从而使得管理过程体现为一个连续进行的活动过程。

（3）管理活动是在一定的环境中进行的，在开放的条件下，任何组织都处于千变万化的环境之中，复杂的环境成为决定组织生存与发展的重要因素。

著名歌手付笛生有一首人们耳熟能详的歌曲《众人划桨开大船》，唱出了团队管理在人们工作和劳动中的地位与作用。在现代企业管理中，团队管理同样具有十分重要的地位和作用。团队精神是企业真正的核心竞争力所在，是企业的灵魂，缺乏“团队精神”的群体不过是乌合之众，如同一盘散沙，没有任何凝聚力。

二、创业团队管理的基本原理

管理原理是管理学的重要组成部分，是对管理现象的一种抽象表达，是大量管理实践经验的升华。研究和掌握管理原理有助于认识与运用管理的客观规律，有助于管理链的正确运作、提高管理工作的科学性与有效性，对做好管理工作有着普遍的指导意义。掌握管理原理有助于提高管理工作的科学性，避免盲目性。对于管理原理的掌握有助于迅速找到解决管理问题的途径和手段。大学生创业团队管理的原理包括以下几个方面。

（一）人本原理

人是管理活动的主体，也是管理的客体。人的积极性、主观能动性和创造性的充分发挥及人的综合素质提高和全面发展，既是有效管理要达成的目的与结果，也是它的基础和前提。研究、运用人本原理已成为现代管理科学的一个核心内容。

1. 人本原理的含义　所谓人本原理，就是在管理中必须把人的因素放在首位，体现以人为本的指导思想。以人为本有两层含义：一是一切管理活动都是以人为本展开的，人既是管理的主体，又是管理的客体，每个人都处在一定的管理层面上，离开人就无所谓管理；二是在管理活动中，管理对象的要素和管理系统的各环节都是需要人掌管、运作、推动和实施的。

2. 运用人本原理的原则

（1）动力原则：推动管理活动的基本力量是人，管理必须有能够激发人工作能力的动力，这就是动力原则。对于管理系统，有三种动力，即物质动力、精神动力和信息动力。

（2）能级原则：现代管理认为，单位和个人都具有一定的能量，并且可以按照能量的大小顺序排列，形成管理的能级，就像原子中电子的能级一样。在管理系统中，建立一套合理能级，根据单位和个人能量的大小安排其工作，发挥不同能级的能量，保证结构的稳定性和管理的有效性，这就是能级原则。选拔和任用优秀人才是现代管理的核心，在管理实践中要会察人识人、知人善任，使人尽其才、才尽其用。

（3）激励原则：管理中的激励就是利用某种外部诱因的刺激调动人的积极性和创造性。以科学的手段，激发人的内在潜力，使其充分发挥积极性、主动性和创造性，这就是激励原则。人的工作动力来源于内在动力、外部压力和工作吸引力。

（4）行为原则：需要与动机是人行为的基础，人类的行为规律是需要决定动机，动机产生行为，行为指向目标，目标完成需要得到满足，于是又产生新的需要、动机、行为，以实现新的目标。安全生产工作重点是防治人的不安全行为。

3. 人本原理的应用　善于发现人才、培养人才和合理使用人才是人才管理的根本。将人本原理的思想落实到人才管理中去，就要求管理者在工作中实现人岗匹配、人尽其才、才尽其用的目标。如何实现这一目标呢？需要做好以下工作。

第一，进行人才测评。人才测评是建立在心理学、管理学和人才学等学科基础上的一种综合性人才评价系统，它通过心理测试、行为观察分析、情景模拟演练等，对人才的素质、结构和兴趣等方面能够得出一个比较客观的认识，这种认识为管理者认识人才价值、挖掘人才潜能提供了帮助和指导。具体来讲，人才测评能够为组织提供整体的人力资源状况和水平，为组织做好人力资源规划打下基础，在人员的招聘和员工的培养与使用等方面进行有针对性的管理。例如，可以根据人才测评的结果，全面建立人才数据库。然后，根据企业发展的进程找出所缺乏的人才类型，并及时给予补充，建立起与组织发展相适应的人才梯队。再如，组织可以根据人才测评提供的员工业务能力、管理能力和性格特征等情况，组建新的团队，实现员工的优势互补，达到最优的组合，发挥最大的效能。

第二，能级管理。能级是现代物理学的概念，能是做功的本领，能量有大有小，把能量按大到小排列，犹如阶梯。在组织管理中，机构、人员等都有一个能量的问题，能量大，作用大。

现代管理的任务就是建立一种使组织内的每个人都能“各尽其能”的运作机制，为组织合理地配备人才和使用人才打下坚实的基础。实行能级管理就可以达到这个目的。因为能级管理就是要在管理系统中建立一套合理的能级，即根据每个组织和个人的能量大小安排其地位和任务，使人的职位与能力相称。它要求管理的内容能够动态地处于相应的能级中去，以此充分发挥人的能力。

随着知识经济的发展和市场经济的完善，对人的能力要求日益提升。能力的内在结构不仅包含着知识、智力和技能，更为重要的是指人的创新能力，这意味着以人为本，必须以人的能力为本。因此，管理者在实施能级管理的过程中，要突出发现能力、使用能力和开发能力三大环节。具体来讲，每个组织都要根据其组织使命和不同岗位特点确定组织认可的能力范围。同时，对组织成员的个人能力进行科学测定，在此基础上实现按能配岗、按岗配人的人岗配置使用模式，即将具有不同能力的组织成员配置到不同的岗位上，实现组织成员能力的优化组合，使能力与能级相符。而处在不同能级的组织成员则享受不同的待遇，组织成员的能力越高，结构越合理，得到的待遇就越好。这说明在注重能力与职位、岗位和责任相匹配的同时，还要将责任、权力和利益统一起来。而能力开发则是管理者按照组织长远发展的需要，采取各种有效的激励措施促使组织成员将潜在能力转化为现实能力，促使组织成员不断提高已有的能力。组织成员的能力一旦得到开发，其能力水平会发生变化，此时组织成员所处的能级也必须与之动态对应。只有这样，才能做到人尽其才，发挥组织的最佳管理效能。

第三，工作丰富化。组织管理者要实行以人为本的管理，就必须创设一个让人全面发展的场所，间接地引导人自由地发展自己的潜能。从企业组织来讲，为了提高工作效率，必须进行专业分工，而且每个人担负的工作越单纯，工作的效率会越高。这样企业只需要员工长期重复做某项工作，它必定引发出相应的问题，如员工成为机械手，就意味着无法看到个人的工作和整体工作的联系，失去了享受劳动成果的欣慰感。又由于企业对员工的知识与能力的要求有限，员工长期从事于某一道工序，必然会感到枯燥无味甚至厌倦。可以讲，效率的获取是以员工的片面发展为代价的。如何将工作效率与员工多方面的技能发展相结合，是实现人本原理的重要问题。管理者运用工作丰富化的管理手段，可以妥善地解决这一问题。

所谓工作丰富化，是指通过改进工作设计、丰富工作内容、赋予更多的尝试机会来增加工作本身的刺激性和挑战性，使职工获得发挥聪明才智和取得个人成就的机会。在企业环境中，可采取以下措施促进工作丰富化，在工作方式、工作次序和作业速度方面给职工以更大的自由，使每个职工对自己的工作负有明确的责任；安排和鼓励职工定期轮换工作岗位和工种；扩大职工的工作范围，让职工参与某项业务活动的全过程，使职工明确认识到自己的工作对企业整体发展的意义及所做出的贡献等。劳动者只有看到了自我发展的可能性，才能不断提高工作的积极性、主动性和创造性。工作丰富化，使工作不再是一种烦琐的、冗长的、沉重的劳作，而是一种具有丰富意义和乐趣、讲究质量的生活方式。它能够在提高工作效率的同时，起到增进员工满足感的作用。

（二）系统原理

事物都是一定环境的产物，都是由若干元素组成的系统，事物内部各元素相互联系形成一定的结构，系统结构取决于事物所处的环境并在外部环境因素推动下不断发展变化，系统的结构决定系统的功能，系统的整体功能大于其各组成部分孤立功能之和。

“管理人员的职责是需要全力实现企业目标，因此管理组织的宗旨就是要确保管理人员尽到上述职责。”团队管理具有强大的威力，能使各个本来分散的个体和具有不同能力、不同个性的人组织成一个有共同目标的相互协调的整体。这一团队管理的能力并不是他的所属成员能力的简单算术和，而是不论从数量上，还是从质量上都远远超过原有成员能力的新的力量。就如同一根由无数细线组成的绳索，单根细线的承载量是有限的，但是一旦它们被拧成绳索，其承载力却不可小视。但如果这一团队管理发挥得不好，反而会使成员力量发生内耗。团队管理就是要具有不断改善、不断革新的精神，使每个人的才能不停留在原有水平上，而是不断地发展和增强，从而起到 1+1>2 的效果。同时，在团队里每个人都能知道整个团队的工作，因此也都能对整体负责。而且团队易于接受新观点和新的工作方式，因此团队具有极大的适应性。

中国载人航天飞船神舟六号的成功发射和返回，除了党中央的英明领导和全国人民的大力支持外，更是航天飞船工作组成员团结协作、集体智慧的结晶，也更充分说明了团队精神在复杂的系统工程中的作用。像载人航天这样庞大的系统工程，即火箭系统、飞船系统、发射场系统、通信和数字传输系统、监测系统、宇航员系统、返回系统等任何一个环节，都是在整个团队精神的充分合作基础上完成的，不难想象，如果其中任何一个环节出了问题，都会影响到整个任务的顺利完成。

（三）权变原理

权变，乃权宜应变之意。管理之“变”，是结合变化了的情况，做到以变应变，以提高管理的适应性、有效性。权变原理可为管理活动提供正确的行动指导和思想武装。权变管理理论以系统观点为基础，将组织视为由若干子系统有机组成的开放系统，管理中要根据组织所处的内外环境随机应变，不存在一种一成不变、普遍适用、一劳永逸的最好的管理理论与方法，管理的成效取决于组织与其环境之间的适应性。该理论贴近于人们对具体问题进行分析、具体对待的科学认识过程，较之单纯追逐抽象的、普遍适用的管理理论与方法更能为人们所接受，也能更有效地解决具体的管理问题。这就为我们把这个理论归结为管理的权变原理提供了扎实的依据基础。例如，公司确定了股权分配方案之后，还要有一个合理的利益分配体系。因为在创业过程中，会发生某些具有突出贡献的部门和个人所拥有的股份与贡献不相符的现象，因此需要一套弹性的利益分配机制来弥补仅仅按照股份分红这一单一分配机制产生的问题。例如，创业之初，留出10%的利润用于奖励那些有突出贡献的部门和个人。

（四）责任原理

在实际的团队建设中，分工协作也是一个非常重要的方面。中国人经常展现的“一人是龙，二人是虫”的现象必须要消除。有个大家耳熟能详的故事，即三只老鼠一同去偷油喝。很快便找到了一个油瓶，三只老鼠商量，一只踩着一只的肩膀，轮流上去喝油。于是三只老鼠开始叠罗汉，当最后一只老鼠刚刚爬到另外两只老鼠的肩膀上，不知什么原因，油瓶倒了，最后惊动了人，三只老鼠逃跑了。回到老鼠窝，大家开会讨论为什么会失败。最上面的老鼠说，我没有喝到油，而且推倒了油瓶，是因为下面第二只老鼠抖动了一下，所以我推倒了油瓶，第二只老鼠说，我抖了一下，但我感觉到第三只老鼠也抽搐了一下，我才抖动了一下。第三只老鼠说：“对，对，因为我好像听见门外有猫的叫声，所以抖了一下。”“哦，原来如此呀！”于是，大家都没有责任了。结论：猫的责任。从这个例子我们不难看出团队要发挥它的力量就必须在团队工作前对分工和细节部署清楚，这样大家才能明确理解自己的角色和分工，才有默契的合作。

大学生创业若想成功，必须要加强企业执行力的塑造。市场竞争日益激烈，在大多数情况下，企业与竞争对手的差别就在于双方的执行力。在余世维先生的《赢在执行》一书中写道，那些在激烈竞争中能够最终胜出的企业无疑都具有很强的执行力。因此，执行力是决定企业成败的一个重要因素，是21世纪构成企业竞争力的重要一环。可以说，核心竞争力就是所谓的执行力，没有执行力就没有核心竞争力！所以，纵观世界各大知名企业的成功，无不和团队出色的执行力有着直接的关系。联邦、沃尔玛、通用电气、联想等公司的发家史都已经很明白地告诉我们这个道理。联邦公司有句名言：速度大于完美，胜利大于公平，结果大于理由。这恰恰是对企业执行力的最好诠释。

（五）激励原理

激励是指管理人员促进团队成员形成动机，并引导行为指向目标的活动过程。由于人们一般是跟随那些他们认为有助于达到个人目标的人，因此管理人员应了解什么最能激励下级，以及这些因素如何发挥作用，并把这些认识体现在管理活动中。

许多管理学家、心理学家和社会学家从不同角度研究了如何激励人的问题，并提出了相应的激励方法，其中最著名的是美国心理学家亚伯拉罕·马斯洛的需求层次理论，他认为人类的需求是以层次的形式出现的，由低级的需求开始逐级发展到高级需求，他认为，当一组需求得到满足时，这组需求就不再成为激励因素了。他将个人的需求分五个层次，即生理的需求、安定或安全的需求、社交和爱情需求、自尊和受人尊重的需求及自我实现的需求。因此，为了激发小组成员的团队意识，有利于加强团队管理，必须针对小组成员的不同需求层次进行适当的激励，对他们进行适当的物质鼓励或精神鼓励，其中让他们能够实现自我价值、让其有充分的成就感是对他们最大的激励。

正因为不同人的需求层次是不同的，我们应该针对不同人群采取不同的激励方法，对于级别较低的人群，如操作工等低收入群体，物质奖励能极大地提高他们的工作积极性，因此我们可以给予一定的物质和经济奖励。从而起到奖一而激励一百的效果；对于中级别的工作群体，如工程师，他们最希望的是职务的提升和自我价值的实现，则应该对其中的佼佼者给予升职的机会；对于级别较高的企业管理者，金钱和地位已不是他们最希望的（除非数目巨大），他们需要的是自我价值的实现，因此应该尽可能大地发挥他们的价值，授之以权，让他们放手去干一番事业。因此，恰当的激励措施，有利于充分调动所有小组成员的积极性，提高团队的整体工作效率和战斗力。

美国的行为科学家弗雷德里克·赫茨伯格提出的激励-保健因素理论，又称双因素理论，也是激励原则的理论依据。他通过调查得出结论，认为满足人类各种需求产生的效果通常是不一样的。物质需求的满足是必要的，没有它会导致不满，但是仅仅满足物质需求又是远远不够的，即使获得满足，它的作用往往是很有限的，不能持久。要调动人的积极性，不仅要注意物质利益和工作条件等外部因素，更重要的是要从精神上给予鼓励，使员工从内心情感上真正得到满足。

美国南北战争期间亚伯拉罕·林肯认为他做了一件最伟大的事情，他精心设计了一份赢得人类心灵的文件《解放宣言》，上面写着："所有过去被奴役的人，从现在开始将获得自由。"林肯的文件使所有受奴役、被监管及束缚的人们被无条件解放出来，使其从压制下获得自由，从而激励了他们无限的劳动热情。管理工作就是要找出人们不能做好工作的症结所在，然后纠正它。多数情况下意味着让那些做真正工作的人能够摆脱陈规旧俗。

在校大学生创业者具有极强的进取精神，创业团队又通常是较为团结的组织。他们不仅仅为追求经济利益而进行创业活动，也为了得到成就感及荣誉和地位上的满足感。David C. Mclelland 在其《成就激励论》中指出，在人的基本需要得到满足的情况下，人们还有权力需要、友谊需要和成就需要。对于在校大学生创业者来说权力的追求可能少些，但对于成就、荣誉和在学校乃至社会上的地位的诉求愿望则可能非常强烈。这些荣誉、地位和社会认可度激励着这些在校大学生创业团队的创业激情。例如，武汉科技学院电子信息工程学院的脑瘫儿创业者何志雄，因为他的创业先进事迹在学校、地方媒体，乃至中央电视台的《共同关注》中报道以后，其自身的创业激情更是与日俱增，所创办的公司不但获得了社会的认可，自身规模也在不断地扩大，而自己的创业精神更是吸引了更多的优秀人才聚集到他的创业团队中。正是由于他取得不俗的创业成果，他赢得了国际残联大会的盛情邀请，参加了一年一度的大会。这也使得很多本校的大学生创业团队创业热情高涨。

总之，采用科学的方法激发人的内在潜力，会使每个人都能做到尽其所能，展其所长，自觉地努力工作。

三、创业团队管理的基本方法

创业团队的管理方法有行政方法、经济方法、教育方法和目标管理法四类。

（一）行政方法

行政管理方法是指在行政管理领域中，行政组织及其行政人员为开展行政工作和实现行政目标所采取的各种管理措施、手段、办法、技巧等的总和。行政方法的主要特征：强制性、权威性、层次性、具体性、无偿性。

应用行政管理的方法能够使国家的政策、法律和上级的意图快速地向下贯彻，有利于行政管理系统的集中统一。如果没有集中统一的意志、统一的指挥和统一的行动，则会一盘散沙、各自为政，根本不能完成国家任务并实现行政目标。另外，上级可以针对下级的工作情况及时、灵活地发出各种指令，使行政管理中出现的新情况、新问题得到及时处理，尤其是对一些突发事件的处理，更显示出这种方法的灵活快捷的优点。但是，行政方法以强制性的指令、命令支配下级的行为，下级总处于被动服从的状态，长此以往，会压抑下级的积极性和主动性，造成下级对上级的过分依赖。同时，行政指令是以垂直方向传达的，在指示、命令的下行传达过程中容易忽略横向的协调，有可能造成条块之间的矛盾，反过来制约了行政系统的高度统一。大学生创业团队管理由于范围小、对象少，宜于多用行政方法进行管理才能提高效率。

行政管理过程中应遵循下列原则：调查研究在先的原则、坚持具体指导的原则、思想政治工作领先的原则。

（二）经济方法

经济方法是运用奖金、津贴、福利、待遇等手段激励被管理人员的方法，由于这种方法与人们的物质利益紧密相连，对于调动人员的积极性有较大的作用。

管理者运用经济方法实施行政管理，可以充分发挥被管理者的自主性。同时，由于经济方法触动的是人们最敏感的神经，人们必然会做出迅速反应，按管理者发出的信号行动，效果较为显著。但是，经济方法仅以满足人们的物质利益为前提，因而作用范围仅集中在经济行政管理方面或与经济有连带关系的工作方面。因此，靠这种方法不能解决行政管理中的一切问题。同时，这种方法强调以物质利益为核心，掌握及运用不当会对意识形态和政治生活产生副作用。

（三）教育方法

教育方法是用不同的形式解决被管理人员思想问题的方法，人们常说的精神激励、思想政治工作、行为科学就属于教育方法。与宏观经济管理不同，企业管理由于范围小、对象少，宜于多用行政方法进行管理，才能提高效率。经济方法是运用奖金、津贴、福利、待遇等手段激励被管理人员的方法，由于这种方法与人们的物质利益紧密相连，对于调动人员的积极性有较大的作用。制度方法又称企业“法律方法”，是指用一定的规范约束管理客体的方法，它对于保持管理的稳定性、连续性和标准性有很大的作用。教育方法是用不同的形式解决被管理人员思想问题的方法。大学生团队管理教育包括以下两方面。

1. 学校开设适量的创业教育课程 大学生创业走向成为了一道不解的难题。据不完全统计，全国大学生创业成功率只有2%～3%。怎样防范大学生创业失败已经成为所有大学生创业教育无法回避的问题。因此，在大学生学习期间开设适量的创业教育课程对大学生创业教育来说至关重要。在创业教育课程目标的选取上要体现多样性和层次性。多样性是指课程目标设置要在认知、情感、技能等领域都有所体现；层次性是指创业教育课程要根据不同的教育对象设置不同的目标。在课程内容的选择上要理论知识与实务知识兼顾，在课程内容的组织上，要将创业活动的实际与创业学科体系内在的逻辑兼顾，在课程的评价上要过程评价与结果评价兼顾。

2. 建立大学生创业教育实践基地 创业教育是实践性很强的教育，怎样在教育中让大学生获得创业的感性认识、获得宝贵的创业经验、建立大学生创业孵化基地是实现这一目的最好的选择。学校要引导学生在创业方向和形式上与地方经济社会发展相适应，并争取社会各界对创业教育的支持，使创业孵化基地成为创业项目的集散地和创业教育的实践基地。武汉科技学院电子信息工程学院分团委学生会成立的创业实践部，依托该学院两个成功创业的大学生的公司作为创业孵化基地，创业实践部的成员定期到这两个公司参观并接受业务知识的培训。

（四）目标管理法

1. 目标管理法的涵义 目标管理（management by objectives，MBO）源于美国管理学家彼得·德鲁克，他在1954年出版的《管理的实践》一书中首先提出了“目标管理和自我控制的主张”，认为“企业的目的和任务必须转化为目标。企业如果无总目标及与总目标相一致的分目标来指导职工的生产和管理活动，则企业规模越大，人员越多，发生内耗和浪费的可能性越大。”概括来说，目标管理也即是让企业的管理人员和员工亲自参加工作目标的制订，在工作中实行“自我控制”并努力完成工作目标的一种管理制度。目标管理是指由下级与上级共同决定具体的绩效目标，并且定期检查实现目标进展情况的一种管理方式。由此而产生的奖励或处罚则根据目标的完成情况来确定。目标管理法属于结果导向型的考评方法之一，以实际产出为基础，考评的重点是员工工作的成效和劳动的结果。

2. 目标管理法的步骤 一般经过以下四个步骤。

（1）制订目标，包括了制订目标的依据、对目标进行分类、符合SMART原则、目标须沟通一致等。

（2）实施目标。

（3）信息反馈处理。

（4）检查实施结果及奖惩。

MBO不是用目标来控制，而是用它们来激励下级。MBO方式通常有四个共同的要素，即明确目标、参与决策、规定期限和反馈绩效。

MBO通过一种专门设计的过程使目标具有可操作性，这种过程一级接一级地将目标分解到组织的各个单位。组织的整体目标被转换为每一级组织的具体目标，即从整体组织目标到经营单位目标，再到部门目标，最后到个人目标。在此结构中，某一层的目标与下一级的目标连接在一起，而且对每一位员工而言，MBO都提供了具体的个人绩效目标。因此，每个人对他所在单位的成果贡献都很关键。如果所有人都实现了他们各自的目标，则他们所在单位的目标也将达到，而组织整体目标的完成也将成为现实。

3. 目标管理法的实施程序

（1）制订组织的整体目标和战略。

（2）在经营单位和部门之间分配主要的目标。

（3）各单位管理者和他们的上级一起设定本部门具体目标。

（4）部门的所有成员参与设定自己的具体目标。

（5）管理者与下级共同商定如何实现目标的行动计划。

（6）实施行动计划。

（7）定期检查实现目标的进展情况，并向有关单位和个人反馈。

（8）基于绩效的奖励将促进目标的成功实现。

每个企业对营销团队下达的都有一个具体的目标，这个目标与企业总的经营目标相一致。那么经理人在制订团队成员具体的目标时，必须结合市场环境、以往的业绩表现与成员共同制订，并形成具体的计划。适度的目标有利于对成员进行激励。适度目标一般是指有一定难度但通过努力能够达到的目标。由于团队成员参与了目标和计划的制订，他就会兑现承诺并努力去实现它。

四、创业团队的绩效管理

我们必须清楚地看到，创业给我们带来令人热血沸腾的激情的时候，同时还孕育着创业失败的高风险。雅虎创办人之一杨致远指出，创业者成功机会非常少，不管是在中国还是在美国，创业能取得小成功的概率大概只是十分之一，取得中等成功的概率是百分之一，达到巨大成功的概率仅为千分之一、万分之一。美国有统计表明，要成为企业家，失败率是 99%，只有 1% 的企业家能在市场上生存 5 年或者更长时间。而大学生创业成功的概率只有 2%～3%，更是低得可怜。所以，在如此恶劣的形势下，创业绝对不是一个人的事，还需要有一个优势互补而又具有很强竞争力的团队作为支撑，尤其是大学生创业。俗语说：一个篱笆三个桩，一个好汉三个帮。这个时代已经不是一个人在战斗的时代了，单打独斗已经永久成为了过去式。因此，为了创业成功，你需要打造一支优势互补、高度认同、目标一致具有很高执行力的管理团队，在创业的道路上一起披荆斩棘、乘风破浪。

（一）大学生创业团队绩效评价

1. 大学生创业团队绩效评价的意义　大学生创业能否成功的关键性因素在于创业团队的综合实力，一个优秀的创业团队是决定大学生创业成功的保障，也是推动大学生创业顺利实现的基础。因此，对大学生创业团队绩效进行评价是具有极其重要意义的。

首先，对于大学生创业主体来说，合理评价团队绩效有利于大学生更好地了解团队的优势和劣势，有利于更好地推动创业项目的进行，有利于更好地促进创业成功。合理评价大学生犹如一面明镜，督促大学生创业者剖析自身实力，分析自身弱点，积极改进，不断进步，从而更好地实现创业目标，为社会发展做出贡献。其次，对于投资者（如风险投资公司或者公益性投资机构）而言，科学地评价大学生创业团队绩效有利于投资者为投资决策提供较好的参考和意见，有利于投资者合理控制和了解大学生创业进程，有利于科学地掌握大学生创业的项目的过程。大学生创业团队在创业项目中有着非常重要的作用，如何正确评价大学生创业团队的绩效对于投资者而言非常重要。一个欠佳的大学生创业团队不利于创业项目的成功进行，因此即使投资项目非常诱人，倘若没有一个绩效高的团队来推动，投资者也会望而却步。最后，对于大学生创业的指导者和推动者（如高校和政府等机构）而言，正确地评价大学生创业团队绩效，有利于他们更好地指导大学生创业，推动更多的大学生积极投身于创业实践之中，有利于更好地制定和执行科学的创业政策，推动创业实践的转化。同时，合理评价大学生创业团队绩效，有利于在他们的指导下更好地促进资源的合理配置，鼓励大学生为社会创造更大的价值。

2. 大学生创业团队绩效评价的内容　Covin 认为，绩效可分成成长性与获利性两个方面。他们认为应该从成长性和获利性两个方面综合起来作为考核绩效的基本指标，要考虑的指标如销售增长率、资产报酬率、单位销售利润率等。胡桂兰等通过对创业团队的调查，分析了创业绩效的影响因素有信用等级、好评率、增长速度、顾客积累增长程度等方面。苏海泉等建立了由团队基本能力评价、经营管理能力评价、未来发展能力评价三个方面展开的大学生创业团队胜任力综合评价系统，从团队关系和文化、团队专业背景、核心人物素质、公民意识和法律意识、经营状况、管理及执行力、技术或创意优势、团队的存续性、把握机会能力和融资能力等方面来评价大学生创业团队的胜任能力。本文将在国内外理论研究的基础上，结合对大学生创业的调查研究，从平衡记分卡的角度来评价大学生创业团队的绩效。

大学生创业团队绩效对大学生创业成败至关重要，如何有效合理地评价大学生创业团队的绩效这个问题极为重要，但相关方面的研究较少。苏海泉等运用灰色聚类的方法，对大学生创业团队胜任能力进行了综合评价，选择了影响大学生创业团队胜任能力的十个二级评价指标，确定了四个评估灰类，从而采用专家打分法进行评分，确定白化权函数，从而评估大学生创业的团队胜任能力。夏志芳运用模糊综合评价法对大学生创业进行了评价，构建了一个基于创业素质、创业教育、创业环境、创业绩效等方面的综合评价体系，通过这个综合评价体系来评价大学生创业是否能取得成功。我们认为应用层次分析法和模糊评价来对大学生创业团队绩效的综合评价体系进行评估，对大学生创业具有参考价值和指导意义。

3. 大学生创业团队绩效评价的方法

（1）平衡记分卡（banlanced scorecard）：此方法是在 1992 年由哈佛商学院教授罗伯特 · 卡普兰和复兴方案公司总裁戴维 · 诺顿首次提出的，1996 年，罗伯特 · 卡普兰和戴维 · 诺顿出版了《平衡记分卡：一种革命性的评估和管理系统》和《战略中心型组织》两本专著，系统阐述了平衡记分卡的思想及原理，提出了组织中存在的问题并且给出解决建议。平衡记分卡被广泛地运用在各个行业，称为“七十五年来最具影响力的战略管理工具”。平衡计分卡是从财务（financial）、客户（customer）、内部运营（business processes）、学习与成长（learning and growth）四个角度，将组织的战略落实为可操作的衡量指标和目标值的一种新型绩效管理体系。与传统的只衡量过去发生事项的财务会计模式不同之处在于，平衡计分卡的方法既考虑了财务方面的因素，又考虑了企业长远发展、顾客支持等方面的因素；既衡量了过去发生的事项，又考虑了未来的发展可能性，因此对于衡量绩效非常合适。结合大学生创业团队的特点，我们分别从大学生创业企业的财务方面、客户及市场发展、内部运营、学习及成长四个方面来评价大学生创业团队的绩效。

（2）层次分析法（analytic hierarchy process，AHP）：是将与决策有关的元素分解成目标、准则、方案等层次，在此基础之上进行定性和定量分析的决策方法。层次分析法是将一个复杂的多目标决策问题作为一个系统，将目标分解为多个目标或准则，进而分解为多指标（或准则、约束）的若干层次，通过定性指标模糊量化方法算出层次单排序（权数）和总排序，以作为目标（多指标）、多方案优化决策的系统方法。

层次分析法是将决策问题按总目标、各层子目标、评价准则直至具体方案的顺序分解为不同的层次结构，然后用求解判断矩阵特征向量的办法，求得每一层次的各元素对上一层次某元素的优先权重，最后再加权求和确认不同方案下对总目标的最终权重，最终权重最大者即为最优方案。

（3）模糊综合评价法：是一种基于模糊数学的综合评价方法，它根据模糊数学的隶属程度把定性评价转化为定量评价，即用模糊数学对受到多种因素制约的事物或对象做出一个总体的评价。它具有结果清晰、系统性强的特点，能较好地解决模糊的、难以量化的问题，适合各种非确定性问题的解决。模糊综合评价法的最显著特点：①有利于相互比较。模糊综合评价方法有利于分析多种情况下的不同方案的优劣，通过不同情况下的方案的比较，分析出最优的方案。②可以依据各个因素的特征，确定评价值与评价因素值之间的函数关系。确定这种函数关系（隶属度函数）有很多种方法，如统计方法、各种类型的分布等。当然，也可以请有经验的评标专家进行评价，直接给出评价值。

4. 大学生创业团队的绩效评价指标 在理论分析的基础上，基于平衡记分卡的基本原理，研究出影响大学生创业团队的绩效因素主要有以下方面：财务方面，如利润指标、净资产收益率、资产负债率；客户方面，如市场发展能力、市场容量；内部运营方面，如团队文化建设、团队关系融洽度、管理模式、信息沟通；学习与成长方面，如团队专业背景、团队学历水平、团队学习能力，见图 4-2。

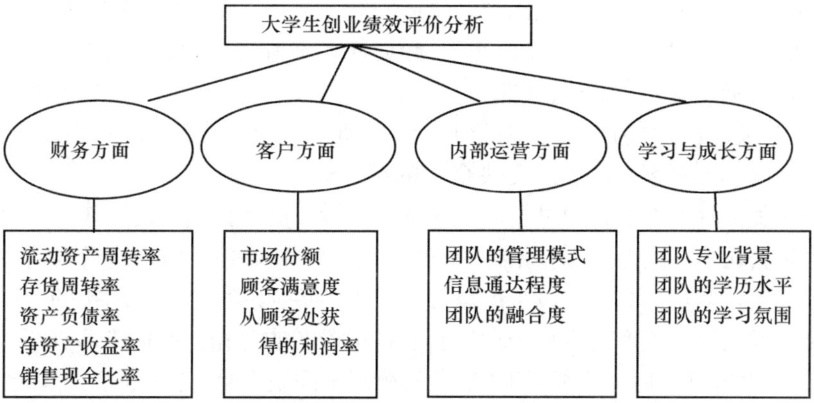

图 4-2 大学生创业团队的绩效分析图

（1）财务方面：财务方面指标是从财务的层面上，通过财务报表、财务数据等方面的信息来体现大学生创业团队绩效的水平。财务因素是最直观、最重要地反映大学生创业团队绩效的因素。从传统的评价大学生创业水平的方法来看，国内外学者们讨论的主要注意力集中在财务方面的因素上。无论是对于创业主体，还是对于投资者而言，都对于企业财务方面的因素非常关注。财务方面的指标主要通过资金变现能力、资产管理水平、负债水平、盈利能力和现金流比率进行反映。财务方面的指标主要有以下特点：

1）财务方面的指标具有可量化性。一般来说，无论企业规模大小，无论企业是哪个行业，都有以货币为单位的财务数据，能比较直观地度量企业的财务状况，有利于不同企业之间的衡量和比较，如企业的净资产收益率是可以通过企业的财务数据计算得出的，而相同行业和相似状况下的企业的净资产收益率是可以进行比较的，从而可以看出企业的盈利状况。

2）财务方面的指标具有可比性。一般来说，尽管企业有大小之分，企业的行业也各有不同，企业所在地域各异，但是对于相同的行业、相似的状况下的企业之间的财务数据是可以进行比较的，通过对比和分析，可以发现企业的变现能力、资产管理水平、盈利能力等方面的不一样，从而评价大学生创业团队的绩效。

3）财务方面的指标具有相对性。由于不同行业、不同规模和不同经济社会条件下的企业具有差异性，财务方面的指标具有相对性，如金融行业的资产负债率与制造业的资产负债率水平差异很大，若将两个不同行业的企业仅仅从资产负债率的高低来衡量其资产负债情况，则不太科学。因此，在利用企业的财务数据进行绩效分析时要考虑其相对性，这样才能更加科学合理地评价大学生创业团队的绩效。

4）财务方面的指标具有可选择性。不同的企业所使用的会计制度和会计规定不一样，有可能导致在某些方面的差异，因此在选择财务数据进行大学生创业团队的绩效评价时，要结合客观情况挑选能合理反映企业的因素进行分析。

由于财务方面的指标具有以上特点，结合大学生创业团队的特点，并综合国内外的理论，我们将选择以下指标来评价大学生创业团队的绩效。

其一，在企业变现能力方面，我们通过流动资产周转率来衡量。流动资产是企业资产中必不可少的组成部分，是指企业可以在一年或越过一年的一个营业周期内变现或者运用的资产。

流动资产周转率指企业一定时期内主营业务收入净额同平均流动资产总额的比率，流动资产周转率是评价企业资产利用率的另一重要指标。

其二，在资产管理能力方面，我们通过存货周转率来衡量。存货周转率指的是企业在计算器内主营业务成本占平均存货余额的比率。存货周转率反映企业存货的周转速度，反映企业存货的流动性及存货资金占用量是否合理，该指标促使企业在保证生产经营连续性的同时，提高资金的使用效率，增强企业的短期偿债能力。存货周转率是企业营运能力分析的重要指标之一，在企业管理决策中被广泛地使用，它不仅可以用来衡量企业生产经营各环节中存货运营效率，而且还被用来评价企业的经营业绩，反映企业的绩效。

其三，在企业负债水平方面，通过资产负债率来衡量。资产负债率是反映公司总资产中负债所占的比率，是评价公司负债高低的综合指标。它反映企业利用举借的资金进行经营活动的指标。资产负债率等于公司年末的负债总额除以资产总额。其中，负债总额指公司承担的各项负债的总和，包括流动负债和长期负债。资产总额指公司拥有的各项资产的总和，包括流动资产和长期资产。

其四，盈利能力方面，通过净资产收益率来衡量。净资产收益率是净利润与平均股东权益的百分比，是公司税后利润除以净资产得到的百分比率，该指标反映股东权益的收益水平，用以衡量公司运用自有资本的效率。指标值越高，说明投资带来的收益越高。

其五，现金流状况方面，通过销售现金比率来衡量。销售现金比率等于企业经营活动现金流量净额除以企业销售额。它反映企业每份销售收入得到的现金流量净额，其数值越大越好，表明企业的收入质量越好，资金利用效果越好。该指标反映企业的赊销的情况，也是判断是否虚假销售的关键因素。

（2）客户方面：顾客就是上帝，客户方面的因素是企业产品或服务是否受欢迎的指示灯，客户方面的因素对于评价大学生创业团队的绩效有很重要的作用。一个好的企业应该以目标顾客和目标市场为方向，应当关注于是否满足核心顾客需求，而不是企图满足所有客户的偏好。客户方面的指标主要通过以下内容来体现，即市场份额、顾客满意度、从客户处获得的利润率。顾客方面的因素主要有以下特点：①客户方面的指标具有普遍性。对于大学生创业的企业，不管是生产产品，还是提供服务，都需要面对顾客群体，顾客的支持度、顾客的满意度、市场的占有率等因素都是企业所关心的，企业是否能得到市场的支持也是其生存的关键。大学生创业团队的绩效也需要通过客户方面的指标来衡量和体现。②客户方面的指标具有客观性。大学生创业所成立的企业均需与客户打交道，顾客的支持是企业成功的保障。作为大学生创业者而言，其创立企业、壮大企业、巩固企业地位都需要把客户因素作为重要因素来考虑，认真调查研究，详细分析市场，多方面了解客户需求，寻求产品或服务与客户需求的对接。③客户方面的指标具有抽象性。尽管客户和顾客因素深受社会的重视，关于客户因素的讨论也非常多，但是对于客户方面的指标还是具有抽象性，对客户因素的计量方式也没有统一定论。因此，在本文中，选用最常用的因素来计量，即市场份额、顾客满意度、从客户处获得的利润率。

综合以上讨论，客户方面的指标对于大学生创业团队的绩效评价有非常重要的作用，结合对大学生创业团队的调查研究及大学生这个特殊的创业群体的特点，本文将选择以下因素来衡量大学生创业团队的绩效，如市场份额、顾客满意度、从客户处获得的利润率。

首先，关于市场份额的因素，它是指一个企业产品的销售量或服务的接受度在市场同类产品或服务中所占的比重，它直接反映了消费者和用户对企业所提供的商品和劳务的认可程度，表明企业的商品或者劳务在市场上所处的地位。市场份额是企业的产品在市场上所占份额，也就是企业对市场的掌控能力。市场份额越高，表明企业经营、竞争能力越强。

其次，关于顾客满意度因素，它是指顾客的需求或期望被满足程度的感受。满意度是顾客心理状况的反映，它是顾客对产品或者服务性能及产品或者服务本身的评价；给出了（或者正在给出）一个与消费的满足感有关的快乐水平，包括低于或者超过满足感的水平，是一种心理体验。顾客满意度是一个可变的目标，在不同的情况下，对于同一个消费者来说，顾客满意度水平可能不同。因此，对于这个指标，我们将在调查的基础上，采用专家评分和调查问卷的情况综合得出结论。

最后，关于从客户处获得的利润率，顾名思义，指的是企业通过出售产品或者提供服务而获得的、来自客户的利润率。从客户处获得的利润率在结合财务数据和企业的市场情况后体现了消费者对企业产品或服务的支持度。该指标体现了顾客对企业产品或服务的认可，有利于衡量大学生创业团队的绩效水平。

（3）内部运营方面：内部运营对于企业来说好比人的大脑，它统筹企业的运营，无论是企业的财务方面的目标、顾客层面的支持，还是企业的学习与成长因素，都与内部运营息息相关。大学生创业团队的绩效也需要通过内部运营来衡量。大学生作为一个特殊的创业团体，在内部运营方面有很大的特殊性，他们有自己的个性、运营经验不足、涉世经验不足等特点，导致其内部运营与其他主体有很大不同，因而衡量大学生创业团队绩效的内部运营因素有以下特点。

1）所选择的指标具有特殊性。由于大学生作为创业者，其具有该年龄阶段的特点，因此在衡量大学生创业团队的绩效时，所选择的指标也具有特殊性，如选择团队关系的融洽度作为因素，是因为大学生创业主体来自不同的大学、所学的是不同的专业、有不同的性格和特点，因此以个性张扬的大学生为主体来创业，是否能团结、融洽地相处是内部健康运营的基本要素。

2）具有创新性。正因为内部运营因素的特殊性，我们在选择衡量大学生创业团体绩效的因素时，要创造性地结合理论基础和大学生团队的特色，选择有利于较好地评价大学生创业团队绩效的因素，如选择信息通达度来衡量大学生创业团队沟通渠道是否畅通，大学生创业者与顾客之间的沟通是否畅通，反馈机制是否有效合理。

3）具有难以量化性。由于内部运营的因素涉及企业的组织结构、企业的内部管理模式等因素，这些因素难以用具体的数字和单位来表达，因此企业的内部运营指标具有难以量化性。例如，企业的管理模式是开放的还是传统的，不是通过简单的数字可表现的。

综合以上分析，由于企业的内部运营因素具有特殊性、创新性和难以量化性，本文通过详细调查研究，综合国内外的理论研究结果，结合大学生创业团队的特点，总结出以下因素，即团队管理模式、信息通达程度、团队关系融洽度。首先，关于团队的管理模式，指的是大学生创业团队选择什么样的模式对企业进行管理。管理模式大体可以分为三类：传统的管理模式、人际关系管理模式和系统模式。传统的管理模式侧重于组织内管理体制和管理技术的提升与完善，强调组织内正式或非正式团体的建设，目的在于提高组织的效率，对员工实行平等式的管理。系统模式下，管理的侧重点转向于注重组织的整体性和目标性，强调人与人之间、人与部门之间、部门与部门之间的整体协调，对员工实行协作互动式管理。人际关系管理模式则强调以人为中心，强调个体在组织中的作用，管理的中心任务是围绕如何调动员工的工作积极性而开展的人力资源管理与开发，目的在于使组织更富有活力，对员工实行民主的、开放的管理。其次，关于信息通达程度，是指大学生创业团队所创立的企业是否能有效地开展企业内部与政府的沟通等。能否有效地传达信息是衡量大学生创业团队绩效水平的因素，倘若企业内部管理中存在着大量的信息沟通障碍，将影响企业的正常运转，更为甚者，将会给企业带来损失或者致命伤害。最后，团队的融洽度是指大学生创业团队是否能相处融洽，是否能团结起来完成创业各个阶段的工作。团队的融洽度是分析大学生创业团队绩效水平的重要基础，是衡量企业是否具有较好的内部运营状态的关键。

（4）学习与成长方面：学习与成长方面的因素是指企业在发展过程中，在未来的运营中，是否能跟上市场的角度，努力学习，与市场同发展，与社会同进步。在如今的市场，竞争越来越激烈，一个企业能否有持续、健康、稳定的发展，学习和成长水平非常关键。因此，学习与成长方面的因素也是衡量大学生创业团队绩效水平的重要因素。

1）学习与成长因素具有持续性的特点。关于这个因素，无论在什么时候、在什么地方，都有重要的意义。学习与成长的因素具有持续性，是指在企业的各个阶段、在企业发展到任何规模的时候，都需要积极学习，努力壮大。培养一个具有学习和成长能力的团队是一个持续性发展的课题。

2）学习与成长因素具有挑战性。随着社会的不断发展，随着市场的不断变化，企业之间的竞争越来越激烈，因此对于学习能力的要求也越来越高，一支具有较强学习和成长能力的团队能积极面对来自各方面的挑战，能促使企业在激烈竞争中取得较大进步和成功。学习和成长因素对于大学生创业团队来说具有挑战性，同时也是衡量大学生创业团队绩效水平高低的重要因素。

3）学习与成长因素具有较强的连带效应。学习和成长因素影响企业的财务状况、顾客满意程度、企业的内部运营，一个具有强大学习能力的团队，有利于提高企业的盈利能力和财务状况，有利于促进企业内部运营更有效的发展，有利于提高顾客的满意程度，提高企业产品或服务的市场占有率，因此学习和成长因素具有较强的连带效应。

综合以上分析，结合大学创业团队的特点，我们主要通过以下因素来衡量大学生创业团队的绩效，即团队专业背景、团队学历水平、团队学习氛围。首先，关于团队专业背景，指的是大学生创业团队中，团队成员的专业结构是否合理，是否能满足企业在不同阶段的发展需求，是否能实现有效的资源配置。团队的专业背景不是说需要大学生创业团队拥有一个包罗万象的专业团队，而是指在创业中需要一个能满足企业发展的综合的专业团队。其次，关于团队的学历水平，指的是在大学生创业团队中，团队成员的学历成分是否合理，是否能有效的合作、合理地分配资源，从而带动整个企业的健康发展。学历不是考验个人能力的唯一标准，在大学生创业团队的绩效衡量中，不见得团队平均学历水平越高就越能提高团队绩效，而是要寻求一个较优配置的团队，在这个团队中，成员受过较好的教育，成员之间能发挥各自的特点，从而促进企业的发展。最后，关于团队的学习氛围，指的是企业中学习的氛围和环境。例如，大学生创业团队中，是否有较好的制度提倡和鼓励员工学习，是否有较多的学习和交流的机会，是否会提供一些学习和交流的平台，这些都是学习氛围和环境的体现。一个拥有较好学习氛围的团队有利于较好地实现企业的发展目标，因此团队的学习氛围有利于衡量大学生创业团队的绩效水平。

（二）提高大学生创业团队的绩效

如何有效地实施团队管理并提高团队的绩效呢？应该做好如下几方面的工作。

1. 加强工作的计划性 计划就是对整个项目的进展进行总体规划，从广义上讲，计划包括制订计划、执行计划和检查计划的执行情况三个阶段。就是要根据组织内部的实际情况，权衡客观需要的主观可能性，通过科学预测，提出未来一定时期内组织所要达到的目标及实现目标的方法。也就是我们通常所说的 5W1H：要做什么（what），为什么要做（why），确定何时要去做（when），到何地去做（where），由谁去做（who）及如何去做（how）。制订计划时应注意计划的全面性、合理性和可实施性，并注意能够充分调动整个团队成员的积极性和创造性，做到目标正确、分工具体、权责清楚。

搞好计划的前提条件是对计划在实施过程中可能遇到的情况进行合理预测并制订应对预案，全面合理的计划是整个项目能够顺利进行的前提。制订出一份全面而合理的计划，标志着该项目已经成功了一半。为了使计划全面而合理，就要求在制订计划时由整个小组成员充分讨论协商，调动整个团队的积极性。计划的全面性不仅包括计划的内容要涵盖整个项目的所有要点，而且还包括各项要素的负责人和完成时间，这样就便于小组负责人跟踪项目的具体进展情况。计划的可实施性是指计划要符合实际，具有可行性，不能只做表面文章，看起来好像非常翔实，实施起来却无法进行。

常用的编写项目计划的形式有甘特图表法和微软公司项目计划软件（Microsoft project）。无论哪种方法，都包括项目进行的内容、负责人、目标完成时间、实际进展状况等基本内容。

2. 加强团队的有效控制 团队活动是为了实现团队目标，目标确定后就层层分解，落实到组织的各个单位甚至个人，主管人员怎样才能知道这些单位和成员的工作是否有助于实现目标呢？这就需要控制工作。控制（control）是对计划的监督，管理进度的跟进及改善，并适时地校正偏差，这种偏差包括计划制订偏差和计划执行偏差。控制工作是指主管人员或小组组长对小组成员的工作进行测量、衡量和评价，并采取相应纠正措施的过程，因此控制包括三个基本步骤，拟定标准、衡量成效、纠正偏差。在制订计划的过程中，即使经过了小组成员的充分讨论，进行了比较周密和具体的安排，但在计划执行过程中，仍会出现一些人们预想不到的情况和矛盾，或是由于环境条件的变化需要进行适当调整。因此，必须及时监督和检查计划的执行情况，发现偏差进行调节和校正，调节和校正偏差的目的是为了更好地执行计划。这时控制工作就起了执行和完成计划的保障作用，以及在管理体制中产生新的计划、新的目标和新的控制标准的作用。通过控制工作能够为小组组长及全体成员提供有用的信息，使他们了解计划的执行进程和执行中出现的偏差及偏差的大小，并据此分析偏差产生的原因，对于那些可控偏差可通过组织结构查究责任，予以纠正；对于那些不可控制的偏差，则应立即修正计划，使之符合实际。一位管理学家曾经指出，“在某种特殊情况下，一个复杂的计划可能失常，控制系统应当报告这些失常情况，它还应当含有足够的灵活的要素以便在出现任何失常情况下都能保持对运行过程的管理控制。”无论是计划的制订、执行和控制过程都离不开小组成员的相互配合、协调和理解，离不开团队精神，只有充分发挥团队精神，才能使项目顺利进行。

因此，在计划的执行过程中，应及时通报信息，使全体小组成员能够了解到整个项目的进展情况。通报信息可以采取定期小组会议的形式进行，充分调动小组成员的参与意识，集思广益、尽其所能，充分发挥团队精神在项目管理中的作用，这种定期更新针对不同的项目应设定不同的频次，对于紧急项目，应该每天更新通报情况；对于短期项目应该每周更新通报情况；对于中长期项目，应该每月或每半个月更新通报进展状况。管理控制的目的不仅要使整个团体按照原定计划维持正常活动，以实现目标而且还要力求使小组的活动有新前进、有新创新，以达到新的高度，提出和实现新的目标。

3. 提高团队的学习能力 作为一个管理人员，无论是企业的管理者，还是部门主管或跨部门功能小组组长，必须充分认识到学习在组织决定自己目标时的作用。必须弄清楚自己需要哪些智慧和这些智慧的源泉，必须调整学习以达到创新和变革的目的，必须了解打算进行哪些活动和采取哪些措施才能完成项目并达到目的。

学习的方法和途径是多种多样的，随着电子技术和网络的发展，几乎所有的信息我们都可以从网上获得。因此，网络是一种非常重要的获取新知识的手段。另一个获取信息和新知识的途径就是从供应商那里获取相关信息。应经常虚心地向材料或设备供应商学习，从他们那里获取相关领域的最新技术动态，积极将这些新技术应用到所负责的项目中去，以提高项目的科技含量和竞争力，并有可能赢得时间和经济上的节约。

对于新项目的管理，整个事物对于小组成员来说都是新生的，因此应该通过多种渠道来获取信息，集思广益，调动整个团队的智慧。为了证明对某项学习投入大量时间和资金是正确的，为了赢得对学习的持续不断地支持，我们一定要有富含意义的成果。学习主导者要使学习与本小组的目标协调一致，并要以达到工作目标的结果来证明这一点，离开有效的学习而想达到目的是不可能的。《小组的智慧》一书的作者之一道格拉斯·米密斯经常把自己的智慧用于使学习变为有形行动。他说：“人们发现自己越是接近真正的工作挑战，而且这一挑战又关系到自身、自己的组织和利益持有者时，他们总是会更努力地工作，用各种办法来对付挑战，同时也会更勤奋地进行学习。”例如，中共中央政治局常委会定期地组织集体学习，来提高领导能力和领导艺术，作为党和国家的最高领导机构尚且需要通过学习来提高和丰富他们团队的工作效率，何况我们这些普通工作者呢。

4. 加强团队成员间的沟通 沟通是指信息交流的过程，是指将某一信息传递给客体或对象，以期得到客体或对象做出相应反应的过程，如果将信息传递给了对方，但对方并没有相应的反应，则是沟而不通，沟通是一个双向性的过程，在企业管理和团队管理中具有十分重要的作用。通用汽车公司前总经理英飞说：“我始终认为人的因素是企业成功的关键所在。根据我 40 年的管理经验，我发现所有问题归根到底都是沟通的问题。”凯斯特朗电子公司总裁利维说：“沟通就是奉献爱心。”加强沟通，开诚布公。显然，较大差异的学术背景、性格特征和工作经历等因素先天决定了团队成员在决策时不可避免地产生一定的矛盾和冲突，因此调和这些矛盾和冲突的最有效方法就是鼓励组织内部自由地开展沟通和讨论，集思广益。

沟通有上下级之间的沟通、同级成员间的信息沟通、企业同客户之间的信息沟通。适时的信息沟通有利于小组成员相互了解工作的进展状况，消除误会，还可以相互为对方提供有价值的信息情报，避免重复操作或走弯路，从而找到解决问题的最佳途径。一名称职的管理者（或小组组长）意味着创造一种环境和文化氛围，鼓励下属和小组成员好好工作，协调相关人员的关系，消除不利于合作的紧张气氛。

由于组织中所有成员的知识经验或职位工种的不同，对同一消息可能有不同的理解和看法，因此我们在进行沟通时应力求表达清楚、传递准确，避免盲目下结论而误导对方，以提高沟通的效果、提高效率。有实验表明，信息每传递一次要损失信息的 30%，职工只记得他接收到的信息的 50%，领导只记得 60%，因此应尽量避免信息在传递过程中的损失，以提高沟通效率。有调查表明，缺乏有效沟通、误解或误会而造成的工作效率低下及重复性工作或扯皮推诿现象达 60%以上，由此可以看出沟通在提高团队工作效率中的地位。同时在沟通的过程中应尽量消除对方（尤其是下级）的顾虑，做到坦诚相待。

加强沟通的方式有很多，通常我们采用较多的有谈心、座谈会、工作汇报、定期小组会议等；或利用现代通信信息技术进行远程电话会议或利用电子邮件将信息适时地发布给所有小组成员，以使所有成员对项目进展状况的了解程度保持同步。上述方法是比较正式的沟通方法，还有些非正式的沟通方法，如聊天等也非常有效。适时而有效的沟通有利于我们顺利地完成小组目标。在和他人交谈时，可能碰到对方咄咄逼人、脾气火暴，如果任由争辩的话，沟通将会毫无成果，因此在沟通时应掌握适当的技巧。

（1）倾听谈话。过激的反应并不是我们想要的最终结果，对方如果有过激言论时，你可以暂时保持沉默，倾听他的讲话，仔细分析他所说的话，考虑怎么来回应他。

（2）反应不反抗。沟通时，不管对方的反应如何，我们尽量保持清醒的意识、平和的心态、礼貌和亲切的态度，不随意使用对抗性的语言打断别人的谈话。在听完对方的讲话后，提出自己的疑问，并且明确地表达自己的观点。

（3）明了对方意图。对方的意图、信仰和关注的事情，这些都隐藏在激烈言辞的背后。通过询问对方“你是否关心某某事情？你最关心的事情是什么？”之类的问题，不仅转变了谈话的内容，也可以洞悉对方的真实想法，继而把谈话拉到正题上来，掌握谈话的主动权。

（4）说明沟通目的。平息争辩的一个方法是表明自己的谈话态度，如“我认为这次谈话的目的不是争论，而是互相交流想法，对谈论的事情做出决定。”

（5）延期交流。如果不能将谈话拉回正轨，最好建议延期再沟通，让双方都能稍稍冷静。

（6）表达谢意。不管双方的交流是否有成效，都要向对方诚实、积极的交流表示感谢，这也是为下一次的沟通打好基础。

5. 采取必要的激励措施 适当的激励措施对加强企业管理、提高团队工作效率方面有着十分重要的作用。不同企业的实际情况各不相同，因此企业文化也不相同，应根据不同情况采取不同的激励手段。最常见的有以下几种。

（1）建立团队协作机制。赋予团队一定的自主决策权，促进员工互相学习、协作的精神。

（2）建议轮岗制。这种轮岗的工作方式可能会造成工作的混乱，听上去确实不是一个好主意，不过倒是可以作为建议提供给员工选择，如果愿意接受挑战，他们勇于选择了这个方式，那么就充分信任他们吧。他们会给你一份优秀的成绩单。

（3）建设流畅的工作成绩反馈机制。良好的工作成绩反馈机制不仅满足员工的心理诉求，而且还是对他们今后工作改善和提高的最好帮助。

（4）鼓励员工参与决策。员工如果也能有机会参与到决策过程，那么他们将会具有更强烈的责任心、更积极的工作态度及更高涨的工作热情。

（5）鼓励员工的创造力。为员工搭建一个能展示他们能力的舞台，创建一个员工勇敢分享新想法的工作氛围，并对员工的创新给予一定的支持力度。

（6）采取有效的绩效评估体系。传统的绩效评估体系和绩效管理只关注个人绩效如何，而不去考虑个人绩效与团队绩效的结合。造成这种状况的原因多种多样，包括评估不及时、各方意见不能真实反映实际情况、评估含糊不清、易掺入情感因素、忽略了被评估人的绩效给他人带来的影响等。成功的公司在绩效管理方面已经不再限定于只注重个人的绩效，而是进行了改进——进行实时交流、更加注重整体表现。这样的交流能让员工个人了解团队合作是何等的重要，个人需要进行调整以适应不断变化的环境和业务需要。

解放团队成员的思想，放手让他们去工作，授之以权也是对他们工作的最好激励手段，这种放权有可能会让某个小组成员犯错误，但是这种失败意味着向成功迈进了一步。电脑制造商惠普公司从建立之日起就鼓励创新冒险和允许光荣的失败，在公司原则中有一项被称为“H-P”方法，即“我们保留犯错误的权利”，允许小组成员做他们想做的事情，能够充分地调动小组成员的积极性和创造性，充分发挥小组成员的团队意识，为了更好地完成这项工作任务，他们会想方设法地去尝试、去寻找解决问题的最佳途径。总部设在西雅图的百货连锁商店诺特斯斯朗公司有一条规则：“在所有场合运用你的判断力。”这是该公司唯一的一条政策条例，恰恰就是这句话使他们在销售和服务方面都处于领先地位。

总而言之，要充分调动整个小组成员的团队意识，加强协作，相互理解和支持，形成合力以组成一个有效的团队、一个有竞争力的团队，充分发挥团队精神在整个小组以致整个企业中的作用，为实现团队的目标和企业的最终经营目标服务，团队精神是企业抵达成功彼岸的基石。

案例分享

案例 1：“财经快递”一年赚到 6 位数

“很多快递只能送到校门口，从宿舍跑到校门口至少也得 20 分钟，有些快递员就会不高兴。”浙江财经学院东方学院学生孙晓这样告诉记者。好在，该校财政专业的学生陈博甫，在校内开办了一家“财经快递”。据小陈的合作伙伴、杭州电子科技大学工业设计专业大四学生景棋介绍，这是一家专门为同学取快递而设的学生公司，他们与杭州一家规模较大的快递公司达成协议，专门负责校内快递的揽发和派送，而学校则专门给他们配备了一间仓库。

有了这家快递公司，学生的快递到了，公司会有专人打电话通知学生，学生则随时可以到公司的仓库去取货，一下子方便了许多。“现在基本上一天会有 500～600 份包裹”景棋告诉记者，“公司已经取得了可观的经济效益，基本‘爬’上了 6 位数。”

案例 2：经营饰品店为何失败

一个偶然的机会，我在一个本地网站的二手市场上发现有人要转让一批饰品，出于好奇，我跟那人联系问了问情况。起初我并没有想买，因为我毕竟毫无这方面的经验。谁知两天后那人又给我打电话，热情地说让我先看看货，迫于情面和女人的爱美心理我答应了。那人是一个很有气质也很精明的南方妇女。她说要出国，所以想把刚从广州精心挑来的饰品转让出去。据她介绍，做饰品利润非常高。非典时期利润是最少的时候，但就是那时，每月的纯利还有 2000 多元。她的说法很让我动心。我随后又看了看她带来的样品。那些样品很精致，当然标价也很高。她说可以按照标价的二折转让给我，这样的话无论我怎么卖都不会赔钱的。听了这话，我真的动心了。可是，我告诉她我现在没有店铺。她听了以后又给我推荐了两个地方，并说马上就要出国，要我抓紧时间决定，还有别人也在跟她联系。

于是，我就去了她推荐的一个地方。那里是一个国际商业中心。市场组成大部分是小商铺，面积也就四五平方米，月租金 1000 元左右。这样的条件我觉得还可以接受。正巧的是这里还有几家空房，都写着转租。我试着联系了几家，有一家位置不错，租金也较低。

其实，我也怀疑过这里是否生意不好，可是问了几家店主，他们都说现在刚开业没多久，商铺嘛，肯定要养一段时间的，这个商厦有政府的投资，不会垮的。我想想，觉得这个说法还是有道理的，反正我做兼职，也不靠这个买卖吃饭，只要不赔钱就行了，先在这练练呗。别的准备好了，现在就剩下人的问题了。我每天是要上班的，雇人又不知根知底，找谁呢?我想到了待业在家的小姑子，她那么聪明能干，先帮帮忙肯定没问题。跟她一谈，她马上就同意了，说好先帮帮忙等理顺以后再雇人。万事俱备，我觉得上天可能在帮忙吧，什么事都这么顺利，注定我要干这行了。我马上接收下那批饰品并租下店面。谁知，我刚付完钱，小姑子却通知我她要准备考试，帮不了忙了。

这是给我的第一个打击，可是箭已在弦，不得不发了。我只能是硬着头皮走一步算一步了。小姑子不来，大不了就是雇个人呗。但是第二个打击随后就来了。在办进场手续的时候，商厦宣称二楼是服装商场，不能经营饰品。转租的时候房东和租户都告诉我合同上写的是经营服饰，包括服装和饰品，而且当时也有其他人在经营饰品，我就没有深究。现在管理人员告诉我，他们正在清理那些不守规定的摊位。我的心凉了一半，难道我白交租金了吗?好多人劝我先干着再说，反正现在还没管。租金已交，也只好这样了。租房后正赶上我去杭州出差，于是顺便采购了一些饰品，也采购了少量的睡衣、肚兜等，以防真的不让卖饰品我无法应付。等我回来，已经是两周之后了。时间就是金钱呐!我草草装修，把货物上柜。看着那些精美的货物，我还是很有信心的。刚开始没有雇员，我和老公就下了班轮流去，虽然辛苦点，但是能够做成生意还是很高兴的。白天的时候想到店里正关着门，心里就火烧火燎的，于是贴出了招聘广告。人可是大事。好在没几天，就有人介绍了个小姑娘给我。我看了看，感觉小姑娘条件还不错，就雇佣了她。有了人我就省心了。什么事都有人顶着，我就是没事去抽查一下，看看缺货去附近的批发市场上点货。我发现，总有人问我店里没有的东西，如指甲油、假睫毛、唇油、钥匙链等，应顾客需求我都上了点。两个月下来一盘点，每个月都要亏损一二百元，我认为生意刚开始也没有太介意。谁知道，这个商厦的情况每况愈下，过了七、八月份的旺季，顾客越来越少。这个商厦的开发商是地产商，他们在开盘时炒作得非常厉害，买商铺的人甚至连夜排队，然而商铺卖出后他们就不再宣传。商厦都开业半年了，附近住的人竟然还有不知道的。而且由于商铺大部分都卖给了个人，由业主进行出租，给管理上带来很大困难，到后来根本无法管理。另外，由于开始大家对商厦的期望值很高，租金也定得很高，相应的货物的价格就水涨船高，而附近居民的购买力和层次并不高。这也是造成人们望而却步的原因之一。

随着客流量日渐减少，商户的商品开始积压，大家情绪十分低落。一些商户在秋冬季还在卖夏天的衣服，有的商户干脆退场，有的商户没退场却也总是关着门，而开着门的商户也是打牌、下棋，总之“不务正业”。商场的这种情况使客流量更加稀少，如此形成恶性循环。到后来，商场的摊位租金降到 300 元，可是我赔钱赔得更厉害了。那时我连服务员都雇不起了，因为雇人比关着门还要赔钱。商厦此时门可罗雀，成天空荡荡的，只有几个摊主在聊天。在这种情况下，就是想赔钱甩货都没有人搭理。合同到期后，90%的商户已经撤场。我也无法再继续支持下去，只得带着一堆货物收场，到现在我的手里还剩下一堆精美的但已经过时的饰品。

这场生意我支持了半年，赔掉了几千元钱，不过，我从中也积累了不少经验和教训。总的来说有以下几点。

第一，选择项目一定要谨慎，尤其是涉足自己不了解的行业，最好有行家指导，要多做调查研究。

第二，对于饰品来说一般不要接手转让的，因为再好的饰品都有时尚性，过了时就一文不值。

第三，做买卖最重要的是选址。要仔细考察地理位置，还要考察客流量及附近居民的购买能力，还有一点就是考察物业的管理能力。千万不能租那种产权和经营权都出售给个人的商铺。如果一个地方同时有很多商铺转让，一定不能租。

第四，开始上货不要求全求多，再全也会有人需要但你没有的东西，而上太多的货就会占压资金，而且太全的话还会形成杂乱的感觉。

第五，创业并不是容易的事，不是你雇个人干就能赚钱，至少在前期要付出很多的精力和时间，因此兼职创业要有足够的时间和自由度才能考虑。要审时度势、见好就收。如果是自己无法控制的原因造成经营不好，马上止损撤退另谋高就才能避免更大损失。

思考题

1. 什么是创业团队？创业团队研究有哪些维度？
2. 什么是大学生创业团队？它有哪些特征？
3. 如何组建大学生创业团队？
4. 如何提高大学生创业团队的工作绩效？
5. 从大学生创业的案例中分析其成功与失败的原因。

第五章　创 业 实 务

通过本章学习，你将能够回答下列问题：

1. 什么是创业机会和创业项目？
2. 我国创业机会的来源在哪里？
3. 如何规避创业风险？
4. 如何撰写创业计划书？
5. 新公司的注册及办理步骤是什么？

【案例导入】

同学们都报名参加过大学生创业计划大赛，几个小组成员经过策划、调查、论证等阶段，撰写了一份创业计划书。很多同学觉得自己团队的创业项目独具匠心，会在比赛中取得不错的成绩，结果评选出的成绩不尽如人意。他们会问：为什么其他创业项目会取得第一名？比如说开一家老年护理机构，看了他们写的计划书就好像真的在做这件事一样，其实却是什么都没有做，什么都没有。不过是他们不切实际的凭空想象罢了。其实这种想法是错误的，很多同学都有自己的创业梦想，但是大多数同学在创业计划书中只提到了创业梦想，而很少人会提到怎么实现这个梦想，怎么做？会找哪些人帮助你完成？会有哪些阻碍？怎么克服这些阻碍？创业过程中你的优势和劣势是什么？通过本章的学习，你会知道创业要具备什么样的条件和素质，在创业过程中要考虑哪些因素，规避哪些不良的风险，撰写一份完整的创业计划书，做到与投资人的充分沟通，从而实现成功创业。

第一节　创 业 机 会

一、创业机会的内涵

（一）创业机会的概念

创业机会（也称商机）是外部环境所提供的独特的创新和创造价值的可能性。它是一种具有潜在的增长性、一定模糊性、较高回报性、适度风险性并与创业者的资源相适应的、未被别人发现或未被满足的市场需求。

（二）创业机会的特征

1. 潜在增长性的社会需求　创业机会是外部环境因素中一种尚未显现的具有足够潜在增长空间的正向市场需求趋势。就像现在盛行的“美团外卖”“百度外卖”“饿了么”，随着智能手机的发展，网上支付方便快捷，大家在休闲的时间通过手机 APP 在网上直接点餐，不出门就可以吃到饭店、街边小店、商场里的美味，既节省往返的时间，又节省往返的路费，这种潜在的社会需求的数量是庞大的。

2. 一定模糊性的市场需求　创业机会是隐藏于模糊的环境中尚未清晰显现的市场需求，一旦清晰了，创业机会就可能不存在了。很多企业创业前都会遇见一些无法预计的创业风险，正是因为很多风险不能评估，所以只有少数人愿意把握机会、迎难而上。创业者在创业前做好充足的准备，有不怕苦、不怕累的创业精神，把握住机会，通过多方努力才能实现成功创业。如果市场清晰明了，挣钱就成为空谈。还记得多年前，大街小巷都在叫卖的土家酱香饼吗？很短一段时间，犹如雨后春笋般，土家酱香饼的店铺好似无处不在，不到一年的时间又销声匿迹。之所以没有在市场上站稳脚步，就是因为后来大家都知道这个项目挣钱，市场巨大，导致后来加盟的店铺越来越多，没有节制地售卖配方，导致低价竞争的恶性循环，最后加盟的不但没有赚到钱，还赔掉了购买制作土家饼机器的几万元本金。

3. 较高回报性的市场需求 创业机会是一种具有潜在的高价值回报的市场需求。在欧盟成立后，温州人向欧盟国家出口皮质钱包，但是很多钱包在欧洲滞销被退回，损失惨重，为什么销路一直很好的钱包没有了市场呢？通过调查研究发现，原来在欧盟国家通行的货币是欧元，大面值的欧元比人民币要宽，先前出口的钱包相对较窄，所以温州人在钱包的大小上做了改进，再次出口欧盟国家，顺应了市场需求，得到了较高的利润回报。

4. 适度风险性的市场需求 创业机会中的利益与风险永远是对等的。适度挑战创业风险而不做冒险家、看重结果而不计较金钱损失、善于捕捉"铤而走险"的机会而获得高价值收益，是作为一个创业家要具备的三大人格特征。聚美优品 CEO 陈欧在斯坦福读完工商管理学硕士后回国创业，当时在中国打造一款游戏平台则主要是在游戏中安置广告，但是这种在国外盛行的模式在中国就出现了水土不服。后来陈欧和同伴刘辉、戴雨森通过市场调查，发现了创业机会，却被很多投资人不看好，陈欧在别人质疑的眼光下，做了创造"团美网"（聚美优品前身）的决定。他当时的理由就是：中国广大女性消费者在网上购买化妆品的信心不足；中国市场线上化妆品没有领头羊的存在；电子商务在中国的快速发展是不争的事实；很多男人不好意思做这个行业，反倒给了陈欧创业的机会。2010 年 3 月团美网作为中国首家专业女性团购网站上线，承诺 30 天内无理由退换化妆品，深受女性消费者的拥护，不到半年时间，团美网正式更名为聚美优品，不到一年时间，公司销售额达到了 1.5 亿元，成为我国领先的网购平台。陈欧抓住了创业机会，应对了创业风险和压力，取得了创业成功，成为 80 后创业新贵。

5. 与资源相适应的市场需求 能够把握的创业机会才是创业机会。资源不足而无法把握的创业机会，只能是别人的创业机会。因此，突破资源限制的创新是创业的重要内容。对于腾讯微信大家再熟悉不过了，在微信产生前，腾讯公司的游戏、视频等几大平台收入颇丰，后来由腾讯广州研发中心产品团队打造了微信平台 。该团队经理张小龙所带领的团队曾成功开发过 Foxmail、QQ 邮箱等互联网项目。经过几年的创新，突破了原有资源的限制，使微信成为了亚洲地区最大用户群体的移动即时通信软件。

6. 未被发现和未被满足的市场需求 创业机会是未被发现的或未被满足的市场需求，它往往隐藏于市场的夹缝中。创业活动不仅仅是满足市场需求的过程，更是创造需求的过程。淘宝网解决了很多宅男宅女的购物问题，2016 年 4 月 1 日，淘宝再次发布消息表示将推出全新购物方式淘宝 buy+，这款号称让消费者在家就能身临其境去全世界"买买买"的高科技一经发布就牢牢抓住了各位网购达人的眼球，试穿衣服、体验家居、试用生活用品都将在眼前实现。它主要是利用计算机图形系统和辅助传感器，生成可交互的三维购物环境，通过快速建模甚至能让你直接实现在家试衣。只要戴上神奇的 VR 眼镜，就能够随时随地展开一场"说买就买的购物"，无论是家具、服装，还是电子产品，淘宝都将把商品进行 1∶1 复原，让你能够进行身临其境的试用体验。

创业机会（商机）如同沙中的黄金，它的稀缺性和隐藏性显而易见，需要独特的创新视角和创新思维才能发掘，因此发现商机的创新思维是创业的重要内容之一。

二、创业机会的发掘

商机是创业的核心，发现商机是实现创业者的核心能力。商机既然是一种客观存在，就必然有其客观规律，只要有创新之心并辅以创新之法，·就能够发现它。

（一）发现创业机会的三部曲

发现商机的过程是一个创新过程，这个过程大致分为三步：一是在脑海里生成创业思路（概念）；二是付出行动将思路展开为备选项目；三是从备选项目中识别出商机。

（二）发现创业机会的过程

创业思路、备选项目和商机之间既有联系，又有区别。发现商机的过程是：由一个创业思路展开成若干个备选项目（商机）。

1. 从创业思路开始 创业思路又被称为创业点子，是一种未经市场需求评价和竞争分析检验的概念，它可能来自于环境日益变化的趋势中，也可能来自于生活中的突发奇想，可能成为创业的备选项目甚至最终成为具有商业价值的创业项目，但其中绝大多数创业思路会因为没有通过商机评估而被创业者所放弃。

因此，创业思路不等于商机，思路与创业项目之间还有着遥远的距离。例如，锦州医科大学护理专业的同学准备考取护士资格证，在购买辅导书的过程中发现纸质指导书众多，电子版上线练习或历年真题的辅导书非常少，于是就产生了建立护士资格考试题库的网站的想法。但是考虑到真题来源、网站建设、网站维护要花费大量的人力、物力、财力，作为一名在校学生，既没有创业经验，也没有人脉，没有办法实现这个梦想，所以没有付出行动，这种单纯体现在“想”和“计划阶段”的想法就是创业思路。

2. 把创业思路展开为备选项目 一个创业思路可能展开成为一系列具体的创业备选项目，如一系列产品或服务，一系列营销模式或一系列新的管理体制等。备选项目是创业项目的具体化，如锦州医科大学某专业学生，认为自己的大学课余时间充裕，有足够的精力可以进行创业，通过跟寝室的同学研究，发现挣在校大学生的钱比较容易，于是几个人在一起商量卖某种产品还是卖某种服务，最后总结以下几项：①化妆品、饰品；②饮料、零食；③文具、充电台灯；④取、送、代发快递或食品；⑤复印、打印复习资料；⑥毕业论文设计；⑦摄影、毕业纪念品制作等。这些都是在校园进行创业的备选项目。

3. 从备选项目中评估有商机价值的创业项目 创业项目是创业机会的载体，备选项目经过商业评估（即评估备选项目在一定时空条件下，是否具有潜在增长性、一定模糊性、较高回报性、适度风险性、与创业者资源的适宜性及未被发现的市场需求）才可能生成创业项目（也可能一个都没评估出来）。如上一个创业案例，经过问卷调查做市场调研和风险评估，发现帮助大学生取、送快递服务具有以下优势：①成本低，几乎是零成本；②需要的创业资金少；③需要技术含量低、上手快、易操作；④学生需求量大，很多同学不愿意排队取快递；⑤业余时间充足；⑥得到创业团队支持，有劳动力。综上所述，通过评估得出的结论是该项目可行，于是锦州医科大学“邮小二”速递公司就开始运行了。

（三）发现创业机会过程中的误区

大学生创业失败率很高，其中一个重要原因就是很多大学生创业者分不清创业思路、创业备选项目和创业商机（项目）的区别。创业思路或备选项目的价值往往被高估，他们热衷于对创业思路或备选项目的研究，觉得创业项目新、稀、奇、特就是好的，而常常忽略市场存在的竞争和顾客的实际需要，缺乏创业实战经验，其表现如下：

1. 误认为创业思路就是商机　创业机会是具有商业价值的创意，表现为特定的组合关系。一个好的创业思路未必是一个好的商机，还需要创业者经过商机评估来最后确定是否值得人们去经营。很多人把突发奇想的创业思路或道听途说的生意点子误认为商机，对创业项目未进行有效评估，盲目地投资创业，结果没有客源，经营惨淡，凄凉倒闭，对创业者无论在精神上还是在物质上都造成了巨大伤害。

2. 不能把创业思路具体化　在创业计划大赛的参赛作品中，很多同学提出了创业项目，但是不能具体地说明提供的是什么商品或者哪种服务，甚至产品分类、营销渠道、财务分析和资产评估只字未提，不能把一个好的创业思路表达成一个具体的产品或一个商业模式，给人感觉就只是在做创业的梦，而重点突出在“想”上，给人的感觉就是在提出一个创意或者一个创业点子，而不是实实在在地做这件事。

3. 注重过程而忽视结果　热衷于创业思路的新颖性而忽视创业的商业规律和财务成果。大学生往往把创业活动看作是谁更聪明、谁点子更精的较量，而不是看重谁能够把思路变成赚钱生意的实践。他们没有意识到创业思路（点子）的重要性。在参加创业大赛的大部分创业计划书中，很多同学都写出自己想干什么，服务内容包含哪些，看了业务范围确实让评委眼睛一亮，但是后面却没有写怎么做这件事？和谁合伙，怎么筹钱？准备多少钱？钱花在哪里？怎么宣传营销？怎么赚钱？多久能挣回本金？这样的创业计划书只会石沉大海、无人欣赏。因此，一部完整的计划书应该是这样的：①投资者看过觉得可行，愿意投钱支持创业；②合伙人看完觉得合情合理，此项目可以开展进行；③消费者看完创业计划书后知道你提供的是什么服务，服务的层次和价格，他们愿意去购买。

所以说，创业思路、备选项目和创业商机（项目）是发现创业机会的三部曲，它们互为基础，既有联系，又有区别。

（四）创业思路产生的途径

1. 在不满意中找创业思路　因为在生活中存在着许许多多的“不满意”：如太贵、太差、太乱、太慢，不诚信、不安全、不道德等等。

之前的不满意解决了，又会出现新的不满意。“不满意”的背后是消费者诸多的“诉求”和“期望”，这些诉求和期望对创业者来说往往就是创业思路之源。因为从某种意义上讲，创业就是解决人们不满意的创新活动。请看以下案例介绍。

案例1：截至2007年，全国有1.59亿人在创业。在现实环境中，高额的店铺租金成为创业者的最大创业风险，很多创业者在创业初期创业资金缺乏，根本支付不起昂贵的店铺租金，不满意当前的创业环境，针对这一不满意，马云顺应市场需求，在2008年创建了B2C（商家对应客户）创业平台——淘宝网，为创业者提供零元店铺租金的电子商务创业平台，解决了很多人因为资金不足开不起店铺的难题。同时，随着淘宝入驻的商家越来越多，马云也收获了巨额的电子商务平台管理费。

案例2：伴随着电子商务的快速发展，很多大学生选择网上购物，很多物流公司都会选择中午在校门口发放快递。因为下课时间一致，导致校门口各个快递摊位人员拥挤，很多学生抱怨时间短，人多，取、发快递非常不方便。2015年3月，锦州医科大学人文与管理学院2012级医疗保险专业就读的王凤彬和同学李乾浩、王强强一同上了李猛老师的创业指导课，受到启发的三个人开始在校园内寻找商机。这时室友要帮女友去校门口取快递，抱怨快递送得不是时候。室友的抱怨让他们三人发现了商机。三个男孩开始做“市场调研”，发现因为送快递的人不能进入校园，同学们需要到校门外的空地处取快递，校门距离大部分的寝室楼约 1 千米，很多人都为取快递往返 20 分钟而挠头，而且快递到达都是在中午的午休时段，很多同学有事去不了，错过了只能等第二天。

同学们的购买力强大，网购的人很多。就这样，三个男孩想到了代取快递、送货到手的服务项目，确立了响亮的名字——辽医镖局，三个送“镖”人，号称“快递三侠”。三个人创建了微信公众号进行推广，随后确定了服务时间和小件 1 元、大件 2 元的收费标准，“镖局”就正式开张了。没想到运行不到 3 个月，业务量就稳中有升。“服务对象多是忙不开的老师和同学，没想到帮留学生取快递还练习了口语。”三个人说，因为很多留学生都分不清各种含有“通”字的快递，快递人员也不会外语，他们在服务中从开始的蹦单词加手语到现在的和留学生对话都没太大问题了，英语口语水平得到了前所未有的提高，这三人尝到了创业成功的快乐。继“快递三侠”毕业后，锦州医科大学“邮小二”速递公司应运而生。

案例 3：同取、发快递一样，同样在下课时间，中午和晚上就餐高峰，很多同学抱怨买不到可口的饭菜，用手机使用饿了么、美团和百度点外卖，只能去校门口去取（学校为了保障校园环境安全，是不允许外来人员随意进出校园的），来回往返时间长，占用了本不宽裕的休息时间，所以很多学生抱怨没有在校园内可以送的外卖。针对这样的不满意，锦州医科大学创业孵化基地诞生了锦州医科大学“学生蕙”餐饮有限公司，公司主打取送快递，网上订餐、送餐等服务。

上述案例告诉我们：不满意中蕴含着商机，对于生活中的不满意，有的人选择发牢骚，有的人选择默默地承受，但敏锐的创业者却能从不满意中发现商机。我们身边有太多的不满意，大学生想要创业成功，就要挖掘身边的不满意，分析不满意的原因，找到解决不满意的途径。

请按以上思想利用表 5-1 寻找身边的不满意，生成创业思路。

表 5-1 在不满意中寻找创业思路

类别	人们对什么不满意	为什么会产生不满意	发现的创业思路
衣			
食			
住			
行			
玩			
教育			
其他			

2. 从环境变化中找创业思路 机会产生于变化的环境中，因此商机无限。创业者应从变

化的环境中发现创业思路。伴随着环境污染的加重，全国大面积地区出现了不同程度的雾霾，很多人外出都会戴厚厚的防雾霾口罩，我们在逛商场的时候也发现很多商家售卖空气净化器，几千到上万元不等。就是因为生活环境的改变，人们越来越重视健康，很多商家加大了研发和生产空气净化器的投入，最终占领消费市场，挣取高额的利润。

请利用表 5-2 从一般环境和具体环境中发现机会与威胁，生成创业思路。

表 5-2 环境机会分析表

环境	因素	分析变化指标	提供了什么机会	带来了什么威胁	创业思路
一般环境	政治环境	国家当前的发展目标			
		国家方针政策			
		国家法令法规			
		其他			
	经济环境	国民收入			
		物价水平			
		消费支出分配规模			
		其他			
	社会环境	人口状况			
		价值观（或时尚）			
		风俗和品味			
		其他			
	技术环境	新技术/新方法			
		新产品			
		新材料			
		其他			
具体环境	供应商	人力资源供给			
		资金供给			
		原材料等供给			
		其他			
	顾客	当前的需要			
		潜在的需要			
		需要的变化			
		其他			
	竞争者	提供的商品			
		价格			
		质量			
		其他			
	政府	市政府政策			
		区政府政策			
		社区政策			
	学校	其他			
		政策支持			
		场地			
		设备、资金			

续表

环境	因素	分析变化指标	提供了什么机会	带来了什么威胁	创业思路
具体环境	干系人群	当地居民			
		环保组织			
		其他利益集团			
		其他			
环境提供的最大的机会和发现的创业思路是：					

3. 在调查研究中找创业思路 下面为大家讲述一个买土豆的故事。

小明和小强同时受雇于一家超市，开始时大家都一样，从最底层干起。不久后小明受到总经理的青睐，一再被提升，从领班直到市场部经理。小强却像被人遗忘了一般，还在超市干着销售员的职位。终于有一天小强忍无可忍，向总经理提出辞呈，并痛斥总经理用人不公平。总经理并没有生气，而是耐心地听着，他了解这个小伙子，工作肯吃苦，很努力，但似乎缺少了点什么……

总经理忽然想到了一个主意。“小强先生”，总经理说，“请您马上到市场上去，看看今天有什么卖的。”小强很快从市场回来说，刚才市场只有一个农民拉了一车土豆在卖。“一车大约有多少袋土豆？多少斤？”总经理问。小强又跑去，回来说有 10 袋。“价格多少？”小强再次跑到市场。总经理望着跑得气喘吁吁的他说：“休息一会吧，你可以看看小明是怎么做的。”

说完总经理叫来了小明，对他说：“小明，请你马上到市场上去，看看今天有什么卖的。”小明很快从市场回来了，汇报说到现在为止只有一个农民在卖土豆，一共有 10 袋，价格适中，质量很好，他带回几个让经理看。这个农民过一会儿还会运来几筐西红柿卖，据他看价格还公道，可以进一些货。这种价格的西红柿总经理可能会要，所以他不仅带回了几个西红柿作样品，而且还把那个农民也带来了，他现在正在外面等回话呢。

总经理看了一眼红了脸的小强说：“请他进来。”小明由于比小强多想了几步，于是在工作上取得了成功。

寻找创业项目的过程中，很多大学生不去市场调研，单凭自己的想象，最终因不能满足顾客的需要而导致创业失败。只看不想，缺乏深入的分析，仅凭表面现象就得出“无市场”或“市场巨大”的结论是不理智的。我们要学习小明，不仅对市场的货源进行了调查，还对产品的质量和种类等进行了询问，不仅从调查中获得货物的来源和种类的相关信息，而且还研究出相应的经营对策。

大学生不仅要把调查研究作为寻找和发现创业机会的途径，更要把调查研究作为了解社会、学习社会、增长社会阅历与提高人际交往能力的途径。当代大学生最容易犯的错误就是忽视对市场的实际调查研究，凭空想象，要小聪明，随便上网搜索一下，同学之间讨论一下就可以搞定一个创业项目，就可以进行创业了，这是十分危险的。应该结合周边的环境和自身的条件，注意创业项目质量，避免选择没有技术含量的创业项目，同时注意避免同行竞争恶意压价的创业风险（表 5-3）。

表 5-3 创业思路调查表

方法	调研对象	调查目的与含义	发现的创业思路
观察法	地址	观察企业环境特点并发现创业思路	
	社区环境	观察企业所在社区的特点并发现思路	
	公众	观察公众的偏爱和态度并发现思路	

续表

方法	调研对象	调查目的与含义	发现的创业思路
观察法	顾客	观察顾客消费习惯和状况并发现思路	
	竞争者	观察竞争者的行为并发现思路	
	产品	观察市场提供的产品与服务并发现思路	
	价格	观察产品或服务的价格并发现思路	
	销售方式	观察产品或服务销售方式并发现思路	
	促销手段	观察产品或服务促销方式并发现思路	
	其他		
体验法	服务质量	身临其境体验服务质量并发现思路	
	产品质量	身临其境体验产品质量并发现思路	
	产品特色	身临其境体验产品特色并发现思路	
	经营风格	身临其境体验经营风格并发现思路	
	视觉效果	身临其境体验视觉效果并发现思路	
	营销方式	身临其境体验营销方式并发现思路	
	促销手段	身临其境体验促销手段并发现思路	
	其他		
询问法	顾客满意度	询问顾客有什么不满意并发现思路	
	成功者经验	请教成功者并发现思路	
	失败者教训	请教失败者并发现思路	
	行业的规范	向经营者打听行规并发现思路	
	竞争者经历	向经营者打听竞争状况并发现思路	
	行业潜规则	向业内人士打听行业内的潜规则	
	其他		
换位法	产品	以顾客的价值感受产品并发现思路	
	服务	以顾客的价值感受服务并发现思路	
	地址	以顾客的价值感受地址并发现思路	
	视觉	以顾客的价值感受视觉效果并发现思路	
	营销方式	以顾客的价值感受营销方式并发现思路	
	促销手段	以顾客的价值感受促销手段并发现思路	
	价格	以顾客的价值感受价格并发现思路	
	经营风格	以顾客的价值感受经营风格并发现思路	
	其他		

4. 社会热点找创业思路　社会热点又分为社会时尚和社会趋势两类。创业者要特别关注那些具有大趋势性质的社会热点现象，这些热点往往是社会的新需求和创业机会的诞生之地，我国目前具有许多大趋势性质的社会热点现象。

案例 1：社会老龄化产生的老年服务业需求热导致各种养老机构的诞生，比如说："老年幼儿园""老年托管所"。白天子女上班，可以将老年人寄放在"日托"机构，使老年人得到全面地照顾。解决了子女白天工作无暇照顾老人的难题。

案例 2：高考产生的报考指导热，很多家长对目前高校招生政策不太了解，加上全国有几个省份都是先出成绩后填报志愿，学生因为应试教育，对大学也不是很了解，报考志愿的时候都是凭分报志愿，脱离了自己兴趣、爱好，导致报考不理想。随着人们生活水平的提高，媒体时代的高速发展，很多家长对高考报志愿有了新的认知，所以社会上出现了一些高考辅助报考机构，这些机构提供职业生涯规划师，其大部分来自高校或来自在招生办公室工作过的人员，他们通过一些简单的职业测评，归纳总结出考生的兴趣、性格、能力、价值观等，结合高考分数填报志愿，既满足孩子的兴趣需要，又能保证投档相对稳定。

请根据以上观点，利用表 5-4 对社会热点问题在市场具体化阶段和市场再结合阶段寻找创业思路。

表 5-4　热点机会调查表

社会热点	市场具体化阶段发现的创业思路	市场再结合阶段发现的创业思路
网络时代到来		
3D 产品的普及		
高档住宅产业		
轿车走进家庭		
视觉产品增多		
电脑的家庭化		
教育的国际化		
儿童校外教育		
旅游业的兴起		
健身业的兴起		
收入水平提高		
社会老龄化		
独生子女		
环境污染		
食品安全		
失业现象		
单亲家庭		
农民工进城		
个体创业现象		
三农问题		
城市扩大化		
宗教的兴起		
文明病增多		
全民投资热		

（五）专业领域的创业机会

大学生创业成功率低的原因众多，其中之一是大学生的生活轨迹普遍是“校门到校门”，学校以外的大千世界知之甚少。很多专业性比较强的高校不重视创业，不注重培养创业导师，很多大学老师都没有接受过创新创业的相关知识和技能培训，创业指导课敷衍了事，导致学生对创业孤陋寡闻。在我国，大学生普遍社会经验有限，学校中的专业学习和训练是大学生重要的社会学习方式与经验来源，是大学生相对熟悉的领域，也是自身优势和劣势体现。因此，有创业意愿的大学生应该更加专注专业型创业，在学习专业知识的过程中，注意专业领域内的商机特点、商业模式和建立社会资源网络关系，结合自身的专业特点，提高创业的技术含量，减少竞争风险。

锦州医科大学大学生创业孵化基地中有一个创业项目就是大学生康复技能培训中心,该中心主要业务范围是为在校学生提供康复设备,指导和培养与康复相关专业的学生的技能操作能力。本创业项目就结合了学生的专业性特点，针对康复治疗学和运动康复专业及临床相关专业的学生进行技能操作训练，通过训练，提高学生职业能力。

第二节　创业风险

一、创业风险的概念及构成

（一）风险的概念

风险是指由于环境的不确定性、客观的复杂性、主体能力与实力的有限性而导致某一事项或活动偏离预期目标的可能性。

（二）风险的构成

风险的构成要素主要包括：风险因素、风险事故和风险损失。

1. 风险因素　是风险事故发生的潜在原因，是造成损失的内在原因或间接原因。根据性质不同，风险因素可分为物质风险因素、道德风险因素和心理风险因素三种类型。

2. 风险事故　是造成损失的直接的或外在的原因，是损失的媒介物，即风险只有通过风险事故的发生才能导致损失。就某一事件来说，如果它是造成损失的直接原因，那么它就是风险事故；而在其他条件下，如果它是造成损失的间接原因，它便成为风险因素。例如，某企业资金链的断裂，就会导致企业运行障碍甚至破产，所以它就是风险事故。而某企业因为负面新闻导致销售额下降，造成了经济损失，这里的负面新闻就是风险因素。

3. 风险损失　在风险管理中，风险损失是指非故意的、非预期的、非计划的因素造成的经济价值的减少，通常风险损失分为直接损失和间接损失。

（三）创业风险的概念

由于创业环境的不确定性、创业机会与创业的复杂性，以及创业者、创业团队与创业投资者的能力和实力的有限性，导致创业活动偏离预期目标，这就是创业风险。

二、创业风险的成因

创业就是将某一构想或技术转化为具体的产品或服务的过程,在这一过程中,存在着几个基本的、相互联系的缺口，他们的主要来源是创业环境的不确定性、复杂性和有限性。

1. 融资缺口　创业者为其构想的付诸行动,但往往没有足够的资金将其构想实现商品化,从而给创业行为带来一定的风险。大学生人际交往能力不强，创业经验几乎为零，所以融资对很多大学生来讲是天方夜谭。

2. 调查研究缺口　主要存在于仅凭个人兴趣所做的研究判断和基于市场潜力的商业判断之间。当一个创业者最初证明一个特定的科学或技术突破可能成为商业产品基础时,他仅仅停留在自己的认可程度上。很多大学生在创业计划中提到发展某个养殖项目每年能赚到几百万，创业前景良好。但在计划中没有提到固定资产、流动资金等前期投入，没有对创业项目的财务情况进行调查和分析，使创业脱离实际。

3. 管理缺口 很多年轻的毕业生，从校园人刚刚向社会人转化，不具备出色的管理才能。进行创业活动时，创业者可能是技术方面的专业人才，但却不一定具备专业的管理才能，从而形成管理缺口。另外，大学生创业者在创业过程中有某种“奇思妙想”，可能是新的创业点子，但在战略规划上不具备出色的指挥才能，他们只重视技术支撑，不擅长管理具体事务，尤其是财务管理和人力资源管理，从而形成管理缺口。

4. 技术缺口 如果一个创业项目要依靠别人的技术或市场进行推广，则会导致该企业失去核心竞争能力，资金大部分外流，创业利润微薄。

三、创业风险的类型

1. 机会风险 创业者选择创业也就放弃了原先从事的职业，一个人只能做一件事。选择创业就没有了其他的选择，这就是机会风险。大学生创业经常会遇到这种情况，本来根据自己的专业可以找到相对口的工作单位，但是为了创业放弃了具有稳定收入的工作。

2. 技术风险 在企业产品创新的过程中，存在因技术因素导致创业失败的可能性。例如，某学生想创建一个网上平台收售二手书，她本身不是学的 IT 专业，所以在平台建设和维护上会依靠外来技术支持，这样会花费大量的金钱，增加创业的成本，在创业过程中容易因为技术问题被牵制，在竞争中失去核心竞争力。大学生在创业过程中，任何一个环节的技术障碍都会影响创业结果甚至导致创业失败。

3. 资金风险 又称财务风险，是指企业在各项财务活动中由于各种难以预料和无法控制的因素，使企业在一定时期、一定范围内所获取的最终财务成果与预期的经营目标发生偏差，因资金不能适时供应而导致创业失败的可能性主要有融资拿不到钱和无法偿还贷款这两种风险。这是创业中最常见的风险，在筹措资金、长短期投资、分配利润及经营过程中都可能产生风险。

4. 市场风险 是指企业在从事经济活动中，因市场因素而导致的创业失败的可能性，即市场主体从事经济活动所面临的盈利或亏损的可能性和不确定性。创业者或者公司从成立公司开始直到公司不再经营为止，这过程中都会面临经营亏损甚至企业破产的可能性。如果创业过程中在价格定位、用户选择、上市时机及市场区域划分等方面出现问题，就会带来产品市场开拓的困难而导致创业失败。

5. 管理风险 是指在创业过程中缺乏有效的管理而导致的创业失败的可能性。由管理者的素质、决策风险和组织风险决所定，管理者如果没有足够的能力管理公司事务，在决策时出现严重的错误，就会影响公司的经营状况甚至直接让公司面临破产的境地。

6. 环境风险 是指新创企业在经营过程中受自然环境、经济环境、政治环境、法律环境及社会文化环境等外部环境的影响而造成的创业失败的可能性。

7. 人力资源流失的风险 是指一些研发、生产或经营型企业需要面向市场，大量的高素质专业人才或业务队伍是这类企业成长的重要基础。专业人才及业务骨干流失会让企业的生产、研发工作断链，给企业带来亏损或经营不下去的可能性。

8. 竞争风险 如果创业者选择的行业是一个竞争非常激烈的领域，那么在创业之初极有可能受到同行的强烈排挤。一些大企业为了把小企业吞并或挤垮，常会采用低价销售的手段。对于大企业来说由于规模利益或实力雄厚，短时间的降价并不会对他造成致命的伤害，而初创企业因为资金短缺，则意味着面临彻底失败的危险。

四、创业风险的规避

1. 熟悉创业相关的法律法规 公司的成立需要进行很多法律程序，因此或多或少地要熟悉一些法律知识。为了避免公司卷入法律事件，创业者和公司的相关人员要掌握一些基本的法律知识。创业者和公司的业务人员要熟知我国现行的法律法规，对《中华人民共和国民法》《中华人民共和国公司法》《中华人民共和国合同法》《中华人民共和国劳动合同法》《中华人民共和国劳动争议调解仲裁法》《中华人民共和国商法通则》《中华人民共和国经济法》《中华人民共和国税法》和《中华人民共和国劳动和社会保障法》等相关法律更要熟练掌握。锦州医科大学大学生创业孵化基地就为有创业想法的同学提供法律援助，聘请了资深的法律专家为同学们答疑解惑。

2. 预防财务风险

（1）增强财务人员风险观念。理解利润、现金、资产的区别，节约使用资金，评估资产状况，约束投资冲动，慎重对待扩张。对资金需求的高峰期应预先做出安排。尽量学会运用各种财务报表，能够对每项资金做出具体的分析，明确资金的流动方向。保证有充裕的流动资金支持公司运转。

（2）合理调整资金结构，建立资金控制制度。选择精明又务实的人员进行资金管理。

3. 降低市场风险 以市场需求为出发点，时刻关注市场供需的变化，并能够针对市场环境的变化快速做出反应；收集市场情报，并加以分析，制订有效的市场营销策略；分析竞争对手，努力健全符合自身产品的销售渠道，占有大量的客户源，同时还要对客户讲究诚信。

4. 降低技术风险 创业最好切合企业自身的技术能力，引进先进的、经济的、适用性好的技术，在技术开发的过程中应加强技术管理，对技术人员实行高薪聘用，保证技术资料的机密性，防止因为技术人员流失而引起技术流失。

第三节 创 业 资 源

在美国农村住着一个老头，有一天，一个人找到他，对他说："尊敬的老人家，我想把你的小儿子带到城里去工作。"老头气愤地说："不行，绝对不行，你走吧！"这个人说："如果我在城里给你的儿子找个对象，可以吗？"老头摇摇说："不行，你快出去吧！"这个人又说："如果我给你儿子找的对象，也就是你未来的儿媳妇是洛克菲勒的女儿呢？"老头想了又想，终于被让儿子当上洛克菲勒的女婿这件事打动了。过了几天，这个人找到了美国首富石油大王洛克菲勒，对他说："尊敬的洛克菲勒先生，我想给你的女儿找个对象。"洛克菲勒说："快滚出去吧！"这个人又说："如果我给你女儿找的对象，也就是你未来的女婿是世界银行的副总裁，可以吗？"洛克菲勒于是同意了。又过了几天，这个人找到了世界银行总裁，对他说："尊敬的总裁先生，你应该马上任命一个副总裁！"总裁先生头说："不可能，这里这么多副总裁，我为什么还要任命一个副总裁呢，而且必须马上？"这个人说："如果你任命的这个副总裁是洛克菲勒的女婿，可以吗？"总裁先生欣然同意了。

故事中的"这个人"借助洛克菲勒的女儿，从而让老人同意他带走儿子；接着，"这个人"又借助"世界银行副总裁"促使洛克菲勒同意将女儿嫁给老人的儿子；最后，"这个人"又借助洛克菲勒，说服世界银行行长重新任命老人的儿子为副总裁，借助几个人的力量，圆满地达到了自己预定的目标。作为大学生创业者，自身拥有的资源往往是有限的，因此要善于利用和整合多方资源并为己所用。

一、创业资源的内涵与分类

很多大学生带着满腔的创业热情，却在创业过程中感叹创业难。难就难在大学生缺乏启动资金、经营管理经验欠缺、人脉不广、专业技术薄弱。在激烈的市场竞争中，大学生创业者常因缺乏创业必备的条件而陷入劣势，导致被市场淘汰。没有充足的创业资源，空有创业热情是不可能创业成功的。

（一）创业资源的内涵

所谓资源是指一切可被人类开发和利用的物质、能量和信息的总称。也就是自然界和人类社会中可以用以创造物质财富和精神财富的具有一定量的积累的客观存在形态，如土地资源、矿产资源、森林资源、海洋资源、石油资源、人力资源、信息资源等。

创业资源是指企业在创立和成长过程中需要的特定资产，包括有形资产与无形资产。其是经由创业者识别并开发利用，充分实现其新效用、获得新价值甚至是超额利润，具有异质性的商业资源。创业资源是创业企业创立和运营的必要条件，主要表现形式为创业人才、创业资本、创业机会、创业技术和创业管理等方面。简单地说，创业资源就是支撑创业者创业的条件，是企业创立和成长过程中必需的要素，没有创业资源，就没有创业基础，创业项目就成为无源之水，无本之木，很难实现真正意义的创业。

（二）创业资源的分类

1. 按照创业资源对企业成长的作用可分为要素资源和环境资源两大类

（1）要素资源：指直接参与企业日常生产、经营活动的资源。它包括场地内部的基础设施建设、计算机通信系统、周边方便的交通和生活配套设施及物业管理与商务中心等场地资源；银行贷款和风险投资、各种政策性的低息或无偿扶持基金、写字楼或者孵化器所提供的租金等资金资源；高级科技人才和管理人才、高水平专家顾问队伍、聘用的合格员工等人才资源；企业诊断、市场营销策划、制度化和正规化企业管理咨询等管理资源；对口的研究所和高校科研力量的帮助，与企业产品相关的科技成果及进行产品开发时用到的专业化的科技试验平台等科技资源。

（2）环境资源：是指未直接参与企业生产，但其存在可以极大地提高企业运营的有效性资源。它包括鼓励大学生创业的政策资源；宣传和推介、合作、采购和销售渠道等信息资源；企业间相互学习和交流、相互合作和支持的文化氛围，以及相互追赶和超越的文化氛围等文化资源；借助大学或优秀企业、借助科技园或孵化器、借助社会上有影响力的人士对企业的认可等品牌资源 。

2. 按照创业资源的来源可分为内部资源和外部资源两大类

（1）内部资源：主要是创业者或创业团队自身拥有的可用于创业的资源，如创业者或创业团队自身拥有的可用于创业的资金、设备及自己拥有的技术、自己获得的创业机会信息、营销网络和经营管理才能等。创业者的家族资源也可以看作创业者的内部资源。

（2）外部资源：是指创业者从外部获得的各种资源，如从亲友、同学、其他投资者那里获取的资金、场地、设备及其他原材料等。

3. 按照创业资源的存在形态可分为有形资源和无形资源两大类

（1）有形资源：是指可用货币衡量的物质形态，如场地、设备、原材料、产品、资金等。

（2）无形资源：是指无法用货币衡量的非物质形态，如技术、信息、形象、信誉等。

4. 按照创业资源的性质可分为物质资源、人力资源、财务资源、技术资源和组织资源五大类

（1）物质资源：是指创业活动所需的有形资源，如场地、机器设备、原材料等。也包括土地、森林、矿山等自然资源。物质资源是创业企业更快更好发展的保证。

（2）人力资源：是指创业者与创业团队所拥有的能够被企业所用，且对价值创造起贡献作用的知识、技能、经验、体力、愿景、人际关系等的总称。人力资源在创业中占有举足轻重的地位，是企业的核心资源。在创业初期，相对于其他创业资源，人力资源是核心，也是实现企业可持续发展的关键资源。

（3）财务资源：包括资金、资产、股票等，是创业成功和顺利经营的前提。大学生创业的财务资源多来自个人、家人、亲朋好友。近年来，随着国家鼓励大学生创业扶持力度的加大，大学生创业贷款、创业扶持资金、风险投资、参加创业比赛获得资助支持等形式都成为大学生获取创业财务资源的有效途径。

（4）技术资源：包括两个方面，一是在创业过程中解决与实际问题有关的软件方面的知识，如工艺流程、加工方法、关键技术、有效组织和管理的经验和方法等；二是为解决这些实际问题而使用的设备、工具等硬件方面的知识，如将工艺流程、加工方法、关键技术等付诸实施所对应的生产工具和物资设备。管理和利用好技术资源，可提高企业的核心竞争力。

（5）组织资源：是指组织内部的管理系统、管理方法和管理手段，也是新创企业的最初设计和不断调整，还包括对环境的适应和对成功经验的学习。其是创业企业具有标志性意义的一种资源。

创业者和创业团队通过组织和协调，把各类创业资源整合成一个为新创企业服务的系统，可以取得 1+1 大于 2 的效果。

（三）创业资源与商业资源的区别

1. 创业资源是一种具有异质性的商业资源，是能够实现价值的商业资源。只有创业者或创业团队拥有或可以利用的商业资源才是创业资源，不是所有的商业资源都能成为创业资源。比如，土地、煤炭、矿山、石油等自然界的商业资源，只有被创业者开发或利用后才能成为创业资源。

2. 创业资源的表现形式多是无形的，一般的商业资源则多为有形资源。

3. 创业资源的独特性更强。创业者的个人能力和社会网络资源是企业竞争力的基石，是创业中最关键的资源。一般的商业资源中，规范的管理制度是企业成功的基础资源。

二、创业资源在大学生创业过程中的重要作用

毕业于太原理工大学计算机专业的马昊，凭借 7 年的汽车租赁及旅客运输运营经验和与政府部门良好的合作关系，创办了一个网上汽车站，他通过与山西省旅游汽车公司、太原市旅游汽车租赁公司合作，获得了 3000 万元的天使投资，购置了 50 辆捷达和 120 辆凯美瑞轿车，创立了我国第一款拥有合法车源模式的软件，改变了传统的中介服务模式，建立了人车双向控制、点对点用车的网上汽车站，最大限度地改善了旅客的出行体验。马昊成功地整合了上述的物质资源、人力资源、财务资源、技术资源等各类创业所需资源，从而顺利地迈出了创业的脚步。可见，对于初创企业尤其是大学生创业来说，合理配置和利用创业资源尤为重要。

成功的创业者大多是资源整合的高手，创造性地整合资源是他们创业成功的关键因素之一。

《中国大学生就业创业发展报告 · 2015-2016》相关数据显示，2016 届全国高校毕业生创业率为 2. 93%。参与调查的大学生创业者们认为影响创业成功的三大客观因素依次是人脉关系、市场环境和资金。大学生创业者面临的主要困境位列前三的依次是个人创业经验能力不足、团队合作不好和难以找到合格、稳定的员工。可以说，在影响创业成功的诸多因素中，创业资源不足或不能被充分利用成为主要原因。

资源是一切创业活动的根本。创业者获取创业资源的最终目的是为了组织创业资源并实现创业机会，提高创业绩效获得创业的成功。无论是哪种资源，无论它们是否直接参与企业的生产经营，它们的存在都会对创业成效产生积极的影响。 创业资源也是大学生创业的前提和基础，缺少创业资源，大学生创业就成为“无米之炊”，成功创业就无从谈起。

（1）创业的过程就是创业者和创业团队进行创业资源整合的过程。企业资源的获取和整合贯穿于整个创业过程之中。企业竞争优势的真正来源就是企业对资源整合的能力。这种能力可以让创业者及其团队基于对未来发展趋势的正确预测判断而有效地识别、选择、获取、配置、融合、组织内外部资源，通过一系列整合，提升企业的竞争优势。因此，不仅一个企业的创办需要依靠创业资源，一个企业的成长也要依靠创业资源。

（2）创业资源可以直接促进大学生新创企业的成长和发展。比如，舒适的研究开发环境和高速网络通信系统，便捷的商务中心和配套设施等物质资源，会有助于新创企业更快更好地成长；大学生在校期间具备的专业知识、技能和对某个领域的独到见解与专长等技术资源与市场相结合，将产生很高的社会价值和经济利益；有效吸收充足的资金资源将有助于加速新创企业的发展运行，避免让资金不足成为企业高速发展的瓶颈；对于高科技企业的成长和发展，高素质人才资源的获取和开发成为了现代企业可持续发展的关键；拥有完整而高效的管理组织资源是新创企业尤其是高科技创业企业提高生产和运作效率的宝贵财富，更是创业企业具有标志性意义的一种资源；引进有商业价值的科技成果和高校科研院所产学研合作等科技资源，可加快企业产品研制和成型的速度，缩短产品进入市场的时间，为企业的市场竞争提供有力支持。

（3）创业资源还可以间接促进新创企业的成长 。比如，在我国的创业环境下，在政策允许和鼓励的条件下，新创企业可以获得更多的国内外人才、贷款和投资，具有明确产权关系的科技成果，各种服务和帮助及场地优惠等。因此，鼓励大学生创业的政策资源可以使大学生得到更便利和实惠的创业指导、创业培训、工商登记、融资服务、税收优惠、场地扶持等各项服务和政策优惠，从而极大地激发了大学生创业的激情和热情，并为他们提供了良好的创业环境；丰富、及时、准确、专业的信息资源可以为创业者制订研发、采购、生产和销售的决策而提供指导和参考；企业深厚的文化资源将对创业企业和创业者具有精神激励作用，使企业以更强的动力和能力进行有效组合并创造价值；创业企业拥有的品牌资源可为创业企业提供品牌保证，从而提高政府、投资商和其他企业对新创企业信誉度的估价，有助于新创企业获取更多更好的资金、人才、科技、管理等资源，增强社会影响力。

三、大学生创业资源的获取

巧妇难为无米之炊。企业要进行正常的生产经营必须拥有一定的可以带来未来收益的创业资源，从而才能依靠资源的潜力赢得利润，获得成功。但更重要的是，企业资源再雄厚、再优越，资源潜力再大，如果缺乏足够的资源配置力的激活和放大，这个企业也只能处于休眠状态，无法形成现实的竞争能力。

资源配置的核心是要做好物质资源之间的配合、人力资源之间的配合及人力资源与物质资源之间的配合。特别是对人力资源而言，若不能有效激发其积极性、自觉性与创造性，不能协调好各种人际关系，其结果就不仅仅是资源潜力难以发挥的问题了，它还会因为企业成员之间的有害冲突与矛盾而引起内耗，轻则增加企业的经营成本，重则危及企业的生存。正如法国著名企业家、世界服装品牌皮尔·卡丹的创始人皮尔·卡丹所言："用人上一加一不一定等于二，搞不好等于零。"创业者只有注重开发、整合和充分利用创业资源，才能建立起企业的竞争优势，从而提高大学生创业的成功率。

对于创业者来说，那些能够对其项目和企业发展有帮助的要素都是创业资源。其中，最基本要素是人、财、物三种资源。

(一) 获得创业"人"资源的途径

创业企业的"人"资源不仅包含企业的员工，还包括创业者和创业团队所拥有的知识、技能、经验、人脉、关系网络、营销渠道等。这些资源大多是创业者或创业团队自身拥有的，可以通过内部的培育、开发、学习等途径获得。因此，立志创业的大学生要努力扩大、提升自己的自有创业资源，在创业前，充分利用大学时光，培养和完善自己的人格，树立正确的世界观和价值观，努力学习专业知识，积极参加各类创业实训实践活动，开阔视野，接触社会，提高经营、管理、组织协调、沟通等能力。通过兼职、社团、创业的经历学习行业知识，建立客户资源渠道，了解企业运作模式，学习市场开发技巧，拓展各行各业、各种背景的人脉资源。同时，还要发挥大学生的优势，借助自身的专业理论和技能，开发出具有高价值的新技术、新产品或新的服务模式，组建高效的、专业的创业团队，以此作为自己的优势资源，去吸引和聚合其他的创业资源，以便在商机到来之时，有更多的资源储备去实现创业项目。

郑州大学美术学院大三学生邹伟大一就开始从事各种创业相关活动，做电商、干销售、跑遍大半个中国。大二创办了河南画饰界文化传播有限公司。仅用一年半的时间，公司就从郑州扩展到安徽等六个校区，并在多地举办艺术画展，完成多笔艺术品交易，创造了年营业额破百万的营业成绩。他兼职开淘宝店、做代购，创办了"购物天堂"电子商务平台。谈到做电商的这段经历时他感慨："我学习到了许多电商运营的专业知识，从 B2C 到 O2O 的相关专业书看过不少，跑业务的过程丰富了我的阅历、积累了一部分人脉，为后期创业打下了坚实的基础。"

(二) 获得创业"财"资源的途径

大学生创业所需要的财务资源，往往是在确定项目和创业团队之后，从父母、亲戚、朋友那里得到资助，还可选择合伙人共同投资创业，减轻创业初期资金的压力。

除此之外，大学生创业者还可以加入孵化计划，赢取创业基金。很多城市和大学的创业园区都有为创业者提供创业基金的政策和孵化器，并提供办公的场所和初始基金；一些知名创业扶植服务机构、基金也会定期举办创业大赛、Demo 活动。用赢取创业基金的方式筹集创业的"第一桶金"，不失为一个高效、可行的办法。

大学生创业者还可以申请银行小额担保贷款、创业贷款，以满足企业日常生产经营的资金周转。

随着互联网金融的兴起，创业者可以把自己的产品或创意提交到众筹平台，发起募集资金，由感兴趣的人来捐献指定数目的资金。目前，有越来越多的国外创业者开始在一些众筹网站募集资金，我国也出现了很多出色的众筹平台如天使汇、大家投、点名时间、追梦网等等。对于绝大部分创业者来讲，创业股权式众筹的先锋式尝试可以帮助他们有效地找到资金。

四川理工大学学生冯杨 2016 年 1 月正式创办公司。当年 4 月，他们使用无人机拍摄，将全景技术与 H5、超链接、视频、图文和互动等多种新媒体方式相融合，制作的《成都最炫 VR 全景，别再说你没有来过成都!》经过朋友圈传播发酵，3 天内网络观看量突破 100 万，打响了名气。在这项作品之中，冯杨在每个图标上都注明了公司名称与联系方式，作品发布的第二天，他们便接到了八十余个商谈合作的电话。2017 年 2 月，冯杨的公司被四川某企业以 500 万资金买走 51%的股权。这意味着，1994 年出生的冯杨，在还没走出大学校门前已经拥有千万身家。目前，市场上已有许多更为成熟的 VR 内容公司，但生产的内容以视频和游戏为主。冯杨团队在雄厚的资金支持下，选择了差异化的内容制作，以全景内容拍摄为主营业务，在当地做出了名气。现在冯杨开始着手开创新的艺术 VR 及 VR 在高等教育、地质勘探等领域的运用。

（三）获得创业“物”资源的途径

此类资源包括两个方面，一是产品或技术；二是市场信息、场地、设备等物质资源。

“柯来视”创新创业团队由温州医科大学陈航和同学在 2009 年组建的，“柯来视”一词源自于希腊语 clarus，寓意为光明。当时温州医科大学附属眼视光医院斜弱视专家陈洁和她的老师王光霁在临床中发现，有 20%～30%的弱视孩子患偏心注视性弱视。他们搭建了一个大模型治疗仪器，在临床中取得一定成效，可由于仪器很大、治疗时间又长，不少患者中途放弃治疗。陈航和他的科研团队得知这一消息后，主动找到陈洁，希望能承担起将这个治疗仪小型化、商品化的科研任务，方便患者使用。

经过多年的潜心研究和坚持不懈，大体积、超重量的铝合金治疗仪如今已变身为单手就能托起的 15 厘米见方的小盒子。近五年，“柯来视”创新技术团队共计获得以核心成员为第一发明人的国家专利 10 项（其中发明专利 5 项，实用新型专利 3 项，外观设计专利和软件著作权各 1 项），以团队成员为第一作者发表论文 3 篇（含 SCI 系列论文）；曾获 2014～2015 年 GSVC 全球社会企业家创业大赛中国赛区第一名、第三届“创业浦东”全球青年科技创新创业大赛冠军、第十二届大学生“挑战杯”全国课外学术科技作品竞赛特等奖、2015 年共青团中央大学生“小平科技创新团队”等。“柯来视”创新技术团队的智慧不仅仅局限于临床和实验室中，当青海光明行和色达健康行等公益活动发起的时候，团队成员踊跃参与，争当志愿者，参与到项目模拟运行工作中，奉献大爱。“柯来视”创新创业团队正是依托本校老师治疗偏心注视性弱视的技术资源，通过自己团队的完善开发，使之达到市场化要求，并不断独立研发各类新产品和新技术，创业团队在竞争激烈的市场中独树一帜。大学生创业者要结合自己的实际情况，经常关注学校、老师和学生的科研成果，查阅各种申请专利，及时关注科技信息和科技成果，养成发现有着巨大商机技术的习惯，获取有效的、适合自己的信息。

大学生创业者可通过市场和非市场途径获取创业“物”资源。比如，通过社会关系用最小代价甚至免费获得信息、技术等资源；通过支付费用购买产品、设备、原材料等物质资源。

四、大学生创业资源的利用

创业资源是饼也是坑。比如，在当今的“互联网+”时代，越来越多的人想利用互联网通过自己的创意或资源一夜成功，“手机 APP”、“网络平台”字样的创业项目层出不穷。然而，大多停留在主观的、美好的设想和概念上，没有合理配置资源，没有做好周密的计划，最终导致走入陷阱，使企业走向死亡。只有合理配置创业资源才能创造最大的价值。

（一）整合创业资源的作用

1. 能够帮助创业者明确企业的竞争优势，对创业机会进行评估、识别与开发，制订切实可行的战略规划，取得所需资源，为新创企业成长打下良好基础。

2. 有利于形成企业的核心能力。在创业过程中，对各种资源进行识别、获取、配置，扬己所长、补己所短，借用多方力量为己所用，保障组织持续稳定运作，从而取得创业绩效。

3. 有利于提高大学生创业者的创业能力。在整合资源过程中提升的知人善任技能、合作沟通技能、信息获取与利用等技能将为创业者成功创业提供良好保障。

（二）创业资源的有效利用

大学生创业过程中面临的许多危机往往是因为资源投入过多或不够所致。只有准确评估所需资源并充分利用，才能为创业打好坚实的基础。

1. 充分利用已有的创业资源

（1）专业知识与技能：大学生在校期间学习并掌握了大量专业理论知识，为自主创业打下了深厚的理论基础。因此，大学生可利用这一专业优势，扬长避短，从自己熟悉的行业入手，突出企业的专业性。

（2）创业实践活动：目前，各高校大多开设创业相关课程，创业协会、创业论坛、创业沙龙、创客空间比比皆是。为大学生提供了和成功企业家、创业导师面对面的机会，更在各类创业实训实践过程中积累了经验，提升了技能。大学生要抓住上述教育和培训的机会，全面了解创业要素、创业过程、创业实务，为将来的创业活动打好基础。

（3）创业基金：绝大多数大学生在校期间没有任何收入，即使通过兼职等途径获得了一定的经济报酬，但以此作为创业资金仍然是杯水车薪，资金匮乏现象严重。近年来，国家为鼓励高校毕业生设置了各种创业扶持基金。国家和政府部门出台很多鼓励大学生创业的政策，是对大学生创业的鼓励和支持，大学生在创业时一定要注意用足这些优惠政策，如免税优惠、在某地注册企业可享受比其他地区更优惠的税率等。这些政策可大大减少创业初期的成本，使创业风险大为降低。

（4）身边资源：一是大学生可选择与自己学习、工作密切相关的领域，善于利用学习、实践活动中积累的经验和获得的技能寻找商机，将自己的专长与市场相结合，近水楼台先得月。二是组建高质量的大学生团队。创业企业除了要有相关领域的专业人才以外，还要求创业者精通财务、研发、管理、销售、公关等技能。由于大学生所处的校园环境中拥有多学科、多专业人才，从客观上培养了大批具有不同门类专业知识背景的大学生，使得创业团队所必需的人力组合容易实现。

大学生村官黄凤毕业于徐州师范大学，目前在连云港经济开发区云门寺村任书记助理、中云街道团工委副书记。开发区拥有200多家大型企业，每年招工四五万人。而开发区里的年轻人来自天南海北，往往独身一人，平时忙于工作，交友、婚恋的机会不多。当地政府和企业希望他们在连云港成家立业，小黄觉得这里面大有商机。很快，她与街道几名村官协商合股，开办“花好月圆婚介服务中心”。村官们婚介经验不多，但召集年轻人搞活动却是行家。“花好月圆婚介服务中心”策划的第一次活动就是与当地报社联合，召集100多位年轻人聚会。开发区一家企业提供了场所和活动经费。随着第一炮打响，黄凤逐渐找到企业的经营模式：实行会员制，每位会员一年交费100元，可享受各种交友活动及“红娘”服务，目前会员发展到2000多人，公司促成了150对“新人”结婚，当地市妇联、工会多次邀请他们联办活动。黄凤任婚介中心控股人，年底结账，她为每位股东“分红”各 2000 元，多余的资金滚入发展基金。

2. 创造性地利用有限资源 对于大学生来说，大多整体创业水平较低，基金缺乏。因此，要充分利用有限资源，发挥资源的杠杆效应，提高各种资源的利用效率。

重复利用有限资源。重复多次使用一些特定技能或技术资源，以尽可能少的付出获取尽可能多的收获。例如，“格力”2017 年将从空调等家电领域大步迈入机器人等智能制造设备行业中，采取“自主发展”慢慢干路径，试图借助在空调制造领域的一些传统经验，谋求在机器人等智能设备领域的突破。格力电器董事长兼总裁董明珠表示，未来格力将紧密围绕机器人和精密机床两大领域深入研究，在推动格力自身制造系统转型升级的同时，为“中国制造 2025”提供一批自主研发的高端装备。同样，以空调起家的格力，利用在空调业的高知名度，不断推出全新产品，目前格力已自主研发超 100 种自动化产品，生产的智能装备产品已覆盖了伺服机械手、工业机器人、智能仓储设备、智能检测、换热器专用机床设备、无人自动化生产线体、数控机床等多个领域。格力智能装备也应用到电器、新能源、食品、节能等多个领域。重复利用品牌资源，让这些“非空调”产品同其他同期新产品相比，使格力在市场中占据了高知名度的竞争优势。

3. 把握资源的时间和地点 时代的快速进步使得技术预测的风险越来越大，预测消费者经济状态、通货膨胀、市场反应变得越来越困难。对于大学生创业而言，逐步投入资源才有弹性，允许创业者针对环境的响应做适度的修正，一次将所有资源投入既不可能，也不现实，是非常没有必要的冒险行为，逐步投入才是最佳选择。

创业者容易犯的错误是，自己认为好的就会一厢情愿地断定顾客也应该认为好。通常可以采用市场测试的方法确定顾客的偏好，将产品或服务拿到真实的市场中进行检验。雀巢咖啡为打开中国市场，就使用市场测试，选择一些城市向住户投递小袋包装咖啡。

1996 年 5 月，中国的第一家网吧在上海诞生，当时每小时 20 元人民币的价格成为新一代时髦的象征。当很多人开始追求时髦的时候，也有少数派意识到了“网吧”背后存在的巨大商机。谢尚健就是其中之一。而这时的他，年龄尚不到 20 岁。在多日的奔波之后，他获得了为数不多的网吧牌照，经营起了自己的网吧。

“互联网的发展速度快到让人无法相信，变化只能用始料未及来形容，这时候，静下心来思考显得尤为重要，人们上网在做什么?互联网能做什么?”新的想法又从他的脑海中萌生而出，于是创立了电脑硬件销售公司。同样，互联网的普及速度也是让所有人都始料未及的。当互联网进入百姓的生活后，电子商务的萌芽也渐渐破土而出，而 B2C 电商的成熟却是从 2003 年开始的，这时的谢尚健也开始准备转战电商，2004 年成立电商垂直 B2C 网站艾视网。2006 年再次创立可得眼镜网。2013 年 11 月两家网站成功合并运营。

不同的创业阶段应该选用不同的资源整合利用方式才能使创业资源发挥应有的效用。一是寻找式资源利用，主要是在创业初期的资源利用方法。其基本方法是结合自身创业团队的资源情况，分析资源储备存在的不足，提出整合外界资源的方案，积极地寻找和整合所能利用的创业资源。二是累积式资源利用，主要是在创业中期的资源利用方法，其基本方法是在初创企业的发展过程中，进一步了解创业资源的特征，对已有的资源进行准确的分析定位，并在此基础上进行进一步的整合利用，发挥资源的最大效能。三是开拓式资源利用，主要是在企业取得初步发展之后的资源利用方法，其基本方法是把创新式思维注入其中，用创新的视角去寻找具有创新点的创业资源。特别是继续寻找企业新的增长点，在新的增长点上充分开拓和整合利用资源，这一点对创业基础较为薄弱的大学生创业者来说尤为重要。

每年的毕业季，各大高校总会出现“自行车大遗弃”，众多自行车被毕业的主人扔掉，散落在校园的各个角落。河南工业大学90后学生梁鹏瞅准商机，果断出手，创立“自由人”二手自行车行，3年盈利近15万，成为校内不折不扣的环保创业达人。梁鹏告诉记者：“3年创业路，不管盈利如何，我们只是在探索如何让遗弃资源充分利用，如果能做出一点成效，才是最大的收获。”

2011年，梁鹏考入河南工业大学艺术设计专业，走在校园里，当他看到一辆辆废弃的自行车，有的当作废铁出售，有的被学校集中清理，他认为这是人力、物力的极大浪费。经过对校园自行车棚和周边二手车市场的实地调查，梁鹏研究出了集“回收、翻新、租赁、出售、工艺品”为一体的废弃二手自行车循环利用模式。

梁鹏将自己环保创业的想法告诉了同校的焦爱芬、张少，三人一拍即合。他们在学校想方设法联系弃置的自行车主，大量回收二手自行车，再将它们分类、修理、翻新，通过租赁和出售的方式实现资源重复利用。二手自行车对外出租，按天计费，按新旧划分档次，每辆每天收费5元、8元、10元。而出售价格为每辆80元和180元两个价位。

记者来到梁鹏的“自由人”二手车行，店铺位于河南工业大学东门，常备租赁二手自行车近100辆。当很多学生利用假期出游，梁鹏却依旧坚守在他的“岗位”上。大学3年时间，梁鹏不吸烟、不喝酒、不打游戏，也不谈恋爱，一门心思扑在了他所谓的环保创业上，他自学自行车修理、翻新技术，本来文质彬彬一个小伙子，天天脏兮兮的，但他乐此不疲。于是，同学们给他奉上“收破烂的”外号。后来又被改为“收破烂的大老板”。新外号中夹杂更多的是大家对他的钦佩。原先他经常向同学们讲述对资源利用、环保的理解及对于创业的计划，但同学们都不以为然，现在他用成绩证明了自己。创业申请多次遭拒、发宣传单遭人白眼、收集自行车被人误当小偷……这些困难、委屈，如家常便饭，但都被他硬扛了下来。

创业资源在于整合而不在于拥有。创业者不是在拥有资源的时候才去创业，而应在没有资源的情况下寻找资源来创业。创业者最重要的不是拥有多少资源，而是利用了多少资源。无论何种创业资源，无论它们是否直接参与企业的生产，它们的存在都会对创业绩效产生积极的影响。大学生要学会获取创业资源，并使各种创业资源在不同阶段实现最佳的配置。

第四节　创业计划

一、创业计划的概念、内涵及目标

（一）创业计划的概念及内涵

1. 创业计划的概念　创业计划（business plan）又称为商业计划。创业计划是构建一个企业的基本思想和与企业创建有关的各种事项进行总体安排与部署的文件。

创业计划书则是创业者运用书面文字的表达方式阐述自己的创业构想、创业过程中的各项事务安排及部署。创业计划书是创业者寻求投资与合作伙伴、规范创业行为的可行性报告，是创业计划的书面表现形式。

2. 创业计划的内涵　创业计划是对创业目标、任务，达到目标所需要的策略、规划、程序，企业内部人员分工、管理制度、企业的产品、营销策略、市场调研、资源利用、财务分析、利润评估等所有相关的外部及内部各个要素的科学分析及预测。

创业计划是整个创业过程中重要的组成部分，其最重要的目的是在复杂多变的市场环境中，为创业者提供创业指导准则和管理架构。在创业过程中起着指导企业、管理团队和企业员工做什么、怎么做的作用。

因此，创业计划是创业者创业思路的具体化，是创业者在创业初期的构想蓝图，是创业顺利进行的基本前提和理论保证。

（二）创业计划的基本目标

为什么要撰写创业计划书？创业计划书到底是什么？它有什么用？这不仅是创业者所关心的问题，也是很多参加创业计划大赛的同学想知道的问题。首先我们要考虑一个问题，为什么选择这个创业项目，本次创业的基本目标是什么？创业计划有四个基本目标：一是分析和确定创业机会及内容；二是说明创业者利用这一创业机会，创造新的产品或服务所要采取的方法；三是分析和确定创业项目是否可行，即创业能否成功的关键因素；四是确定实现创业所需要的各种资源及取得这些资源的方法和途径。

二、创业计划的作用与特点

（一）创业计划的作用

一份创业计划不单是创业者创业的构想、创业的目标和方向，还是一份吸引投资者对创业项目进行投资、使创业者的创意成为创造财富的宣传书，更是创业者在创业过程中的“行动指南”。

创业计划的作用主要体现在两个方面：一是系统地向人们展示创业构想；二是帮助企业与外界进行有效的沟通。

1. 创业计划系统地展示创业构想，使创业思路具体化 通过创业计划展示创业者的创业构想，能够帮助创业者更加了解创办企业的价值，明确创业项目的可行性和创业过程中战略的实施。

创业计划中应详细地描述创业的内容、业务范围、资金来源、组织结构、财务分析、营销策略、竞争对手、风险评估等，从这些方面叙述了保证创业活动顺利进行的条件，明确了在创业过程中各个事项之间的主次关系，为企业的发展指明了方向。

创业计划是建立在大量有效的信息收集和调查分析的基础之上的。这些信息有利于创业者整理创业思路，确定创业项目，有利于创业者在创业初期确定创业的宗旨、目标和方法。制订创业计划的过程，就是指导创业者应从哪些方面收集和分析与创业相关的信息，通过准确的分析从而确定创业活动是否可行、创业能够达到什么目标、怎样实现这一目标的过程。明确创业的可行性也就是分析商业机会的价值，进而制订全方位创业战略计划。

（1）分析商业机会的价值：拥有必要的信息意味着可以减少创业的风险和提高创业成功的可能性。在实现商业机会的过程中同样存在风险。创业者通过收集信息、整理信息、分析信息、利用信息来确定商业机会的价值时，也必须要考虑到创业风险的存在，将价值与风险进行比较，评估创业风险，制订对策，以确定实现这个商业机会的可能性。

（2）制订创业战略：商业计划的制订有利于明确创业的途径，它包括了创业内容和执行过程两个方面。商业计划提供了企业的产品类别、该产品的价值、为顾客解决什么问题，当前市场怎样，如何满足需求，顾客的满意程度，如何改进并拓展销售市场等等，它回答了企业制订战略所需要的相关问题，确定了企业的运营模式和战略方向。

2. 创业计划帮助企业进行有效沟通 创业者通过制订创业计划，表明创业项目安全、可行。创业计划提供了企业的创业构想，将新企业的发展潜力、所面临的机会，以及用什么样的明确、有效的方式开发这个机会，机会会带来的价值，用书面的形式与投资方和合伙人进行沟通。创业者进行沟通的对象是内外部的利益相关者，主要包括投资者、员工、重要客户和重要的供应商。

（1）投资者：创业者完全靠自有资金创业是困难的，在创业起步阶段或是成长阶段需要更多的资金来预防各种创业风险，筹集资金将是创业者所面临的一个难题。

创业计划既要告知投资者新创企业所具有的成长潜力和收益回报，又要向投资者表明创业将面临的各种风险的可能性。通过创业计划使投资者相信创业者所提供的产品及服务不仅具有良好的市场竞争力，又具备大好的发展前景。

（2）员工：是创业者实现创业梦想的重要人力资源，所有的创业目标、创业理念、创业精神都要靠员工的具体工作去实现。

创业计划首先要使员工了解新创企业的发展前景和成长潜力，对企业的未来和个人发展充满信心，激励员工努力工作；其次，创业计划还明确了员工要从事的创业活动，能够使员工清晰地认识自己的责任、担负的工作、是否能够胜任等等。

（3）重要客户：创业计划是在告知客户该企业的产品或者服务，向客户展示产品的种类和价值，让客户对新创企业充满信心，从而购买新产品并与企业建立长期、稳定的合作关系。一份好的计划书可以帮助企业在众多提供同类产品的竞争者中脱颖而出，充分地展现企业文化，提高企业的市场竞争能力。

（4）重要的供应商：创业计划可以使供应商了解企业的发展前景和成长潜力，对新创企业给予信任和肯定，供应商通过与新企业的合作带来收益和市场，获取利润，这样不仅能够为新企业获取需要的资源，还会为新创企业争取到更好的供货条件。

总之，创业计划能够使创业者清楚自己下一步的工作计划和工作内容，明确企业的发展目标，为企业今后的发展奠定基础。创业者在创业初期，就应该结合自己的特点，通过对市场的调查与分析，根据市场需要，规划出产品，评估各种风险的可能，客观地制订创业计划。

（二）创业计划的特点

创业计划应该是对市场做出最全面的分析，对产品需求做出最准确的预测，对投资收益做出最可信的评估，对新企业管理做出最严谨的筹划，因此创业计划应具有以下特点。

1. 格式严谨，结构适当 创业计划的格式应该完整、全面。对业务范围、营销手段、人员管理、财务分析的描述应详细，要表现出创业者和企业的专业素质，保证创业计划使人看过后认为觉得计划可行，更具有说服力和可靠性。结构要适当，不要头重脚轻，只写到产品种类，怎么生产、怎么经营一概不提。

2. 长短适度，重点突出 创业计划应能够对创业构思和盈利模式进行简洁、系统的描述。看了计划使人对产品盈利一目了然，创业计划既不能过短，给人感觉不真实、不可靠、随意捏造、表达不清楚创业内容，也不能篇幅过长，过分渲染或夸大企业及产品，迎合了消费者的口味，忽略了员工、投资者和供应商的需求。

3. 表达清晰，目标明确 创业计划必须能够清晰表达出创业背景、创业团队、近期或中期创业目标，描述清楚市场调查，如市场需求、竞争对手、财务状况等。创业计划应体现清晰的财富路径图特点，投资经费多少、多长时间能够回本，多长时间盈利，也要明确写出创业者在未来几年时间内要达到的目标。

4. 信息采纳，有理有据 创业计划在数据统计、信息收集上应该做到准确、客观、详细、真实，尤其是财务各种报表，只有数据真实准确才能保证创业计划详细可靠，前后数据不能有偏差，很多同学在创业计划书中前后出现自相矛盾的情况。

5. 突出团队，扬长避短 重点突出创业团队，特别是核心成员的结构、经验、能力、分工等，对投资者来说是很受关注和看中的，在创业计划中一定要体现出集体智慧，发挥团队每个成员的长处，做到合作共赢，达到人力资源的合理配置，才能宣传企业环境和企业文化，使投资人对企业更有信心，团队的合作程度决定企业将来的发展前景。

6. 财务计划，令人信服 财务方面的资料能够合理、详细地说明产品或者提供服务的分类和相关成本，包括收益表、资金负债表、现金流量表、固定资产投入表等，预测产品成本、价值、利润，至少要描述试营业阶段（不少于 6 个月）的财务分析计划。

三、创业计划的内容和结构

（一）创业计划的基本内容

一份创业计划要达到完整、详尽、规范，它一般应该包括以下基本内容。

1. 概要

（1）创业机会与目标顾客：顾客定位、产品或服务给顾客带来的利益。

（2）企业概况：产品或服务的种类，企业与竞争对手比较，它的独特之处。

（3）市场预测：销售渠道、销售途径、销售预测。

（4）管理团队：团队能力、人力资源配置。

（5）竞争优势：创新产品、服务和战略的竞争优势，商业模式描述。

（6）盈利能力：财务预算、公司财务收益及发展前景。

（7）投资者退出战略：创业风险、目标投资者、期望的回报等。

2. 企业概况

（1）创业机会：有待解决的问题或未满足的市场需求。

（2）企业概述：企业选址、企业使命、企业发展目标和战略。

（3）竞争优势：商业模式、企业如何塑造持续竞争优势。

（4）现状与需求：企业现状描述、企业发展的需求描述。

3. 产品（服务）设计、开发计划

（1）产品有哪些？满足什么需求？与竞争对手产品相比的独特之处。

（2）产品前期设计、开发的时间、需要的资金。

（3）产品生产计划、数量、成本、售价。

（4）专利或专有技术。

4. 市场分析

（1）产品描述：产品种类、适合人群、市场需求。

（2）产品吸引力：针对人群，满足社会需要，盈利的潜力。

（3）目标市场规模预测、成长率、份额、销量。

（4）目标市场的购买特征：经济、地理、交通、职业、心理特征。

（5）竞争者及其优势，竞争对手的产品、价格和营销策略。

（6）预计进入市场的各种风险，企业如何规避这些风险？

5. 管理团队

（1）组织机构、管理目标。

（2）主要管理成员、才能、特点、贡献。

（3）团队成员的角色、职责。

（4）企业所有权、股份与报酬。

（5）专业法律顾问、财务顾问和他们提供的服务。

6. 营销计划

（1）营销战略，产品将采取的销售方式。

（2）产品或服务定价。

（3）促销策略。

（4）销售渠道，怎样将产品引入市场。

（5）销售预测。

7. 生产与运营

（1）产品怎样制造，需要的设备和设施，外包情况。

（2）业务伙伴类型。

（3）质量控制。

（4）顾客支持。

8. 财务计划

（1）未来3～5年的资本需求（资金来源和使用）。

（2）财务预测、盈亏平衡分析。

（3）收益表、资金负债表、现金流量表。

（4）详细说明单位产品价格，各项支出及销售预测的各种假设。

（5）推出战略（投资者推出方式：上市、回购股票、协议转让等）。

9. 风险假设

（1）新企业优势、劣势评价。

（2）可能的风险：管理、营销、财务、技术等风险。

（3）知识产权侵害。

（4）各种应急计划。

10. 附录

（1）所有公司成员的简历。

（2）产品样本，调查问卷、顾客或供应商评价。

（3）重要的图表、照片、技术分析、法规审批、参考资料等。

（二）创业计划的结构

创业计划在结构上主要可分为如下几个部分：

1. 封面 又称标题页，应包括：公司名称、项目名称、项目单位、地址、企业文化LOGO、创办者姓名、电话、电子邮件、日期等。

2. 保密要求 一般可放在次页，主要是要求投资方妥善保管创业计划，在未经融资方允许的情况下，不得向第三方公开创业计划书中涉及的商业秘密。

3. 目录 标明创业计划书中各部分内容及页码。

4. 摘要 浓缩了整个创业计划书的精华，是对整个创业计划的概括，其目的在于用最简练的语言展现创业计划的核心、要点、特色，吸引阅读者能够仔细阅读整本创业计划。摘要很重要，是出资方和创业大赛评委首先看的内容，必须能让阅读者有兴趣并渴望在此基础上获得更多的信息。因此，摘要应从创业计划的正文中摘录出主要的、核心的、让阅读者关心的问题，一般包括：企业介绍、产品或服务范围、市场概况、营销策略、销售计划、生产管理计划、管理者及管理方式、财务计划、资金需求等。

5. 正文 是创业计划书的主体部分，应分别从公司基本情况、经营管理团队、产品或服务、技术研究与开发、行业及市场预测、营销策略、产品制造、经营管理、融资计划、财务预测、风险控制等方面对投资者关心的问题进行介绍。在这一部分中，要做到数据资料翔实、准确、丰富。

四、创业计划的撰写与展示

创业计划书反映的是企业现实需要和需求，体现的是创业者及其经营团队的创业理念和创业目标，表明的是企业的发展方向和产品或市场潜力，凝练的是创业计划的执行概要。创业计划书是把创业构想变成文字方案，因此应该汇集整个创业团队的思想和智慧，应该符合这个领域共同认可的标准和规范。

（一）创业计划书的标准

一份完整、规范的创业计划书应该符合以下标准：

1. 格式完整 创业计划书中的各部分及每个章节都按照严格的顺序依次完成，条理清晰、内容全面完整。

2. 具有明确的针对性 不同的投资者兴趣是不同的，他们关注的侧重点也不同。创业者要对投资者的背景及相关情况做深入的了解，投其所好，有针对性地完成创业计划书。

3. 语言言简意赅 创业计划书的书写和编排要力求精练、紧凑，语言方面言简意赅、通俗流畅。整个报告应可读性强，图标设计清晰、美观、视觉效果好。

4. 长短适宜 创业计划书应做到长短适中，既要能够把应阐述的问题、内容表达清楚，描述完整、准确，又要避免烦琐、啰嗦，尤其是要杜绝没有必要的套话。

5. 风格赏心悦目 创业计划书的风格既要考虑投资者的情感，也要体现创业者的意愿和喜爱。它不是报告，也不是小说，更不是科研课题。因此，创业计划书内容要真实可靠，具有感染力，能够吸引阅读者的眼球。在创业大赛的参赛作品中，有些同学在团队介绍中喜欢介绍指导教师，把指导教师的近几年科研成果都一一列举出来，很多科研成果跟创业计划没有任何联系，让阅读者感觉像在阅读科研课题一样，全是理论框架，与其说是创业计划，倒不如说是一个课题申报的标书。

6. 逻辑严谨缜密 创业计划书应严谨缜密，用科学的事实和切实的数据来阐述。对于技术的先进性，要用专业的词汇描述。介绍公司创业设想时，要结合市场调查研究的结果。对未来市场的前景展望要合情合理、言之有据。对产品的介绍分析要有充分的证据。风险退出要合理、可行，不可凭空想象。

（二）撰写创业计划书

撰写创业计划书是一个细致性的工作，设计、书写的要点有如下几项。

1. 封面设计 是创业计划书的门面，应该从审美和艺术的角度来设计，力求达到最佳的视觉冲击，但也要兼顾内容。如果封面要选用图片，应选用与创业内容相关的图片，可以是公司的商标，也可以是企业的图片。文字内容应该包括公司名称、项目名称、团队名称、地点、创办者姓名、联系方式、日期和公司的形象设计等。

2. 摘要 是整个创业计划书的精炼部分，涵盖整个创业计划书的要点。应该把主要结论总结于此，以求一目了然，在最短的时间内给阅读者留下最深刻的印象。摘要应该阐述的主要问题包括以下内容。

（1）描述企业理念和企业概况：说明公司何时建立、公司的选址、公司性质、公司将要做什么、产品或服务有何独到之处，如将要在市场上处于领先的专有技术和企业独具的能力等。

（2）商机和战略：概述存在的商机，对此商机感兴趣的理由和原因；开发此商机的战略包括：概括关键事实、条件、竞争对手、行业趋势；说明企业进入市场后的发展和扩张计划。

（3）目标市场和预测：简要结合行业和市场、主要顾客群、产品或服务定位，包括市场结构，细分市场的大小和成长率，预计的销售数量和销售额，预计的市场份额、定价策略。

（4）竞争优势：指明创新产品、服务和战略的竞争优势，竞争者的缺点和薄弱环节。

（5）利益和收获潜力：达到盈亏平衡点和现金流为正的大致时间框架；关键财务预测：预期投入、投资回报等。

（6）管理团队：创业带头人和管理团队成员结构、专业背景、知识能力经验及技能、已经取得的好成绩、承担的责任和组织内分工等。

（7）投资者退出战略：简要指明准备给提供资金的这公司的股份数额；目标投资者、贷款或合伙人如何得到期望的回报。

公司摘要要叙述的简单明了，内容避免复杂拖沓，做到“麻雀虽小，五脏俱全。”看了摘要能够使读者明白公司是做什么的？打算买什么产品？卖给谁？怎么买？

3. 企业介绍 这一部分主要介绍企业的目标、基本情况等。

（1）商业机会：有待于解决的问题或不满足的需求。其中，包括创业机会识别、如何认识商机和怎样通过商机来解决市场需求的问题。

（2）企业概述：企业名称、地址、创建时间、企业使命。

（3）目标和战略：公司理念及公司的主营业务、产品或者服务。

（4）现状与发展：企业现状描述，企业发展方向、发展定位、发展战略。

在这部分要写出未来3～5年的发展路径，根据大学生本身的情况，具体问题具体分析，目标不要写得太大，让人感觉实现不了、不切实际。比如，开一家形象设计店，定位的目标是2年内打造我国知名品牌，3年后走向国际。本身创业者只是想在校园里开一家制衣店，所学专业跟服装设计无关，没有服装设计的经验，因为平时看一些时尚杂志，只知道穿衣如何搭配，所以在写创业计划的时候，要考虑阅读者会看你到底能不能胜任，有没有创业能力，通过看计划书觉得创业计划是否可行。

4. 产品服务设计与开发

（1）产品特征：如产品满足需求情况；与竞争对手的产品比较的独特性。介绍产品和服务、产品用途、独特特性；产品或者服务的经济价值和社会价值。

（2）产品设计、开发的时间、资金：产品开发的现状；产品的性能、特点和相关图纸，必要的数据；产品的成本、售价。

（3）专利或专有技术：描述产品或服务获得的专利、商业机密或其他所有权的特征。

在此部分描述产品时最好做个表格，其中包括：产品名称、功能或功效、价格、图片展示、优惠幅度。这样的表格使阅读者一目了然。

5. 市场、行业预测分析

（1）市场分析：主要对企业所在行业的基本情况、企业的产品或服务的现有市场情况、未来市场前景进行分析及预测。也就是用文字来回答：顾客是谁？产品或服务为了谁？顾客为何会接受产品或服务？

（2）产品描述：介绍该产品开发的背景，可以从所在行业的现状、前景、规模、经济趋势、产业吸引力、成长期、盈利潜力等方面进行描述。

（3）市场发展前景：通过调查分析，今后 3～5 年将提供的产品或服务的市场发展规模、将占有的市场份额；3 年内潜在市场的年增长率；影响市场增长的主要因素，如行业趋势、政府政策、经济形势、人口变化等。

（4）市场份额和销售额预测：根据对产品或服务的优势、市场规模、产品销售趋势的评估，估计今后 3～5 年中每年将获得的市场份额、销售数量、销售额。

（5）毛利和营业利润：描述在细分市场上销售产品或服务的毛利、营业利润情况。

在这里要注意，项目背景一定要切合创业环境，联系实际，最好有市场调查或者有相同类似的创业经验。比如，有的同学想开个宠物店，创业背景本来是想写人们的收入在提高，他们的生活水平也在逐渐提高，所以很多人选择养名贵的狗或者猫。但是他们只是在项目背景里写道因为国家政策、发展东北经济。这个背景相对于创业计划书来讲说得有点大，看上去与本项目没有什么直接关联。倒不如写一下通过调查研究，发现某个城市某个地区饲养宠物的情况，饲养宠物的人群是什么样的？该区的宠物店有哪些?他们的业务范围、服务在哪种层次？饲养宠物人员的需求有哪些？

竞争者及其优势分析：竞争对手的产品、价格和市场策略。分析预计市场的进入障碍、企业克服障碍的策略。可制作市场竞争者的评估表，如表 5-5 所示。

表 5-5　市场竞争者的评估表

竞争者名字	竞争产品/服务	估计销售额（元/年）	估计市场份额（%）	营销策略
1				
2				
3				
4				

6. 管理团队

（1）管理团队：列出关键管理岗位角色、人员名称、工作职责；要详细描述团队成员在技术、管理、技能及经验方面的合理性、互补性。

（2）组织结构：描述组织结构，可绘制组织结构图。

（3）主要管理人员的背景：关键人员的专业知识、技能、成就、相关培训情况。

（4）所有权与报酬：将要支付的月薪、计划安排的股票所有权、关键成员股权投资的数额：计划进行的各种凭业绩分配的股票期权、奖金等。

（5）专业顾问与服务：指出所选的法律、会计、广告、银行的顾问名字，他们能够提供的支持和服务。

7. 营销计划　企业的盈利和发展最终都要拿到市场上来检验，营销成败直接决定了企业是否能够长期生存。

（1）营销战略：全面考虑价值链和细分市场上的分销渠道，描述公司的营销理念和战略，指出产品或服务将被怎样引入地区、全国和国际市场，叙述今后的销售延伸计划。

（2）产品或服务定价：讨论产品或服务的定价策略，讨论制作成本和销售之间的利润。

（3）促销策略：说明销售和分销产品的方法及吸引顾客注意力的方法。

8. 生产和运营

（1）公司现有的生产技术能力、地理位置、条件、物流情况；运输、公共设施的便利程度；厂房、机器和设备；场地使用情况。

（2）劳动力的来源、可供应性、专业技能、职称、工资标准。

（3）原材料供应：列出一份生产、产品设计计划，写明各个运营成本的信息数量。

9. 财务计划　主要包括过去若干年的财务状况分析、今后三年的发展预测、资本需求、资金来源和使用。

（1）销售预算：预计每年销售额的期望值。

（2）经营成本：为了达成某种目的或获得某种产品商品所付出的代价，一般分为固定成本和可变成本。

（3）财务报表：包括损益预估表、资产负债预估表、预计现金流量表，这个表格的顺序通常也是财务信息流动所遵循的逻辑次序。

1）损益预估表：也称为收益表，是反映企业在某个特定时段经营效果的财务报表，可以反映收入和支出情况，也可以反映企业目前是盈利还是亏损的情况。

2）资产负债表：反映某个特定时间点上企业的资产、负债和所有者权益的情况。

3）现金流量表：预测未来特定时间段企业现金情况的变化。

（4）盈亏平衡分析：明确需要多少单位产品的售出，或者要多大销售规模才能达到盈亏平衡。盈亏平衡点就是令企业既不盈利，也不亏损的销售额度。

各种财务分析用表格的形式描述是非常可取的，方便读者阅读和分析，如表 5-6～表 5-11 所示。

表 5-6　经营成本

启动资金的估算	数量
投资	
土地	
厂房	
设备	
其他	
总投资	
营运资本	
月度员工工资	
月度经营支出	
总营运资本	
总启动资本	

表 5-7　投资项目说明

投资项目	说明	价格
土地	占地面积	
厂房	厂房面积	
设备	设备种类，技术规定	
工具		
车辆		
其他		
总投资		

月度销售计划：

表 5-8　全部产品、产品类别或服务

月份		1	2	3	4	5	6	7	8	9	10	11	12
产品 1	价格												
	数量												
	营业额												
产品 2	价格												
	数量												
	营业额												
产品 3	价格												
	数量												
	营业额												
…													
产品 n	价格												
	数量												
	营业额												
全部产品	营业额												

表 5-9　月度经营成本计划

成本费用项目	1 月	2 月	3 月	4 月	5 月	6 月	7 月	8 月	9 月	10 月	11 月	12 月
人工支出												
原料支出												
其他支出												
付现支出合计												
非付现支出												
总计												

表 5-10　月度现金预算

月份	1	2	3	4	5	6	7	8	9	10	11	12
月初现金余额												
销售收入												
其他现金流入												
现金收入总额												
人工支出												
材料支出												
其他支出												
现金支出总额												
月末现金余额												

表 5-11　一年盈利情况预测

月份		1	2	3	4	5	6	7	8	9	10	11	12
产品 1	数量												
	营业额												
产品 2	数量												
	营业额												
产品 3	数量												
	营业额												
…													
产品 *n*	数量												
	营业额												
Ⅰ. 销售总额													
经营性支出	成本												
	费用												
资本支出	固定资产投资												
	其他												
Ⅱ. 总支出													
Ⅰ-Ⅱ. 税前利润													
所得税	%												
税后净利润													

10. 风险分析　分析企业可面临的各种风险隐患，包括管理风险、人员和技术流失风险、融资风险、市场风险等，描述风险的大小、程度，融资者将采取的降低和防范风险的措施等。其主要包括：

（1）企业各方面的限制情况，企业环境是什么样，如资源限制、管理经验限制、生产条件限制等。

（2）创业者自身的不足，包括技术、经验或管理等方面的欠缺。

（3）市场的不确定性。

（4）技术产品开发的不确定性。

（5）财务收益的不确定性。

（6）针对存在的每一种风险，企业进行风险控制与防范的措施和对策。

参加创业比赛的作品中，常见的风险都是资金不足、管理经验少，对风险评估不够全面。也没有写出如何应对风险，所以同学们书写创业计划的时候，可以参照本章第二节的内容。

11. 附录　附录里收录的是对创业计划书中涉及的一些问题的细节，以及相关的证书、图表或证明。其包括：

（1）企业营业执照（已经创办企业的）。

（2）公司章程（已经创办企业的）。

（3）验资审计报告（已经创办企业的）。

（4）税务登记证（已经创办企业的）。

（5）高新技术企业（项目）证书。

（6）专利证书。

（7）鉴定报告。

（8）市场调查数据。

（9）场地租用证明。

（10）宣传资料。

（11）工艺流程图。

（12）其他备查资料。

（三）撰写创业计划书注意的问题

参照前面所讲的内容，撰写创业计划书应避免下列问题的出现。

1. 创业计划过分乐观。对创业的前景盲目预测，对可能出现的风险问题分析不足。一定要有调查分析报告，这样的数据和论点才具有说服力。

2. 数据没有说服力。采用的数据、资料过于笼统，缺乏说服力；或者有的数据不是在认真、详细的调查基础上得到的。在数据分析的时候可以运用调查问卷，根据问卷做出分析、得出结论。

3. 概要部分太长而且松散。概要是创业计划书的精华部分，有些计划书很怕说不完、说不清，结果这部分篇幅很长，内容又不紧凑。看了半天不知道到底写的是什么，想表达什么意思。一般都是写创业者的创业内容和空洞的口号。

4. 忽略竞争威胁。有的创业计划书不谈竞争，或者干脆认为自己的创业计划“没有竞争对手”，这都是不能客观分析、对待事物的表现，一般大学生的创业计划跟专业相关，有技术含量的就很少，如果你能做的创业项目换了谁都能做，那么这样创业是很危险的。一定要把创业失败的可能性都要想到，并且要拿出规避这些风险因素的方案来，才能使创业计划得以顺利实施。

5. 产品或服务导向缺乏应有的数据。对产品或服务不能提供数据的说明，不能用图纸来解释，而只是简单的语言描述。在这部分，尽量用表格描述产品，不同的价格代表不同层次的服务，使读者一目了然。

6. 不专业或太花哨。创业计划书缺少封面和联系信息；在设计上与产品或服务关联性不强，图片过于花哨而内容却是凌乱的。

7. 写作风格和分析深度不一致。创业计划书应该是完整的一个体系，从头至尾风格应该统一；应该突出重点、内容全面。对于关键问题、重点问题不能避重就轻，敷衍了事。比如，公司特点，有的同学直接就写上管理有方几个字。应该通过具体内容来表现出管理能力。

8. 滥用资料而无针对性。有的创业计划书在撰写时把自己能够掌握的资料都用上，担心阅读者不重视。事实上，这样重点不突出反而会给阅读者增添不信任感。例如，在创业前期做市场研究，有的同学就写到了指导教师的科研成果，最主要是科研内容跟创业项目没有联系，很显然是不切合实际的，给人的感觉就是在东拼西凑，没有说服力。

【附】创业计划书模板

辽宁省“中普杯”创业计划大赛三等奖作品

目　录

八、风险分析及对策

九、退出机制

十、创业团队

十一、设计产品（服务产品）的调查问卷

一、企 业 概 述

1. 企业名称　妈咪树产后康复中心。

2. 企业地址　锦州市锦州医科大学附属一院附近。

3. 企业占地面积　约占地 150 平方米。

4. 企业简介　本中心是由锦州医科大学的运动康复专业在校生所创办的专业产后康复中心，有锦州医科大学附属医院资深妇产科专家、锦州医科大学心理学专家、运动康复训练相关专家作为专业顾问，以及锦州医科大学附属一院、附属三院作为本中心长期合作伙伴，是一家集系统的产后运动康复训练、特色产后单项康复训练、产前及产后抑郁综合征的心理疏导与知识讲座、婴儿护理系列为一体的服务性产后康复中心，秉承顾客至上、竭诚服务的原则，为每一位来到本中心的产妇提供最优质的产后康复疗程。

5. 企业宗旨　健康与幸福同在，责任与和谐同行。

6. 企业标志

7. 联系方式：400-887-××××

188××××××××

8. 产后康复中心内部效果图（图 5-1）

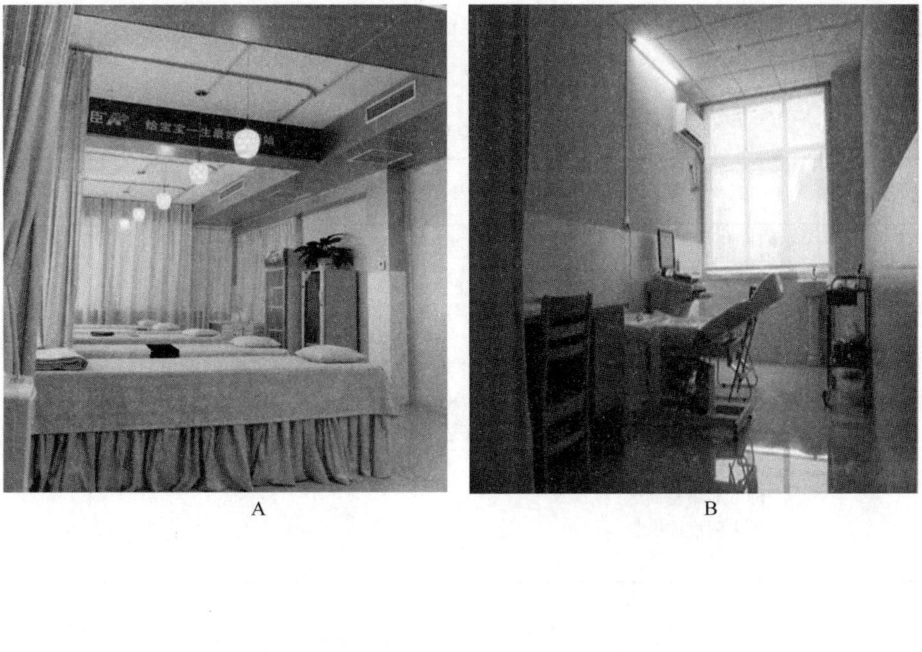

A　　B

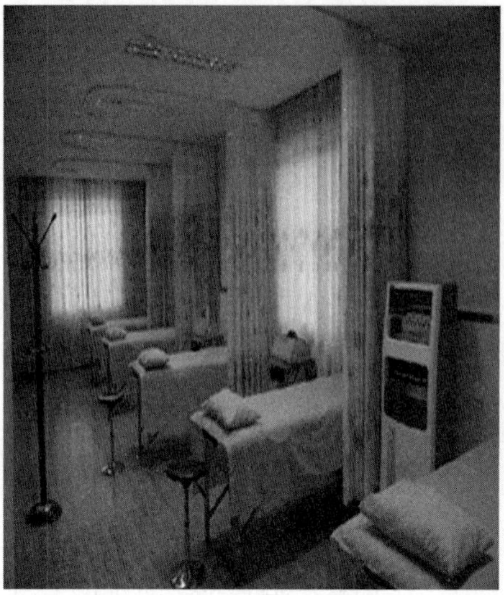

C

D

图 5-1　产后康复中心内部效果图

二、业 务 范 围

在产后 3～6 个月即产后康复最佳时期，通过系统的产后康复训练计划、产后单项康复训练、产后抑郁综合征的心理疏导与知识讲座等服务项目（表 5-12），帮助产妇重塑形体、恢复机体功能，从而更好地融入社会、回归家庭，与此同时，孕妇瑜伽课程及产前心理疏导也会帮助孕妇更好地完成生产。婴幼儿护理系列将为宝宝的健康成长打下基础。

1. 主要服务对象

（1）阴道分娩后 2～3 天，剖宫产 15 天后的产妇。

（2）产后出现身材走样、皮肤松弛、压力性尿失禁、膀胱膨出、腰骶痛等常见产后问题的经产妇。

（3）产后或产前出现抑郁、食欲缺乏、焦虑、失眠症等产褥期精神综合征等问题的产妇或孕妇。

（4）新生儿（出生当天至 28 天）或两周岁内的婴幼儿。

2. 服务项目（表 5-12）

表 5-12　产后康复中心服务项目表

产后康复项目	适用人群	功能及适用范围	价位表	展示图
全套产后康复训练	产后 24 小时至产后 3 个月	● 在产后康复黄金时期，根据妇产科专家为产妇做产后评估报告 ● 根据报告结果制订专业产后康复训练计划，带给产妇最优质的、系统的产后康复训练，最大限度地恢复	套餐一：566 元 常规康复治疗+产后乳房护理 套餐二：1285 元 常规康复治疗+产后乳房护理、子宫复旧+盆底康复	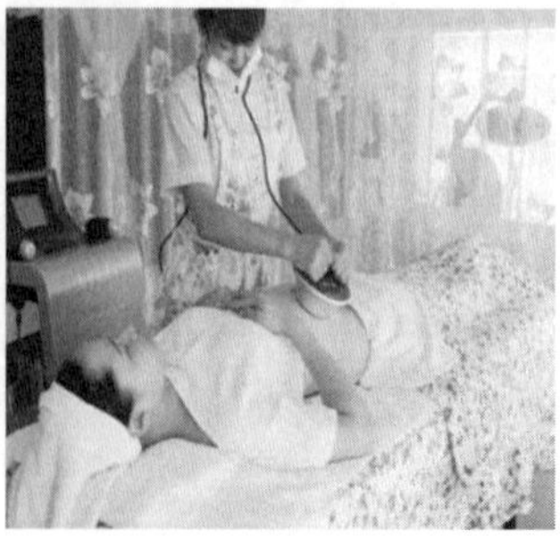

续表

产后康复项目	适用人群	功能及适用范围	价位表	展示图
	产后 24 小时至产后 3 个月	产妇体貌及对产后常见病的恢复训练	套餐三：3688 元 常规康复治疗+产后乳房护理、子宫复旧+盆底康复、淡化妊娠纹+美体塑身及其他康复治疗	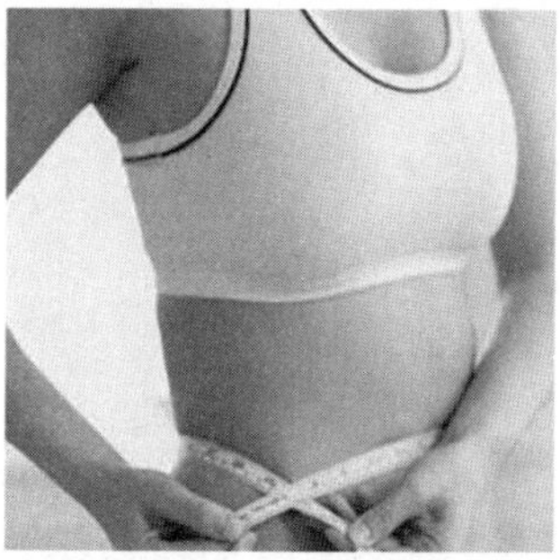
产后单项康复训练	1. 常规康复治疗（顺产 12 小时、剖宫产 24 小时后的产妇）	● 促进子宫恢复、疏通乳腺	● 698 元/次	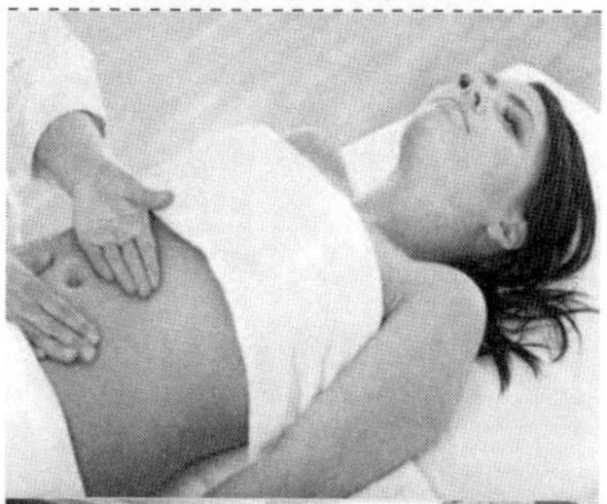
	2. 产后乳房护理	● 哺乳期乳腺不通导致的乳汁淤积、乳房肿痛、乳腺炎等 ● 产后胸部下垂松弛等胸部问题	● 乳房按摩保养 88 元/次 ● 乳腺疏通 80 元/次，1200 元 1 个疗程 ● 乳腺排毒疏通 120 元/次	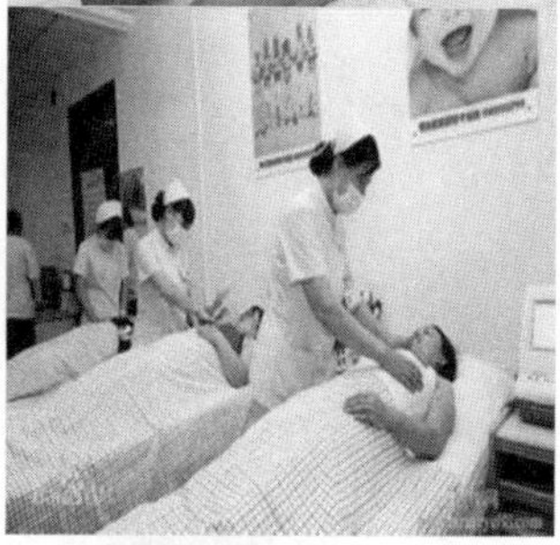
			● 乳腺治疗仪治疗 128 元/次 300 元/3 次 580 元/6 次	 乳腺治疗仪
	3. 淡化妊娠纹及瘢痕系列	● 妊娠期在腹部、大腿或乳房等位置出现淡红色或紫红色不规则纵行裂纹	● 精油按摩 35 元/次 120 元/5 次 产后恢复效果图（具体效果因人而异）	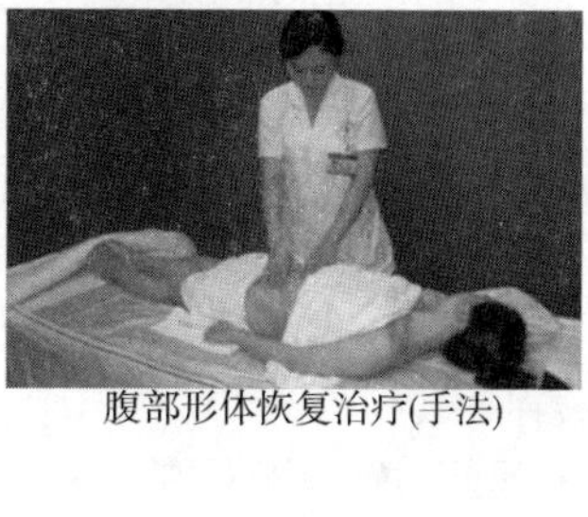 腹部形体恢复治疗(手法)

续表

产后康复项目	适用人群	功能及适用范围	价位表	展示图
	3. 淡化妊娠纹及瘢痕系列	● 剖宫产后腹部留下瘢痕的经产妇	● 电波修复治疗仪 89 元/次 188 元/3 次 300 元/5 次 ● 敷膜滋养系列 45 元/次 100 元/3 次	 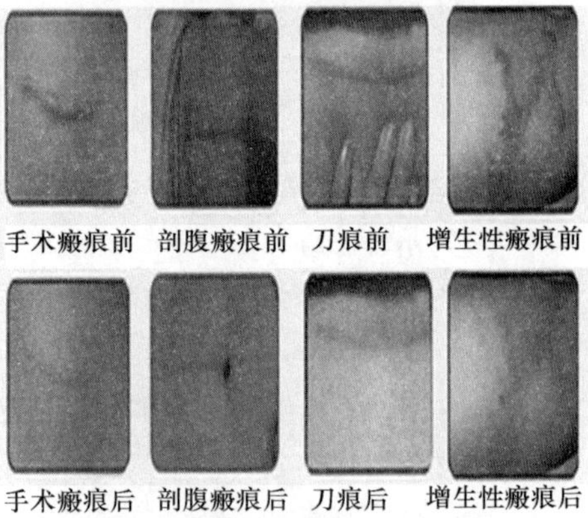 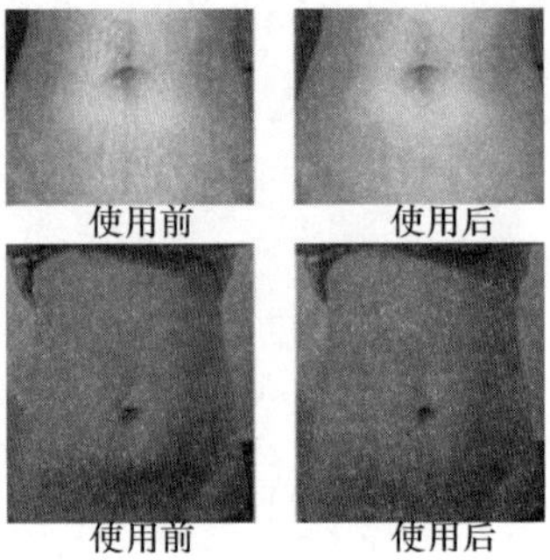
	4. 产后盆底修复与子宫复旧 （1）剖宫产后两周内开始，顺产女性产后 （2）分娩之后，私处松弛，没有弹性 （3）私处干涩，敏感程度降低，求	● 提高盆底肌肉的收缩能力，增强盆底肌肉肌力，促进血液循环 ● 提高阴道紧缩度，增强阴道弹性，提高性生活满意度，改善生活质量 ● 防治尿失禁，盆底脏器脱垂，增强女性生殖系统健	● 盆底肌康复训练 199 元/次	 盆底肌康复治疗仪

续表

产后康复项目	适用人群	功能及适用范围	价位表	展示图
	更高生活质量的女性等 （4）阴道松弛、阴道痉挛、性生活不满意者 （5）术后瘢痕疼痛、尿失禁	康活力	● 盆底康复器（即阴道哑铃）康复训练 66 元/次	
			● 收腹带协助康复训练 45 元/次	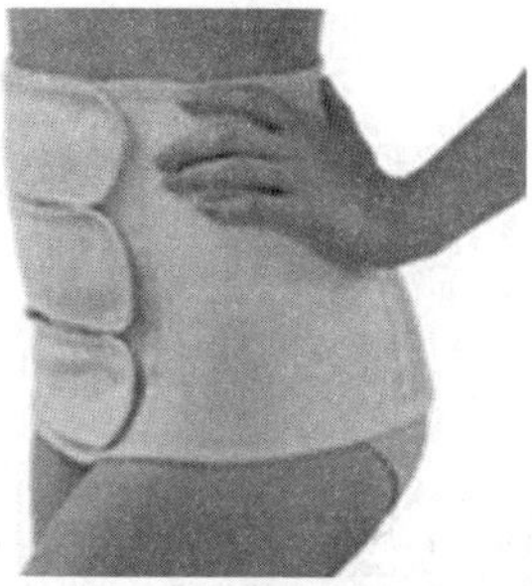
	5. 塑身纤体系列 （月子期间产妇、孕龄 3 个月后的孕妇）	● 恢复体形、改善血液循环、恢复皮肤张力、减少脂肪堆积达到瘦身目的 ● 改正孕妇由妊娠期间产生的不良身体姿势 ● 强化手臂肌肉力量 ● 重建腹部及骨盆底肌肉张力 ● 加强产后妇女体能恢复、腹部形体恢复、加强待产期孕妇的身体素质训练	● 产后瑜伽课程： 50 元/节 100 元/3 节 300 元/7 节 500 元/15 节 1000 元/40 节	
			● 负压纤体仪 199 元/次	 形体修复仪
产前及产后心理疏导与知识讲座	出现抑郁、食欲缺乏、焦虑、失眠症等症状的待产孕妇及产后妇女	● 提高产妇或孕妇产后康复的意识 ● 建立本中心与产妇及孕妇沟通交流平台 ● 缓解产后出现抑郁、食欲缺乏、焦虑、失眠症等产褥期精神综合征等问题	● 产后康复知识讲座（定期免费）	

续表

产后康复项目	适用人群	功能及适用范围	价位表	展示图
			●专业产后心理疏导： 100 元/次 180 元/2 次 600 元/5 次	
婴幼儿护理系列	1. 婴幼儿游泳系列（游泳+洗澡+抚触练习+身体护理） 适用年龄：新生儿或三周岁内婴幼儿	● 提高婴儿呼吸系统功能 ● 提高婴儿对外环境的反应能力，有利于大脑发育 ● 婴儿经常游泳促进其新陈代谢、心肌发育，为身体承担更大负荷做好准备 4. 消耗身体多余脂肪，活动全身各部位肌肉，更好地塑造婴儿形体	● 单人：40 元/次 ● 单人套餐： 350 元/10 次 500 元/15 次 多人：30 元/次 ● 多人套餐： 260 元/10 次 400 元/15 次	 
	2. 婴幼儿用品系列（适用年龄：三周岁以下，由于产品类型规格不同，价位不等）	● 为宝宝提供安全舒适的游泳环境	● 婴儿家用游泳池 充气类：98～488 元 其他类：138～650 元	 

续表

产后康复项目	适用人群	功能及适用范围	价位表	展示图
	2. 婴幼儿用品系列（适用年龄：三周岁以下，由于产品类型规格不同，价位不等）		● 脖围（多重防护）、腋围等（68~128 元）	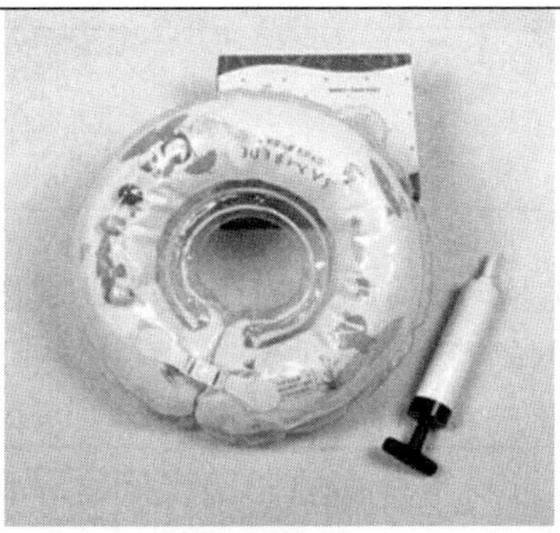
		● 保护宝宝游泳时肚脐不受感染 ● 防止宝宝游泳时耳内进水	● 护脐贴、护耳贴（56~108 元/盒）	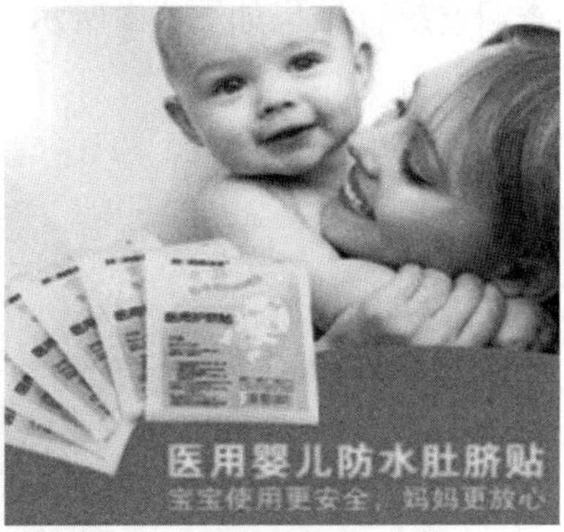 

三、市场与竞争分析

（一）锦州市产后康复市场环境分析

本中心地处辽宁省锦州市，据锦州市人口统计局公报显示，目前该市共有 15～50 岁的育龄妇女 76.4 万人，占该市总人口的 38.42%，而国家二胎政策的全面开放，待产及经产妇所占比重将持续增大（表 5-13）。近些年，伴随着锦州市居民生活水平提高及对医疗卫生知识的普及，康复医学相关行业在锦州市甚至是全国已逐渐发展成新兴朝阳产业，尤其是产后康复机构更是受到现代产妇的重视及对其的迫切需求。

表 5-13　2015 年、2010 年锦州市育龄妇女的年龄生育率情况（单位：‰）

年龄组	各年龄段生育率	
	2015 年	2010 年
15～19	2. 74	3. 52
20～24	29. 06	52. 37
25～29	39. 04	45. 74
30～34	30. 69	29. 74

续表

年龄组	各年龄段生育率	
	2015 年	2010 年
35～39	13. 73	10. 21
40～44	5. 48	3. 19
45～49	2. 75	1. 61

1. 孕妇及产妇的产后康复需求增加 我团队随机抽取了锦州市各大医院的妇产科门诊及住院部的产妇和孕妇进行了此次问卷调查活动，具体问卷调查结果如下：

此调查问卷共 500 份，回收 480 份，有效问卷 425 份（注：在问卷调查结果统计期间，发现 55 份问卷存在填写错误问题及破损问题故视为无效问卷，不纳入最终统计结果）。回收的有效调查问卷统计结果如图 5-2 所示。

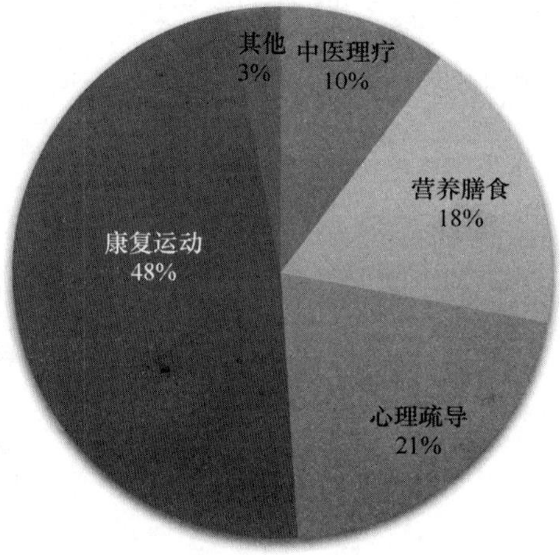

图 5-2　产妇需要的调理模式

根据市场发放的调查问卷显示，我们从以下几个方面分析：

（1）选择中医理疗的人群占 10%，选择营养膳食的人群占 18%，选择心理疏导的人群占 21%，选择康复运动的人群人数最多，占 48%，而本中心主要推广的产后康复系列和产后心理疏导系列符合大多数产妇或孕妇的需求，因此本中心具有较为客观的市场规模和较好的市场发展前景。

（2）在对相关产后康复知识了解情况上看，选择了解一些知识的人占大多数，在互联网普及的今天，人们有多种渠道了解康复知识，我们团队可以从多方面来宣传我们的团队，以增加知名度。

（3）对产后康复最需要恢复的问题上来看，对身材恢复是大众最需要的，我们有专业的产后塑身团队，可使产妇恢复理想身材。

（4）对于了解产后恢复的途径来看，大多数人选择相关孕产机构的宣传，我们可以从宣传这一方面加大力度，使更多的人来了解我们的企业，以优质的服务为人所知，提高在地区的知名度，有利于我们企业的运营。

（5）在对婴儿游泳系列的反馈情况上来看，59.6%的人希望参与这一服务，表明家长们对婴儿护理类项目需求较大，我们调研小组也专门走访了锦州市部分婴儿游泳的机构，发现了诸多的不足，有的甚至存在安全隐患，我们企业会对此类问题做出防范，避免出现类似的情况。

2. 锦州市专业产后康复机构缺乏　根据本团队的实地考察，现今锦州产后康复机构共有十余家，其中专业的产后康复中心仅有锦州市妇婴医院一家，而产后康复科仅为妇婴医院众多科室之一，由于需要产后康复的妇女数量增加、妇婴医院进行产后康复的孕妇数量过多所导致的人员拥挤及等待时间过长的问题，很多产妇无法在产后黄金康复期得到康复训练，加大了产后疾病并发症的发生概率。其他非专业产后康复机构又存在服务人员少、规模小、价位过高等一系列问题，而本中心可以为产妇提供全面的产后康复治疗，价格亲民，顾客可以通过网络及电话预约，让每一位来到本中心的产妇都可以得到最优质的服务。

根据市场发放的调查问卷显示，对产后康复期望价格在 3000 元以下和 3000～6000 元的顾客占大多数（图 5-3），而我们企业的各项服务主要面向的是中低端消费人群，符合市民的需求，问卷中还提及产妇对康复知识的了解程度和了解途径，我们分析出在知识讲座中获取相关知识的较多，对此可以开办相应的知识讲座，加大宣传力度，以便更好地为大众所知。

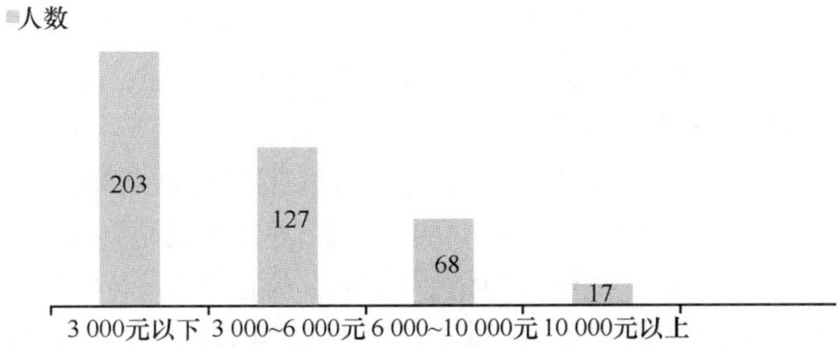

图 5-3　产后康复期望价格

（二）内部市场竞争优势

1. 专业的产后康复团队　妈咪树产后康复中心服务团队包含专业产后康复医师、康复技师、产后康复护理团队、资深产后瑜伽教练、专业妇产科健康顾问等，为产后妈妈、婴儿提供全方位、系统的产后康复服务，而作为康复专业的学生，我们团队比其他私人产后康复机构的专业性和技术性更强。

2. 长期稳定的合作伙伴　本中心是由锦州医科大学运动康复专业在校大学生所创立的一家专业产后康复机构，通过与学校及院方的洽谈，与锦州医科大学附属第一医院及锦州医科大学附属第三医院可建立良好合作伙伴关系，其院方可为中心提供资深妇产科专家进行技术指导，其校方可为中心提供专业的心理咨询师作为专家指导。一方面可为本中心提供技术指导及知识讲座；另一方面我们也可以根据顾客及专家的时间合理安排会诊。

相关专家名单如下：

（1）妇产科专家：见表 5-14。

表 5-14　妇产科专家

姓名	职称	学历	疾病研究方向	出诊时间
张某	妇产科主任医师	医学硕士	妇科疾病	周一出诊
刘某	妇产科主治医师	医学硕士	不孕不育	周二出诊
黄某	妇产科副主任医师、产科副主任	医学硕士	生殖系统疾病	周三出诊
刘某某	妇产科主任医师	医学博士	生殖、内分泌	周一、周四出诊
蔡某	妇产科副主任医师、副主任	医学博士	生殖、内分泌	周五出诊

（2）心理咨询专家：见表 5-15。

表 5-15 心理咨询专家

姓名	级别	学历
段某某	二级心理咨询师	硕士
苏某某	二级心理咨询师	心理学硕士
李某	二级心理咨询师	心理学博士
王某	二级心理咨询师	心理学硕士
董某	二级心理咨询师	妇产科硕士

注：本中心接受的心理咨询的患者只能是一般或严重心理问题，遇见精神障碍者，本中心将进行直接转介。

3. 特色产后康复项目

（1）产后康复瑜伽：产后妇女在历经十月怀胎、深受分娩的疼痛和担心宝宝健康的心理压力之后，其生理和心理都发生了巨大的变化，对她们的身心健康带来了很大的威胁和影响。在生理方面表现为：产后女性的子宫由妊娠前的小梨子形状扩张到一个西瓜大小，重量由 50 克增至 1000 克，腹部弹力纤维断裂，腹壁明显松弛，体重明显增加，骨盆肌肉和韧带过度扩张，尿道松弛而失去正常的功能以造成尿失禁等现象。在心理方面，产后妇女由于妊娠、分娩等一系列过程引起的心理、生理应激和压力及母亲角色转换带来心理与情感的危机等。

瑜伽姿势不仅能锻炼肌肉的伸展、力量、耐力，提高身体的感知力和柔韧性，强化心肺功能，还能生成内在的意识，培养心灵和谐与情感稳定的状态来改善自身的生理、感情、心理和精神状态，使身体协调平衡，保持健康。这对于产后身体虚弱，心态不宁的正常分娩产妇来说，是一项非常适宜的锻炼项目。正常分娩产妇利用安全、简单、可操作的身体动作来净化思想，通过这种彻底的身心训练，肉体和灵魂的每一个细胞都被唤醒。从心理学的角度来说，能使产妇集中注意力、镇定心灵，并产生平衡、宁静、满足的感觉，增加自信、缓解疲劳的作用。

（2）产后康复治疗仪器显著作用：产妇分娩之后，母体腹壁、生殖系统、乳房均会产生明显变化，心理、生理均处于脆弱状态，在这段时间内，产妇必须接受有效的康复治疗与护理干预，促进身体的恢复，确保分娩后的生活质量，然而部分产妇产后出现了乳汁分泌不足的情况，降低了母乳喂养的有效率。这表明产后康复训练结合产后综合治疗仪的应用能够促进产妇身体的康复，改善产妇乳汁分泌情况。

综上所述，产妇分娩后接受康复训练并利用康复综合治疗仪对乳房部位进行按摩，可有效促进乳汁分泌，使乳汁的排出更加通畅，有利于提高产妇满意度，值得临床推广应用。

（3）运动疗法对产褥期妇女的康复作用：妊娠后由于保持子宫正常位置的各条韧带及盆底肌肉、筋膜等松弛，分娩过程均可致盆底肌肉、筋膜的损伤，故产后可能导致子宫脱垂、膀胱膨出、直肠膨出、张力性尿失禁、子宫后倾后屈等。而子宫的后倾后屈又直接影响恶露排出，导致子宫缩复不良。

运动疗法是应用各种形式的主动和被动运动进行具体操练，以促进患者康复和达到预防的一类疗法。它在康复中的基本作用是：提高中枢神经系统和自主神经系统的调节能力；提高代谢能力，改善心肺功能；维持和恢复运动器官的形态和功能；促进代偿机制的形成和发展。

（三）SWOT 分析

SWOT 分析如表 5-16 所示。

表 5-16　SWOT 分析

优势（strength）	劣势（weakness）	机遇（opportunity）	威胁（threat）
1. 专业性：本中心是专业的产后康复机构，与附属第一医院及附属第三医院建立长期合作关系，可为本中心提供技术支持及转介患者。相关专业的老师可以作为我们中心的专业顾问和技术指导 2. 专一性：与传统的美容美体中心及康复医院不同的是本中心是针对于产妇开设的，集产后康复及形体修复为一体的专业产后康复中心，填补了锦州市在这一行业上的空缺，具有较大的发展潜力 3. 合理性：本公司主要面向中低端消费群体，价格合理，产后康复项目全面，符合现代产妇需求，多种预约方式为顾客提供最便捷高效的康复疗程 4. 潜在性：据问卷调查结果分析，产妇对婴幼儿游泳系列需求较大，说明本中心新生儿护理系列项目存在巨大的发展潜力	1. 市场竞争激烈，相似竞争对手已经形成比较成熟的运作模式，妇婴医院等产后康复机构已在客户中占有一定地位 2. 成立初期康复仪器较少 3. 我们创业团队为在校大学生，工作经验不足，管理经验欠缺	1. 国家二胎政策开放，孕妇数量增加 2. 锦州市产后康复专业性机构较少，现代女性对产后康复需求越来越多 3. 前期宣传可大力传扬本公司与其他公司的不同及特色亮点，并适当给予福利，吸引客户群 4. 时刻保持对市场的敏锐度，充分满足客户的需要，及时同步客户群的新要求，做出调整方案	1. 创业初期客户源不易打开，客户信任度不高 2. 初期投资商较少 3. 前期投入大，短期内收益较少

四、组 织 管 理

1. 创业团队结构　见图 5-4。

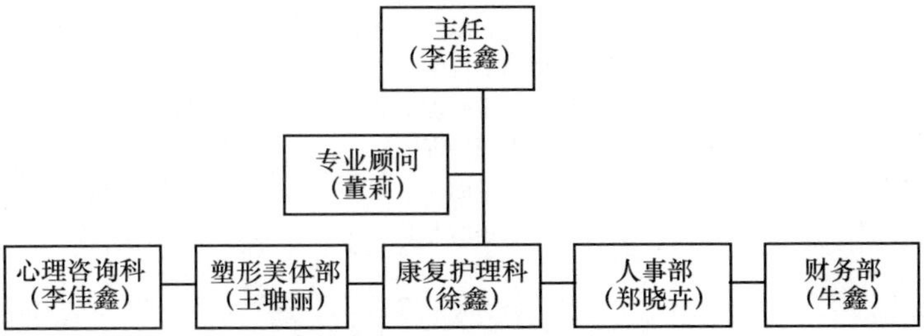

图 5-4　创业团队结构

2. 人力资源分配　见表 5-17。

表 5-17　人力资源分配

部门	职位安排	人数
项目推广部	项目推广人员	1
康复护理科	产后康复医师	5
	康复技师	10
	护士	15
心理咨询科	心理咨询师	5
塑形美体部	瑜伽师	6
	美容纤体师	3
后勤部	器械保养人员及保洁人员	3
财务部	财务管理人员	2
人事部	人事部经理	1
	工作人员	1
总计		52

3. 招聘管理

（1）招聘标准：坚持公开、平等竞争原则，择优原则。初期招聘，首先看重应聘人员的学习能力和实践能力及实践经验，其次看应聘人员对公司忠诚度的理解及公司长远发展的看法，考察应聘人员的社会责任感和团队协作意识等（表 5-18）。

表 5-18 招聘标准

岗位序号	招聘单位	岗位名称	岗位类别	岗位简介	招聘人数	招聘条件			
						学历	学位	专业	工作经历
1	康复护理科	产后康复医师	专业技术	在康复护理科负责产后康复评定，制订康复治疗处方，对患者进行功能恢复等相关工作	2	研究生	硕士及以上	妇产科	不限
2	康复护理科	产后康复医师	专业技术	在康复护理科负责产后康复评定，制订康复治疗处方，对患者进行功能恢复等相关工作	3	本科	本科及以上	康复治疗学	不限
3	康复护理科	康复技师	专业技术	在康复护理科为患者进行物理治疗和作业治疗	10	大专	专科及以上	康复治疗学或康复技术	有经验者优先
4	康复护理科	护士	专业技术	从事护理活动，履行保护生命，减轻痛苦，增进健康职责的卫生技术人员	15	本科	本科及以上	护理系	有在医院妇产科任职者优先
5	心理咨询科	心理咨询师	专业技术	在心理咨询科运用心理学及相关知识，遵循心理学原则，通过心理咨询的技术与方法，帮助求助者解除心理问题的专业人员	5	研究生	硕士及以上	临床与咨询心理学	不限
6	塑形美体部	瑜伽师（教练）	专业技术	指导人们通过瑜伽修炼（身、心灵）获得健康生活方式	6	高中	高中或中专以上	中级瑜伽师	已经在其他瑜伽培训机构或专业瑜伽馆执教的优先
7	塑形美体部	美容纤体师	专业技术	为患者提供系列如洗脸、保养、按摩、香薰和减肥等皮肤护理工作	3	高中	高中或中专以上	四级中级技能或以上资格证	不限

（2）招聘人员

（3）绩效管理：本中心在评定各职工的绩效时，采用实现计划、实施、评价和总结的流程，有效评价员工工作绩效，提供奖罚依据。以公正、开放为原则，采用科学的方法全面考评员工的态度和业绩，充分调动其积极性。根据实际情况及时进行反馈和修改管理制度，不断挖掘员工潜质，推动企业良性发展。考评最终目的是改善员工的工作表现，达到企业经营目标，提高员工满意度和未来成就感。考评结果主要用于工作反馈、报酬管理、职务调整和工作改进等。

绩效考评原则如下：

1）一致性：至少一年之内考评内容和标准不能有大的变化。

2）客观性：考评要客观地反映员工实际情况，避免由于光环效应、新近性、偏见性带来的误差。

3）公平性：对于同一岗位的员工使用相同的考评标准。

4）公开性：员工要知道自己的详细考评结果。

（4）薪酬管理：在公司和社会发展的不同阶段，根据员工所在职位的高低、类别、工作条件来确定公司员工的工资高低。①对内具有公正性原则；②对员工具有奖励性原则；③对成本具有控制性原则；④对外具有竞争力原则。

1）薪酬管理内容

A. 公司员工工资总额的管理：工资总额=计时工资+计件工资+奖金+津贴和补助+加班加点工资+特殊情况下支付的工资。

B. 公司薪酬水平的控制：依据贡献给予薪酬，达内部公平；依据市场和消费水平，达外部公平。

C. 公司薪酬制度的设计和完善：工资结构、等级标准、支付形式、适应对象和范围。

2）日常薪酬管理和制度：薪酬调查，制订薪酬计划，进行员工满意度调查。

五、营 销 策 略

（一）线上宣传推广

由于本中心属于专业型医疗服务业，消费对象和服务方式多样化的特点，进入市场时，为了实现中心各阶段不同目标，服务策略也随之有所侧重，要让服务方式、服务质量改善和提高，前期主要侧重专业化的产后康复服务，也是本公司的核心服务，中期发展新服务项目免费产后康复知识讲座项目。后期补充上门康复项目等多元化服务，一步步推广丰富我们服务策略。

1. 微信公众平台　本中心建立自己的微信公众号，在公众号中详细介绍公司的服务项目和优惠活动。另外，专设“意见簿”，听取顾客对服务质量的反馈信息及对服务有什么新要求，同时也解答访客的提问。这样客户就可以非常容易了解到我们中心的服务，从而可以减少客户心中的疑虑，并且为产后康复人员提供了一个交流平台，在公众号中将有专业医师为顾客答疑解惑，且会推送一些养生知识，帮助妈妈们自我恢复，提高其自信心。

（1）具体内容

A. 每天推送孕妇孕期及产后知识和日常生活小常识。

B. 对本中心患者的康复计划及进程进行记录，并推送到每位患者的账号内以便患者了解康复进程，及时与主治医师交流沟通。

C. 通过微信群的建立可以让未康复的人群和已康复的人群直接交流康复过程中的感受，更有利于推动本中心的发展，扩大本中心的影响力。

D. 我们可以利用这一人们常用的社交工具获取信息并了解人们真正想要的服务，以便更好地服务于大众，在公众号上建立顾客反馈信息，可对我们的服务提出意见和建议，以便我们更好地服务每一位患者。

（2）效果图展示：见图 5-5。

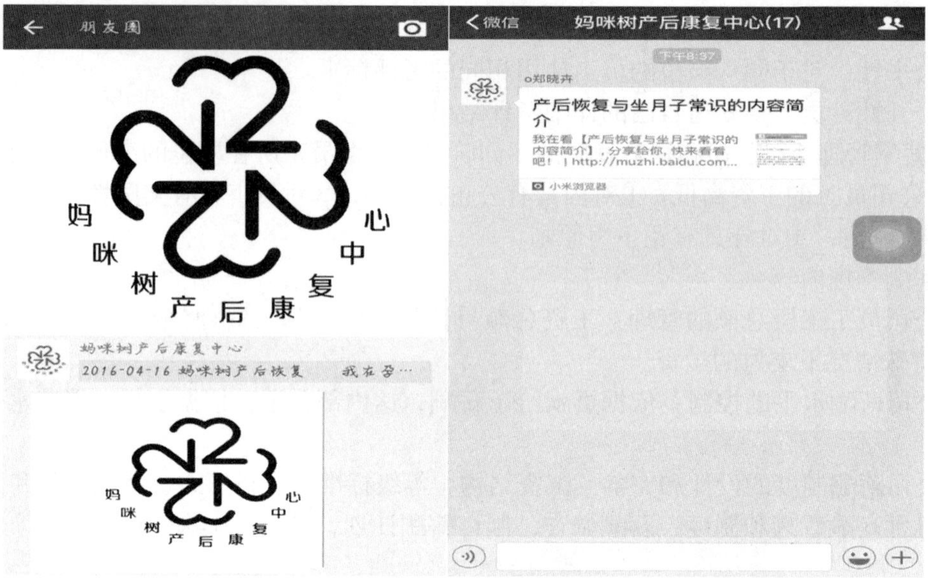

图 5-5 线上宣传推广效果图（一）

2. 微博、QQ 推广平台展示 见图 5-6。

图 5-6 线上宣传推广效果图（二）

（二）线下优惠服务

1. 宣传单、名片宣传、调查问卷发放　通过定期发放调查问卷，积极收集社会公众对本中心服务意见和态度，了解本中心在市场的形象和知名度，与此同时编写宣传资料，如名片、广告、海报，向患者公众散发，获得好感，扩大中心影响力，吸引顾客。

（1）网页宣传及宣传资料等。

（2）医院名片：见图 5-7。

图 5-7　名片宣传

2. 新老顾客优惠政策

（1）会员优惠政策：提供办理会员卡优惠折扣，消费次数作为积分，积分越多优惠越多（表 5-19）。

表 5-19　会员优惠政策

优惠政策	全套产后康复训练	产后单项康复训练	产后心理疏导	婴幼儿护理系列	优惠折扣(%)
至尊金卡（3000 元以上）	√	√	√	√	85
尊享银卡（1500～3000 元）	—	√	√	√	90
优惠铜卡（500～1500 元）	—	√	√	—	95

（2）节日促销政策（表 5-20）

表 5-20　节日促销政策

优惠项目（次）	乳房按摩	乳腺排毒疏通	乳腺治疗仪	盆底肌康复训练	子宫复旧训练	产后瑜伽课程体验	优惠折扣（%）
顾客生日当天	√	—	√	—	√	√	90
母亲节	—	√	√	√	—	√	85
妇女节	√	√	√	—	√	√	85

（3）婴幼儿游泳系列促销政策（表 5-21）

表 5-21 婴幼儿游泳系列促销政策

优惠项目（单次）	婴幼儿游泳	婴幼儿洗澡	抚触练习	身体护理	全套游泳系列	婴幼儿产品	优惠折扣（%）
生日当天	√	√	√	√	√	√	90
儿童节	—	√	—	√	—	√	85

（4）特殊人士优惠政策：家庭贫困、身体残疾的顾客，在政府的书面证明下，可以享受部分特殊节日优惠政策。

（5）实惠套餐政策（表 5-22）

表 5-22 实惠套餐政策

套餐类型	常规康复治疗	产后乳房护理	子宫复旧+盆底康复	淡化妊娠纹	美体塑身	婴幼儿游泳系列	优惠价格（元）
套餐 A	√	√	√	—	—	—	566
套餐 B	√	√	√	√	—	—	1285
套餐 C	√	√	√	√	√	√	3688

3. 中心 24 小时在线咨询专线

（1）附属医院妇产科专家产后评定预约专线：188×××××××。

（2）24 小时电话咨询专线：400-×××-××××。

（3）顾客交流 QQ 群：×××××××××。

（4）微博私信：妈咪树产后康复中心。

（5）微信公众号：妈咪树产后康复中心。

4. 通过与相关赞助商合作收取部分利润，并扩大企业影响力及知名度

（1）作为产后产品宣传代买中介，如阴道哑铃、收腹带等。

（2）作为婴幼儿产品宣传代买中介，如婴儿游泳池、婴儿游泳圈等。

（3）作为产后康复器械宣传代买中介，如乳腺治疗仪，治疗床等。

六、融资说明

本中心法律形式为企业法人形式，前期预计筹集 100 万元，我们向投资人提供的权益为产权。

资金分配结构如表 5-23 所示。

表 5-23 资金分配表

投资人	预计投入资金（万元）	产权比例（%）
创业团队贷款	10	20
第三方投资	75	75
赞助商	15	5

七、财务计划与分析

财务计划与分析见表 5-24～表 5-31。

表 5-24 流动资产表

项目		年占用量（元）
工资		456 000
租金		840 000
公共事业费	水电费	3 600
	通信费	2 400
营销费用	印宣传单	6 000
折旧费		2 400
其他（办公用费）		3 600
合计		1 314 000

表 5-25 固定资产表

设备名称		数量	设备原价（元）	小计（元）
电脑		3	3 500	10 500
办公用品		18	232	4 176
消防器材		6	35	210
康复设备	治疗床	8	388	3 104
	担架	1	180	180
	阴道哑铃	3	59、199、298	556
	瑜伽垫	10	25	250
	瑜伽球	20	20	400
	盆底肌康复仪	2	7 800	15 600
	乳腺治疗仪	4	1 400	5 600
	负压纤体仪	1	2 800	2 800
	形体修复仪	2	2 280	4 560
婴儿游泳池		4	70、70、120、120	380
其他		30		14 338
总计				62 653

表 5-26 月营业额（单价×次）

项目	1	2	3	4	5	6	7	8	9	10	11	12
全套												
产后	566×19	566×17	566×14	566×16	566×14	566×14	566×14	566×14	566×14	566×14	566×14	566×14
康复	1 285×15	1 285×17	1 285×16	1 285×15	1 285×18	1 285×15	1 285×14	1 285×15	1 285×16	1 285×15	1 285×16	1 285×17
训练	3 688×7	3 688×9	3 688×5	3 688×7	3 688×5	3 688×7	3 688×6	3 688×8	3 688×7	3 688×8	3 688×9	3 688×5
计划												
产后	88×12	88×14	88×13	88×13	88×16	80×15	88×17	88×15	88×16	88×14	88×15	88×18
单项	120×18	1200×9	80×6	300×7	300×9	120×16	1 200×8	1 200×6	300×13	580×6	1 200×7	128×13
康复	199×17	128×9	300×6	580×6	89×15	300×9	120×11	120×13	120×12	120×13	120×10	120×11
训练	66×19	580×9	188×9	100×14	698×5	188×12	188×12	89×24	100×12	300×16	300×11	188×13
	128×10	300×7	698×6	199×10	199×12	128×10	100×14	45×24	199×13	45×27	45×29	100×23
	1 200×8	100×7	500×13	500×14	500×9	698×9	199×10	199×12	698×6	66×19	199×12	199×14
	698×8	66×21	1 200×6		128×9	1 200×5	66×20	66×24		199×13	50×25	698×6
产后	100×17	100×14	100×15	100×20	100×19	100×18	100×16	100×15	100×14	100×18	100×15	100×16
心理	600×7	600×3	600×5	600×12	600×6	600×7	600×5	600×7	600×5	600×9	600×7	600×6
疏导	180×8	180×4	180×9		180×9	180×9	180×9	180×9	180×9	180×9	180×9	180×9
与知												
识讲座												

续表

项目	1	2	3	4	5	6	7	8	9	10	11	12
婴幼儿护理系列	30×30	30×28	40×27	30×35	30×31	30×29	30×27	30×28	30×26	30×34	30×32	30×31
	40×25	40×22	30×25	40×22	40×27	40×28	40×30	40×31	40×31	40×29	40×32	40×29
	138×8	280×3	560×7	260×12	350×4	260×16	500×3	350×15	350×14	500×7	350×13	350×17
	560×7	560×4	650×2	488×5	260×9	500×4	260×10	400×5	260×17	400×5	260×14	260×18
	110×9	138×5	128×7	650×5	220×10	450×3	300×16	488×6	650×5	128×9	360×10	128×13
	500×4	108×4	300×9		500×3	108×12	200×16		120×17	108×17	138×21	698×6
总计	97 416	97 091	86 694	91 201	83 037	93 069	87 754	93 549	91 673	92 319	105 087	89 887

表 5-27　销售和成本计划表

月份	销售收入（元）	成本（元）						月底现金（元）
		工资	租金	公共事业费	营销费用	折旧费	其他	
1	109 651	38 000	13 000	600	500	200	300	51
2	101 132	38 000	13 000	600	500	200	300	−2468
3	108 869	38 000	13 000	600	500	200	300	−731
4	114 891	40 000	13 000	600	500	200	300	3291
5	123 963	40 000	13 000	600	500	200	300	12 363
6	126 283	40 000	13 000	600	500	200	300	14 683
7	126 500	40 000	13 000	600	500	200	300	14 900
8	122 018	40 000	13 000	600	500	200	300	10 418
9	126 785	42 000	13 000	600	500	200	300	13 185
10	123 930	42 000	13 000	600	500	200	300	10 330
11	128 037	42 000	13 000	600	500	200	300	14 437
12	127 857	42 000	13 000	600	500	200	300	14 257
合计	1 439 916	482 000	156 000	7 200	6 000	2 400	3 600	104 716

表 5-28　现金流量计划表

月份	现金流入（元）			现金流出（元）					月底现金（元）
	月初现金	现金销售收入	可支配现金	租金及工资	公共事业费	营销费用	折旧费	其他	
1	15 000	109 651	124 651	108 000	600	500	200	300	15 051
2	15 051	101 132	116 183	108 000	600	500	200	300	6 583
3	6 583	108 869	115 452	108 000	600	500	200	300	5 852
4	5 852	114 891	120 743	110 000	600	500	200	300	9 143
5	9 143	123 963	133 106	110 000	600	500	200	300	21 506
6	21 506	126 283	147 789	110 000	600	500	200	300	36 189
7	36 189	126 500	162 689	110 000	600	500	200	300	51 089
8	51 089	122 018	173 107	110 000	600	500	200	300	61 507
9	61 497	126 785	188 282	111 200	600	500	200	300	74 482
10	74 682	123 930	198 612	111 200	600	500	200	300	85 812
11	85 012	128 037	213 049	111 200	600	500	200	300	100 249
12	99 449	127 857	227 306	111 200	600	500	200	300	114 506

表 5-29　利润表

月份	1	2	3	4	5	6	7	8	9	10	11	12	合计
流入	124 651	116 183	115 452	120 742	133 106	147 789	162 689	173 097	188 282	198 612	213 049	227 306	1 693 652
流出	109 600	109 600	109 600	111 600	111 600	111 600	111 600	111 600	113 600	113 600	113 600	113 600	1 227 600
利润	15 051	6 583	5 852	9 142	21 506	36 189	51 089	61 497	74 682	85 012	99 449	113 706	466 052

表 5-30　资产负债表

项目	2017 年	2018 年	2019 年	2020 年	2021 年
货币资金	38 400	47 900	46 389	50 917	57 908
应收账款	567 809	559 178	578 907	609 864	830 953
流动资产合计	606 209	607 087	625 296	660 781	888 861
固定资产	62 354	67 354	72 300	78 300	97 000
无形资产	10 000	10 000	10 000	10 000	10 000
非流动资产合计	72 354	77 354	82 300	88 300	107 000
资产总计	678 563	684 432	707 596	749 081	99 5861
短期借款	150 000	0	0	0	0
应付账款	57 993	230 582	252 422	290 879	250 126
流动负债合计	207 993	230 582	252 422	290 879	250 126
长期应付款	247 846	257 860	201 940	315 700	381 000
非流动负债合计	247 846	257 860	201 940	315 700	381 000
负债总计	455 839	488 442	454 362	606 579	631 126

表 5-31　未来五年资产表

年份	2017	2018	2019	2020	2021
资产总计（万元）	678 563	684 441	707 596	749 081	899 561

本中心前期预计投入 100 万元，经试营业一年与正式营业的一年后，年利润可达 579 767 元，预计两年回本，且保持该趋势持续上升，预计五年后扩大中心规模，改善基础医疗设施，引进专业人才，并且争取在十年之内在锦州市及周边地区开设 2～3 家分中心。

八、风险分析及对策

1. 风险分析

（1）利润分配的危险，公司前期的运作过程中盈利较小，可能导致投资者丢失耐心，撤出投资。

（2）医疗器械损坏、老化。

（3）资金运作的不足及高估盈利收入，由于市场变化的不确定性，在经营管理过程中可能出现资金短缺。同时，市场变化带来的收益不确定性影响公司盈利。

2. 对策

（1）与学校勤工部合作，一方面可为本中心发放宣传单进行宣传，另一方面可为学生提供兼职平台，大力宣传本中心与其他公司的不同及特色亮点，并适当给予顾客福利，实行会员优惠政策等，吸引客户群。

（2）体验参观式宣传，用事实说服孕妇及产妇，期望达到口口相传的效果。

（3）请有影响力的专家进行产后康复知识讲座，从根本改变对康复的保守认识，提高其产后康复意识。邀请附属医院资深妇产科专家作为专家顾问，吸引孕妇及产妇为本中心做宣传，扩大影响力。

（4）运用网络社交平台宣传，从细节做起，扩大本中心的知名度。

（5）利用假期及课余时间组织团队成员去妇婴医院学习，汲取先进经验。

（6）与相关企业合作，为产品选宣传代理，拉取赞助，稳定后开设多种康复服务项目，拓宽资金来源。

九、退出机制

1. 整体转让、直接收购、管理收购、破产或清算等。

2. 出售　风险资金可以在第3～5年撤出，企业可以通过管理层收购或股权二次出售的方式来实现风险资本的平稳退出，同时又为公司日后发展找到资金来源。

十、创业团队

1. 团队成员

（1）中心主任：李佳鑫，该同学工作认真负责，具有较强组织管理与统筹规划能力，对于未知的事物有较强的决断能力。其对本职工作兢兢业业、积极进取，与同事相处融洽、善于合作，并拥有心理咨询师三级证书，沟通交流能力较强。

（2）人事部：郑晓卉，该同学性格外向，有较强的语言沟通能力，变通能力强，做事服从整体安排，洞察能力细致入微，并能够提出建设性意见，表现出色。

（3）财务部：牛鑫，该同学思想积极、为人正直、做事严谨认真、细致入微、恪守规矩。

（4）康复护理科：徐鑫，该同学性格外向，有过医院康复科见习经历，善于与护士、医师和患者进行交流沟通。

（5）营销部、塑形纤体部：王聃丽，该同学热爱运动且朝气十足，为人有创造性及活跃的思维，具有一定的开拓和创新精神。

（6）专业顾问：董莉。

2. 团队宗旨　Dreamer创业团队是由同一个专业（运动康复）的同学组成，专业能力强，专业知识广泛，对运动康复、生理、心理等康复及治疗有深入的了解与认识。团队各部门之间的协作能力是本团队最大的优势，且秉承着技术创新、做事踏实、乐于助人、作风优良、思维严谨等理念。而且本团队了解康复心理学，现代运动康复疗法，及中医养生康复等知识，在每一个岗位上的负责人都具有其在本岗位的优势，具有一定的专业知识与经验。

十一、设计产品（服务产品）的调查问卷

产后康复需求调查问卷

说明：为更好地了解您目前身体状况和产后恢复的接受程度，特编写了该调查问卷。认真填写该问卷后会对您是否需要产后恢复有直观的判断，请将自己的实际想法与题目所陈述的对照后，选择一个与自己实际情况最接近的答案，其中部分问题可能涉及您的个人隐私，还望能如实填写，本次调查将严格遵守保密原则，感谢您的参与！

年龄：　　　　　　　　　　生产次数：

1. 您的分娩方式是（　　）

A. 顺产　　　　　B. 剖宫产

2. 您觉得产后身体的哪些变化是您最关注的（可多选）(　　)

A. 肥胖　B. 松弛　C. 皮肤问题　D. 胸部下垂

E. 妊娠纹　F. 瘢痕　G. 脱发　H. 头疼

I. 畏寒　J. 失眠　K. 容易疲倦

3. 请问您对产后康复有了解吗（　　）

A. 完全不了解　B. 了解一些　C. 比较了解　D. 非常了解

4. 请问您认为产后最需要恢复的是（可多选）(　　)

A. 体能恢复　B. 性功能恢复　C. 身材恢复　D. 子宫恢复

E. 盆底肌恢复

5. 请问您了解产后恢复的途径有哪些（可多选）(　　)

A. 朋友介绍　B. 孕产知识讲座习得　C. 孕产类书籍

D. 被妇产医师告知　E. 相关孕产机构宣传

6. 请问您最想参与的产后的调理方式是（可多选）(　　)

A. 中医理疗，恢复体质　B. 营养膳食，控制食量　C. 心理疏导，缓解抑郁

D. 康复运动，恢复体形　E. 其他

7. 请问您对产后康复的期限要求是多长（　　）

A. 少于 1 个月　B. 1～3 月　C. 3～6 个月

D. 6～12 个月　E. 1 年以上

8. 如果可以恢复到您满意的体形和体质，您能够接受的产后康复花费是多少（　　）

A. 3000 元　B. 3000～6000 元　C. 6000～10 000 元

D. 10 000 元以上

9. 请问您希望自己的孩子参与专业的婴儿游泳服务系列吗（　　）

A. 不感兴趣　B. 不了解所以不想参与　C. 希望参与　D. 迫切希望参与

10. 请问国家二胎政策出台后，您想生二胎吗（　　）

A. 未考虑　B. 正在考虑但未决定　C. 有意向生二胎

D. 决定生二胎　E. 已生完二胎　F. 正在二胎妊娠期中

第五节　创 业 流 程

一、创业的扶持政策

（一）国家关于鼓励高校毕业生自主创业的主要政策

1. 2015 年，国务院《关于进一步做好新形势下就业创业工作的意见》（国发〔2015〕23 号）中规定如下。

（1）营造宽松便捷的准入环境。深化商事制度改革，进一步落实注册资本登记制度改革，坚决推行工商营业执照、组织机构代码证、税务登记证“三证合一”，年内出台推进“三证合一”登记制度改革意见和统一社会信用代码方案，实现“一照一码”。继续优化登记方式，放松经营范围登记管制，支持各地结合实际放宽新注册企业场所登记条件限制，推动“一址多照”、集群注册等住所登记改革，分行业、分业态释放住所资源。运用大数据加强对市场主体的服务和监管。推动修订与商事制度改革不衔接、不配套的法律、法规和政策性文件。全面完成清理非行政许可审批事项，再取消下放一批制约经济发展、束缚企业活力等含金量高的行政许可事

项，全面清理中央设定、地方实施的行政审批事项，大幅减少投资项目前置审批。对保留的审批事项，规范审批行为，明确标准，缩短流程，限时办结，推广“一个窗口”受理、网上并联审批等方式。

（2）培育创业创新公共平台。抓住新技术革命和产业变革的重要机遇，适应创业创新主体大众化趋势，大力发展技术转移转化、科技金融、认证认可、检验检测等科技服务业，总结推广创客空间、创业咖啡、创新工场等新型孵化模式，加快发展市场化、专业化、集成化、网络化的众创空间，实现创新与创业、线上与线下、孵化与投资相结合，为创业者提供低成本、便利化、全要素、开放式的综合服务平台和发展空间。落实科技企业孵化器、大学科技园的税收优惠政策，对符合条件的众创空间等新型孵化机构适用科技企业孵化器税收优惠政策。有条件的地方可对众创空间的房租、宽带网络、公共软件等给予适当补贴，或通过盘活商业用房、闲置厂房等资源提供成本较低的场所。

（3）拓宽创业投融资渠道。运用财税政策，支持风险投资、创业投资、天使投资等发展。运用市场机制，引导社会资金和金融资本支持创业活动，壮大创业投资规模。按照政府引导、市场化运作、专业化管理的原则，加快设立国家中小企业发展基金和国家新兴产业创业投资引导基金，带动社会资本共同加大对中小企业创业创新的投入，促进初创期科技型中小企业成长，支持新兴产业领域早中期、初创期企业发展。鼓励地方设立创业投资引导等基金。开展股权众筹融资试点，推动多渠道股权融资，积极探索和规范发展互联网金融，发展新型金融机构和融资服务机构，促进大众创业。

（4）支持创业担保贷款发展。将小额担保贷款调整为创业担保贷款，针对有创业要求、具备一定创业条件但缺乏创业资金的就业重点群体和困难人员，提高其金融服务可获得性，明确支持对象、标准和条件，贷款最高额度由针对不同群体的 5 万元、8 万元、10 万元不等统一调整为 10 万元。鼓励金融机构参照贷款基础利率，结合风险分担情况，合理确定贷款利率水平，对个人发放的创业担保贷款，在贷款基础利率基础上上浮 3 个百分点以内的，由财政给予贴息。简化程序，细化措施，健全贷款发放考核办法和财政贴息资金规范管理约束机制，提高代偿效率，完善担保基金呆坏账核销办法。

（5）加大减税降费力度。实施更加积极的促进就业创业税收优惠政策。高校毕业生、登记失业人员等重点群体创办个体工商户、个人独资企业的，可依法享受税收减免政策。全面清理涉企行政事业性收费、政府性基金、具有强制垄断性的经营服务性收费、行业协会商会涉企收费，落实涉企收费清单管理制度和创业负担举报反馈机制。

2. 2015 年，《国务院关于大力推进大众创业万众创新若干政策措施的意见》（国发〔2015〕32 号）规定：深入实施大学生创业引领计划，整合发展高校毕业生就业创业基金。引导和鼓励高校统筹资源，抓紧落实大学生创业指导服务机构、人员、场地、经费等。引导和鼓励成功创业者、知名企业家、天使和创业投资人、专家学者等担任兼职创业导师，提供包括创业方案、创业渠道等创业辅导。建立健全弹性学制管理办法，支持大学生保留学籍休学创业。

3. 2016 年，人力资源与社会保障部《关于做好 2016 年全国高校毕业生就业创业工作的通知》（人社部函〔2016〕18 号）规定：结合实际进一步细化完善鼓励高校毕业生到基层就业、小微企业吸纳就业、自主创业等政策措施，加强对灵活就业和新就业形态的支持，落实好税费减免、船业担保到款及贴息、社保补贴、培训补贴、求职创业补贴等政策，促进毕业生多渠道就业和创业。要完善政策操作方法、按照简政放权、放管结合、优化服务的要求，简化政策审批、办理流程和政策凭证，推行一站式办理、网上办理等服务，为毕业生和用人单位享受政策而提供便利。要通过多种方式督导、检查、评估政策落实情况，及时发现和解决政策在落实中遇到的困难和问题，确保政策及时兑现。

4. 2015 年，教育部《关于做好 2016 届全国普通高等学校毕业生就业创业工作的通知》（教学〔2015〕12 号）中要求如下。

（1）加快推进创新创业教育改革。各地各高校要把提高教育质量作为创新创业教育改革的出发点和落脚点，根据人才培养定位和创新创业教育目标要求，促进专业教育与创新创业教育的有机融合。从 2016 年起所有高校都要设置创新创业教育课程，对全体学生开发开设创新创业教育必修课和选修课，纳入学分管理。对有创业意愿的学生，开设创业指导及实训类课程。对已经开展创业实践的学生，开展企业经营管理类培训。要广泛举办各类创新创业大赛，支持高校学生成立创新创业协会、创业俱乐部等社团，举办创新创业讲座论坛。高校要设立创新创业奖学金，并在现有相关评优评先项目中拿出一定比例用于表彰在创新创业方面表现突出的学生。

（2）落实完善创新创业优惠政策。各地各高校要深入实施“大学生创业引领计划”，积极会同有关部门进一步加大政策落实力度，落实创业担保贷款、小微企业减税降费、创业培训补贴等各项扶持政策，重点支持高校学生到新兴产业领域创业。推动相关部门加快制定有利于互联网创业的扶持政策。要按照《普通高等学校学生管理规定》要求，制订本地本校创新创业学分转换、实施弹性学制、保留学籍休学创新创业等具体措施，支持参与创业的学生转入相关专业学习，为创新创业学生清障搭台。

（3）加大创新创业场地建设和资金投入。各地各高校要建设和利用好大学科技园、大学生创业园、创业孵化基地、大学生校外实践教育基地等创新创业平台。高校实验室、实验设备等各类资源，原则上向全体在校学生开放。高校要通过合作、转让、许可等方式，向高校毕业生创设的小微企业优先转移科技成果。要通过学校自设、校外合作、风险投资等多种渠道筹集资金，扶持高校学生创新创业。充分运用市场机制，引导社会资金和金融资本支持大学生创业活动。

（4）不断提升创新创业服务水平。各地各高校要配齐配强创新创业教育专职教师，聘请各行各业优秀人才担任兼职教师，建立全国万名优秀创新创业导师人才库。通过创新服务内容和方式，为准备创业的学生提供开业指导、创业培训等服务，为正在创业的学生提供孵化基地、资金支持等服务。高校要建立校园创新创业导师微信群、QQ 群等，发布创业项目指南，实现高校学生创业时时有指导、处处有服务。要进一步完善高校学生创业服务网功能，为高校学生提供项目对接、产权交易、培训实训、政策宣传等服务。

（二）辽宁省关于鼓励高校毕业生自主创业的政策

1.《辽宁省人民政府关于进一步做好新形势下就业创业工作的实施意见》（辽政发〔2015〕17 号）中要求：积极推动创业带动就业。

（1）鼓励自主创业。将一次性创业补贴调整为创业场地补贴。对没有进入孵化基地（园区）、租赁场地进行首次自主创业（指首次领取工商营业执照）的高校毕业生（毕业 3 年内）、退役士兵及就业困难人员等群体，各市要结合本地实际给予 3 000～10 000 元/年的创业场地补贴，补贴期限不超过 2 年，对符合补贴申领条件的困难家庭高校毕业生按上限给予补助，具体标准和办法由各市政府确定。创业项目推荐单位（或个人）推荐的项目，被创业者采纳并付诸实施的，每吸纳一名失业人员，财政部门给予项目推荐单位（或个人）500 元的一次性创业推荐补贴（辽宁省人力资源社会保障厅、辽宁省工商局、辽宁省财政厅等负责）。

（2）支持创业担保贷款发展。将小额担保贷款调整为创业担保贷款。凡在我省以个体、合伙经营和组织起来创业（含网络创业），且已办理“就业创业证”（原“就业失业登记证”）的城乡劳动者（不受户籍限制），以及当年吸纳就业人数达到原有职工总数15%以上（含15%）的小微企业（国家限制的建筑业、娱乐业及销售不动产、转让土地使用权、广告业、房屋中介、桑拿、按摩、网吧、氧吧除外，下同），均可享受我省创业担保贷款扶持政策。提高贷款额度，将贷款最高额度由针对不同群体的5万元、8万元、10万元，统一调整为10万元；大学生在高新技术领域实现自主创业的，贷款最高额度不超过20万元。当年吸纳新就业人员达到规定比例的小微企业，与其签订1年以上期限劳动合同并依法缴纳社会保险费的，可按规定申请不超过300万元的创业担保贷款。劳动者自主创业的项目（国家限制的行业除外）均可纳入财政贴息范围。符合国家规定的，由中央财政和地方财政贴息；其余由省、市财政各承担50%贴息。

（3）加大减税降费力度。实施更加积极的促进就业创业税收优惠政策，全面清理涉企行政事业性收费、政府性基金、具有强制垄断性的经营服务性收费、行业协会商会涉企收费，落实涉企收费清单管理制度和创业负担举报反馈机制。

（4）建立创业保障机制。建立鼓励创业、宽容失败的政策保障机制，解除创业者的后顾之忧。对享受失业保险待遇人员自主创业的，可将剩余的失业保险金一次性支付给本人。创业满2年以上但失败的，经市以上人力资源社会保障部门核准认定后，比照就业困难人员给予社保补贴。其中，对实现灵活就业的，给予3年的社保补贴；对到企业就业的，给予企业吸纳就业社保补贴。创业人员在创业期间按规定缴纳失业保险费、创业失败的，按规定享受失业保险待遇，享受待遇期限不足3个月的，按满3个月发放。对低保及其边缘对象创业失败导致不能保证基本生活的，按规定给予临时救助（辽宁省人力资源社会保障厅、辽宁省财政厅、辽宁省民政厅等负责）。

（5）鼓励电子商务领域就业创业。把发展电子商务促进就业纳入各地区就业发展规划和电子商务发展规划。已进行工商登记注册且已办理“就业创业证”的网络商户从业人员，同等享受各项就业创业扶持政策。未进行工商登记注册在第三方网络交易平台上的网络商户从业人员，可认定为灵活就业人员，享受灵活就业人员扶持政策，其中在第三方网络交易平台上实名注册、稳定经营且信誉良好的网络商户创业者，可按规定享受创业担保贷款及贴息政策。鼓励有条件的地区建设电子商务创业园区，各类创业孵化基地（园区）要为电子商务创业人员提供场地支持和创业孵化服务。

2. 辽宁省人社厅下发了《关于做好企业“五证合一”社会保险登记工作的通知》，明确了“五证合一”登记制度改革的适用范围。企业进行社保登记流程进一步优化，“五证合一”后，取消了社保登记证及定期验证换证规定，首次参保和变更信息的企业将会感到更加便利。

通知指出，新成立的企业在办理工商注册登记时，将同步完成企业的社会保险登记。而在“五证合一”前，这两个环节是分开的。“五证合一”后，两个环节并为一个步骤，原有的社会保险登记证也将逐步取消。

通知明确规定，企业办理“五证合一”登记后，社会保险经办机构会及时接收到工商部门交换的数据，生成企业的“社会保险登记表”，并按规定存档。职工参保登记时补充的相关信息发生变更的，由企业向社会保险经办机构办理变更手续。企业在为职工办理社会保险登记时，只要提供“五证合一”的营业执照，社会保险经办机构对于相关企业，就可直接调取该单位基本信息，补充开户银行账号等有关资料，完成职工参保登记。

二、公司的注册及办理步骤

（一）公司的注册流程

作为创业者，首先要掌握最基本的常识就是注册公司的流程和途径。

1. 准备材料 在进行工商注册之前，应该了解清楚与公司有关的各个部门负责的项目内容是什么，万事俱备之后，就可以准备注册时应该提供的材料，具体如下。

（1）公司设立登记申请书，需要有法定代理人签字和盖私章。

（2）企业名称预先核准通知书及验资报告。

（3）法定代理人信息表，股东的主题资格证明或者自然人的身份证明复印件。

（4）公司章程，全体股东签字并且加盖私章。

（5）房产证明。

（6）公司股东出资信息表，其中非货币出资部分需提供财产转移证明文件。

注：如果公司的法人和负责人没有时间，或者不愿意去办理注册手续时，可以选择委托他人办理，这个时候需要提供一份委托书，并且由本人签字或盖章，以证明被委托人具有办理手续的权利。

2. 工商注册办理流程 材料准备完全以后，需要创业者带着资料到经营管理部门按照流程办理注册的相关事宜。办理工商注册的流程如下。

（1）准备 5 个以上公司名称。到工商局领取并填写一张名称预先额准申请表，由工商局检索是否有重名，也可以在工商局网站上进行网上核名。

（2）带上相关资料到银行开户，并存入资金，然后出具验资报告（根据现行工商登记办法的规定该步骤或可以省略）。

（3）整理并携带相关资料到工商部门办理营业执照，大概三个工作日后就可以领取并使用营业执照去印制公章、财务章及合同章等。

提示：刻制公章的过程并不复杂，要携带法定代表人和经办人的身份证原件及复印件，凭营业执照原件到印章制作中心印制既可，在这个过程中，需要注意的是，一些容易被忽视却又重要的问题。具体如下：

1）一致性：公章上的公司名称必须与营业执照上的公司名称保持一致，否则该公章视为无效。

2）合法性：必须到公安局指定的地点刻制公章，否则会被认为是私刻公章，从而产生诸多不必要的麻烦甚至涉及法律问题。到公安局指定地点刻一套章，分为公章、财务章、法人章和合同章，同时到银行开立验资户并存入投资款。

（4）整理资料到质量监督管理局和税务局分别办理组织机构代码和税务登记证（税务局要求提供会计资格证和身份证，所以需要携带一名会计的身份证复印件和资格证的复印件）。

（5）凭营业执照和组织机构代码到银行开立基本户和一般户等账户，然后备案报税，并申请领购发票。

3. 相关执照的办理 在整个工商登记注册的过程中，当完成验资手续后，经办人需要回到工商行政管理局办理登记并领取工商企业营业执照，过程如下：

（1）领取公司设立登记相关表格并填写，其内容主要包括“设立登记申请表格”“股东（发起人）名单”“董事经理监理情况”“法人代表登记表”“指定代表或法定代理人登记表”。

（2）将表格和核名通知、公司章程、股东会决议、股东身份证复印件、房租合同、房产证复印件、验资报告一起交给工商局，对方会提供受理通知书，约 5 个工作日后可以领取执照。

（3）领取执照时需要带上受理通知书和经办人的身份证原件，需要交纳注册费用。

注：通常申请人在提出办理营业执照以后并不能马上拿到营业执照，大概需要 5 天时间，但是辽宁省从 2016 年 10 月 1 日后施行“五证合一”，很多申请人在 2 天内就办好了相关手续。

（二）公司注册各流程需要的时间

1. 公司查名 注册公司时的查名时间在 5 个工作日左右。

2. 开验资账户及验资 公司在开设临时账户后，股东需要将注册资本打入账户，并由会计师事务所验资，需要 3～5 个工作日。

3. 办理营业执照 提交工商注册资料到营业执照办理下来，工商局规定的时间是 5 个工作日，而外资企业办理营业执照需要 10 个工作日。

4. 刻章 营业执照审批下来后，公司创始人需要刻公司公章、财务章及法人章等印章，由公安局指定的刻章地点，这个一般只需 1 个工作日就能完成。

5. 办理组织机构代码证 提交注册所需要资料到组织机构代码证颁发，一般需要 1～3 个工作日。

6. 办理税务登记证 税务登记证一定要在领取营业执照之日起 30 日内办理，期限已过再办理会很麻烦；税务登记证的办理时间一般为 6～10 个工作日。

7. 开设银行基本账户 该事项一般由申请人自行把握，但一般只需 3 个工作日就能办好。

三、公司的商标注册

商标是生产经营者在其生产、制造、加工、拣选或者经销的商品或者服务上采用的一种标志，区别商品或者服务来源的，由文字、图形或者其他组合构成的，是具有显著特征的标志。商标通常代表本公司的形象。

（一）商标注册的程序

商标注册程序分为必经程序和特别程序两类。必经程序是商标注册必须要经过的注册程序，包括的范围如图 5-8 所示。

图 5-8 商标注册程序

（二）商标注册的条件

1. 商标注册申请人必须是依法成立的企业单位、事业单位、社会团体、个体工商业者等。

2. 符合条件的人或者企业应当向国家工商行政管理局商标局提出商标注册申请。要想通过商标注册申请的审查，也需满足一些条件。

（三）商标注册需提供的材料

1. 商标注册申请书、商标图样，商标设计黑白墨稿。

2. 按照规定缴纳费用。

3. 委托商标代理机构办理商标注册申请，应按商标局统一制定的书写格式填写商标代理人委托书，明确委托事项，必须有委托人签字、盖章后方可生效。

（四）申请书填写方法

填写商标注册申请书时，须将申请的证件名称、证件号码、发证机关填写清楚或提供有效证件的复印件。具体要求如下。

1. 一个商标一份申请。不能在一份申请书上填写两个或多个商标名称，填写的商标要与申请书背面贴的商标图样一致。

2. 申请人将商标图样贴在申请书“商标”框内，贴上的方向即为指定方向，然后指明商品的类别。

3. 填写商品名称，必须是商品的通用名称，多种称谓的商品应按《商标注册用商品和服务国际分类》中的称谓。

四、公司的变更登记和注销登记

（一）营业执照的变更登记

营业执照变更所需准备的材料是根据变更信息的内容而定的，此处以变更公司为例进行说明。变更营业执照的公司名称，应该向原登记机关提交如下文件：

1. 由公司正、副董事长签署的“变更登记申请书”。

2. 企业董事会决议与有关合同、章程的补充协议。

3. 营业执照正本和副本。

4. 办证机关要求提交的其他材料。

（二）公司的注销登记

在公司因为各种原因不能正常运行，人们常常会选择将其注销。除此之外，如果公司的运行条件与相关的法律规定不相符，也必须依法注销。

（三）注销公司营业执照的条件

1. 公司章程规定营业期限届已满。

2. 公司因为合并、分立或者其他事由而解散。

3. 公司因某种原因被依法责令关闭，可申请注销。

4. 公司经营管理不善，被依法宣告破产。

（四）办理注销登记的流程

1. 注销国税、地税税务登记证（国税局、地税局）。

2. 公司清算组备案（该市政务服务中心）。

3. 刊登注销公告（刊登报纸公示）。

4. 基本户注销（开户的银行）。

5. 工商局受理、注销（该市政务服务中心）。

6. 注销组织机构代码证（质量监督局）。

思考题

1. 创业机会的来源是什么？
2. 创业计划的内容有哪些？
3. 撰写一份创业计划书。
4. 办理营业执照的流程有哪些？

参 考 文 献

丁荣贵，2002. 项目团队的绩效评价机制研究. 管理工程学报，16（s1）：24-28

杜运周，陈忠卫，2010. 国外创业团队理论研究的新进展及其启示. 商业经济与管理，1（10）：43-50

傅玲燕，2012. 浅析大学生创业团队的建设和管理. 东方企业文化，（1）：108

高瑾，2008. 关于大学生自主创业素养的研究。 太原科技，（6）：52-53

胡峻峰，周奕，2011. 大学生创业团队建设机制研究. 科技创业月刊，24（12）：20-22

姜军，蒋世杰，陈德棉，2005.不同视角下的创业者素质研究：文献综述.现代管理科学，（6）：17-19

蓝红星，2014. 创新能力开发与训练. 成都：西南财经大学出版社

郎滔，创业团队中的领导模式研究［DB/OL］. http：//www. docin. com/p-141146753. html[2006-04-20]

李慧波，2007. 团队精神. 北京：中国城市出版社

李敏义，2002. 大学生创业意识的培养. 北京：中国高等教育出版社

辽宁省教育厅，2013. 创业基础. 北京：高等教育出版社

辽宁省普通高等学校创新创业教育指导委员会，2013. 创造性思维与创新方法. 北京：高等教育出版社

林强，姜彦福，张健，2001. 创业理论及其架构分析.经济研究，（9）：85-94

刘道玉，2002.创业与人生设计.武汉：湖北教育出版社

罗天虎，2004.创业学教程.西安：西北工业大学出版社

宁佳英，2012. 大学生创业管理. 广州：华南理工大学生出版社

潘剑峰，2002. 加强创业教育培养大学生创业能力. 中国高教研究，（2）：61-62

彭帅兴，2016.写给年轻人的 13 堂创业课.哈尔滨：黑龙江科学技术出版社

宋紫燕，2016. 大众创业当老板新公司的创办与成立. 北京：中国铁道出版社

王年军，2012. 大学生创业团队的理论与实践实证研究. 武汉：武汉理工大学

王晓晔，2013. 大学生创业团队建设探究. 教育与职业，（15）：106-108

吴丽芳，王小玲，廖玲丽，等，2008. 产后瑜伽操对产妇后期体型及盆底肌张力恢复的影响.中华护理杂志，431（9）：812-813

许中华，雷育胜，2005. 大学生自主创业探析. 科技创业月刊，（8）：33-34

杨邦勇，2007. 大学生职业生涯规划与就业指导. 北京：北京工业大学出版社

杨俊辉，宋合义，李亮，2009. 国外创业团队研究综述. 科技管理研究，29（4）：256-258

郁义鸿，李志能，2000.创业学.上海：复旦大学出版社

张亮，赵铁权，刘洁，等，2012. 浅谈大学生创业团队的建设与管理. 现代商业，（7）：272

张玲，王富明，2007. 浅谈大学生自主创业. 党史文苑，（22）：77-78

中共中央国务院. 国家创新驱动发展战略纲要. http：//news.xinhuanet.com/politics/2016-05/ 19/c_1118898033.htm.[2016-05-19]

中华人民共和国国家统计局. http：//www.stats.gov.cn/tjsj/tjgb/ndtjgb/

2015 年中国大学生就业压力调查报告. http：//edu.qq.com/a/20150529/032180.htm.[2015-5-29]

Chandler GN，Hanks SH，1998. An investigation of new venture teams inemerging businesses. Frontiers of entrepreneurship research：318-330

Cooper AC，Biano AV，1997. Success among high-technology firms . Business Horizons，20：16-22

Gartner WB，Shaver KG，Gatewood E，et al，1994. Finding the entrepreneur in entrepreneurship. Entrepreneurship Theory and Practice，18：5-10

Ibrahim AB，Goodwin JR，1986. Perceived causes of success in small business. American Journal of Small Business，11（2）：41-50

Judith，Jeffrey，John，et al. 1990. Entrepreneurial teamsin new venture creation：a research agenda. Entrepreneurship Theory and Practice，3：7-17

Kann JB，Shuman JC,Seeger JA, et al, 1990. Entrepreneurial teams in new venture creation：a research agenda.

Entrepreneurship Theory and Practice, 3：7-17

Kunkel SW, 1991. The impact of strategy and industry structureon new venture performance. Athens：The University of Georgia

Lloyd T，1986. Dinosaur and company. Studies in corporate evolution. NewYork：Viking Penguin

Markham SK，2010. A longitudinalexamination of how champion sinfluence others to support their projects. Jorunal of Product Innovation Management，15（6）：490-504

Robinson，1995. Measures of entrepreneurial value creation：an inves-tigation of the impact of strategy and industry structure on the eco-nomic performance of independent new ventures. Athens：The university of Georgia

Shane S, Venkataraman S, Macmillan I, 1995. Cultural difference in innovation championing strategies. Manage, 21（5）：931-953

附录一　公 司 章 程

××××有限公司章程

第一章　总则

第一条　为规范公司的组织和行为，保护公司、股东和债权人的合法权益，根据《中华人民共和国公司法》（以下简称《公司法》）、《中华人民共和国公司登记管理条例》（以下简称《公司登记管理条例》）及有关法律、规范性文件的规定，制定本章程。

第二条　公司名称。

第三条　公司住所。

第四条　公司经营范围。

第五条　公司营业期限。

第二章　股东

第六条　公司股东共××个

1. 股东姓名和名称：

2. 股东姓名和名称：

3. 股东姓名和名称：

第三章　注册资本

第七条　公司经全体股东认缴注册资本及股东的姓名（名称）、出资方式、认缴出资情况如下：

1. 股东姓名和名称：

认缴出资额

出资方式

2. 股东姓名和名称：

认缴出资额

出资方式

3. 股东姓名和名称：

认缴出资额

出资方式

第八条　公司注册资本实行认缴制，公司认缴注册资本××元，公司首次出资××元。全部出资于××年××月××日缴足。公司增加资本和减少资本，必须召开股东会且由代表2/3以上表决权的股东通过并做出决议。公司减少注册资本，还应当自做出决议之日起十日内通知债权人，并于三十日内在报纸上公告。

第四章　公司的机构及其产生办法、职权、议事规则

第九条　股东会由全体股东组成，是公司的权力机构，行使下列职权：

（1）决定公司的经营方针和投资计划。

（2）选举和更换执行董事，决定有关执行董事的报酬事项。

（3）选举和更换由股东代表出任的监事，决定监事的报酬事项。

（4）审议批准执行董事的报告。

（5）审议批准监事的报告。

（6）审议批准公司的年度财务预算方案、决算方案。

（7）审议批准公司的利润分配方案和弥补亏损的方案。
（8）对公司增加或者减少注册资本做出决议。
（9）对股东向股东以外的人转让出资做出决议。
（10）对公司合并、分立、解散、清算或者变更公司形式等事项做出决议。
（11）修改公司章程。
（12）聘任或解聘公司经理。
（13）公司章程规定的其他职权。

第十条 股东会的首次会议由出资最多的股东召集和主持。股东会议由股东按照出资比例行使表决权。

第十一条 股东会议分为定期会议和临时会议。召开股东会议，应于会议召开 15 日以前通知全体股东。

定期会议半年定时召开一次。代表 1/10 以上表决权的股东、监事提议召开临时会议的，应当召开临时会议。

股东出席股东会议也可书面委托他人参加股东会议，行使委托书中载明的权利。

第十二条 股东会议由执行董事召集并主持；执行董事不能履行或者不履行召集股东会议职责的由监事召集和主持；监事不召集主持的，代表 1/10 以上表决权的股东可以自行召集和主持。

第十三条 股东会议做出修改公司章程、增加或者减少注册资本决议，以及公司合并、分立、解散或者变更公司形式的决议，必须经代表 2/3 以上表决权的股东通过。

第十四条 公司不设董事会，设执行董事一人，由股东选举产生。执行董事任期 3 年，任期届满，可连选连任。执行董事在任期届满前，股东会不得无故解除其职务。

第十五条 执行董事对股东会负责，行使下列职权：
（1）负责召集股东会议，并向股东会报告工作。
（2）执行股东会的决议。
（3）审定公司的经营计划和投资方案。
（4）制订公司的年度财务预算方案、决算方案。
（5）制订公司的利润分配方案和弥补亏损方案。
（6）制订公司增加或者减少注册资本及发行公司债券的方案。
（7）制订公司合并、分立、变更公司形式、解散的方案。
（8）决定公司内部管理机构的设置。
（9）决定聘任或者解聘公司经理及其报酬事项，并根据经理的提名决定聘任或者解聘公司副经理、财务负责人及其报酬事项。
（10）制订公司的基本管理制度。
（11）在发生战争、特大自然灾害等紧急情况下，对公司事务行使特别裁决权和处置权，但这类裁决权和处置权须符合公司利益，并在事后向股东会报告。

第十六条 公司可设经理，由股东会聘任或解聘。经理对股东会负责，行使下列职权：
（1）主持公司的生产经营管理工作。
（2）组织实施公司年度经营计划和投资方案。
（3）拟定公司内部管理机构设置方案。
（4）拟定公司的基本管理制度。
（5）制订公司的具体规章。
（6）提请聘任或者解聘公司副经理，财务负责人。

（7）聘任或者解聘除应由股东会决定聘任或者解聘以外的负责管理人员；经理列席股东会议。

（8）股东会授予的其他职权。

第十七条　公司不设监事会，设监事一人，由公司股东会选举产生。监事对股东会负责，监事任期每届 3 年，任期届满，可连选连任。

第十八条　监事行使下列职权：

（1）检查公司财务。

（2）对执行董事、高级管理人员执行公司职务的行为进行监督，对违反法律、行政法规、公司章程或者股东会决议的执行董事、高级管理人员提出罢免的建议。

（3）当执行董事、高级管理人员的行为损害公司的利益时，要求执行董事、高级管理人员予以纠正。

（4）提议召开临时股东会议，在执行董事不履行《公司法》规定的召集和主持股东会议职责时召集和主持股东会议。

（5）向股东会议提出提案。

（6）依照《公司法》第一百五十二条的规定，对执行董事、高级管理人员提起诉讼。

（7）公司章程规定的其他职权。

第五章　股东会议认为需要规定的其他事项

第二十一条　股东之间可以相互转让其部分或全部出资。

第二十二条　股东向股东以外的人转让股权，应当经其他过半数股东同意。股东应就其股权转让事项书面通知其他股东征求同意，其他股东自接到书面通知之日起满三十日未答复的，视为同意转让。其他股东半数以上不同意转让的，不同意的股东应当购买该转让的股权；不购买的，视为同意转让。

经股东同意转让的股权，在同等条件下，其他股东有优先购买权。两个以上股东主张行使优先购买权的，协商确定各自的购买比例；协商不成的，按照转让时各自的出资比例行使优先购买权。

第二十三条　公司的营业期限 30 年，自公司营业执照签发之日起计算。

第二十四条　有下列情形之一的，公司清算组应当自公司清算结束之日起 30 日内向原公司登记机关申请注销登记。

（1）公司被依法宣告破产。

（2）公司章程规定的营业期限届满或者公司章程规定的其他解散事由出现，但公司通过修改公司章程而存续的除外。

（3）股东会决议解散。

（4）依法被吊销营业执照、责令关闭或者被撤销。

（5）人民法院依法予以解散。

（6）法律、行政法规规定的其他解散情形。

第六章　附则

第二十五条　公司登记事项以公司登记机关核定的为准。

第二十六条　公司章程经股东签字后生效。

第二十七条　本章程一式叁份，并报公司登记机关一份。

全体股东签字：

年　　月　　日

附录二　房屋租赁合同

×××××大学创业基地房屋租赁合同书

订立合同双方：

出租方：____，以下简称甲方

承租方：____，以下简称乙方

及有关规定，为明确甲、乙双方的权利义务关系，经双方协商一致，签订本合同。

第一条　甲方将自有的坐落在______市______路______段______号的房屋______间，建筑面积______平方米、使用面积______平方米，类型______，结构等级______，完损等级______，主要装修设备______出租给乙方作______使用。

第二条　租赁期限

租赁期共______个月，甲方从______年______月______日起将出租房屋交付乙方使用，至______年______月______日收回。

乙方有下列情形之一的，甲方可以终止合同，收回房屋：

1. 擅自将房屋转租、分租、转让、转借、联营、入股或与他人调剂交换的。

2. 利用承租房屋进行非法活动，损害公共利益的。

3. 拖欠租金____个月或空置____个月的。

合同期满后，如甲方仍继续出租房屋的，乙方拥有优先承租权。

租赁合同因期满而终止时，如乙方确实无法找到房屋，可与甲方协商酌情延长租赁期限。

第三条　租金和租金交纳期限、税费和税费交纳方式

甲乙双方议定月租金______元，由乙方在______月______日交纳给甲方。先付后用。甲方收取租金时必须出具由税务机关或县以上财政部门监制的收租凭证。无合法收租凭证的乙方可以拒付。

甲乙双方按规定的税率和标准交纳房产租赁税费，交纳方式按下列第____款执行：

1. 有关税法和镇政发（90）第34号文件规定比例由甲、乙方各自负担。

2. 甲、乙双方议定。

第四条　租赁期间的房屋修缮和装饰

修缮房屋是甲方的义务。甲方对出租房屋及其设备应定期检查，及时修缮，做到不漏、不淹、三通（户内上水、下水、照明电）和门窗好，以保障乙方安全正常使用。

修缮范围和标准按城建部（87）城住公字第13号通知执行。

甲方修缮房屋时，乙方应积极协助，不得阻挠施工。

出租房屋的修缮，经甲乙双方商定，采取下述第______款办法处理：

1. 按规定的维修范围，由甲方出资并组织施工。

2. 由乙方在甲方允诺的维修范围和工程项目内，先行垫支维修费并组织施工，竣工后，其维修费用凭正式发票在乙方应交纳的房租中分______次扣除。

3. 由乙方负责维修。

4. 甲乙双方议定。

乙方因使用需要，在不影响房屋结构的前提下，可以对承租房屋进行装饰，但其规模、范

围、工艺、用料等均应事先得到甲方同意后方可施工。对装饰物的工料费和租赁期满后的权属处理，双方议定：

工料费由______方承担（　　　）。

所有权属______方（　　　）。

第五条　租赁双方的变更

1. 如甲方按法定手续程序将房产所有权转移给第三方时，在无约定的情况下，本合同对新的房产所有者继续有效。

2. 甲方出售房屋，须在三个月前书面通知乙方，在同等条件下，乙方有优先购买权。

3. 乙方需要与第三人互换用房时，应事先征得甲方同意，甲方应当支持乙方的合理要求。

第六条　违约责任

1. 甲方未按本合同第一、二条的约定向乙方交付符合要求的房屋，负责赔偿______元。

2. 租赁双方如有一方未履行第四条约定的有关条款的，违约方负责赔偿对方______元。

3. 乙方逾期交付租金，除仍应补交欠租外，并按租金的______%，以天数计算向甲方交付违约金。

4. 甲方向乙方收取约定租金以外的费用，乙方有权拒付。

5. 乙方擅自将承租房屋转给他人使用，甲方有权责令停止转让行为，终止租赁合同。同时按约定租金的______%，以天数计算由乙方向甲方支付违约金。

6. 本合同期满时，乙方未经甲方同意，继续使用承租房屋，按约定租金的______%，以天数计算向甲方支付违约金后，甲方仍有终止合同的申诉权。

上述违约行为的经济索赔事宜，甲乙双方议定在本合同签证机关的监督下进行。

第七条　免责条件

1. 房屋如因不可抗拒的原因导致损毁或造成乙方损失的，甲乙双方互不承担责任。

2. 因市政建设需要拆除或改造已租赁的房屋，使甲乙双方造成损失，互不承担责任。

因上述原因而终止合同的，租金按实际使用时间计算，多退少补。

第八条　争议解决的方式

本合同在履行中如发生争议，双方应协商解决；协商不成时，任何一方均可向房屋租赁管理机关申请调解，调解无效时，可向市工商行政管理局经济合同仲裁委员会申请仲裁，也可以向人民法院起诉。

第九条　其他约定事宜

第十条　本合同未尽事宜，甲乙双方可共同协商，签订补充协议。补充协议报送市房屋租赁管理机关认可并报有关部门备案后，与本合同具有同等效力。

本合同一式 4 份，其中正本 2 份，甲乙方各执 1 份；副本 2 份，送市房管局、工商局备案。

出租方：（盖章）　　　　　　　　承租方：（盖章）

法定代表人：（签名）　　　　　　法定代表人：（签名）

委托代理人：（签名）　　　　　　委托代理人：（签名）

合同有效期限：年　月　日　至　年　月　日